THE WARREN BUFFETT CEO :
Secrets from the Berkshire Hathaway Managers

by Robert P. Miles

最高経営責任者バフェット

あなたも「世界最高のボス」になれる

ロバート・P・マイルズ［著］
木村規子［訳］

Pan Rolling

訳者まえがき

ビル・ゲイツに次ぐ世界第二位の大富豪ウォーレン・バフェットの名前は知っていても、バークシャー・ハサウェイの名前は知らない人が多いかもしれない。いわゆる投資持ち株会社だが、最近では保険業を中心とするコングロマリットに成長し、その時価総額は一〇〇〇億ドルを超え、世界第二一位にランクキングされる大企業となっている。

同社が株式を大量に保有しているアメリカン・エキスプレス、コカ・コーラ、ジレット、ワシントン・ポストは日本でもおなじみだが、バークシャー自体はどうなのだろうか……と思って調べてみたところ、日韓共催のサッカーワールドカップが地震によって万一中止あるいは延期になった場合の再保険をバークシャーの子会社が引き受けていた。そしてアーノルド・シュワルツェネッガーが来日したときに乗ってきたプライベートジェット、これも傘下のネットジェットを利用したものだ。ソフトクリームのデイリークイーンも、チョコレートショップのシーズ・キャンディーズも日本に出店している。カービーの掃除機や、キャンベル・ハウスフェルドのエアコンプレッサー、ベンジャミン・ムーアの塗料、ジャスティン・ブランズのウエスタンブーツも日本で販売されている。探してみれば、まだまだバークシャーの子会社や代理店は私たちの身近に進出しているかもしれない。

これまでバフェットというと、大型優良株を安値で拾う株式投資家のイメージが強かったが、ここ数年の間にフレディーマック、マクドナルド、ディズニーといった大型株を売却し、さまざまな企業を市場やブローカーを通さずに適正価格で買収するスタンスに変わってきている。本書ではこれまでのバフェット本では詳しく扱われていなかった買収先企業、つまりバークシャー傘下の子会社に焦点を当て、バフェット本人と各企業のCEOの生の言葉を通して、各企業の歴史や文化、経営方針、買収過程、そして経営者としてのバフェットおよび各経営陣の理念や人物像を追究している。

本書は「バフェット式投資法」のような大それた本ではないと著者は言う。たしかに、売ったり買ったりして短期で大儲けしたいとお考えの読者には本書は物足りないものに映るかもしれない。なにしろ、短期的に儲けることが目的ではないため、死ぬまで、いや死んでも手放さないつもりで買っているからだ。しかし、本当の意味での投資とは何か、企業文化とは何か、事業を継承し存続させていくというのはどういうことなのか、ということをしみじみと考えさせてくれる本である。本書を読み進めていくうちに、なぜバフェットがその企業を買ったのか、納得がいくと思う。

バフェットは企業を一つの「傑作」としてとらえている。創業者の熱い思いによって長年にわたって築き上げられてきた企業の文化や伝統を大切に守り、破綻しかけても見捨てず、自分のほれ込んだ企業と経営陣を応援し、ついのすみかとなる「家」を提供する。そんな彼のホワイトナイト的な思いが伝わってくる。バフェットが買収している企業には、大恐慌にも戦争にも幾多の不況にもめげずに生き残ってきた家族経営の老舗が多い。キーワードは「家族」と「家」、「大きな堀」と「能力の輪」、「誠実」「正直」「忠誠心」「愛社精神」「倫理観」、そして「価値の創造」と「長期的な視点」、「顧客志向」と「株主志向」である。

バークシャーの定年は一〇四歳。定年制がないも同然である。家族主義経営とチームワークを重んじ、好きな人たちと好きな仕事を好きなように楽しむ。これがモットーである。「大きな堀」は競争上の優位性を意味する。ブランド力を高め、どれだけ差別化を図れるか、ニッチを築いているか、ユニークかというのがカギとなる。そして「能力の輪」。これは自分で理解できないものには手を出さない、本業に専念する、という意味である。そして、買うのは第一に人。企業は二の次だという。「良き経営陣のいない小売店を買うのは、エレベーターのないエッフェル塔を買うようなものです」とはバフェットの言葉である。どれほど成長性のある優良企業であっても、自分が信頼でき、ほれ込んだ経営陣のいる企業でないと、バフェットはけっして買わない。

ボーシャイムズ宝石店のホームページには、「宝石のことを知らないのなら、その宝石商について知れ」というバフェットのメッセージが掲載されている。信頼できる経営者を見つけたら、あとはすべて任せるという「無干渉経営方式」。そして目先の利益を追求するのではなく、長期的な成長、長期的な価値の創造を目指すのもバフェットならではである。「新聞の第一面を読んで、けっして恥ずかしくならないような行いをしてください」というのも彼の口ぐせである。

　このところ、日本では企業の不祥事や事故が相次ぎ、中高年の自殺や過労死もかつてないほどの深刻さを増している。終身雇用が崩壊し、将来の不安を抱えるなかで断行されるリストラの嵐。本来、リストラとは「再構築」という意味だが、なぜか日本では「人員削減」の意味で使われている。アメリカのように職を転々とするのが当たり前の国ならともかく、流動性のない日本で行われるリストラには過酷なものがある。人をまず切ることよりも、同じ船に乗った者同士一丸となって生き残りの道を模索することはできないのだろうか。企業を支えているのは一人ひとりの社員であり、その社員には心があり、家族がいる。社員の顔が見えている企業幹部はいったいどのくらいいるだろうか。安易な統合再編によって伝統ある企業文化を踏みにじられる社員の気持ちはどうなるのだろう。かつて東アジアの国々が手本とした、チームワークと信用を重んじる日本モデルはいったいどこへいってしまったのだろうか。つい最近、いまだに終身雇用をうたっているトヨタ自動車の格付けが五年ぶりにバークシャーと同じ「トリプルA」に返り咲いたが、これは単なる偶然ではないと思う。労使関係がリストラをする側、される側という関係になってしまっては、愛社精神も忠誠心も倫理観も失われていくだけである。

バフェットはかなり以前から、本人の業績とは無関係に無リスクで多額の報酬を得られるストックオプション（株式購入権）の付与や、その費用を計上しない「隠れ人件費」には批判的だったが、ITバブルの崩壊と不正会計処理騒動を経た今、欧米では見直しの機運が広がっている。オプションの費用計上を義務づける方向だが、バフェットが社外取締役を務めるコカ・コーラやワシントン・ポストが早々に費用計上を発表し、つい最近ではマイクロソフトがストックオプションの廃止を決めた。株価至上主義や不正会計処理の温床となる短期的な企業評価にも見直しの動きがあり、コカ・コーラでは長期経営戦略を重視するため、四半期および通期の業績予想の発表中止を決定している。いずれもバフェットの影響だが、彼は一般投資家にとって分かりにくい目論見書やSEC（米証券取引委員会）提出書類を平易な言葉で書く運動もしている。

一方、日本ではストックオプション導入の動きが広がり、業績の四半期開示が始まったばかりである。欧米とは少々動きがずれているが、長期的な視点で企業を評価する目を失わないようにしてもらいたいと思う。そういう意味でも本書から何らかのインスピレーションを受け取っていただければ幸いである。書き手はバークシャーの長期安定株主である起業家のロバート

・マイルズ。原書の表紙にはジャック・ウェルチとウォーレン・バフェットの推薦が入っている。本書は投資関係者だけでなく、合併や統合再編をお考えの企業幹部の方、家業をお持ちの方、事業の継承問題を抱える方、そして日ごろ、ビジネス書とは縁のなかった方々にも広くお読みいただけるものと思う。バークシャー・モデルが新しいビジネスモデルとして一般に受け入れられる日がいずれ来るかもしれない。バフェットおよび各ＣＥＯたちの含蓄ある言葉とともに、株券の裏にある各企業の人間ドラマをここにこうしてお伝えできることを訳者として光栄に思う。

最後に、本書の翻訳の機会を与えてくださった後藤康徳氏（パンローリング）、予定よりも大幅に遅れた訳出作業を温かく見守ってくださった編集者の阿部達郎氏（ＦＧＩ）、訳出上の不明箇所についてお答えいただいたバークシャー・ファミリーの皆様には、この場を借りて心よりお礼申し上げたい。

二〇〇三年九月

木村規子

目次

第三部　バークシャー傘下の創業者たち

第四部　バークシャー傘下のCEO一族――子どもと孫の代

第五部　バークシャー傘下のCEO継承者――専門経営者たち

第六部　結論

序文

超長期にわたって一貫して好成績を上げられるかどうかによって、その組織力と理念が真に試されることになる。ネブラスカ大学でアメリカンフットボールのヘッドコーチをしていた私は、非常に幸運にもシーズン戦で三九連勝を達成したうえ、九勝以上を上げてボウルゲームへの出場権を三二チーム連続で獲得してきた。しかも、この間に五回も全米制覇を成し遂げ、数多くのカンファレンス（＝リーグ）で優勝している。

スポーツ界とビジネス界にはいくつか類似点があると思う。ネブラスカ大学で有効と思われる戦略のなかには、バークシャー・ハサウェイで日常的に取り入れられているものがあるからだ。バークシャーが優良企業である証拠の一つに、並外れた業績を長期にわたって維持していることが挙げられる。わが友、ウォーレン・バフェットが築き上げた経営方針が中心にあるからこそ、この驚嘆すべきサクセスストーリーが永続しているのである。

バフェットほど、企業経営者のリクルートに成功している者はいない。彼の成功のもとは企業そのものにあるのではなく、その人選にある。バフェットは自ら選んだＣＥＯ（最高経営責任者）たちに忠実だが、ＣＥＯたちもまたバフェットに対して忠実である。

こうした忠誠心がバークシャーを成功に導いたように、ネブラスカのフットボールチームにおいても忠誠心が勝利への何よりも重要な原動力になっている。一九六二年から一九七三年までネブラスカ大学でヘッドコーチを務めていたボブ・デバネーがその範を示している。ボブは当初ネブラスカで数多くの栄冠を手にしてきた。しかし一九六八年、シーズン成績が六勝四敗に終わり、アシスタントコーチらのクビを要求する者が出てきた。ボブはこれに対して「いけにえ」をささげる気など一切ないと応じた。「コーチが一人でも欠けるようなことがあれば、われわれは全員やめる」と公言したのである。こうした伝統は以来、何十年もの間そのまま受け継がれ、これがネブラスカ大学を連勝に導いてきたのである。

バフェットは企業を買収しても、経営陣を入れ替えるようなことはしない。今日では非常に珍しいことだが、これはたまたまではなく、意図的にそうしているのである。バフェットは自分で本当に信頼できると思える人たちを選び、買収前とまったく同じように経営に当たってもらうことにしている。そして、ブロックやタックルに全力を尽くすCEOたちをサイドラインから応援する。それがウォーレンである。

アシスタントコーチの処遇について私が悟ったこととは、チームの基本方針から外れないかぎり、それぞれに責任範囲を大きく割り振り、各人の裁量に任せることが大事だ、ということだ。フットボールの場合、アシスタントコーチに細かい指示をいちいち与えてもうまくいかない。ウォーレンも同様の指導方針に従って各企業の経営陣に接しているのである。

バークシャーはエリートチームの集まりである。だから、バフェットはそのメンバーをだれ一人としてトレードするつもりはないし、経営トップが他社に移籍したことも一度もない。こうしたたぐいまれなる人財集団はバークシャーで一生働き続けるつもりでいる――実際、バフェットも彼らが会社を辞めるとは思っていないし、それを望んでもいないが――それは、バフェット自身が永遠に引退する気がないのと同じである。

同様に、所属年数の長さでは、ネブラスカのコーチングスタッフも負けてはいない。例えば、全米カレッジフットボール主要校のアシスタントコーチの場合、同一チームにおける平均所属年数はたったの三年だが、ネブラスカ大学では平均一五年である。しかも、この四〇年ほどの間にネブラスカでヘッドコーチを務めた人間は三人しかいない。たいていの大学ではヘッドコーチが頻繁に入れ替わるのが普通なので、選手の採用にバラツキが見られ、チームワークもばらばらで、共通の試合経験や知識を持つことが困難になっている。このようにヘッドコーチの交替はいかにも逆効果のようだが、似たようなことはビジネス界でもしばしば起こっている。しかしバフェットの場合、大規模な人事異動や大量の離職者を生じさせるような再編案にはずっと反対の姿勢を貫いてきた。ウォーレンの下にいるCEOたちは毎日オマハに電話する必要もなければ、毎週報告書を提出することも義務づけられていない。社内のことだけに意識を集中すればよいことになっている。というのも、彼らの会社を経営しているのは、ほかでもない、「彼ら自身」であるからだ。もちろん、たいていのCEOたちはバフェットと話をしたいと思っているし、定期的に相談したりしているが、これはそうしなければいけない、というわけではないのである。

数年前、ウォーレンの経営スタイルを如実に物語るちょっとした出来事があった。それは、とある企業の危機に彼が対処したときのことだ。取締役会は一人委員会としてウォーレンを指名した。最高幹部二人が突然解任されたため、次期CEOを選出する必要があったからだ。ウォーレンには素早い決断が求められていた。人選に当たり、彼が判断材料としたのは、履歴書でもなければ、学校の成績証明書でも、同僚からの推薦状でもなかった。人柄の良さを重視したのである。彼はこう言った。人間的に超一流だと私が見込んだ人物を候補者として選びました、と。バフェットがビジネス界で成功しているのは、経営陣の人となりを見極める能力と、立派な履歴書や個々の優れた才能にも勝る、堅実で信頼に足る人物を評価する鑑識眼があったからである。

いっしょに仕事をする人間を選ぶに当たっては、私もだんだんウォーレンと同じような考え方をするようになった。何よりもまず人柄を見ることにしたのである。すると、往々にして他の候補者よりも経験の浅い人や履歴書がいまひとつパッとしないような人を採用することになる。しかし、私自身がその人たちを信頼することができ、彼らが一生懸命に仕事をするなら、そして、自分たちを信頼して仕事を任せてくれる人たちを心から大切にするような彼らであれば、どんなにささいなことでも、知っておく必要のあることなら、きっと覚えてくれるはずである。ウォーレンが言っていたように、大事なのはやはり人柄である。

バークシャー・ハサウェイのような成功を収める

ことは、だれにでもまねできるようなことではない。しかしバフェットの経営手法――そして彼が選んだCEOたちの経営手法に学ぶことは、きっとだれにでもできるはずだ。本書を読めば、バフェットとともに仕事をし、苦楽をともにしてきた企業経営者たちの世界をはじめ、比類なきオマハの賢人とその会社の双方をインサイダーの視点から見ることができるだろう。

米下院議員（共和党・ネブラスカ州選出）
元ネブラスカ大学フットボール部ヘッドコーチ
（一九七三～一九九七年）

トム・オズボーン

まえがき

今回の執筆作業はいくぶん謙虚な気持ちで地味に始まった。処女作『バフェットの投資戦略と企業経営』（東洋経済新報社刊）を仕上げた私はウォーレン・バフェットに手紙を書いた。すると、次のような返事が届いたからだ。「チャーリー［＝副会長チャールズ・マンガー］や弊社の経営陣にもご配慮願います」――その本音はつまり、「私について書かれるのはもうたくさん。バークシャーの実像に迫りたければ、弊社傘下の経営者たちについて書け。このバカもん」というわけだ。

実際に「バカもん」と言われたわけではない。如才なく、人にやる気を起こさせるのがうまい彼がそんなことを言うはずがない。しかし、私にはその真意がよく分かった。そこで早速ルー・シンプソンに電話をかけてみた。彼はバークシャーの投資部門においてバフェットの後継者とされる人物である。だが秘書からの返事は、インタビューには応じられないというものだった。がっかりである。ところが、その後なんと、シンプソン本人から折り返し電話がかかってきた。「仕事仲間のトム・バンクロフトも交えて、朝食でも食べながら話をしましょう」と言われ、インタビューをさせてもらえることになったのである。こうしてバークシャー・ハサウェイのCEOたちとの初顔合わせは、素晴らしい全国横断の旅からスタートしたのである。

本書は「バフェット式投資法」のような大それた本ではない。というより、バフェットの投資先企業の経営陣たちを紹介した本だ。読めば分かると思うが、さまざまな家族の人間模様や成功企業の創業当時の興味深い話をはじめ、高い評価を得ている現役CEOたちの経営理念や投資方針などをお伝えしていくつもりである。

本書執筆に当たり調査活動を行ううえでウォーレンから特に承諾を得たわけではないが、各経営者へのインタビューを許可するかどうかについては、本人たちの意志に任せてある、との手紙をちょうだいした。「彼らの時間は彼らのものですから」というその手紙にはこう書かれてあった。「彼らのインタビューを読むのを楽しみにしています。きっと面白い本になるでしょう。弊社の経営陣は魅力あふれる起業家集団ですから、彼らの話はどれも刺激的でためになります。もっとも、ステレオタイプのＭＢＡ修得者を経営者にしようと考えているような企業の場合、趣を異にする彼らの経営スタイルには面食らうかもしれませんが」

その後、ウォーレンの七〇歳の誕生日を祝う昼食会の席で、「ルー・シンプソンのインタビュー原稿、とても面白く読ませてもらいました」と彼から言われたが（一応礼儀としてウォーレンにコピーを送っておいたのだが）、ほかの人の分も前もって見せてほしいと要請されることはなかった。本書の執筆に影響を与えたくなかったのだろう。

ウォーレンは各経営者と私が話をすることについては、特に後押しすることも、邪魔することもなかった。でも、たいていの経営者たちはまず間違いなくウォーレンに相談の電話を入れたのではないかと思う。仮にボスから許可が下りなかったとしたら、彼らは私と話をしてくれただろうか。おそらくしてくれなかったに違いない。「本書を読むのを楽しみにしている」とウォーレンは言ってくれたが、副会長のチャーリー・マンガーともどもインタビューには応じてくれなかった。私の試みは前代未聞のことだったのだと思う。実際、バークシャーの子会社のうち、デイリー・クイーン、デクスター・シューズ、ミッドアメリカン、ナショナル・インデムニティ、ゼネラル・リーなどからは断られているのである。

インタビューのとき、自分自身の話をするのは苦手の経営者が多かったが、そんな彼らも事業の話になると、楽しげに話をしてくれた。特に創業者や家族経営者には、とっておきの話というのがあって、いろいろな話を喜んでしてくれる傾向が強いことが分かった。しかし、一族以外で後継者となった専門経営者の場合、自分自身のことや会社での自分の役割について注目されるのは居心地が悪そうだった。

ここで、私自身のことも話しておこうと思う。私はバークシャー・ハサウェイの株主で、バークシャーとその経営陣を偏愛するファンの一人である。金融業界や金融関係のメディアでの仕事経験はないが、きちんと教育を受けた実業家で、情熱に任せて著述活動もしている。さらに言えば、本書はバークシャー・ハサウェイの「公認刊行物」ではないし、私自身、バークシャーの関連企業から雇われたことは一度もない。したがって、航空運賃、ホテル代、レンタカー料金、コピー代などを含め、本書執筆にかかった費用はすべて自腹である。

たしかに何人かの経営者からは「贈り物」をいくらか受け取っている。朝・昼・晩の食事や手づくりバーベキューをごちそうになったし、テレビ出演もさせてもらった。本や資料、ゴルフボールやTシャツ、野球帽、荷札などもいただいたし、フライトシミュレーターも体験させてもらった。

読者のなかには、バークシャーの経営陣と会うことができた私をうらやましいと思う方もおられるかもしれない。が、ここでひとこと断っておきたい。それは、二〇人のCEOとじかに会おうと思ったら、バークシャーのクラスB株（＝NYSE上場、銘柄コードBRKb／二〇〇一年九月末当時、一株二三三〇ドル）を一〇株ぐらい買えるだけの金がいる、ということだ。それも、それだけの時間的ゆとりがあって、経営者たちが同様の機会を与えてくれれば、の話である。さらに必要な調査をするには、B株をもう二〇株分買うお金があると助かるだろう。それから一五〇〇ページ分の原稿を見直し、さらに一五〇〇ページもある資料をチェックしながら、原稿を削りに削って出版社の上限四〇〇ページにまとめ上げるのに一年の大半を費やすことになるのである。

広範囲にわたる調査、それも時には体力を消耗するような調査活動での移動は、空の旅一〇回、列車の旅一回、バスの旅数回。そして車を走らせること、およそ一六〇〇キロ。こうして一五都市を訪問したのである。そのうえ、何時間もかけて追加の電話インタビューを行い、ほとんど日帰りであちこちの図書館にも通った。

できるだけ多くの読者にアピールするような本づくりがしたかったし、それぞれのCEOたちにも楽しく読んでもらえるようにしなければ、というプレッシャーもあった。概してバークシャーのCEOたちは互いのことを知らない。だから、他のCEOたちのインタビューを読んで、自分たちに共通する資質とは何か、つまり、どんな資質がウォーレンの興味を引いたのか知りたいと、楽しみにしてくれているのである。

以前、ウォーレンがこんなことを言ったことがある。自分にもしものことが起きた場合に備えて、バークシャーの業務部門の後継者を現行の経営陣のなかからちゃんと選んである、と。つまり、彼らのうちの一人が次期統括CEOになるかもしれないのである。そこで、バークシャーの後継者プランについても考察を加えてみた。だれがバフェットの後任を務めるのか、だれも語ってはくれなかったが、CEOたちと過ごすうちに、それなりに察しがつくようになった。

各CEOたちはそれぞれの言葉でバークシャーの企業文化やそのユニークな経営方針について話してくれた。しかし、私にはどうしても理解できないことがある。企業を買収しても、普通に株を購入するときと同じように経営手法には一切タッチしないというのがバークシャーの買収戦略だが、どうしてほかの企業はこうした戦略をとらないのだろうか。バークシャーはどうもウォールストリート（機関投資家）ではなく、メインストリート（一般投資家）に近いようだ。

バフェットは株を買い付けるのと同じ手法で傘下のCEOたちを管理している。人選は慎重に行うが、買収したからといって、これまでと違うやり方を求めたりはしない。CEOたちには誠実に接し、CEOたちもまたバフェットに対して誠実である。傘下のCEOの定着率にかけては、フォーチュン五〇〇社の最高責任者のなかでバフェットの右に出る者はいない。

バフェットはまた有能な投資家であると同時に有能な経営者でもある。企業は二の次である。バークシャーが買うのは第一に人。企業はその企業のCEOを完全に信頼できないうちは、絶対に買収しようとはしない。適切に投資することによって適切に経営を行っていく。投資家としては非常に有名な彼だが、同様に経営の才もあるのである。

その後、どうしてバークシャーのような企業文化を取り入れる企業がないのか、ウォーレン・バフェットに聞いてみた。それは、買収側のCEOたちは買収するたびに相乗効果を期待し、買収先企業とその経営陣に自社の企業文化を押しつけなければいけないという強迫観念に取り付かれているからだ、という答えが返ってくるものと思っていたが、そうではなかった。

その代わり、バフェットはこう説明してくれた。彼が築いてきた企業文化が生まれたのは、彼がまだ若いころ（三四歳のとき）に小さな会社の経営を引き継いだのがきっかけだったが、六五歳になっても引退する必要がなかったため、文化をはぐくむだけの時間が十分にあったからだ、と。たいていのCEOは文化を継承しても、短期間で入れ替わるため、その組織に自分の足跡を残すだけの時間があまりない。しかも、こうした企業は規模が大きいため、たとえ、そのCEOの経営手法が以前より優れていても、変化には抵抗する傾向が強いという。こうした概念は私にとって経営上の大きな発見だった。

発見はほかにもあった。なかでも私が感動したのは、バフェット傘下のCEOたちが共通して「恩返しの心」を持っていたことだ。こうした惜しみない行為には驚くばかりだが、これは世界中の経営者にインスピレーションを与えることになるだろう。

ウォーレンは正しかった。バークシャーはまさに「ウォーレン・バフェット以上」である。その真実のドラマは、かの有名な投資家兼実業家のバックにいる経営陣なくしては語ることはできないのである。

二〇〇一年九月　フロリダ州タンパにて

ロバート・P・マイルズ

謝辞

本書を書くきっかけを与えてくれたのは、実はウォーレン・バフェットだった。私が出した手紙に彼が返事をくれたのである。それにはこうあった。バークシャー・ハサウェイの実像をつくっているのは、弊社を構成する傘下の経営者たち全員である、と。そこで何よりもまず彼に対して感謝の意をささげたい。本書のアイデアをくれたこと、際限なく興味をそそられる企業をその手でつくり上げてくれたこと、そしてCEOたちから率直な話を聞かせてもらうことについて、あらかじめ質問事項や清書原稿の承認を得てもいないのに、黙って同意してくれたことについて感謝している。

また、彼のパートナーであり、バークシャーの副会長でもあるチャーリー・マンガーには、長年にわたりその英知を授けてくれたことに感謝している。彼もまた本書については一切干渉しようとはしなかった。

初インタビューに応じてくれたのは、ルー・シンプソンだった。本書を刊行できたのも、ほかならぬ彼の力によるところが大きい。普通ならルーはインタビューには応じないのだという。それなのに貴重な時間を割いてくれ、その見識を披露してくれたことに、ことのほか感謝している。

以下、インタビューをした順に、ルー・シンプソン（そして仕事仲間のトム・バンクロフト）、アル・ユールチー、トニー・ナイスリー、ラルフ・シャイ（そして彼の後継者のケン・スメルスバーガー）、スタン・リプシー、アジート・ジャイン、エリオット・テートルマンとバリー・テートルマン、フランク・ルーニー、スーザン・ジャックス、アービン・ブラムキン、ビル・チャイルド、ハロルド・メルトン、ランディー・ワトソン、メルビン・ウォルフ、ジェフ・コメント、チャック・ハギンズ、ドン・グラハム、リッチ・サントゥーリら、各CEOの皆さんに感謝の意を表したいと思う。

また、CEOのアシスタントの皆さんにも、スケジュールの予約、道案内、調査資料の提供、原稿チェック、手紙や電子メールのやりとり、写真の手配、各章の見直しなどで、お世話になった。彼らの勤続年数を合計すると、三〇七年（平均一五年）にもなる。このため、それぞれの企業とその経営者についてはだれよりも熟知していた。ここに勤続年数の長い順にリストアップしておこう（カッコ内はCEOの名前である）。フローラ・ジャシオ、三三年（ユールチー）、リンダ・スタイン・ワード、三二年（ナイスリー）、デビー・ボサネク、二七年（バフェット）、パム・ガゼンスキー、二六年（グラハム）、クリス・ヒューズ、二四年（シャイ）、シェリー・ベンダー、一七年（ウォルフ）、マーシャ・ガーナー、一六年（チャイルド）、バーバラ・ウルバンツィク、一五・五年（リプシー）、キャリー・バーマン、一五年（メルトン）、ジョセフィン・ファイエッツラ、一四年（ルーニー）、ウェンディ・バナハン、一二年（グラハム）、イーディス・デ・サンティス、一二年（スメルスバーガー）、バーバラ・パルマ、一一年（シンプソン）、ナンシー・バーナード、一〇年（ハギンズ）、ジュディー・ロビンソン、九年（コメント）、スーザン・ゴラク、九年（ブラムキン）、カレン・ベンソン、八年（ジャックス）、リサ・ランケス、七年（ワトソン）、ヘザー・コポラス、五年（テートルマン）、キャロル・ボリキ、三年（サントゥーリ）、ベバリー・ワード、一年（ジャイン）。

バークシャーの取締役の一人で、バークシャー繊維工場の創業者一家の三代目マルコム・キム・チェイスと彼のアシスタント、ステーシー・クールビルには、バークシャーに対する理解を深めるうえでお世話になった。レディオ・シャックの元CEOジョン・ローチと彼のアシスタントで三〇年来のパートナー、ルー・アン・ブレイロックには、最近の買収の裏事情を詳しく教えてもらい、「新顔たち」とのインタビューがやりやすくなるように、お膳立てをしてもらった。

コート・ファニチャーのポール・アーノルドには、いつでもインタビューに応じられるように準備をしてもらっていたのに、とうとう実現せずに終わってしまった。ほかにも応じる用意をしてもらっていながら、インタビューできず、本書に収録できなかったCEOの皆さん、それはけっして皆さんに非があるわけではない。この場を借りて、お礼申し上げると同時にお詫び申し上げたい。温かい手紙をちょうだいし、感謝の気持ちでいっぱいである。以下、CEOの名前と社名（カッコ内）を挙げさせていただきたい。テリー・パイパー（プレシジョン・スチール）、エド・ブリッジとジョン・ブリッジ（ベン・ブリッジ・ジュエラーズ）、デビッド・ソコル（ミッドアメリカン）、ブラッド・キンスラー（フェッチハイマー）、ロン・ファーガソン（ゼネラル・リー）、ドン・トール（カンザス・バンカーズ・シュアティ）。そして、ナショナル・インデムニティのCEOドン・ワースターには、バフェット傘下の系列企業とそのCEOたちについて説明してもらい、感謝している。

フライトセーフティーの素晴らしき社員の皆さん、ありがとう。ブルース・ホイットマン（勤続四〇年）、ジム・ウォー、トム・エフ、ロジャー・リッチー、トム・マーニーには、三発式のビジネスジェット機を操縦させてもらい、無事着陸するまでスリルを味わわせてもらった。ユナイテッド・エアラインの機長キット・ダービーには、彼が三年がかりで入念に記録してきたパイロット訓練およびフライトシミュレーターの統計データをもらい、感謝している。キャシー・スパーン、メラニー・ブラッドストン、クリスティン・ラックスら、プロジェクト・オービスのひたむきな皆さんにも、ありがとうと言いたい。

ビル・チャイルドのご家族の皆さん、とりわけパットには感謝している。ご自宅にお呼ばれし、裏庭でご家族と昔ながらの野外バーベキューを楽しませてもらった。ルーシ・シャイにも感謝したい。おかげでラルフの引退時に彼の秘書役をさせてもらった。

デーブ・ハービーと彼のスタッフ、ボブ・ケンプ、ライル・デッドマン、ダン・ディアス、ジョニー・ウッズには、シーズ・キャンディーズの株主向け年次チョコレート・ツアーに参加させてもらい、感謝している。帰るときにチョコレートの詰め合わせをいくつもいただき、今ではみなしっかりと御社のチヨコレートにハマっている！

コロンバスにあるネットジェット・コマンドセンターのリーダー、リチャード・スミス三世と、エグゼクティブ・ジェットの最新鋭機によるキング＆パーソナル・ツアーで機内食を用意してくれたベス・アン・ゴートラーにもお礼申し上げたい。オーナーになりそうな人にネットジェットの超一流のオペレーションを見学させれば、それだけでだれもが御社の顧客になるだろう。

ウォーレン・バフェットのネット上のブリッジ仲間シャロン・オズバーグ、ジョーダンズ・ファニチャーの役員スティーブン・ガスキン、モルガン・スタンレーの保険業界担当アナリスト、アリス・シュローダーにもお礼申し上げたい。

良い本とは調査が行き届いているものだが、そうした本づくりをするうえで、お世話になったタンパ大学図書館の館長マルリン・ペセとそのスタッフには感謝しなければいけない。毎日、図書館通いをするたびに、再調査の必要な項目が何であれ、職員や司書の方々がネット検索や調べ物の手伝いを快く引き受けてくれた。

原稿を書くのは孤独な作業だが、どんな本でも、ひたむきなプロ集団のチームプレーによって生まれるものだ。本書でクローズアップされている各CEOのように、個人の力によるところも大きいかもしれないが、それでも、結果をもたらすのはチームワークである。本には必ずビジョンがなければいけない。そして、作者がやり遂げようとしていることを把握し理解してくれる出版社が必要である。幸い、作家仲間のジャネット・ロウとワイリーの代表者ティム・ハンドがジョン・ワイリー＆サンズの発行者ジョーン・オニールと担当編集者のデブラ・イングランダーを紹介してくれた。あなたがもし「バフェット本」や投資関係あるいはマネジメント関係の本を書きたいと思っているなら、デブラに電話してみるといいだろう。本のコンセプトについて、デブラほど、のみ込みの早い人はいない。自分が担当している作家から作品の構想を引き出して書かせるその才能には驚くばかりである。彼女の娘エリーズに言わせれば、家では母親以上の存在だそうだ。そこで、私も言わせてもらおう。デブラは仕事場でも編集者以上の存在である。

このほかのワイリーのプロ集団、P・J・キャンベル、テス・ウッズ、グレッグ・フリードマン、ロビン・ファクター、メアリー・ダニエロにも感謝している。

どの作家にとっても必要なのは著作権代理人である。アルテア・リテラリー・エージェンシーのアンドレア・ペドロスキーは、なかでも最高のエージェントの一人である。出版業界を渡るうえで慎重に私を導いてくれた。契約交渉の場面では出版社と作家の間のデリケートな関係を壊さないようにしながら、クライアントの利益を一番に考えて行動してくれた。

どの作家にも手を貸してくれる人が必要である。特にインタビュー原稿が一五〇〇ページもあって、調査資料がそれと同じだけあるような場合、編集にはどうしても助っ人が必要である。その点、ロブ・カプランは三〇〇〇ページもあったものを注意深く削って四〇〇ページに編集し直してくれたうえ、本書を読みやすく、全体的に楽しく読み進められるようにしてくれた。ロブは有能なライター兼エディターであり、優れた意思決定者である。まさに、こうした仕事をするために生まれてきたような男だ。

たいていの作家は執筆中に第三者に読んでもらう利点を活用しないが、私の場合、本づくりにおいて、タンパの弁護士で株主仲間のウィル・ハレルが最高の相談相手になってくれた。だれにも内緒で各章に目を通してもらい、遠慮なく批評してもらった。大幅に書き直したほうがいいところがあるとか、各経営者への追加質問については路線を変更したほうがいいなど、いろいろとアドバイスしてくれた。バフェット好みのCEOの代表格としてミセス・ブラムキンの章を入れたのも、彼のアイデアである。毎週ランチをおごるのと引き換えに私が得たもの――それは、弁護士と依頼者間の秘匿特権、面白い株主仲間、文法と構文の誤りを修正してくれる人、執筆と同時進行で得られる「読者」からのコメントとフィードバック、私が伝えようとしているコンセプトがちゃんと伝わるかどうかを見分ける鑑識眼、会話の達人と文章の達人、投資に関する知識、バークシャーの社史、週末だけの株式アナリスト、経営のエキスパート、そして友人である。

スティーブ・ライマーには当初、インタビュー時の質問事項を考えるのを手伝ってもらい、本書のビジョンについて意見を聞かせもらった。そして、エリック・バランドラウド、ライル・マッキントッシュ、レスリー・トーベックス、ジョアン・フロイド、マーク・フォレスター、クリスティン・ガーバー、リッチ・ロックウッド、ジム・チュオン、セレナ・マランジェイン、ケン・ロバーツ、トム・ユンゲル、ベン・キートン、リー・バクーニンにもお世話になり、感謝している。

バークシャーの歴史についてだれよりも詳しい精力的な作家アンディ・キルパトリックには心より感謝の意を表したい。彼はその人生をバークシャー・ハサウェイの年代記編纂にささげ、その著書『オブ・パーマネント・バリュー／ザ・ストーリー・オブ・ウォーレン・バフェット（Of Permanent Value : The Story of Warren Buffett）』を自費出版している。それも、半年ごとに改訂するたびに編集段階で内容を削ることを彼が拒否しているため、一一〇〇ページもの「大化け本」になっているが、おかげさまで、彼の著書を「バークシャー百科事典」として愛用している「バフェット本」作家たちの上腕二頭筋がどんどんたくましくなっている。

オマハの本屋さん、ジム・ロスとペッグ・ヘイク、そしてネブラスカ大学オマハ校のローラ・ビール教授とウェイユー・グォウ教授は、私を支え励ましてくれた。この場を借りて、最大の感謝をささげたい。アンディ・カッセルとリンダ・オブライオンには、彼らが行ったミセス・ブラムキンへのインタビューの写しを提供してもらい、感謝している。PBSのTV番組『ナイトリー・ビジネス・レポート』のジャック・カーンにも謝意を表したい。

本書が完成するまでの長い道のりにおいて、ずっと励まし続けてくれたジョン・ゼマノビッチにも感謝したい。彼は本書を一語も読まないうちから、もう興奮して、「これはきっとベストセラーになる」と大胆にも予言してくれた。そして、ジョン・バウムの後押しがあったからこそ、本書を完成することができた。「予期せぬ結果の法則」を信じてくれたことに感謝している。

ホイット・ワナメーカーには、その友情と支援に感謝したい。それから、ジャネット・ライトにも感謝の意を表したい。作家生活に当然ある浮き沈みのなかで、忍耐強く、思慮深いアドバイスをくれ、精神的な支えになってくれた。

最後になったが、私にわき起こったインスピレーションと未来のCEO、父期待の最高の娘メアリーベスに最大級の感謝をささげたい。

ロバート・P・マイルズ

第一部

最高経営責任者ウォーレン・バフェット

第一章
はじめに――ウォーレン・バフェットと傘下のCEOたち

バークシャー・ハサウェイ構築の立役者でCEOのウォーレン・バフェットがその称賛を一身に浴びているが、バークシャーを理解したければ、この巨大企業の一部を構成している比較的無名の企業経営者全員のことも正しく評価しなければいけない。世界で最も有名な投資家バフェットについては、すでに二五冊以上の本が書かれているが、バフェット傘下の経営陣やそのユニークな企業文化を徹底的に追究した本は今まで一冊もなかった。そこで、その基礎を成す完全子会社の経営を一任されているCEOたちの人物像を紹介することで、バークシャー・ハサウェイの核心に迫ろうと試みたのが本書である。

バークシャー・ハサウェイ（NYSE上場／クラスA株の銘柄コードはBRKａ）は巨大複合企業で、コカ・コーラ（持ち株比率八％）やジレット（同九％）、アメリカン・エキスプレス（同一一％）などの企業を一部所有していることで知られている。また、同社はコカ・コーラの筆頭株主でもある。

バフェットはバークシャーの成長とともに、その名声と富を築いてきた。一九六七年には四〇〇〇万ドルだった同社の売上高は、今や四〇〇億ドルを超えるまでになっている。当初は、普通株を抜け目なく選別買いしていたバークシャーだが、路線を変更し、デイリー・クイーン（アイスクリーム）、ベンジャミン・ムーア（塗料）、ショー・インダストリーズ（カーペット）、ジョンズ・マンビル（断熱材）などの企業を丸ごと買い取るようになった（系列企業の一覧は「付録二」を参照）。

本書では、株式を一部しか保有していない企業のCEO（ワシントン・ポスト紙のドン・グラハム）

についても紹介しているが、主としてバークシャーが一〇〇％所有している企業とそのＣＥＯに焦点を当てていくことにする。

なぜ、そうすることが大事なのか、その理由をいくつか挙げておこう。

★バークシャー・ハサウェイは財務と経営の天才によってつくられた投資会社だが、今ではウォーレン・バフェットよりも大きな存在となっている。その種々雑多な組織はフラット型組織機構において財政的に独立した経営者たちによって運営されている。同社は一四〇〇億ドルを超す資産を抱えているが、普通の企業にあるようなインフラは備えていない。

★バークシャー・ハサウェイがウォーレン・バフェットの持ち株会社として公開株を保有していることは昔から知られているが、擬似ミューチュアルファンド（投資信託）としてのそのイメージは現在では塗り替えられ、完全子会社の集まりとなっている。つい最近まで、バフェットの持ち株会社は株式九〇％、子会社一〇％で構成されていたため、バフェットが次にどの株を買うかが注目の的となっていたが、今日では子会社七〇％、株式三〇％となっており、完全子会社の比率を九〇％に引き上げ、残り一〇％を市場性のある有価証券にすることがバークシャーの目標となっている。バークシャーが今よりはるかに小さな保険会社を営んでいたときは（現在は保険会社を三〇社以上所有している）、保険金の支払い請求に応じられるように資産の流動性を高めておく必要があったため、大企業の株式を市場で買い付けるようにしていたが、会社が成長するにつれ、企業を丸ごと買い取るケースが増えてきたのは、保険金を請求されても、株をそれほど売却しなくても済むようになったからだ。

★普通株を購入するときも、経営陣は往々にして過ちを犯すものだが、投資先企業のＣＥＯが株主の利益を一番に考えないようなヤツなら、取得したばかりでも、公開市場でさっさと売却してしまえばいい。しかし、相性の悪い経営陣のいる企業を丸ごと買い取ってしまった場合は、一新するのが難しく、コストが高くついてしまう。

　バフェットが以前こんなことを書き記している。

「[私たちが] 買いたいと思う企業は、単に優良企業であるだけでなく、有能で好感の持てる一流の経営者が運営している企業です。買収先の経営者について見込み違いをしてしまうのは、傘下に入る側がある種のセールスポイントを提示してくるからです。これは、私たちの側に更迭する権限があるからですが、実際問題として、こうしたセールスポイントがかえってあだになったりするものです。というのも、経営陣の交替は、結婚相手を取り替えるのと同様、痛みとリスクを伴い、多大な時間を要するからです(1)」

　この三五年間、バフェットが選んだCEOのなかには引退した人も何人かいるが、だれ一人としてライバル企業に移った人はいない。CEOたちはみな一生涯のパートナーとみなされているのである。こうした目を見張るような記録が更新されているということだけでも、調べてみるだけの価値はあるというものだ。経営者たちはどうやって選ばれ、管理されているのか。その評価や報酬体系はどうなっているのか。そして、親会社の傘の下で、どうしたらこのような愛社精神や忠誠心が生まれるのだろうか。バークシャーは選び抜かれた経営者たちの集まりである。そもそも、彼らは億万長者でありながら、億万長者の取締役と百万長者の安定株主のために身を粉にして働いているのである。
★一般のCEOは可能であれば、常に自己資本を配分し、事業を拡張している。しかし、バークシャーではこの機能を「資本配分の達人」が一元管理している。こうした独特の経営体制が投資面・経営面の双方において並外れた成功をもたらし、企業文化と機構面でのバフェットの戦略が何よりも優れていることのあかしとなっている。CEOの交替が少ないのも、これで説明がつくだろう。バークシャー傘下の企業では、全社とは言えないまでも、大半の企業で安定雇用が行われ、従業員数が着実に伸びている。昔、繊維事業において冒険したときと、最近、海外の靴メーカーから競争を強いられたときを除けば、大量のレイオフが行われた部門は、仮にあるとしても、ごくわずかしかない。

★バークシャーにおけるテクノロジー――特にインターネットとその影響――については、徹底的に調査するだけの価値がある。ハイテクと無縁なら買うが、たいていの「ニューエコノミー株」を含め、自分で評価できないものには手を出さないバフェットは、ハイテク関連企業を注意深く避けてきた。しかし、フライトセーフティーなどの例外もある。最近の市場の動きを見れば、ネット企業において成功するビジネスモデルをつくり上げることがいかに難しいかが分かる。だが、それでもなおインターネットが自動車の発明と同様、ビジネスコストの削減に役立っていることに変わりはない。バークシャーの企業群のなかでは、GEICOやシーズ・キャンディーズがインターネットの恩恵を受けているが、ワールドブックでは悪影響が出ている。いずれバファロー・ニューズ紙やワシントン・ポスト紙もその存在を脅かされる日が来るかもしれない。一方、ネットジェットの分割ジェット事業にとっては、インターネットが間接的に役立ち、顧客数の増大につながっている。テクノロジーの各企業への影響については、本書でもそれぞれのCEOたちが語ってくれている。

ウォーレン・バフェット引退後のバークシャーはどうなるのだろうか。「会長の引退」が近づくころには、もう彼はこの世にはいない。というのも、バフェットは自分が引退する日をその死後、五年後と定めているからだ。それにしても、バフェットが業務から手を引いてしまったあとのバークシャーはどうなるのか、興味ある株主がほとんどだろう。決定的な答えは得られないにしても、その手掛かりを得るために、本書では現行のバークシャーの企業群とその経営者に注目してみた。このなかからCEOたちの上に立つCEOがいずれ生まれるかもしれない。経営者としての彼らはどんな人間なのか、その企業理念や経営方針はどのようなものなのか、自社の後継者問題にどう対処してきたか、バークシャーというモザイク社会にどのように溶け込んでいるのか、本書を読み進めていくうちに、その答えが分かるだろう。

インタビューのなかで明らかになる、ある事実に驚かされるかもしれない。各経営者たちは、株主向けに年に一回書かれる会長あいさつや報道などで公表されていること以外、他の子会社のことについて、あまり知らないのである。インタビューに応じてくれた経営者たちがそうであったように、ほかの企業がどんなことをしているのか、本書を読めば、あなたにもある程度のことが分かるようになるだろう。

バフェット傘下のCEOたちにはいわゆる「平均像」というのはないが、本書で紹介した人たちで言えば、六〇歳代の白人男性で、創業一〇〇年という老舗企業の三代目経営者といった傾向がある。一人を除いて全員が社内で昇格して経営者になった人たちで、その企業の大半は「オールドエコノミー企業」に属し、レンガ、チョコレート、家具、宝石、百科事典、掃除機、エアコンプレッサー、新聞、靴、保険商品などを扱っている。

各人に見られる特性としては、バフェットに対しても妥協しない、倫理観の高さや誠実さが挙げられる。バフェットが自らの名声を賭けてソロモン・ブラザーズを救ったとき（＝米国債入札時の不正取引によってソロモンが存亡の危機に陥り、バフェットが急きょ同社の会長職に就いて救済に当たったとき）、上院の小委員会で次のような発言をしている。「うっかりミスなら、同情の余地はありますが、会社の名誉を失墜させるようなことについては、私は一切容赦しません」。そして、「地元紙の第一面に印刷できないようなことは絶対にしないでください」というのも、バフェットの口ぐせである。

本書では、資本配分部門においてウォーレン・バフェットのバックアップ役として指名されているルー・シンプソンの独占インタビューも行っている。バークシャーの業務部門については、だれがバフェットの後継者になるのか、だれも明かしてはくれなかったが、本書のなかでインタビューをした人のなかに、いずれその大役を引き継ぐことになる人がいるかもしれない。バークシャーはCEOたちをもっぱら社内から採用しているが、だとすれば、業務部門の次期CEOは勤続年数の長い人から選ばれるのかもしれない。

バフェット「引退」後は、その仕事を三人で分担することになっている。一人は家族のメンバーかで、息子のハワードが最も有力だが、取締役会会長となって、「バフェット・ファミリー」の雰囲気と威光、文化を継承してくれることだろう。もう一人は資本配分（公開企業の株式の購入および完全子会社の買収）担当の経営者。もう一人は傘下の経営陣を率いる経営者である。バークシャーは基本的に、会長と資本管理部門担当のCEO兼社長と業務部門担当のCEO兼社長という三人体制になるだろう。

ルー・シンプソンによれば、バークシャーの経営陣は将来的に現行のGEICOの経営組織（ルー・シンプソンが資本管理担当CEO兼社長で、トニー・ナイスリーが業務管理担当CEO兼社長）と非常に似たものになるだろうとのこと。ただし、これは単に組織の構想であって、こうしたポストに彼らが就く、ということを予測しているわけではない。

シンプソン自身は、自分は控え選手であって、実際の後継者ではないと見ている。二人の年齢差は六歳しかないため、ルーがウォーレンのあとを継ぐというのは考えにくいからだ。一方、バークシャーの業務部門の後継者については、内情を知る人たちに尋ねても、だれもトニー・ナイスリーの名前を後継者としてほのめかす人はいなかったが、彼のプロフィールを見れば、株主にも将来どうなるか、予測はつくだろう。

バークシャーはこれまで企業を買収しても、子会社を売却したり、創業者を更迭したりしたことは一度もない。引退した人はわずかにいるが、自社を今日まで率い、将来にわたってずっと存続させていくために情熱を燃やしている経営者がほとんどである。

たいていの公開企業では、ゼネラル・エレクトリック（GE）のジャック・ウェルチのように、どんなに有能な経営者でも六五歳になると引退を余儀なくされるが、バークシャーの経営陣の場合は、ミセスB（＝ネブラスカ・ファニチャー・マートのミセス・ブラムキン）のように、一〇四歳まで企業経営に従事してから「引退」することも可能である。バークシャーの経営陣は、立派な軍人のごとく最後まで勇敢に戦って殉死を遂げることが許され、また、そうすることが奨励されており、本人もおそらくそれを望んでいるのである。バフェットの下にいるCEOたちがみな笑顔なのは、たぶんこうしたことがあるからかもしれない。

フライトセーフティーの創業者で社長のアル・ユールチーは現在八〇歳を超えているが、バークシャーの株式については絶対に株式分割を行わないとしているウォーレンも、アルが一〇〇歳の誕生日を迎えたら、「年齢分割」しようかと考えている。

バフェットの傘下に入ったCEOたちは、通常の最高責任者が担うような責務とは無縁である。アナリストや株主との会合もないし、記者会見もしない。事業拡張を要求されることもなければ、使える資金にも限度枠はなく、本社から指図を受けることもない。しかも、こうしたCEOたちは、世界中でほかに七社しか取得していない最高信用格付けと財務の健全性を一瞬にして手に入れたことになるのである。

バフェットの下にいるCEOたちは、普通とは違って、外部から邪魔されることがないため、自分の会社の社内問題を処理することと長期的に好業績を上げることだけに徹頭徹尾集中できる。本社に報告を入れる頻度は各経営者次第で、多くても少なくてもかまわない。なにしろ、買収されてから二〇年もたって初めてオマハに足を踏み入れたという経営者もいるくらいだ。

バークシャーの経営陣への報酬体系はこれまた変わっている。決めたのはその最高責任者バフェットである。バフェットの給与は一〇万ドル。ストックオプション（株式購入権）はない。フォーチュン五〇〇社（売上規模全米上位五〇〇社）のCEOのなかでは最低の金額である。彼の下にいる経営者たちはみな、もっと高額の報酬を得ていて、自分の会社と経済的な利害関係が直結する形になっている。彼らの報酬制度は単純明快で、各人の企業業績と直接連動するようになっているのである。

ここでは、すごい話や精巧な企業戦略など期待しないでほしい。企業方針も経営方針も以下のとおり、シンプルそのものなのだから。

★永久に持ち続けたいと思えるような素晴らしい企業の一部を買い付ける。
★尊敬し信頼できる経営者かどうか、それだけを考慮する。そして並外れた経営陣のいる企業をゆっくり丸ごと買い取る。
★小さな株式ポートフォリオを管理するがごとく、自分の会社を管理する。
★経営者に対しては、最初にその経営者に心引かれたときと同じ事業をそのまま継続してもらう。

バフェット傘下のCEOたちはお互いのことを知らない。それに、自分の言いたいことを率直に言えるくらい裕福で経済的に自立している。にもかかわらず、各CEOが語ったバフェット像とバフェットから受けた影響はどれもほぼ同じようなものだった。彼らの話を聞いていると、同じことの繰り返しのように思われるかもしれないが、それは、完全に独立している二〇人のCEOたちがそれぞれ独自に同じ結論に達しているからである。

これは、非凡な男に率いられた、並外れた人々による興味津々の物語である。バークシャー・ハサウェイと傘下のCEOたちについては、バフェットが一九八九年度の会長あいさつのなかで株主に向けて次のように書き記している。「この神々しい集団――（中略）……は、経済的に見て優良から超優良の範囲に入る企業の集まりですが、その経営者のほうは、超一流の面々が顔をそろえています。こうした経営者たちのほとんどは働かなくても食べていける人たちです。それでも、球場に来たのは、ホームランを打ちたいから。彼らのしていることは、ちょうどこれと同じことなのです。……ブラムキン一家、……チャック・ハギンズ、スタン・リプシー、そしてラルフ・シャイ――こうして、わが経営者たちの名前を読み上げるとき、私は、ミラー・ハギンズが一九二七年にニューヨーク・ヤンキースの顔ぶれを発表するときに感じたに違いない心地よい満足感と同じものを感じるのです(2)」

第二章

バフェットのCEO選び

バフェット傘下のＣＥＯになるにはどうしたらいいのだろうか。バークシャー・ハサウェイのユニークな買収過程は、具体的に公表されている独自の基準に従っている。バークシャーのアプローチは、他の企業が市場において優良企業を物色するのとは違い、株式の一部取得であろうと、完全子会社化であろうと、変わらない。いずれの場合も同じ手法で企業とその経営者を積極的に物にしていく。こうした投資家は、一般投資家、機関投資家を問わず、バークシャーだけかもしれない。

バフェットの場合、ＣＥＯの人選と管理については、株を選択して管理するのと似たようなアプローチをとる。企業の買収を決めるときは、経営者の人選過程も含まれる。経営陣を交代させるつもりはないため、株式市場を通じて企業の一部を取得するときも、必ず経営者について検討する。それは、企業を丸ごと買い取るときも、まったく同じである。同様に厳しい基準をその経営者が満たしていない企業には絶対に投資しないし、これからもけっして投資することはないだろう。

バークシャーのＣＥＯ選びについて、なぜ研究するだけの価値があるのか。それは、バークシャーにはこれまで競合他社に移籍したＣＥＯが一人もいないからだ。こうしたＣＥＯ選びの過程を理解したければ、バークシャーの買収方針、買収対象、買収手法を知るのが一番である。

バークシャー・ハサウェイ流

バフェットが選んだＣＥＯの一人で、バークシャーの一〇〇%子会社プレシジョン・スチール・ウエアハウス社長兼CEOのテリー・パイパーが「バークシャー流」について一番うまく要約してくれている。「ミスター・バフェットがプレシジョン・スチールを買収したのは一九七九年ですが、当時の経営陣は、引退した人を除けば、全員が今もそのまま残っています。彼は下で働く者にとって、まさに最高の人で、私どもはバークシャー・ハサウェイの一部となれたことを誇りに思っています。

この地球上で知り得るかぎり最も賢明で正直な良い人と電話でいろいろな話をさせてもらえるのは、非常に幸運なことだと思っています。彼はだれに対しても敬意を持って接してくれますし、だれよりも喜んで人の話に耳を傾けてくれます。彼と話をするたびに、必ず何か得るものがあるんです(1)」

バークシャーがCEOとその企業を獲得する手法は、資本家にとっては理想的と言えるものだ。こうした手法については、数年前にバフェットが次のように説明している。「バークシャー傘下の経営者たちは、ごく平凡と思われるような事業からも引き続き並外れた収益を上げていくことになるでしょう。彼らはまず、その利益を自社で有効活用する方法を模索し、残余利益があれば、チャーリーと私が受け取り、それを利用して一株当たりの内在価値を高めるように努めます。目標は、私たちが自分の頭で理解でき、基調となる経済状態が良好かつ持続可能で、なおかつ、私たちが尊敬し信頼でき好ましいと思える人が経営している企業を一部あるいは全部取得することです……(2)」

バフェットはさらに、その企業とCEOの選別過程について分かりやすく説明している。「ビジネス上、見込みのありそうな範囲が、例えば、オマハの非公開企業だけに限られている場合、私なら、第一に各企業の長期的な経済特性を査定し、第二にその企業の経営陣の質を評価し、第三に最良の事業をいくつか理にかなった値段で買い取ろうとするでしょう。ただし、オマハ中のすべての企業から同等の部門を取得しようとはまず思いません。ならば、もっと範囲を広げて対象が公開企業になったからといって、どうしてバークシャーが方針を変更する必要などあるでしょうか。しかも、偉大な企業と傑出した経営者を探すのは至難のわざである以上、折り紙つきのモノをどうして手放せるでしょうか（これこそ「本物」と言いたいくらいです）。『最初に当たりが出たら、もう試すな』――これが弊社のモットーです[(3)]」

バフェットの買収基準

一九八二年以降、バークシャーのアニュアルレポート（年次報告書）には毎回この買収基準が掲載されている。当初は、「税引き前利益が五〇〇万ドルなければならない」となっていたが、この年間利益の基準が徐々に引き上げられて五〇〇〇万ドルになったこと以外は、過去二〇年間、内容は変更されていない。バークシャーの重要基準のうち、一つ普通とは違うものがある。それは、経営陣は買収成立後も「必ず」会社にとどまること、というものだ。

「以下のすべての基準に見合う企業があれば、社長あるいは代表者からぜひお話を伺いたいと思います。

一．大型案件（税引き前利益が少なくとも五〇〇〇万ドルあること）
二．実証済みの一貫した収益力があること（将来の見通しや「再建中」には興味ありません）「再建されて業績が回復することはめったにないため」
三．ＲＯＥ（株主資本利益率）が高く、負債がほとんどないか無借金経営の企業
四．しっかりとした経営陣が定着していること（弊社には送り込む余裕がありません）
五．単純明快な企業（ハイテクは理解できません）
六．売却価格の提示（価格不明のまま取引の交渉をするのは、たとえ予備段階であっても、売り手、買い手ともに時間の無駄になるので避けたいと思います）

企業規模が大きいほど、興味がわきます。五〇億ドルから二〇〇億ドルの範囲で買収したいと思っています。ただし、ご提案をいただいても、普通に株

式市場から買い付けるつもりはありません。

非友好的な買収はしません。守秘義務については完璧に守ります。興味があるかどうかについての回答は迅速に行い、通常、五分以内で済むことをお約束します。買収には現金払いを希望しますが、弊社と同程度の内在価値を得られるのであれば、株式を発行することも検討します。

チャーリーと私はこちらの基準に達していない案件をよくいただきます。コリー求む、と広告を打っても、コッカースパニエルを売りたいという電話ばかりかかってくる、そんな感じです。新規ベンチャーや再建中の企業、競売状態の身売りについて、私たちがどう思っているか、その気持ちをカントリーソングの一節が表現してくれています――『電話が鳴らないとしたら、それが私の返事です(4)』」

バークシャーの買収テクニック

ビジネス界の他の企業では、CEOをクビにして、企業だけを物色するためのスタッフやエージェントやブローカーを雇っているが、バフェットの場合、電話が鳴るのを待つだけである。よって、オマハへの道を探していけば、最高の取引につながるものだ。バークシャーは三〇万人の株主を抱え、たいていの大企業家とも関係があるため、その影響力もまた膨大な範囲に及ぶ。バフェットにとって最も理想的な状況は、公表しているすべての基準を満たしたCEOが興味を持って電話をかけ、バフェットを直接呼び出してくれることだ。

バフェットはほかにも独自の買収テクニックをいくつか採用している。傘下のCEOたちに協力してもらうのである。というのも、彼らは新たな手掛かりを得るのに最高の情報源となるからだ。また、バフェットは恥も外聞もなくアニュアルレポートに買収広告を打っている。これは三〇万部以上印刷されて配布されるが、ネット上で閲覧する人はさらにものすごい数に上る。

ヒキガエル並みの値段で買う

経済状態が良好で優秀な経営陣のいる企業があれば買収したい、というバークシャーの食欲が衰えることはけっしてないだろう。企業の所有権をすべて取得する場合も、市場性のある有価証券を購入して企業のごく一部を取得する場合も、大事なのは最良の価格で買い付けることである。

バフェットが次のように書き記している。「私たちが買収を決断するときの狙いは、真の意味での経済的利益を最大限に引き出すことであって、経営範囲や会計報告の数値を最大化することではありません（経済的な実態以上に会計上の体裁を良くすることにこだわるような経営者は、長期的に見れば、どちらの目標もほとんど達成できないものです）。

報告利益にすぐに影響が出るかどうかはともかくとして、ワンダフルな企業T社を一株2Xドルで一〇〇％取得するくらいなら、同社の株式を一株Xドルで一〇％購入したいと思います。たいていの企業経営者はまさにこの逆を好みますが、そうするだけの根本的理由を挙げれば、枚挙にいとまがありません。

しかし、極端に高いプレミアムが付く買収には、以下のような――通常、暗黙の――動機が三つあり、それが単独あるいは組み合わされて重要な働きをしているのではないかと思われます。

一．企業であろうとなかろうと、指導者には活動や挑戦の場を増やしたがる血気盛んな人が多いものです。しかしバークシャーでは、買収の見込みがあるとき以外は、それほど胸が高鳴ることはまずありません。

二．企業であろうとなかろうと、たいていの組織では、自己評価を下すときも、他者から評価を受けるときも、その経営者に報酬を支払うときも、規模という物差しを何よりもはるかによく使います（フォーチュン五〇〇社にランクインしている企業の経営者に、御社はあの有名なリストにおいて、どのあたりの位置にあるのですか、と尋ねてみるといいでしょう。すると、必ずフォーチュン五〇〇の売上規模によるランクを答えるはずです。でも、フォーチュン誌がその同じ五〇〇社について同時に収益性ランキングも正確に集計しているのですが、そのリスト内で自社がどの位置にあるのかは、おそらく知りもしないでしょう)。

三．経営者たちの多くは影響を受けやすい子ども時代に、捕らわれの身となってヒキガエルの姿にされた王子が美しいお姫様のキスによってハンサムな王子に戻るというお話に浸りすぎてしまったようです。このため、彼ら経営陣がキスをすれば、T社（ターゲット企業）の収益性に驚くべき効果が上がるはずだと思い込んでしまっているのです。

こうした楽観主義が根本にあるのです。買収側のA社の株主はT社の株を自分で直接購入すれば、市場価格Xを支払うだけで済むのに、どうしてまた2X分の買収コストを払ってまで、その株を取得する必要があるのでしょうか。こうした楽観主義がなければ、考えられないことです。

換言すれば、投資家はいつでもヒキガエルを時価で買うことができます。それなのに、ヒキガエルにキスする権利を時価の二倍で取得したがっているお姫様に資金提供するのであれば、そうしたキスにはかなり爆発的な効果がなければなりません。これまでたくさんのキスを見てきましたが、奇跡が起こったのはごくわずかでした。にもかかわらず、多くの経営上のお姫様たちは相変わらず、そのキスの効果がいずれは現れるものと自信を持っているのです――それも、会社の裏庭で鈍感なヒキガエルがひざの高さまで増えて身動きが取れなくなっても、そうなのです。

公正な立場で言えば、過去の買収事例のなかには、目を見張るものもいくつかありました。傑出していたのは、主として次の二つのカテゴリーに入るものです。

第一のカテゴリーとしては、計画的かどうかはともかくとして、インフレ環境下にとりわけうまく順応している企業だけを買収した会社が挙げられます。こうした恵まれた企業には、①（製品需要が横ばいで、設備がフル稼働していないときでも）、市場シェアあるいは販売数量を大きく落とすことなく、比較的楽に値上げすることが可能、②わずかな資本を追加投資するだけで、（実質成長率よりもインフレ率の上昇によって、しばしばもたらされる）事業の大幅な売り上げ増に対応することが可能――といった二つの特徴があるはずです。ここ数十年の間は、並みの能力しかない経営者でも、こうした基準を満たすような買収案件にだけ特化していれば、好結果をもたらすことができました。しかし、この二つの特徴を兼ね備えた企業というのはごくわずかしかないため、そうした企業をめぐる買収合戦が激化し、今では自滅的にまでなっています。

第二のカテゴリーは、ヒキガエルの姿をしたステキな王子様を見分ける鑑識眼を持ち、そのヒキガエルを元の姿に戻すだけの経営手腕のある経営上のスーパースターがいる場合です。

弊社の会長には、残念ながら、第二のカテゴリーに入るだけの資格がありません。そのうえ、第一のカテゴリーに集中せざるを得ない経済要因については、それなりによく理解してはいたのですが、弊社のこのカテゴリーにおける実際の買収活動は散発的で適切さを欠いていました。口では立派なことを言っていたのですが、行動がそれに追いつかなかったのです（私たちはノアの法則をおろそかにしていました。雨を予測することよりも、箱舟をつくることのほうが重要なのです）。

これまで何度かヒキガエルをバーゲン価格で買おうとしましたが、その結果は過去のアニュアルレポートに記載してきたとおりです。明らかに私たちのキスは失敗でした。二、三人の王子とはうまくいきましたが、それは、買収したときからもうすでに王子の姿をしていたからです。もっとも、キスをしたあと、少なくとも王子がヒキガエルに戻るようなことはありませんでしたが。それからやっとのことで、ときどき大成功を収めるようになりました。簡単に見分けがつくような王子の株をヒキガエル並みの値段で一部買い付けるようにしたのです(5)」

「バークシャーでのあらゆる活動のなかで、チャーリーと私が最もウキウキするのは、私たちが信頼し尊敬し好ましいと思える経営陣のいる、経済特性の優れた企業を買収するときです。こうした買収は簡単には成立しませんが、弊社では絶えず買収対象を探しています。物色するときは、結婚相手を探すのと同じ姿勢で臨むことにしています。つまり、積極的に関心を持って心を開くようにすることが大切ですが、事を急ぐと、ろくなことはありません。

私はこれまで買収に飢えた多くの経営者たちを観察してきましたが、彼らはどうも子どものころに読んだ、カエルにキスするお姫様のお話のとりこになってしまっているようです。お話ではハッピーエンドとなるため、それが頭にあるのか、驚くべき変身を遂げることを期待して、企業たるヒキガエルにキスする権利を得ようと、高い代償を支払ってしまうのです。一匹目に失望すると、さらにヒキガエルを集めたいという欲望に拍車がかかります（哲学者のサンタヤナによれば、「狂信とは、その目的を忘れて、いっそうの努力をするうちに生じるもの」だそうです）。しかし、どんなに楽観的な経営者でも、いずれは現実に直面しなければなりません。変身しないヒキガエルの山にひざまで埋もれて初めて大規模な『リストラ策』を打ち出すことになります。こうした一種の企業版ヘッドスタート計画［＝米連邦政府による就学前児童への教育事業］によりCEOは教育を授かりますが、その授業料を負担するのは株主なのです。

経営者としてまだ駆け出しのころ、私も何匹かのヒキガエルとデートをしたことがあります。デートの相手は安く手に入りましたが――私はけっしてそれほどの遊び人だったわけではないのですが――結果は、高額のヒキガエルに求婚した買収者たちと同じでした。キスをしても、ヒキガエルはゲロゲロ鳴くだけだったのです。

この手の失敗を何度か繰り返したあと、とあるプロゴルファー（いっしょにプレイした他のプロと同じく、彼も匿名希望とのこと）からもらった有益なアドバイスを思い出しました。いわく、『練習とは、完了するものではなく、永遠にするものだ』とのこと。以来、戦略を変えた私は、まずまずの企業を魅力的な価格で買うのではなく、魅力的な企業をまずまずの価格で買おうとするようになりました(6)」

バークシャーの優位性

自分が買おうとしているものについては買い手も知識を持ってはいるが、売り手のほうはそれ以上に、売ろうとしているものについて熟知しているため、買い手よりも分があることになる。売り手の代表者はその事業の将来的なシナリオがあくまでもバラ色に描けるような「帳簿」を用意してくるが、バフェットはこうした売り手の「えじき」になったことは一度もない。バークシャーには具体的な、あるいは戦略的な買収計画などないので、業種の対象範囲が広いうえに経済的に納得のいかない企業は断るようにしているため、それがかえって有利に働いているのである。そのうえ、バフェットには経験も十分な資力もあり、最高の企業以外は一切買わないという選択肢もあるため、これがさらに大きな強みとなる。

他の買収者とは違い、一〇〇%子会社とした場合のそれぞれのケースと、株式市場を通して世界最高の企業を一部取得した場合とを天秤にかけるのである。バークシャーは理想的な買い手であるため、ほぼすべての買収案件が真っ先に持ち込まれることになる。バフェットが傘下のCEOを獲得するときは、経営者込みで企業を買収するため、CEOから高値をふっかけられることもなく、その取引に見合った価格を提示してもらえる可能性が高くなる――これがバークシャーならではの秘策の一つだ。適正価格であれば、差し戻して売り手の顔をつぶすようなことはしない。ここで買い手と売り手との信頼関係が深まることになるのである。

企業のオーナーが存命中に買収が成立すれば、オーナーは自社の拠り所となる「家」を自分で選べることになる。あとは、事業の継承プロセスを指揮していくことが後継者や従業員、サプライヤー、そして何よりも大切な顧客に対する愛情のこもった心遣いとなる。

一九九五年にバフェットがバークシャーの優位性

について、さらにこう書いている。「買収するに当たって、バークシャーにはほかにも有利な点があります。支払い条件として、超優良企業群によって裏付けられた株式をお渡しできることです。かけがえのない大事な会社を売却したい。でも対人税を永久に繰り延べたい、と願っている個人あるいはご家族にとって、バークシャー株は特にご満足いただける保有資産であることに気づいてもらえると思います。

そのうえ、経営者にとって快適かつ生産的な職場環境を引き続き提供してくれるような親企業の傘下に入りたい、と考える売り手もいます。その場合もやはり、バークシャーならではの提案をさせていただきます。弊社傘下の企業経営者には、通常では考えられないくらいの自主性をもって経営に当たってもらっています。さらに、弊社の所有形態上、私が買ったら売らないと言えば、その約束は重要な意味を持ちます。私たちは、自分の会社や従業員の行く末を案じるようなオーナーと取引したいのです。ただ単に自社を競売にかけたがるオーナーよりも、こうした売り手と取引したほうが不愉快な驚きが少なくて済むからです」(7)

現金で買い取る

バークシャーは企業を現金で買い取ることを好む。結果的に、株主にとってもそのほうが良いため、買収の大半はこのようなやり方で行われている。売り手によっては、株式交換にこだわるところもあるが、バークシャーでは、なるべく現金での受け渡しを奨励するようにしている。バファロー・ニューズ、シーズ・キャンディーズ、スコット・フェッツァー、GEICO、ネブラスカ・ファニチャー・マート、ジョーダンズ・ファニチャー、フライトセーフティー、ワシントン・ポスト（持ち株比率一八％）、ボーシャイムズ、H・H・ブラウン、ジャスティン・ブーツ、アクメ・ブリックなどはみな現金で買収した企業である。

愛社精神のあるCEOを選ぶ

直近のアニュアルレポートのなかで、ウォーレン・バフェットは競売状態の身売りについて次のように嫌悪感を示している。

オーナーが売却先について関心を持っていることが重要だということに気づきました。売り上げがもたらしてくれる金だけでなく（これが好きな気持ちはよく分かりますが）、自分の会社を心から愛している人たちといっしょに仕事をしていきたいと思っています。こうした愛社精神が根付いている会社なら、おそらく大切な資質をきちんと兼ね備えていると考えられます。つまり、こうした会社なら、不正会計処理とは無縁で、製品に対して誇りを持ち、顧客に対して敬意を払う、方向感覚のしっかりとした誠実な社員の集まりとなっているはずです。ただし、この逆もまた真なり、と言えます。自分の会社を競売にかけるようなオーナーには、売ったあとのことに関する配慮がまったく欠けていることがあります。こんなときは、売ろうとするために「お化粧」が施されていることが多く、特に売り手が「財務にたけたオーナー」の場合はそうです。自分の会社や自社の社員のことをほとんど気にかけないようなオーナーが経営していると、社内全体の思考態度や慣習もしばしば汚れてしまうものなのです。

企業では、一生涯――あるいは、いくつもの生涯――をかけて、つぎ込まれた無条件の愛と並外れた才能によって「傑作」がつくられているものです。ですから、そうした歴史を終わらせないためにも、どの会社ならあとを任せられるのか、ということがオーナーにとって一大事であるべきなのです。チャーリーと私は、またとない拠り所となる「家」を提供しているつもりです。真摯な気持ちで会社を築いてきた人たちに対して、私たちには義務があります。顧客に対しても同様です。バークシャーの所有下においては、必ず約束を果たすことを保証します。例えば、ジョン・ジャスティンに対して「本社はフォートワースのままでかまわない」と私たちが口にした場合、あるいは、ブリッジ家に対して「他の宝石店との事業再編はしない」と私たちが断言した場合、こうした約束は絶対に守られるものと思ってかまいません。

企業版レンブラントのような「画家」にとっては、信託部門の担当者や絵に興味もない後継者によって傑作を競売にかけられてしまうよりも、絵を一生大事にしてくれる「ついのすみか」を自分で選んだほうがどれほどいいことでしょう。私たちは長年にわたり、こうした傑作の真価を認め、企業づくりに応用している人たちと素晴らしい経験を積んできました。ですから、競売については他社へお任せします。[8]

御社の売却について思うこと

本書でご紹介するＣＥＯの多くが次のような手紙を受け取っているか、最初の交渉時に電話でこうした話を聞かされているかもしれない。

バークシャーの一九九〇年度アニュアルレポートより抜粋――

御社の売却について、いくつか思うこと

（これは数年前、家業を売却したいという申し出のあった方あてに私がお送りした手紙を編集し直したものです。将来的に自社の売却をお考えのほかの方々にもお伝えしたいことなので、ここに掲載することにしました。――Ｗ・Ｅ・Ｂ）

○○様

ここでは、先日の私たちの会話に従って、いくつか意見を述べさせていただきます。

たいていの企業のオーナーは自分の会社を築き上げることに、その一生の大半を費やしています。絶えず経験を積み重ねながら、商品戦略・購買・人事などの腕を磨いてきたことと思います。これは一種の学習過程ですから、ある年に失敗をしても、翌年以降には、それが能力の開花に役立ち、成功のもととなることが少なくありません。

それにひきかえ、オーナー経営者が自分の会社を売却できるのは一度限りです――にもかかわらず、各方面からの多くの圧力によって感情に流されて売却してしまうことが往々にしてあります。しかし、こうした圧力をかけてくるのは、買い手や売り手がその後どうなろうと、売却成立を条件に報酬を得るブローカーたちがほとんどなのです。売却を決めることはオーナーにとって財政的にも個人的にも非常に重要であるため、かえってその過程において過ちを犯すケースが増えています。しかも、会社を売却できるのは一生に一度である以上、こうした過ちは二度と取り返しがつかないのです。

いくらで売るかということは非常に大事ですが、売却においては、価格など決定打にならないことが多いものです。貴殿とご家族は、その分野において傑出した会社をお持ちです――そして、どの買い手もそう評価することと思います。しかも、年を経るにつれ、その事業価値は増大していくものと思われます。ですから、今、売却せずにいれば、のちにもっと高値で売れる可能性はきわめて大きいと言えます。こうしたことが頭にあれば、取引には強気で臨み、時間をかけて望みどおりの買い手を選ぶことができるはずです。

仮に貴殿が売却を決めた場合、バークシャーでは、たいていの買い手には提供できない有利な条件をいくつか提示できると思います。なお、こうした買い手はほとんどみな次の二つのカテゴリーのいずれかに該当します。

一．所在地は離れていても、御社と同業あるいは類似の事業を営んでいる会社

こうした買い手の場合――どのような契約になっていようと――御社の事業経営についてノウハウのあるマネジャーが通常いるので、遅かれ早かれ、直接「支援」の手を差し伸べたがるはずです。買収側が御社よりもはるかに大きな企業であれば、いずれは買収先の経営を任せるといった約束で何年もかけてリクルートされたマネジャーの一団が普通はいるものです。彼らは彼らのやり方で思いどおりにやろうとします。貴殿の業績のほうがどう見てもはるかに良い場合でも、自分たちの経営手法のほうが優れているのではないかと思うのです。が、人間の性（さが）なのです。貴殿や貴殿のご家族には、自社より大きな企業に自社を売却したことのある友人がおそらくいらっしゃると思います。そうした方々の経験から確かだと思えることは、親会社が特にその業界に関する知識を有しているか、有していると思い込んでいる場合、子会社の経営も引き受ける傾向がある、ということです。

二．常に多額の借入金に頼って思惑買いをし、機が熟したらすぐに市場を通じて転売するか、別の会社に売却するつもりでいる、財務上の駆け引きにたけた会社

こうした買い手のよくやる手口は、売り逃げる直前に、利益を絶好調のように見せかけるために会計操作をすることです。この手の取引に関する最近の記事をここに同封しておきますが、それによると、株式市場が高騰しているうえに資金が潤沢に供給されているため、こうした取引が以前よりもずっと頻繁に仕掛けられるようになっているそうです。

現在のオーナーの目的が唯一、商売の権利を売り払うことで、自分の会社などどうでもいいというのであれば――この種の売り手は結構いますが――前述のどちらのカテゴリーの買い手でもかまわないと思います。しかし、売ろうとしている会社が、一生をかけて築き上げてきた「作品」で、その個性や存在感と切っても切り離せない要素を形成しているものであるなら、いずれの買い手も問題だらけだと思います。

バークシャーは別のタイプの買い手です――というより、普通とは一風変わった買い手です。弊社では、いったん買収したら手放すつもりはありません。ただし、親会社の組織には経営に当たる人材がいませんし、これからも雇う予定はないため、弊社傘下の企業にはすべて型破りなくらい自主独立型の経営をしてもらっています。弊社が長期保有している有力企業の経営者たちはたいていオマハに来たこともなければ、お互いに顔を合わせたことさえありません。買収されても、売却前とまったく同じように経

営を続けることになります。むしろ、普通とは逆で、弊社のほうが買収先企業の手法を取り入れています。

弊社には、オーナー経営者から買い取った企業の経営をいずれ任せると約束した家族もいませんし、そのためにわざわざ採用したＭＢＡ修得者などもいません。そして、これからも、そうした人たちを雇うことはありません。

弊社の過去の買収例については、いくつかご存じかと思いますが、ここに買収先企業全社をリストアップしたものを同封しておきます。契約どおりのことがきちんと実行されているかどうか、各社にお問い合わせください。困難な状況下で弊社がどう行動したかを確かめたい方は、業績の芳しくない企業を特にチェックしたいのではないかと思います。

どんな買い手も、個人的に貴殿を必要だと言うでしょう――そして、買い手の頭が良ければ、まず間違いなく貴殿を必要とするでしょう。しかし、あまりにも多くの買い手たちが、先ほど挙げたような理由によって約束を破っています。私たちは約束をきちんと守ります。それは、そうお約束したからであり、好業績を上げるためにも、そうすることが必要だからです。

そのためにも、経営陣であるご家族に御社の株式を二〇％保持したままでいてほしいとお願いしている理由をご説明しないといけません。それは、税金対策として利益を一元管理するには、御社の株式の八〇％が必要だからであり、弊社にとって、それが重要なステップとなるからです。同じく重要なのは、経営に当たっているご家族のメンバーがオーナーとしてとどまる、ということです。簡単に言ってしまえば、現行の経営陣の主要メンバーが私たちのパートナーとして残っていただけないようであれば、買収する気はない、ということです。契約したからといって、そのまま株式を保有してもらえるという保証はありませんが、弊社としては、ただ貴殿の言葉を信用するだけです。

資本配分と経営トップの人選および報酬については、私が関与しますが、その他の人事の決定や経営戦略などについては御社の領域となります。バークシャー傘下の経営者のなかには、その意思決定において私に相談する方もいれば、しない方もいますが、これは各人の性格や、私とどの程度、個人的な関係があるかによって違います。

バークシャーと取引されることが決まったら、支払いは現金で行います。御社を借入金の担保として使うことは絶対にありません。ブローカーを間に入れることもしません。

さらに言えば、取引が公表されることも、買い手があとになって手を引いたり調整を申し出たりすることもあり得ないと思います（もちろん、万一の場合は、謝罪の念を込めて、銀行や弁護士や取締役会などが説明責任を負います）。そして最終的には、どのような相手と取引するのか、正確に分かっていただけると思います。また、交渉に当たった経営幹部が結局、数年後に他の人と交代させられたり、社長が取締役会からあれこれと変更（あるいは親会社の新たな関心分野への資金調達のために御社の売却）を命じられて遺憾の意を表明したりすることはないと思います。

ただし、はっきり申し上げて、御社を売却したからといって、今よりも金持ちになるということはないでしょう。御社を所有していることで、すでに裕福になっているでしょうし、それが堅実投資というものです。売却によって資産の形態は変わりますが、その総額が変わるわけではありません。仮に売却したとすると、一〇〇％所有の勝手知った貴重な資産を別の貴重な資産――つまり現金――に交換することになりますが、その現金はおそらく、よく知りもしない他の企業の一部（つまり株式）に投資されることになるでしょう。会社を売却するには、それなりの理由が普通はあるものですが、その取引が公正なものであっても、売り手の金儲けのために売却されるのであれば、その理由はまっとうなものとは言えません。

貴殿を困らせるつもりはありません。売却にもしご興味があれば、お電話をいただけると、ありがたいと思います。バークシャーが貴殿のご家族の主要メンバーとともに○○社を獲得することができれば、これほど光栄なことはありません。弊社の財務内容は非常に健全だと思いますので、これからの二〇年も、これまでの二〇年と同様に、楽しく会社を経営していけるものと信じています。

心を込めて、
ウォーレン・E・バフェット（自筆サイン）

バフェットのCEO哲学

たぶん、ウォーレン・バフェットのCEO哲学の定義については、バフェット本人が書き記した一九九八年度の会長あいさつ『株主の皆様へ』を読むのがベストだろう。

本部が細かいところまで管理せず、現場の裁量に任せる。いちいち監視はしない。忠誠を尽くす。評価を十分に与える――バフェットは市場性のある有価証券の購入を通じて、早くからCEOの管理手法を学んでいたのである。まさにワシントン・ポストのCEOドン・グラハムを管理するのと同じやり方で、GEICOのCEOトニー・ナイスリーを管理しているのである。

「バークシャーにおいては、トニー［＝GEICOのCEOナイスリー］のような傑出したCEOに向かって企業経営のノウハウをとやかく言うのは愚の骨頂ではないかと思います。やたらに余計な口出しをしていたら、弊社の経営陣のほとんどが弊社のために仕事をしてくれなくなるでしょう（なにしろ、彼らは「だれか」の下で働く必要などなく、彼らの七五％かそこらは、独立していても裕福なのですから）。それに、業界ではマーク・マクガイアーのような人たちなので、バットの持ち方や振り方について、私たちからアドバイスをする必要はありません。

にもかかわらず、バークシャーが所有権を握ることで、こうした経営者たちをさらに効率よく最大限に生かせる可能性があるのです。第一に、通常のCEOがこなさなければならない儀礼的かつ非生産的な活動をすべて排除したため、弊社傘下の経営者たちは自身のスケジュールだけを管理しています。第二に、各人への任務は、簡単なものを一つ与えているだけです。つまり、①会社を一〇〇％所有しているつもりで、②過去・未来を問わず、自分と家族にとって会社が世界で唯一の資産であるかのように、③少なくとも一〇〇年間は売却も合併もできないという覚悟で――企業経営に当たってもらう――ただこれだけです。その必然的な結果として彼らに言ってあるのは、その意思決定過程においては、いかなるときも会計上の配慮に一切影響されてはならない、ということです。弊社の経営者たちには、どうしたら重要とされるか、ではなく、何が重要なのかについて考えてもらいたいと思っています。

公開企業のCEOでは、このように権限を委譲された形で経営に当たっている人はごくわずかしかいません。というのも、彼らのオーナーは短期的な見通しや報告上の利益にばかり目が向いているからです。しかしバークシャーでは株主基盤がしっかりしているため――これは今後数十年にわたってもそうでしょうから――株主の投資期間は公開企業のなかでは最長になるはずです。実際、弊社の株式の大部分は、死んでもまだ手放すつもりのない投資家の皆さんによって保有されています。したがって、弊社のCEOたちには、来四半期の利益ではなく、長期的な価値を最大化することを目標に経営してもらうようにしています。もちろん、当期の企業業績をないがしろにしているわけではありませんが――普通、これは非常に重要なことですが――競争力をさらに拡大していくことを犠牲にしてまで、当期利益を上げようとは〝絶対〟に思いません。

GEICOの話を聞けば、バークシャー式のアプローチの良さが分かると思います。チャーリーも私もトニーには何も教えていませんが――これからも教えるつもりはまったくありませんが――彼の能力をすべて重要事項につぎ込めるような環境づくりを〝きちんと〟してきました。ですから、彼は取締役会や記者会見、投資銀行による説明会や証券アナリストとの会合に時間やエネルギーをとられずに済むのです。そのうえ、資金調達や信用格付け、そしてEPS（一株当たり利益）の「市場」予想についても、一秒たりとも頭を悩ませなくていいのです。弊社の傘下にあるかぎり、こうした経営体制が今後何十年も維持されることを彼も了解しています。こうした自由な環境下では、トニーも彼の会社も、ほぼ無限とも言える可能性を成功に結び付けていくことができるのです(9)」

第二部

バークシャーの資金の源泉

――保険業

第三章　管理部門の責任者――トニー・ナイスリー（保険のGEICO）

　GEICO（ガイコ）の本社に飛ぶ前に、CEOのトニー・ナイスリーから電話があり、ちょっぴり期待をくじかれることになってしまった。彼からはすでにインタビューに応じるとの了承を得、スケジュールを組んでもらっていたにもかかわらず、である。いわく、「真実のドラマをつくっているのは、GEICOで働くすべての社員だ」というのである。しかも、彼自身、「インタビューを受けるのにそれほどふさわしい人間ではないと思うし、競合他社に裏話や競争上の秘策などを知られたくない」とのこと。そこで私は株主の一人として、競争上優位になるようなことについては一切ばらしたり、漏らしたりしないことを約束した。

　電話で彼とじかに話をしてみて、まず抱いた印象は、エゴのない最高責任者、CEOであることを天職と思い、自分の会社に情熱を傾けている人、というものだった。インタビューについては、会社のことや社員、顧客、そしてバークシャーに関することを中心に質問してほしいとの希望だった。その後、写真をお願いすると、このCEOは、普通に一人で写っている写真ではなく、GEICOの経営陣二二人の集合写真を送ってきた。バフェット傘下のCEOのなかでは唯一、私を説得してインタビューをやめさせようとし、自分自身に注目がいくと、見るからに居心地が悪そうにしていたCEOだった。しかし、株主やその他の関係者にとって、GEICOのことや親会社との関係について理解を深めるのに役立つこととなったら、喜んで話をしてくれた。ナイスリーが私の期待を少しくじいたように、本章については、あまり期待をかけないでほしい。本当は、本章をGEICOのCEOに関する話にしたかったのだが、結局、彼のしゃべりたいことに、こちらが付き合う形となった。よって、本章は経営者に関する話というよりも、ビジネスの話になっている。

GEICOの本社前まで来て、看板を見て驚いた。オフィスビルの敷地内に立つその看板は、広告でおなじみの白地に青ではなく、白地に黄色の文字が照明に照らされて浮かび上がっていたからだ。GEICOの広告はイヤでも目に入る。ケーブルテレビでは一番の広告主だからである。その後、また同じ理由で驚かされた。GEICOの本社から届いた文書のあて名ラベルが赤だったからだ。

オフィスビルの敷地内には通りが二本――レオ・グッドウィン通りとリリアン・グッドウィン通りがある。いずれもGEICOの創業者の名前からいみじくも命名されたものだ。社員用の駐車場には「アソシエイツ・パーキングエリア」とある。これを見れば、GEICOでは社員を「アソシエイツ」（＝仕事仲間）と呼んでいることが分かる。本館内に入ると、オフィス家具や装飾品が一九六〇年代のものであることに気づく。金属製のデスクに古めかしい受付カウンター。ここで自動車保険の支払いが直接行われる。所定の書類に記名し、入館許可が下りると、警備員がブザーを鳴らし、訪問者をなかに入れてくれる。バークシャーの多くの子会社と同様、いかにも古そうな本館を見ただけで、経費節減の企業文化が保険料の値下げや株主価値の増大につながっていることが分かる。オフィスの概観は、ウォーレン・バフェットがコロンビア大学のビジネススクールでベンジャミン・グレアムの生徒だった一九五一年に列車でやってきたときとまったく変わっていないに違いない。

本館の七階にてトニー・ナイスリーのアシスタント、リンダ・スタイン・ワードに出迎えられ、役員室に隣接する会議室に案内された。トニーは南部風に愛想よく迎えてくれた。ところが、インタビューが始まったとたん、テープレコーダーが故障してしまったのである。インタビューする者にとっては最悪の事態だ。予備の電池とカセットテープを用意していたので、ブリーフケースをくまなく探し、動かないレコーダーを何とかしようと試みたが、電池を取り替えても無駄だった。トニーは、これ以上は無理というくらい、こちらの気持ちをよく理解してくれた。窓から見える近所のドラッグストアをあっさりと指差すと、「やらないといけないことがたくさんあるから」と言って、まともなレコーダーを探しにいく時間を私にくれたのである。

ワシントン郊外をひた走り、代わりのレコーダーを買い求めて戻ってくると、トニーが辛抱強く待っていてくれた。なるほど、その名にふさわしく、だれにでも「ナイスリー」（＝親切）な人なのだと納得した。その名にふさわしいと言えば、もう一つ、近くの地下鉄の駅名が「フレンドシップハイツ」（＝友好の丘）だった。

ＧＥＩＣＯに勤めるトニー・ナイスリーは、会社に全身全霊をささげて忠誠を尽くしている。だから、最近の人たちのように職を転々とすることなど、まったく理解できない。妻も家族も会社も仕事も替えたことがない。それ一筋なのだ。彼と話していると、これらをすべて愛していることが手に取るように分かる。究極かつ最高のＣＥＯを定義するとすれば、トニー・ナイスリーがそれにピタリと当てはまるだろう。

ＧＥＩＣＯには一万八〇〇〇人を超す社員がいるため、本書で紹介するＣＥＯのなかでは、トニーがだれよりも多くの社員を管理していることになる。バークシャーの全社員の五人に一人がトニーのリーダーシップの下で働いているが、バークシャーが買収を繰り返すたびに、その割合は減っていく。実際、最近になってショー・インダストリーズを買収したため、同社のＣＥＯボブ・ショーが今一番多くの社員を抱えている。

私にとって最も興味深い発見は、ＧＥＩＣＯがウォーレン「引退後」のバークシャーにおける親会社の経営体制をすでに先例として確立していることだ。一人のＣＥＯが業務部門、もう一人のＣＥＯルー・シンプソンが投資部門を管理している。

質問をするたびに、トニーはじっくりと考えをめぐらせてから答える。ワシントンのほうをはるかに望みながら。たぶん、ＧＥＩＣＯが政府職員保険の認可を受けた当初のことを思い出しているのかもしれない。テープレコーダーの故障が響き、インタビューは昼のミーティングの時間にまでずれ込んでしまった。トニーは午後にも時間をとってくれ、社員が全員退社したあとも遅くまで残っていてくれた。その後、他のＣＥＯたちとのインタビューの合間に電話を入れることを許可してもらったおかげで、要件は電話で済ませることができた。トニーはまさしくその名のとおりの人だった。

ＧＥＩＣＯの本社はワシントン郊外、メリーランド州チェビーチェースにある。そのロビーには、この巨大保険会社の元ＣＥＯたちの肖像が飾られていたが、トニー・ナイスリーの肖像はどこにも掛かっていなかった。ナイスリーの前任者ウィリアム・Ｂ・スナイダーの肖像のラベルには、スナイダーがＣＥＯに就任した日付が記されていたが、すでに退任していることについては、まったく何も書かれていないどころか、その気配すらなかった。ナイスリーが就任したのは一九九三年だというのに……。ナイスリーは言う。「これを見ると、父を思い出します。父は何であれ、けっして自慢したりしない人でした。その功績が多くを語るのであって、それ以外のことは口にする必要はない、というのが父の信条でした。ですから、私の肖像を壁に飾ることなどないと思います。仮にあっても、それは私が死んでからのことでしょう」

彼は自身のことを「かなり退屈な、並みの頭しかないごく普通の人間。それも、所帯持ちの会社人間」と言うが、ＣＥＯとしての彼の功績がまさに多くを語ってきた以上、いずれはナイスリーの肖像がＧＥＩＣＯの本社に飾られるのはまず間違いないだろう。実際のところ、彼がたとえＣＥＯにならなかったとしても、典型的な会社一筋の人間として、ＧＥＩＣＯのロビーにその肖像が掛けられることになるのではないかと思う。入社は一九六一年、一八歳のとき。ＧＥＩＣＯの最大の子会社ガバメント・エンプロイーズ・インシュアランス・カンパニー（＝政府職員保険会社）保険引受業務部の事務員として働くようになったのが始まりである。つまり、ナイスリーはその仕事人生のすべてをこの会社で過ごしているのである。

ナイスリーは一九四三年、バージニア州アレガーニー郡の農家で生まれた。オルザ・マイナー・ナイスリーという名は、父方の祖母にちなんで名づけられたもので、先祖がオーストリア人（オルザ）とスイス人（ヌスリー）であることの名残をとどめている。南部なまりがあるので尋ねてみると、トニーは――こう呼ばれている――もともとはエンジニアになりたかったのだそうだ。「高校のころ、土木技師になりたいと思っていたので、ジョージアカレッジで一年間、勉強をしました。田舎育ちだったので、戸外での仕事にあこがれ、橋や建物をつくりたいと思っていたのです」。しかし二年生になったときに、財界方面に方向転換を決意。夜間学校に通い、一九六八年に経営管理学の学士号を修得している。

ナイスリーがGEICOで仕事を始めたのは、四〇年以上も前の一九六一年八月一七日。それから、あらゆる部門での仕事を経験。いろいろなことを少しずつこなしながら出世街道を歩み、一九七三年に副社長補佐、一九八〇年に副社長、一九八五年に上席副社長、一九八七年に執行副社長、一九八九年には社長になり、その二年後にはCEOに選出されるまでになった。

親会社のCEOビル・スナイダーが引退した一九九三年、ナイスリーは、一九八〇年からGEICOの投資部門を管理しているルイス・A・シンプソンとともに共同CEOに任命された。カリフォルニア州ランチョサンタフェを拠点とするシンプソンは、資本管理部門の社長として投資および資本配分に関する全責任を負うことになり、ナイスリーのほうはワシントンの本社に残ったまま、保険業務部門の社長としてGEICOの損害保険業務全般の責任を担うことになった。

GEICOに長年いて、その浮き沈みを乗り越えてきたナイスリーは当然のことながら会社の歴史を大事にしている。GEICOは一九三六年、会計士のレオ・グッドウィンとその妻によってテキサス州フォートワースに設立。統計的に損害率の低い軍人や連邦政府職員らを対象に保険を販売（このため、

Government Employees Insurance COmpanyからＧＥＩＣＯという名称になったのである）。翌年には顧客により近いところとしてワシントンに移転。一九四八年には株式を公開。一九五二年には州・郡・市政府職員にも保険を販売するようになり、六年後には民間企業の従業員にまで対象を広げ、その保険料収入は一九六六年には一億五〇〇〇万ドルに達した。

しかし一九七〇年代の半ばになると、これまで以上にリスクの高いドライバーへ保険を販売したことや設備の新設、正社員の増員などによって経営が悪化することになる。引受損失が大幅に拡大したうえ、営業費用もかさみ、保険金の支払い請求も増え、顧客サービスの質が低下。これに加え、二ケタ・インフレに、事故率の上昇、連邦政府による物価統制の廃止、無過失損害賠償制度（＝加害者が無過失でも被害者が補償を受けられる自動車保険制度）の導入、競争の激化などによって、ＧＥＩＣＯは破産寸前の危機に陥ったのである(1)。

当時、副社長補佐をしていたナイスリーは、こうした危機に陥った理由をもう一つ説明してくれた。「一番重要な問題は、経営陣と言うべきかもしれません。景気は良くありませんでしたが、他の企業はそれに耐えて生き残っていました。ところが、ＧＥＩＣＯの場合、急成長してしまったため、その経営手法について本来行うべき改革を怠っていたのです」。一九七六年、一億二六〇〇万ドルの赤字を計上。資本金が底を尽き、実質的に破産状態となった。同年、会長と副会長が更迭され、ジョン・Ｊ・バーンがＣＥＯに就任した（**訳者注**　バーンはトラベラーズ・インシュアランスの元執行副社長で、トラベラーズを再建させた経験がある）。

ナイスリーはバーンが会社を救ってくれたと信じている。「ジャック・バーンはＧＥＩＣＯに二つの素晴らしい遺産を残してくれました。一つは、ＧＥＩＣＯを破滅から救ってくれたこと。あの当時、それができた人間は、仮にいたとしても、ごくわずかだったと思います。ジャックにはカリスマ性と説得力があり、必要なことをすべて兼ね備えた人でした。ビジネスというものをよく理解していましたし、だれよりも粘り強く物事を成し遂げていくだけの根性がありました。そして、もう一つの遺産は、ＧＥＩＣＯにまったく新しいマネジメントプロセス（経営管理過程）を導入してくれたことです。今もその大部分が受け継がれています」。この二五年の間に修正や改良が加えられてはいるものの、「こうしたプロセスの基礎はそのまま残っています」とナイスリーは言う。「そして、われわれ生き残ってきた者たちは、保険業務や経営に関することなど、いろいろなことをジャックから山ほど学びました」

一九七七年初頭、バーンは上級役員や部長らを全員別荘に集め、事業計画を書かせた。週末の三日間を利用して、会社をこうした状態に陥らせた過程について説明を求めたのである。新任のＣＥＯがそこで知ったことは、一つのグループが価格設定を担当し、別のグループが準備金に関する意思決定を行い、保険金の支払い請求については、また別のグループが処理していることだった。「それについては分かりません。私の担当ではありませんから」――バーンはこの言葉を耳にタコができるほど聞かされたのである。このような経営手法はとても感心できるものではない。これでは資金繰りが悪化するのも当然である。

現在はＣＥＯのナイスリーも、当時は幹部の補佐役だったため、出席するようには言われていなかったが、その週末から経営上の重要な教訓を学び取っていた。「このときの事業計画のプロセスは、修正されてはいますが、今も引き継がれています。これが大いに役立っています。人材を育成するうえで素晴らしいやり方だと思います」

とはいえ、このとき別の人物からも支援の手が差し伸べられている。ウォーレン・バフェットである。一九七六年に至る四半世紀の間、バフェットはずっとＧＥＩＣＯに興味を抱いていた。最初にその株を買ったのは一九五一年、コロンビア大学のビジネススクール在学中に恩師のベン・グレアムがＧＥＩＣＯの株主で会長を務めていることを知ったときだ。それも、一九九五年度の会長あいさつ『株主の皆様へ』のなかでバフェットが語っているとおり、当時のＧＥＩＣＯは彼にとっては、なじみのない業種のなじみのない企業だった。にもかかわらず、「……一九五一年一月の土曜日、ワシントン行きの列車に乗って、私はGEICOの本社へと向かったのです。ところが、ビルが閉まっていたので、うろたえてしまいましたが、ドアをドンドンたたいていると、守衛が姿を現しました。けげんな顔をしたその守衛に、『話がしたいのですが、オフィスにどなたかいませんか?』と尋ねると、『六階に一人いるのを見た』と言われました。

こうして当時、社長付きだったロリマー・デービッドソン（のちにCEOとなる）と出会うことになったのです。私の身元を証明するものなど、グレアムの生徒だ、ということぐらいしかありませんでしたが、〝デービー〟は快く四時間近くも私に付き合ってくれ、いろいろなことを親切に教えてくれました。保険業界の仕組みや勝ち組企業になる要因などについて、半日でこれだけ素晴らしい授業を受けたことのある人などほかにはいないと思います。デービーが説明してくれたように、GEICOの販売方式――ダイレクトマーケティング（直接販売）――は、代理店を通して販売を行っている競合他社よりもコスト的にはるかに有利なものでした。代理店を通す販売形態は、保険業界にあまりにも浸透していたため、他社にはその形態を変えることは不可能だったのです。デービーの講義を受けた私は、これまでのどの株よりもGEICOに夢中になりました」。

それから七カ月の間に、バフェットは同社の株を一万二八二ドルで三五〇株買い付けている。その評額は年末には一万三一二五ドルとなり、彼の純資産額の六五％以上を占めるまでになった[2]。

バフェットは翌年にはGEICO株をすべて売却しているが、二五年後の一九七六年、ジャック・バーンがCEOに就任したときも、まだ同社の動向を追っていたのである。そして当時、GEICOが危機的な状態に陥っていたにもかかわらず、バフェットはのちにバークシャーの株主に対して次のように語っている。「ジャックとGEICOの基本的な競争力を信じていたので、一九七六年の後半、バークシャーは同社の株を大量に購入し、その後も少しずつ買い増していきました[3]」

実際、バークシャーは典型的なバリュー投資（割安株投資）の手法で買い出動し、一九八〇年末までに四五七〇万ドルをＧＥＩＣＯにつぎ込み、同社の株式の三三・三％を取得している。競争上の優位性があったからこそ、これだけ大きく買いを入れたのである。その後、ＧＥＩＣＯが経営陣の判断で自社株買いを行っているため、三分の一を取得していたバークシャーの持ち株比率は、買い増しをしなくても、五〇％をわずかに超えるまでになった。一九九六年には、まだ取得していなかった残りの四九％を購入。このとき、すでに取得していた五一％分の評価額は二四億ドルに膨らみ、二〇年間の年率リターンは約二二％となっていた。

一九八〇年、バフェットは株主に向けてこう語っている。「ＧＥＩＣＯは巨大市場のなかで低コスト体質になるべく設計されていましたが……その市場の大部分を占める企業では、体質を変えにくい販売機構が採用されていました。しかしＧＥＩＣＯでは設計どおり、低コスト体質が功を奏し、顧客に並外れた価値を提供すると同時に、同社自体も並外れた収益を上げることができたのです。何十年もの間、この手法は変わっていません。一九七〇年代の半ばに危機に陥りましたが、それは、こうした根本的な経済的優位性が崩れたり、消滅したりしたからではありません」。バフェットいわく、この優位性は、「……たとえ資金難や経営難の波にもまれて水中に沈んでも、社内ではいまだ無傷のまま原型をとどめていたのです[4]」

こうしてバーンの経営手腕とＧＥＩＣＯの競争上の優位性、そしてバフェットの資金力と長期的な投資スタンスのおかげで同社は救われたのである。しかしナイスリーによれば、生き残るために、かなりの犠牲を払ったという。彼はこう回想する。「一九七五年から一九七六年の間に私の人生が変わりました。少なくともビジネスに関するかぎり、人生が一変したと言えます。仕事を始めたのは若いころですが、二、三年で急に老け込んでしまいました。私には中年期というのがなかったのです。この間、つぎ込めるだけの時間をすべて仕事につぎ込んできましたから、もはや父親でも夫でもありませんでした。

でも、私が変わってしまったのは、就業時間が長かったからでも、休憩時間がなかったからでもありません。会社に一五年もいたくせに一日の終業時に会社が存在しているかどうかも分からないという、先が見えないストレスのせいでもありません。一気に老人になってしまったのは、四六時中、この目で社員の姿を見ていなければならなかったからです。みな、私がよく知っている人たちです。なかには二〇年も二五年も三〇年もこの会社と命運をともにしてきた人たちもいます。それなのに、こう言わなければならなかったのです。『申し訳ない。君が会社に忠誠を尽くしてきたこと、そして一生懸命働いてきたことはよく分かっている。だから、君が悪いわけではない。でも、月曜日からはもう君の仕事はないんだ……』――もうこんなことは二度と口にしたくはありません」

会社は再建され、一九八〇年代には素晴らしい投資収益をもたらし、保険業務でも業績は好調だった。一九八五年にはジャック・バーンが引退。投資面でも保険業務でも好業績は続いたが、顧客数は伸びなかった。一九九〇年代初頭にはまた新たな資金難に直面。一九九二年、ハリケーン・アンドリューによる壊滅的な打撃を受け、GEICOは八一〇〇万ドルを超す負担を強いられた。顧客の大半が海岸線から約八〇キロ圏内に居住していたため、保険料率を上げざるを得なくなり、新規の保険契約は伸び悩むこととなった。それに加え、ジャック・バーンの在任中に再保険や航空保険などの非中核事業を拡大していたうえ、バーンの後任のビル・スナイダーの時代には各種保険子会社を買収していたため、本業の線引きがあいまいになり、財務面にも陰りが出ていた。

今やGEICOの株式を五〇%以上保有しているバフェットとしては、これは感心できることではなかった。GEICOの顧客数は頭打ちとなっている。経営陣を交代させたほうがいいかもしれない、とバフェットは思った。バークシャー・ハサウェイが普通株に投資するとき、日常業務に立ち入ることはバフェットの流儀に反することだが、このときばかりは例外だった。スナイダーは早々に退陣を決め、一九九三年五月、トニー・ナイスリーとルー・シンプソンがGEICOの共同CEOに就任した。

ナイスリーが次に行ったことは特筆すべきことであり、経営上の貴重な教訓となった。GEICOが今も競争優位にあることは分かっていた。低コストの自動車保険と最上の顧客サービス——これが「外堀」となる。最高責任者の仕事は、他の分野へ手を広げることではなく、今ある「外堀」を広げながら固めていくことだった。ナイスリーは経営権を握るとすぐ、航空保険事業とともにGEICOの本業とは直接関係のないマーケティング部門を元CEOのスナイダーに売却（**訳者注**　スナイダーは引退後、新しい保険会社を興していた）。最終的には住宅総合保険事業も手放した。次に、彼の言うGEICOの「コアコンピテンシー」（＝中核業務）に注力。広告量を大幅に増やし、自動車保険事業と顧客基盤の拡大を図ることに努めた。それから一年が過ぎた一九九四年八月、バフェットは、まだ取得していなかった残り半分の株式を買いたい意向を取締役のサムュエル・バトラーとシンプソンに伝えた。(5)

しかしバフェットは実際に行動を起こす前にトニー・ナイスリーに連絡を入れている。ナイスリーいわく、「GEICOを売ろうと思っていたわけではありませんが、ウォーレンから電話がかかってきて、こう言われました。残りの株を買いたいんだが、それは、君がそうすることを得策だと思ってくれれば、の話だと。考えなければならない問題が二つありました。第一に、GEICOの株主にとって適正な価格を提示してもらえるのかどうか。第二に、顧客サービスの観点から見て、GEICOは公開企業のまま現行の株主に保有してもらっているほうがいいのか、それともバークシャーの完全子会社になったほうがいいのか、ということでした。すでに後者の問題については考えていたので、ウォーレンにはすぐに返事をしました。つまり、いろいろな理由から、GEICOにとってはバークシャーの完全子会社になったほうがいいと思う、と答えたのです。あとはGEICOの株主を絶対に公平に扱うこと。これが最重要課題でした」

GEICOの上級役員は取引に乗り気だったが、

交渉するに当たり、株主に関するこの問題がネックとなった。バフェットの当初の申し出は、GEICOの株主が保有しているGEICO株とバークシャーの普通株式とを単純に交換する非課税取引によってバークシャー・ハサウェイがGEICOを買収するというものだった。しかし、シンプソンとバトラーはこの申し出には懸念を示した。というのも、バークシャーの株はGEICO株とは違い、無配だったうえ、公平に株式交換ができるのかどうか、確信が持てなかったからだ。その後も、さまざまな提案や修正案が出され、幾度となく話し合いが行われた。一年後、GEICOの役員がバフェットに対して買収条件に関する選択肢を出した。一株当たり七〇ドルのキャッシュあるいは時価七〇ドル相当の転換優先株による取引を持ちかけたのである。キャピタル・シティーズ／ABCの株式をウォルト・ディズニーに売却し、二〇億ドルほどの利益を上げていたバークシャーにとってキャッシュは潤沢にあった。そこで、バークシャー側もキャッシュでの取引に応じ、締めて二三億ドル支払うことになった。価格をめぐる交渉には一年を要したが、両社の役員が売却を承諾し、合意書に署名するまでには一週間しかかからなかった。一九九五年八月二五日、ウォーレン・バフェットはGEICOの株を初めて買い付けてから四四年後にとうとう同社を丸ごと買い取り、そのオーナーとなったのである。[6]

バフェットはなぜ、こんなに何年もたってからGEICOを買おうと思ったのだろうか。その理由の一つは、言うまでもなく、「フロート」（＝いわゆる滞留資金すなわち運用資産）である。保険会社では、仮にきょう保険料を集めても、保険金の支払いが生じるのは、将来的に請求を受けたときだけである。そこで、その間はその金すなわち「フロート」を自由に活用することができる。GEICOはバフェットに三〇億ドル相当の「フロート」を提供しているが、彼ならこの金を効果的に運用することができるだろう。[7] 実際、GEICOのフロートは、バフェットが同社を買収して以来、一〇億ドル以上も増えているのである。

もう一つ考えられる説明は、無名のアナリストからワシントン・ポスト紙に寄稿されたものだが、それによると、バフェットとGEICOは「世界観がよく似ているからだ」という。そのアナリストいわく、「ウォーレン・バフェットを法人化できるとすれば、GEICOのような、平凡だが、流行には乗らない、金のなる木になるだろう」とのこと。バフェットに言わせれば、「それは長編ロマンス」のひとことに尽きる。[8] そして、「GEICOを丸ごと買い取るのに、なぜこれほどまでに年月を要したのか？」との質問に対しては、「なにしろ、お金がかかりますからね」とバフェットは答えている。おそらくそう言いながら笑みを浮かべていたに違いない。[9]

トニー・ナイスリーはこの取引条件に非常に満足していた。「これまでより成長スピードが速くなり、より良い位置につけるだろうと心から信じています」と当時、語っている。「保険業界では、［新規］事業を立ち上げた最初の年は、損失も経費もこれまで以上に膨らむため、赤字になる傾向があります」と、株主に警告とも取れる説明をしていた彼も、バークシャーに買収されてからは、次のような発言をしている。「これからは［業績について］株主の皆様に毎年ご心配いただくことはなくなります。というのも、弊社にはこんなことを言ってくれる長期派の投資家がいてくれるからです。『皆さん、……各人の肉体的な力の及ぶかぎり、会社を成長させていくことに尽力してください。財務面の心配は私が請け負いますから』と[10]」

バークシャー・ハサウェイのファミリーの一員となって五年たった今も、彼はGEICOの他の役員とともに正しい決断を下したと信じている。「だれが見ても順調に進んでいます」と彼は言う。「そして、こうしたやり方に満足しています。GEICOの株主にとってもバークシャーの株主にとってもフェアな取引だったと思いますし、GEICO、ひいてはGEICOのお客様のためにも非常に良かったと思います」

売却当時、GEICOは全米第七位の自動車保険会社だった。保険契約者数二五〇万人、契約対象車三七〇万台、社員数八〇〇〇人以上。支社はジョージア、ニューヨーク、バージニア、カリフォルニア、テキサスの各州にあり、一九九四年には総収入二六億四〇〇〇万ドルに対して二億七八〇万ドルの利益を上げていた。当時、ナイスリーはこう語っている。「ウォーレンは、GEICOの市場シェアが一〇年後に一〇%になっても自分は驚かないだろう、と私たちに言っていました」

本書執筆中の現在、同社はしかるべき方向に向かって着実に歩んでいる。ナイスリーの管理下において一九九九年には全米第六位の自動車保険会社となり、保険契約者数四〇〇万人、契約対象車六三〇万台となり、社員数も全米で一万八〇〇〇人を超すまでになった。新しいサービスセンターもアイオア州コーラルビル、ハワイ州ホノルル、フロリダ州レークランド、バージニア州バージニアビーチに開設された。

バークシャーに買収されて以来、GEICOの広告予算は七倍に増えているが、バフェットは年間一〇億ドルぐらいなら喜んで出す構えでいる。その結果、一九九五年には二三〇万件だった自動車保険の契約件数は二〇〇〇年末には倍増し、四七〇万件となっている。

さらに特筆すべきことは、バフェットが市場シェアの目標を掲げてから最初の五年間で、GEICOの保険料収入が年間ベースで五六億ドルずつ増加したため、国内で一二五〇億ドル規模となる自家用自動車保険市場でのシェアが二・七%から四・五%に拡大したことだ。

この四年間で見てみると、バークシャーの主要保険子会社のなかでは、GEICOが最少のフロートで最高の利益を上げているのが分かる。ここに、GEICOの利益を求める簡単かつ保守的な計算方法を記しておくので、グループの他の保険会社と比較してみてほしい。ここでは、フロートに無リスク金利（＝元本と利払いが保証されている国債などのほとんどリスクのない証券に適用される金利）を掛け合わせた金額から、このフロートを生み出すためのコストを差し引いて求める（あるいは利益が出ていれば、それを足して求める）。ただし、四年間の税引き前純利益の合計がおよそ一二億ドルというのは、かなり控えめな数字である。というのも、同時期の

GEICOの4年間の損益計算表

（単位：100万ドル）

年	フロート	無リスク金利6%による運用益	保険引受（損）益	税引き前純利益
1997	2,917	175	281	456
1998	3,125	188	269	457
1999	3,444	207	24	231
2000	3,943	237	-224	13
合計				1,157

バークシャー再保険事業部の4年間の損益計算表

（単位：100万ドル）

年	フロート	無リスク金利6%による運用益	保険引受（損）益	税引き前純利益
1997	4,014	241	128	369
1998	4,305	258	-21	237
1999	6,285	377	-256	121
2000	7,805	468	-175	293
合計				1,020

ゼネラル・リーの2年間の損益計算表

（単位：100万ドル）

年	フロート	無リスク金利6%による運用益	保険引受（損）益	税引き前純利益
1999	15,166	910	-1,184	-274
2000	15,525	932	-1,124	-192
合計				-466

S&P五〇〇の収益率は一八％だが、ルー・シンプソンの運用成績はそれを上回っているからだ。税引き前純利益をより現実に即して合計すると、この表の二倍になる。つまり、この四年間でバークシャーはGEICOの買収額の元を取ったことになるのである。

表に示したとおり、フロートは全額利用できるわけではない。投資用としてバークシャーに引き渡すフロートを生むにもコストがかかるのである。よって、無リスク金利による運用益よりも払い出すコストのほうが高いと、保険事業での儲けがなくなることになる。業務上、コストがかかる原因はたくさんある。価格設定が不適切、保険金の請求が異常に増加、採算のとれない不良契約、資本をかなりつぎ込んでも、優良顧客がほとんど獲得できない、といったこともある。また、GEICOの場合、最大のライバルが市場支配を維持しようとして、短期的に採算を度外視したビジネスをあえて行っていたことも挙げられる。しかしGEICOでは、ダイレクト自動車保険が報われる環境下において低コストで保険を提供できるビジネスモデルを確立していたことが奏功した。

ほかにも報われることがあったとナイスリーは語る。その最も重要なポイントの一つは、彼の会社に対する考え方にあった。GEICOを売却するまでは自社株を保有していた彼だが、「今は一株も持っていない」という。「GEICOのオーナーは唯一バークシャー・ハサウェイだけです。でも、私はこれまでと同じように、今もオーナーのような気分でいます。GEICOは私の会社ですから。人生のなかで家族の次に大事なものなのです。私の願いは、社員全員が年月を重ねるにつれ、私と同じような気持ちになってくれることです」

面白いことに、「バフェットに買収されて以来、ほかに何か変わったことはなかったか」と尋ねると、ナイスリーは他のほとんどのCEOたちと同じことを答えた。「ともかく、私が〝やらなくて済むこと〟について、いろいろな変化がありました」。アナリストとの会合もなければ、どうやって利益をならすか、頭をひねる必要もない。こうした対外的な心労がなくなったおかげで、長期的に会社を成功させるうえで重要だと思われる社内的なことだけに集中できるようになったという。

それには、ブランドの認知度を高める、市場シェアを拡大する、といったことが挙げられるが、こうしたことは究極的には最重要課題ではない、と彼は言う。「たしかにブランドの認知度も飛躍的に高まりましたし、市場シェアも大幅に拡大することができました。うまくいったと思っていますが、これはうまくいって初めて価値が出るのです。それに、持続的な成長を確実に維持していくためには、人材、設備、計画など、あらゆることのためにインフラを提供していく必要があります。とはいえ、最終的に心から満足感を得るには――つまり、本当に重要なのは――顧客に尽くすこと、安い保険料で最上のサービスを提供することです。こうして初めてわれわれは前進を続け、真の達成感を得ることができるのですから」

彼はＧＥＩＣＯ――と直接販売を行っている同業他社――が他の保険会社の顧客にも恩恵を与えていると考えている。「保険業界というのはこれまではまさに企業連合でしたが、今後はもうそれはあり得ません。今ではおそらく他の業界と同じくらい競争が激化していると思います。ですから、取り扱っている保険商品が何であれ、販売システムがどんなものであれ、効率よくやっていかなければ、結局はシェアを失っていくことになります。弊社の直販方式は消費者にとってお金の節約になる、それも長期的にかなりの節約になるばかりか、同業他社に対しても明らかに改善のきっかけを与えていると思います」。実際、一部のライバル会社が保険商品の直接販売に乗りだしているという。もっとも、競争上の優位性において、彼らがＧＥＩＣＯに追いつくことは難しいと彼は見ている。

ＧＥＩＣＯの最も有利な点は営業コストの低さにあることは一目瞭然である。買収直後、バフェットが株主に向けてこう語っている。「ＧＥＩＣＯの成功については、難解な奥義のようなものなど何もありません。その競争力は低コスト体質を確立してきたことから直接生まれたものです。低コストだから保険料が安い。安いから質の高い保険契約者を引き付けて離さない。そして、その保険契約者が今度は友達に保険を紹介してくれる。こうして好循環の輪が描けるようになるのです。ＧＥＩＣＯでは紹介による契約件数が毎年一〇〇万件以上に上り、これが新規契約の半分以上を占めています。おかげで［顧客］獲得費用を大幅に節約でき、これがまたいっそうのコスト低下につながるのです[11]」

ナイスリーはほかにも競争上の優位性があると考えている。「残念ながら、弊社にはコークとは違い、金庫にしまい込むような秘策はありません。同様の優位性を持てれば、と思っています。けれども、弊社には弊社なりに六五年間、顧客と直接取引してきたノウハウと、業界リーダーになるために必要不可欠な改善を絶えず行っていく力があります」。実際問題として、新規契約を獲得し、既存顧客を維持していくために、いち早くインターネットを取り入れたことからも、その力があることが分かる。

さらにナイスリーはバフェット自身がその優位性を提供してくれていると思っている。バークシャーの一部となったことについて、彼は次のように語っている。「一番素晴らしいと思ったことは、ウォーレンとこれまで以上に頻繁に話ができるようになったことです。ウォーレンは保険事業についても、他のあらゆる投資対象と同様の見地で見てくれるオーナーであり経営者なのです。つまり、『あすはどうなる？』ではなく、『三〇年後のわれわれはどうなっているか？　世界はどうなっているだろう？』といった具合なのです。ですから、事業について長期的な見通しを持つように勇気づけてくれるばかりか、そうした長期的な視点で自由に活動させてくれます。おかげで、一年先のことだけでなく、三〇年先を見据えながら、会社を確実に強化していけるようなマネジメントチームを組成し、補充し、拡大していくことができます」

実際、ナイスリーはバフェットのこととなると、とたんに冗舌になる。「ウォーレンの下で働くというのはどんな感じかと、皆さんから聞かれますが、そんなときは、ごく簡単にこう答えています。私以上にボスに恵まれている者はいない。彼らがだれであろうと、どこの企業に勤めていようと関係ない。彼は世界中で最高のボスだ。以上――と、こんな具合です。支援を得るにも、知恵を借りるにも、心強い味方としても、だれが何と言おうと、彼は上司として最高の人物です。ですから、私は飛び切り幸運に恵まれた人間なのです」。ナイスリーの言葉にやや南部なまりが混じる。「彼を喜ばせたいと心から思っています。ウォーレンがいなくても、ＧＥＩＣＯを今と同じように経営していたと思いますが、幸いにもウォーレンがＣＥＯになってくれたのです。ですから、どうしても彼には喜んでもらえるようにしたいと思っています」

バフェットもナイスリーについて同様に褒めちぎっている。一九九五年度の会長あいさつ『株主の皆様へ』のなかで、ナイスリーのことを「非凡な経営者」と称し、「ＧＥＩＣＯの保険業務を管理するうえで、彼以上の適任者はいません。彼は頭が良く、誠実で集中力があります」と語っている。[12] 翌年にも、バークシャーの株主に向けて、「ナイスリーは優秀な経営者で、いっしょに仕事をしていて楽しい人です」と語り、「ほとんどどのような状況下にあっても、ＧＥＩＣＯはまれにみる貴重な財産だと思います。トニーのおかげで、数年前なら不可能だと思われたような好業績を達成しつつあります」と続けている。[13] さらに一九九八年にはこう書き記している。「素晴らしいアイデアがあって、素晴らしい経営者がいれば、……必ず素晴らしい結果が得られるものです。ＧＥＩＣＯではこれらがうまくミックスされているのです。低コストの自動車保険というアイデア……それにトニー・ナイスリーという経営者。簡単に言ってしまえば、この業界にはトニー以上にＧＥＩＣＯをうまく経営できる人はまずいないでしょう。彼には的確な直観力、無限大の行動力、そして非の打ち所のない遂行能力があります」。[14] バフェットは二〇〇〇年度のあいさつのなかでもこう述べている。「トニーには……依然としてオーナーの夢があります。彼のすることなすこと、納得がいきます。彼は予想外のことが起きたときに多くの経営者がそうするのとは違い、けっして希望的な観測に浸ったり、現実をゆがめたりはしません」[15]

ナイスリーは、〝彼〟のヒーローの一人としてバフェットを挙げているが、その人生に一番影響を与えた人としては父親と祖父を挙げている。「私が仮に父や父の父親の半人前でしかないとしても、結構成功する人間になったと思います。父や祖父以上に称賛に値する人はいません」。逆に、「価値的にはだれから称賛されるのが一番か」と尋ねたところ、「家内と子どもたち」との答えだった。ただし、子どもたちが業界に入ることは期待していないという。その説明はこうだ。「ＧＥＩＣＯでは役員を縁故で決める方式を採用していますが、われわれ自身、高い基準を維持するように努めています。それは、できるかぎりフェアな組織で〝ありたい〟と願っているだけでなく、できるかぎりフェアな組織として〝認めてもらいたい〟と願っているからです。ですから基準はさらに高いものになると思います」

同じ流れで、「経営者として成功するにはどのような要素が必要か」と聞いてみた。彼いわく、「まず、正直さと誠実さがリストのトップにくると思います。ただし、そうしたものが備わっていなければならないだけでなく、備わっていることを周囲に認知されなくてはなりません」。また、「上手にコミュニケーションをとる能力」と「共通の利害のために人と協力して仕事をしていく能力」がきわめて重要だと彼は信じている。が、人にアドバイスをするのは信条に合わないという。それでも、事業を立ち上げたばかりの人に唯一アドバイスをするとすれば、こうなる。「他者を観察しながら、自分自身の人格を形成していくことです。ただし、成功したいのなら、他者のやり方に追随しようとしてはいけません。それではおそらくうまくはいかないでしょう」

「仕事において最も刺激を得るのはどのようなときか」と聞くと、ナイスリーはこう答えた。「それはうちの社員と顔を合わせているときです。今現在、ＧＥＩＣＯには一万八〇〇〇人を超す社員がいますが、何はともあれ、彼らがいないと何事も始まらないわけですから。私はかなりの時間を社員とともに過ごしていますが、それが一番楽しいひとときです」。実際、ナイスリーがＧＥＩＣＯで働く人たちを大切な財産とみなしていることは明らかである。

サンディエゴ・ユニオン・トリビューン紙によると、GEICOが重点を置いているのは、「昇進の機会、福利厚生の充実、快適な職場、そして、引退するまで社員が幸せでいられること」だそうだ。例えば、一九九九年に同社がカリフォルニア州ポーウェイにウェストコースト本社を開設したとき、必要なオフィススペース以外に、ビーチバレーボール用のコート、トレーニングルーム、カフェテリア、牛乳やパンなど主要品目を扱う売店などが入ったビルを建設している。同紙に対してナイスリーは、「社員の定着率のことなど心配しなくていい会社を目指している」と語っている。[16]

ウォーレン・バフェットがトニー・ナイスリーを社に引き留めておけるかどうかについても、まず心配の必要はないだろう。ナイスリーはこう話している。「私はCEOとして全米で最高の職をもらっています。というのも、私個人の意見を言わせてもらえば、弊社は最高の会社だからです――優れた商品と六五年の歴史があり、顧客サービスと多大な価値を提供する素晴らしい伝統のある会社なんです。われわれにはこれから何年も何十年も何百年も必要とされる商品があります。これは、ほぼ全米中の各家庭に影響を与える大切な商品ですが、がんや環境汚染の原因になることはありません。……私が最も誇りに思っているのは、GEICOがこれまで成し遂げてきたことと、ほんのわずかとはいえ、それに自分がかかわってきたことです。それは物的な財産や富などのように自己満足を与えるたぐいのものではなく、真に価値あるものを創造していくことなのです」

ナイスリーのこうした心情からして、引退する意思がないのもうなずける話だ。彼いわく、「バークシャーで働いている人たちのほとんどは、何よりも自分たちの仕事が好きだから働いているのだと思います。私自身もそうですから。ですから、自分が引退するかもしれない日のことは考えないようにしています。もっとも、別のことをしたいと言いだす日がいずれ来るとは思いますが。家内のサリーには三九年間にわたりずっと支えてもらっていましたから、いずれは家内のためにもう少し時間をつくりたいと思っています。先のことですが、そのうちそんな日がきっと来るでしょう」

特に関心を持っていることや趣味について質問すると、予想どおり、ナイスリーはこう答えた。「私の一番の趣味はＧＥＩＣＯです。気晴らしに猟や釣り、ゴルフなどもやりますが、いずれも少したしなむ程度です。ゴルフなど、たまにしか行かないので、ワンラウンド当たり何千ドルもかかることになってしまいます。会費やその他のコストを考えると、私にはあまりいい投資とは言えません」。バージニア州グレートフォールの自宅からどこかに旅行に行こうという気にもあまりならないという。「ずいぶん前に家内と二人で教会の団体旅行に二回参加したことがあります。一回目はイギリス諸島、もう一回はギリシャとギリシャ諸島への旅で、どちらも大いに楽しい思いをしましたが、遊びで旅行に行くことはあまりありません」

「仕事中はそれだけに集中する」と言いながらも、彼はこう付け加えた。「ここ一〇年ぐらいの間に仕事の習慣を変えてみました。少なくとも家内といっしょにいられるときには、なるべく家で仕事をするようにしています。二人でいると楽しいですから。同じ部屋にいてお互いに何もしゃべらなくても、家内が目の前にいてくれるだけで私にはありがたいのです。家内にとってもそうだといいのですが……。わが家のパソコンは書斎にありますが、書斎は居間の隣なので、パソコンに向かっていても、話ができます」。家に仕事を持ち込むのは、過去のいろいろなことをあとになって後悔したくないからなのかもしれない。「学校でも職場でも勉強と仕事に必死で打ち込んできましたから、うちの子どもたちがまだ小さかったころは、ほとんどいっしょに過ごしてやれませんでした。子どもたちは二人とも――息子と娘ですが――今はそれなりに成長していますが、これは家内が子育てをよくやってくれたおかげです。私には世界一立派な子が二人もいます。二人とも今は成人して結婚しているので、私はおじいちゃんになってしまいましたが、思ったほど子育てにかかわれなかったことを今も悔やんでいます」

将来のことについては、次のような見通しを語ってくれた（訳者注　インタビューが行われたのは二〇〇〇年八月）。「全般的に強気で見ています。弊社にとってもわが国にとってもまだピークをつけたとは思っていません。二〇世紀はたしかに最も発展を遂げた世紀でしたが、今世紀についても、あとで二一世紀を振り返った幸運な人たちが最高の世紀だったと言える世紀になるのではないかと思っていますす」。一方、彼自身は自社の未来がバラ色になるように方策を講じている。「将来的な戦略は単純にGEICOの成長を持続させていくことです。市場シェアはまだ微々たるものですが、そうしたことにはあまりこだわらずに努力を傾けていれば、何年か先にはシェアも拡大することになると思います。戦略はいたって簡単です。格安の保険料で最上のサービスを提供する、これだけです。この二つは相反することではありません。実際問題として、保険料は安いがサービスはいまひとつ、あるいはサービスは最上だが長期的に見ると保険料がかさむ、というのはどちらも成り立たないと思います。というのも、消費者はこの二つを同義語のようにとらえる傾向があるからです」

「これからは一番商機のあるところに的を絞って、つまり自動車保険事業を成長させることに的を絞っていくつもりです。本気で成長したければ、もっと多くの人を対象にもっと多くのことを手がけるべきだという声が外野から――数多くのアナリストやビジネス評論家から――たくさん聞こえてきます。でも私はそうは思いません。自動車保険はどこのご家庭にとっても非常に重要なものですから、可処分所得からかなりの額を保険料に充てていただくことになります。したがって、格安の保険料で最上のサービスを提供することができれば、必ずしも他の商品まで要求されるとは限らないと思います」

企業の成長を図るためにナイスリーがとっている手段の一つは、大々的に宣伝することだ。GEICOでは二〇〇〇年におよそ三億ドルの広告予算を組んでいたが、好結果が出なければ削減されることになっていた。その年は夏のオリンピックと秋の大統領選の影響でレートが上がり、競争が激化するなか、成果は上がらず、広告部門は例年になく苦戦を強いられることになった。知名度が非常に重要だと思うのは、将来的に「生き残るブランドは二つか三つしかない」と見ているからだ。「ＧＥＩＣＯならその一つになれると信じています」と付け加えた彼はこう続けた。「でも、あとはどこの保険会社が生き残るか、私には分かりません。たぶんオールステートやステート・ファームあたりでしょうが、私の最終目標はＧＥＩＣＯがコークやマクドナルドのようになることなのです。ソフトドリンクと言えばコーク。ハンバーガーと言えばマクドナルド。同様に、私が自動車保険と言ったら、ＧＥＩＣＯと答えてほしいのです。現実はまだそこまではいきませんが、そこに到達すべく、われわれはかなり大きな一歩を踏み出したところです」

彼はまたインターネットがＧＥＩＣＯのビジネスに相当影響すると見ている。「インターネットによって商品の販売方法もサービスの提供の仕方もどんどん変化していくと思います。ネットを通してコミュニケートしたい、保険商品をその場で購入したいという人が増えれば増えるほど、保険商品も変わっていくことになります。彼らは書面による取引などまったく必要としません。ですから、政府が過剰規制によって、そうした動きを締め付けたりしなければ――そのようなことはしないと思いますが――ネットをうまく活用できる人にとってはみなコストが下がることになります。もちろん、ビジネスチャンスが拡大するのはＧＥＩＣＯに限ったことではありませんが、他よりはたいてい有利になります。普通の代理店とは違い、ＧＥＩＣＯにとってインターネットは脅威ではありませんから」

何年か先にはＧＥＩＣＯの時代がやってくる、とナイスリーが期待しているのは明らかだが――とりわけ保険会社の経営幹部としては当然のことながら――将来、何が起こるか、だれにも分からない、ということも承知している。どんなに有能なＣＥＯでもそうであるように、自分もいずれは取って代わられる日が来ることを自覚している彼は、自分の引退後、組織がさらに良くなるように準備を進めているという。

しかし、バフェット・ウオッチャーの多くは、トニー・ナイスリーには次の新しい仕事が待っていると予想している。つまり、バフェットのあとを継ぐバークシャー・ハサウェイの共同ＣＥＯの一人として、バフェットから期待されているのである。バフェットはすでにＧＥＩＣＯの共同ＣＥＯルイス・シンプソンをバークシャーの投資部門の執行責任者として指名しているが、業務部門の執行責任者はだれが引き継ぐのかについては思惑がいろいろ出ている。「業務部門においてバフェットの後継者はだれになると思うか」と尋ねたところ、「そうしたことは、かなり先のことですから、重要な問題だとは思っていません。ウォーレンはまだまだずっと長生きするつもりのようですから」とナイスリーは答えた。

とはいえ、バークシャーの未来の共同ＣＥＯたちにとって仕事上、重要となる要素について質問をぶつけると、ナイスリーは自身とシンプソンとの関係を引き合いに出して、こう答えた。「一番重要なのは、お互いに尊敬し合えることです。ルーと私は素晴らしい関係を築いています。お互いに相手のことには一切干渉しようとは思いませんし、公私ともに全面的に相手を尊重するようにしています。もっとも、私の場合、相手がだれであれ、その人の置かれた状況下で何がベストかといった仕事上のアドバイスをするのはあまり好きではありませんが。ともかく言えることは、ＧＥＩＣＯでのルーと私の関係はかなりうまくいっているということです」

「バークシャーの将来についてビジョンを持っているか」と尋ねたところ、ナイスリーはボスの意見に従うと答えた。「ビジョンは持っていません。それはウォーレンのビジョンであるべきだと思いますから。彼がマスタープランを持っているかどうかは知りませんが、成功を維持していくつもりなら、どの企業でも進化の必要があるように、バークシャーも進化を遂げていくことになると思います。その最良の方法についてはウォーレンが考えるでしょう。私はそう確信していますが」

もっとも、一〇年から二〇年後のバークシャーについては、損害保険会社にこだわらない多角的な企業群になっているだろうと彼は見ている。「損害保険において好機があれば、それをとらえて生かしていくことになるでしょう。でも、ほかにもビジネスチャンスはあるかもしれません。現在は世界が進化している最中なので、どの企業にそうした商機があるのか、よく分からない場合もあるでしょうし、二一世紀型の望ましい企業とはどのようなものなのか、まだはっきりしていませんが、真の課題は一〇年先、二〇年先、三〇年先にも持続可能な企業――つまり、将来的に重要な価値のある企業を探すことです。そして、企業選びにかけてはウォーレンの右に出る者はいません」

ただし、バフェットがいようといまいと、バークシャー・ハサウェイの将来について株主が心配することはないとナイスリーは考えている。「ウォーレン引退後も、バークシャー流のやり方はおそらく今とほとんど変わらないと思います。ウォーレンの採用している方式は素晴らしいものですし、彼の後継者も同じ方式か、似たような方式に従うと思います。ウォーレン亡きあとは、まず間違いなく株価が変動するでしょうが、バークシャーの価値が実際に変わるわけではありません。バークシャーは引き続き良い投資先と言えるでしょう」

GEICOとバークシャー・ハサウェイの将来について明るい見通しを持っているせいか、会社を成功に導いたシステムの将来性についてもかなり強気のようだ。「自由企業制度は素晴らしいシステムです。その競争原理を導入して、それがうまく機能していけば、最終的には消費者の利益につながります。なぜアメリカの生活水準が一番高いのか、理由は二つあります。第一に、アメリカの政治形態が民主主義であること。第二に、現状はまだ希望どおりとは言えませんが、真の自由企業制度にきわめて近いことです。時には特別利益団体が支配権を握っているように見えることもありますが、彼らがわが物顔に振る舞えるのはごく限られた間だけです。結局のところ、ルールを決めるのは消費者であり、それがしかるべき道なのです」

ビジネスの基本方針――トニー・ナイスリー

★顧客に仕え、顧客の要望をつかみ、節約に貢献する。そうすれば、顧客は逃げない。
★あらゆる人間関係において正直であること。
★効果的なコミュニケーション法を習得すること。
★本業をおろそかにしない。新規事業に手を出す前に、最も得意とする分野をまず広げる。

第四章

資本配分部門のバックアップ役――ルー・シンプソン（保険のGEICO）

新世紀を祝うために、ルー・シンプソンは南米大陸南部のパタゴニア地方に山登りに出かけた。登山は独力で頑張るもの。常に控えめな姿勢を崩さないこの男にはぴったりである。シンプソンはプライバシーを守り、インタビューは受け付けない（だから、今回は例外中の例外である）。名声など求めないし、マスコミとも縁がない。有名人になろうとも思わない。

では、なぜインタビューに応じないのだろうか。おそらく一般大衆に向けて投資アドバイスをするようなことにはなりたくない。理由はそんなところではないかと思う。つい最近のことだが、彼が売買している銘柄が話題になった――それもまるで、投資で成功する秘密の戦術を一部明かすかのような扱いだった。金融関係のメディアや「マーケットに勝つ」ことばかりに焦点を当てるメディアの姿勢を軽蔑しているシンプソンだが、調査熱心なジャーナリスト魂を見せる人たちには敬意を払っている（彼のアシスタントのうち二人は元ジャーナリストである）。

バフェット傘下の他のCEOたちはみな余剰資金を資本配分用にオマハに送るか、内部留保するか、事業拡大用に資本を借り入れるかしているが、シンプソンの場合は、GEICOのために自分で資本配分を行っている。したがって、彼は本質的にバフェットの「バックアップ役」なのである。

ルー・シンプソンが私とひざを交えて詳細なインタビューを受けることを承諾してくれたとき、彼が出した条件はただ一つ。GEICOの株式ポートフォリオの持ち株については話したくない、ということだった。その後、彼は二七〇近くの質問に答えてくれた。

オフィスはサンディエゴ郊外の山中にあり、周囲には大きなお屋敷や乗馬道、ゴルフコースがある。不動産仲介業者、銀行、投資顧問業者、証券会社が立ち並ぶ一風変わったこの村には、カリフォルニアでよく見られる交通渋滞はない。学校が一つ、図書館が一つ、消防署が一つ、そして一時停止の道路標識が二本だけ立っている。

シンプソンの職場は支柱のない小さなオフィスビルで、ガラスで仕切られた個室が四つと広く開放的なレセプションスペースに小会議室が一つある。まるでアーキテクチュラル・ダイジェスト誌（＝建築・室内装飾の雑誌）から抜け出てきたようなオフィスだ。思い浮かべてみてほしい。フローリングの床。清潔感あふれる近代的なライブラリー。特注のファイルキャビネットにはアニュアルレポート（年次報告書）や資料類がぎっしりと並び、木製のマガジンラックにはいつでも利用可能なビジネス書誌や投資関係の出版物――。

気さくにあいさつを交わし、トム・バンクロフト（ルーの三〇年来の仕事仲間）に紹介されてから、会議室へ向かう。シンプソンは大学教授によくありがちな風貌。バンクロフトのほうはさしずめ優等生といったところだ。昔のベン・グレアムとバフェットがこのような関係だったのではないかと、ふと思った。インタビューが進むにつれ、ルーがトムのことを高く評価し、敬意を持って接しているのが分かる。

インタビューが終わり、ルーが席を外したあとは、トムが一人でいくつかの質問に答えてくれた。実に素晴らしい職場環境だとコメントすると、トムはそれを認め、「考え事をするのに絶好の場所ですよ」と言う。

帰るとき、小さいながらも見とれてしまうようなビルを振り返ってみると、窓越しにルーが熱心に電話で話しているのが見えた。

ホテルはルーのオフィスの真向かいにある。午後七時三〇分ごろホテルに戻ったとき、つい気になって向かいを見てみると、ルーはまだオフィスで仕事をしていた。翌朝、帰宅するため、早朝のフライトに間に合うようにホテルを出たが、オフィスにはすでにルーの姿があった。

ルー・シンプソンは「スーパーの上をいく投資家」として特異な存在である。平均的な投資家は自分もルー・シンプソンのようなスーパー投資家になれる、あるいは彼の銘柄選びをまねすれば、同じ成果が得られると信じて投資の世界に入る。しかし、ルーのまねをしたければ、経済紙に書かれてあることを隅々まで読みあさることにその人生の大半を費やさないといけない。仮に彼と同等の知性があったにしても、彼のように直感的に動けるだけの行動力はおそらくないだろう。

ここで、ベン・グレアムの著書『賢明なる投資家』（パンローリング刊）を思い出した。その冒頭部分でグレアムは、読者自身が自分で判断を下すように求めている。つまり、積極的な投資家になって、自己資金を自分で配分し、ルーやウォーレンと張り合うことも可能だが、受動的な投資家になって、コンピューターやインデックスファンド、あるいはスーパー投資家に自分の代わりに運用してもらうことも可能、というわけである。

ウォーレン・バフェットの後継者については、業界全体はもちろん、バークシャー・ハサウェイの株主たちのなかでも、文字どおり何年にもわたって憶測が流れていたが、だれもが驚いたのは、バフェット本人が一九九五年度の会長あいさつ『株主の皆様へ』のなかで、自身の後任人事についてポロリと漏らしたことだ。バフェットはバークシャーがつい最近、保険会社のGEICOを買収したことに触れ、GEICOの投資部長で資本管理部門のCEOルイス・A・シンプソンの運用成績を褒めたたえる文脈において次のように記している。「ルーにはGEICOでの仕事以上に大事なことが一つあります。それは彼自身の存在です。今ではルーがいてくれますから、チャーリー［＝副会長のマンガー］や私に万一のことが起きたとしても、バークシャーではずば抜けたプロの手にすぐに投資管理を任せることができます(1)」

当時、ルー・シンプソンの名前はあまり知られていなかったが、バフェットはかなり以前から彼とは面識があった。買収する何年も前からGEICOの大株主だったことから、ルー・シンプソンの功績については十分に把握していたのだ。シンプソンがGEICOに入社したのは一九七九年。それからまもなくベン・グレアムやチャーリー・マンガーとともにスーパー投資家の「内輪の会」、いわゆるバフェット・グループの一員となり、一年おきにバフェットと顔を合わせて投資談義をしていたのである。今ではバフェットも、すでにGEICOで定着しているモデルを踏襲し、自分の引退後はその責務を二人の経営幹部に分担させることを認めている。一人は組織を運営する業務管理部門の責任者、もう一人は会社の投資関係を担当する資本配分部門の責任者である。会社の経営についてはすでに役員を一人指名しているが、シンプソンを投資部門のトップとして選ぶことについてもほぼ間違いないようだ。それから五年後、七〇歳の誕生日を祝してだと思うが、バフェットは自分が現場を離れたあとは、息子のハワードがバークシャー・ハサウェイの会長となり、シンプソンが会社の投資部門を引き継ぐことを公式に発表している(2)。

もちろん、これはシンプソンがバフェットよりも長生きすることが前提にあるが、バフェットはシンプソンより六歳年上なだけだ。しかも、バフェットが公式に引退するのはその死後、五年後という計画を冗談で立てており、定期的に降神術の会を開いてバークシャーの取締役と連絡を取り合うことになっている。そのうえ、「CEOの職務をGEICOと同じように業務部門と資本配分部門に分けることについては十分に納得がいく」と、今では認めているシンプソンも、自分がバフェットの後継者になることについては、あまりあり得ない話だとしている。「実感がわきませんし、そうしたことについては考えたこともありません。補助的な役割なら分かりますが。ウォーレンあってのバークシャーですし、ウォーレンが現役でいるかぎり、バークシャーを経営するのは彼です。彼はその人生をバークシャーにささげてきましたし、それに一番ふさわしい人間ですから」

バフェットのあとを継ぐというのは、当然のことながら、プレッシャーの大きい仕事に違いない。シンプソンにとってみれば、七五〇億ドル相当の投資資産の責任を担うだけでなく、伝説的人物の後釜に入らなければいけないのだ。「なぜこのような立場にあえて身を置こうと思ったのか」と尋ねると、「私を厚遇してくださった方々に対して責任がありますから」とシンプソンは簡単に答えた。

シンプソンには生活のために株をやろうといった自覚がいつもあったわけでないが、運用の仕事に向いていたことは確かと言えるだろう。生まれたのは一九三六年、シカゴ郊外のハイランドパーク。一九五四年に高校を卒業し、工学技術を学ぶため、ノースウエスタン大学に入学。「でも、自分にはエンジニアは向いていなかった」と、のちに記者に語っているとおり、ノースウエスタン大学を一年で退学し、オハイオウェスレヤン大学に転学。そこで会計学と経済学を専攻し、一九五八年に学士号を修得。二年後、プリンストン大学で経済学の修士号を修得し、そのまま大学に残って教師となり、学究的な世界に進むつもりでいた。しかし教師の給料に満足がいかず、一九六二年、シカゴの投資会社ステイン・ロー&ファーナムに入社したが[3]、一九六九年にはその会社も退社することになった。その理由について、ステイン・ローの元同僚リチャード・ピーターソンはこう語る。「まだ若かったルー・シンプソンにとって会社はかなり保守的で、多くの機会を失うような気がしていたのではないかと思います[4]」

一九七〇年にはロサンゼルスを拠点とするシェアホルダーズ・マネジメントに入社。同社の「エンタープライズ・ファンド」が抜群の運用成績を収め、注目を浴びているときだった。しかしシンプソンが入社してからまもなくウォールストリートの雲行きが変わり、ファンドは暴落。そのうえ、同社は記録管理業務における違反行為でSEC（米証券取引委員会）から提訴されることになった。ピーターソンはこう回想する。「ルーにとって手痛い経験でした。それまでは純粋なグロース（成長株）投資家だったので、〝高値の花〟をどんどん追っていくようなヤツでしたが、これを機に相対的にリスクの低い本当に良好な状態の株――つまり、成長も必要だが、それと同時に割安な株を研究することの大切さを学んだようです[5]」

結局、シンプソンはその会社に八カ月しかいなかった。翌年の一九七一年にはウエスタン・バンコーポレーションのウエスタン・アセット・マネジメント部門の執行副社長となり、一九七六年には社長兼CEOに昇格。会社は彼の指導下で繁栄していたが、一九七九年に入るころには、自分自身のアイデアをどうしても試してみたいと思うようになっていた。他人の資金を運用しているだけでは、その機会が限られてしまうことに気づいたのである[6]。

そんなとき、偶然にも、GEICOの会長ジョン・J・バーンが新しい最高投資責任者を探していた。シンプソンは四人いる最終候補の一人だった。バーンは当時、GEICOの株式を三〇％近く保有していたウォーレン・バフェットに敬意を表し、この四人全員をオマハに連れて行き、バフェットと引き合わせることに同意していた。バーンはのちにマネー誌の記者にこう語っている。「オフィスからルーが出ようとしたときにウォーレンから呼ばれて、こう言われました。『もう探さなくていい。あいつに決めた』と」

シンプソンの正式の肩書きは上席副社長兼最高投資責任者だった。バーンが特に喜んだのは、シンプソンを引き抜くのに、「とんでもない金額」を支払わないで済んだからだ。バーンいわく、「シンプソンは優良株を選んで買い付けていく仕事に心底戻りたがっていました。会社を経営するよりも、良き投資家でありたかったようです[7]」

その当時のGEICOにとって、資金を貯めることと株式運用の達人を雇い入れることが何よりの優先課題だった。一九七〇年代の半ばに経営難および運用難によって破綻寸前までいった同社は、一九七六年には一億二六〇〇万ドルの赤字を計上。景気も同社の業績不振に拍車をかけた。たいていの保険会社と同様、GEICOのポートフォリオには幅広く債券が組み込まれていたが、株はごくわずかしかなかった。当時の運用担当者はリスクを最小限に抑えるべく、分散投資に頼っていたが、実際は、保険会社特有の投資モデルに従い、資金の大半を米国債につぎ込んでいたため、動きがとれなくなっていたのである。シンプソンがあとを引き継いだとき、ポートフォリオのなかで株式が占める割合は一二％しかなく、一九七〇年代のインフレのせいで巨額の損失が発生していた（**訳者注**　金利が上昇すると、債券価格は下落するため）。

投資対象のリサーチと銘柄選び

シンプソンは投資の手掛かりをどこから得ているのだろうか。彼の勤務時間は通常、一日一四時間。ありとあらゆるアニュアルレポート、金融関係の出版物を読みまくる。それから、大事な投資をする前に、時間をかけて経営者や顧客、サプライヤーや競合他社と話をする。余計な雑音を排除し、的を射た質問をぶつけ、重要事項についてそれぞれ検討するうえで、これらを得意とする少人数のチームを組んで仕事をしている。

新しい雇い主から完全な自由裁量を与えられたシンプソンは、債券を外して、公共株やエネルギー株、工業株に乗り換えると同時に、食品包装や銀行株の持ち高を引き上げた。普通株の比率はすぐにポートフォリオの三二％を占めるようになった。株式投資の初年度のリターンは二三・七％で、市場平均の三二・三％をはるかに下回ったが、一九八二年には市場平均が二一・四％の上昇だったのに対して、GEICOの持ち株は四五・八％の上昇となった。のちにジョン・バーンはこう語っている。「ともかく彼には自由に何でもできる活動の場を与えました。社の資産を前例のないほど株につぎ込むことも許可しました。すると、ルーはわれわれの期待以上にやってくれたのです(8)」

実際、シンプソンは期待以上の成績を上げ続けた。彼が入社してから一九九六年にGEICOがバークシャー・ハサウェイに売却されるまでの一七年間に、シンプソンは分散型ポートフォリオを整理し、銘柄数を三三からわずか一〇銘柄にまで絞ったが、その過程でその評価額は二億八〇〇〇万ドルから一一億ドルに膨らんだのである。しかも、一七年間のうち一三回もS&P五〇〇を打ち負かし、その平均リターンはS&P五〇〇が一六・九%だったのに対して、二四・七%と見事な成績を残している（一一二ページの表を参照）。

　きわめて明快な投資原則の一つはインタビュー時にも適用されており、シンプソンが株につぎ込んだ二五億ドルはわずか七銘柄に投資されていた。これは伝統的な投資の知恵とは正反対のやり方である。ちなみに、平均的な大型バリュー（割安株）ファンドの組み入れ銘柄数は八六銘柄である[9]。バフェットも昔から集中投資型で、バークシャー保有の普通株の持ち高のうち、七〇%以上がたったの四銘柄で占められている。「ルーはバークシャーと同じく、投資に対して堅実な集中型アプローチをとっています」とウォーレンも記している[10]。

　シンプソンも次のように力説していた。「本当にこれだと思える株を一五銘柄見つけられたら、その一五銘柄に賭けます。けっして一〇〇銘柄も買おうとは思いません。一〇〇もの企業をよく理解することなど無理ですから。集中型ポートフォリオのメリットは、『剣で生きれば、剣で死ぬ』ということわざにあるとおりだと思います。自分の判断が正しければ、付加価値を高めることになるでしょう。しかし、付加価値を高めるつもりなら、市場とは違う見方をしていかなければいけません。つまり、銘柄数を絞り込む。でなければ、業種を絞り込むことです」

　この集中型ポートフォリオで驚異的な運用成績を収めたシンプソンには自慢するだけのもっともな理由があるにもかかわらず、その話ぶりは実に謙虚である。「ポートフォリオを管理し、リターンを上げていくことで、GEICOに付加価値をつけることができ、ひいては自社株買いをさらに行えるようになります。そしてこれがまた一株当たりの価値をさらに高めることにつながるのです」

「株主志向の経営を行っているハイリターン型の

企業に投資する」という二番目の投資原則に従ってシンプソンが株式投資で好成績を上げたおかげで、GEICOは三四〇〇万株を超えていたその発行済み株式数を一九七九年から一九九五年の間に一七〇〇万株以下まで落とすことができた。その結果、バークシャーが一九八〇年以前に四五七〇万ドルで購入していたGEICO株の持ち株比率は、買い増しをしなくても、三三％から五一％に跳ね上がることになった。もちろん、ここでのキーワードは「ポートフォリオの管理」である。ウォーレン・バフェットという特別な例外を除けば、他のだれよりもシンプソンがうまくやっていると言えるだろう。その控えめな性格からして、驚くことではないが、シンプソンはこうしたことを何もかも非常にシンプルに表現する。いわく、「試行錯誤」の末、開発した投資手法が長年の間に進化したのだ、と。

　まずはリサーチから始める。彼か彼のチーフアシスタントのトム・バンクロフトが買い候補の銘柄を特定し、企業の役員との面談を手配する。「長い間に学んだことは、経営陣が価値の増減にいかに重要な役割を担っているかということです。普通は幹部に会うために会社訪問を試みますが、これはほとんど形式的なものです。紙に書かれた情報なら世界中でいくらでも手に入りますが、肝心なのは、その企業の幹部がどのような考え方の持ち主かを把握することだと思います」(11)。シンプソンの現状（運用資産は二五億ドルで、さらに数十億ドル入手可能であること）とGEICO名義でかなりまとまった投資ができることを考えると、たいていの企業幹部は喜んで面談に応じてくれるだろうが、そうでない場合、彼はその企業には投資しないことにしている。

　ここがボスやかの有名なバリュー投資家ベン・グレアムとシンプソンの違うところだ。その代わり、彼は伝説的投資家フィル・フィッシャーに従い、投資に対しては定性的（質的）アプローチをとっている。一方、バフェットやグレアムは定量分析を信奉している。つまり、財務データなどの数値を調べて最高の投資対象を決定するのが賢明な投資、というわけだ。実際、経営陣を訪問してしまうと（こうしたことを定性分析という）、彼らの魅力や売り込み手腕に左右されやすくなる、とグレアムは書いている。だが、生真面目な物腰で率直な物言いをするシンプソンのビジネス本位のアプローチに太刀打ちできる経営者は、たとえいたとしてもごくわずかだろう。

バリュー投資

「あの人はバリュー投資家かグロース投資家か、という聞き方をよくしますが、本当のところは両者とも腰から下はつながっているのです。というのも、平均を上回るほどの成長性のある企業をその経済価値より下で買い付けるとするなら、バリュー投資家でもグロース投資家になり得るわけですから」――ルー・シンプソン

ルーにはウォーレン・バフェットが感心している性質が三つある。知性と人柄と気質である。以下にバフェットのシンプソン評を紹介しておこう。「賢明な人が正常に行動できなくなるのは気質によるものです。彼の気質はおそらく私と違わないようです。二人とも合理的な行動をする傾向がありますし、感情によって知性の働きが邪魔されることもありません[12]」

バークシャーの副会長チャーリー・マンガーもシンプソンの個性を高く評価している。「株式の銘柄選択が上手な人というのは、少々変わり者で、あえて大勢に逆行しようとする人だと言えます。ちょうどルーの思考態度がそんな感じでしたから、そこを見込んだわけです[13]」

ほんの一握りの株に集中投資すること以外にも、シンプソンにはバフェットと共通点がある。ありとあらゆるものを読みまくり、ごく少数のスタッフしか抱えていないことだ。それからウォーレンと同様に、そしてたいていの機関投資家とは異なり、その運用資産の額がどれほど大きくなろうが、ルーは利益と直接連動した報酬を受け取り、スタッフの数もこれまでどおり変えることはない。特に注目すべきことは、両者とも多くの人手を必要とせず、思考集

中型であること。そして、トレーディングに明け暮れることはなく、資料などを読むことに没頭することだ。

とはいえ、シンプソンとバフェットにもやはり違いはある。両者は同じではないし、これまでも、そしてこれからも同じということはないだろう。

★ルーは独自の考え、独自の投資手法、独自の投資原則を持ってはいるが、社外に多くの管理職をはじめとする交友関係を築いている。しかしバフェットはそうではない。

★シンプソンはまったく違ったバリュー株を選び、その企業の株式の一部を取得するが、バフェットは企業を丸ごと買い取る。

★シンプソンは株を買い越しているが、最近のバフェットは、公開株については売り越しに転じている（**訳者注**　本書の原書が刊行されたのは二〇〇一年一〇月。よって、執筆は同時多発テロ事件前と考えられる）。

★シンプソンの保有資産は一〇〇％株だが、バフェットの場合は株が三〇％、完全子会社が七〇％で、将来的には株一〇％、完全子会社九〇％を目標としている。

★シンプソンは五億ドルの案件に焦点を合わせているが、バフェットが狙っているのは五〇億ドルの案件である。

★シンプソンは一人で黙々と仕事をするが、バフェットは毎年三〇〇〇通を超す手紙を受け取り、毎春、バークシャーの年次総会でホスト役を務めている。

★シンプソンは愚かなことは容赦しない。名声を求めることもせず、唯一、社員といっしょにインタビューに答えてくれた経営者である。バフェットのほうは彼の父親と同様、公職を求める政治家的な性格の持ち主で、いつでも喜んで写真用にポーズをとってくれたり、サインをしてくれたりする。

★シンプソンはありとあらゆるものを読むが、自分では執筆したり、出版したりはしない。一方、CEOのなかでもバフェットの文章は三〇万部以上配布されるアニュアルレポートを通して最も広く読まれている。また、彼の執筆したものをネット上で読む人たちの数は膨大な数に上る。

★シンプソンは、他のバークシャーのＣＥＯ同様、バフェットをはるかに上回る給与とボーナスをもらっている。

シンプソンは株式を購入し、ポートフォリオを管理するうえで五つの基本原則に従っている。こうした時代を超越した投資原則について、彼は一九八六年度のＧＥＩＣＯのアニュアルレポートで概略を示しているが、その翌年、ワシントン・ポスト紙のインタビューのなかでさらに詳しく説明している。

五つの投資原則

一．独自に考える

「昔ながらの知恵に対しては疑いの目を持ち、周期的に市場をのみ込む不合理な行動や感情の波に巻き込まれないようにしています。人気のない企業でもおろそかにはしません。それどころか、こうした不人気株こそ絶好の機会を提供してくれることが多いものです」

二．株主志向の経営を行っているハイリターン型の企業に投資する

「長い目で見れば、株価はＲＯＥ（株主資本利益率）、つまり、株主の投資した資金に対して企業がどのくらい利益を上げたかに連動して上昇していきます。報告利益よりも操作されにくいキャッシュフロー（現金収支）も役に立つ尺度の一つです。経営陣を評価するに当たっては、次のような問いかけをするようにしています。

- 経営陣が相当数の自社株を保有しているか？
- 経営陣はオーナーに対して正直か？
- 経営陣には不採算部門を進んで売却する意思はあるか？
- 経営陣は余剰資金を活用して自社株買いを行っているか？

この最後の問いが一番重要です。儲けている企業の経営者は往々にして余剰資金を大して収益性もない新規事業に使ってしまうものです。しかし自社株

買いは多くの場合、余剰資源の有効活用にはるかに役立ちます」

三．優良企業でも、値ごろ感がなければ買わない

「どれほど素晴らしい企業であっても、購入価格については規律を守るようにしています。世界最高の企業でも、株価が高すぎれば、良い投資対象とは言えません。株価収益率（ＰＥＲ）やその逆数の益回りは、株価キャッシュフロー倍率（ＰＣＦＲ）と同様、企業を評価するうえで参考になる尺度です。特に株式益回りと無リスクの米長期国債利回りとの比較がためになります」

四．長期的な展望を持って投資する

「個別銘柄や株式相場あるいは景気の短期的な変動を予測してみたところで、一貫して良い成績が得られるわけではありません。短期的な動きはあまりにも気まぐれなものです。それにひきかえ、株主志向で経営されている優良企業の株は、長期的には市場平均を上回るリターンをもたらしてくれる可能性が十分にあります。それに、頻繁に売買を繰り返していると、主として二つの不利益を被ることになります。つまり、取引コストと税金がかさみ、実質リターンを大幅に目減りさせることになるのです。そこで、できるかぎり委託手数料や税金によって利益を食われないようにして複利で回せば、投資元本の成長は速くなります」

五．過度な分散投資は控える

「幅広い業種にまんべんなく買いを入れていると、ずば抜けた成績を上げられなくなります。分散すればするほど、成績は平均化してしまうのが落ちです。そこで、投資基準に見合った少数の企業だけに的を絞るようにしています。良い投資案件、つまり基準を満たすような企業はなかなか見つかるものではありません。ですから、これと思えるものを一つ見つけたら、大きく買いに出ます。ちなみに、ＧＥＩＣＯの株式ポートフォリオでは持ち高上位五銘柄だけで保有株式全体の五〇％を超えています(14)」

バークシャーの一九八六年度のアニュアルレポート内で、ウォーレン・バフェットがシンプソンの運用成績を転載している箇所がある。これを見ると、

バフェットがなぜバークシャーの投資責任者としてシンプソンなら代わりが務まると考えたかが、さらによく分かる。実際、その投資手法が似ているだけでなく、努力の成果も酷似しているからだ。一九八〇年から一九九六年までのシンプソンの平均リターンは二四・七％。同時期のバフェットのリターンは平均二七・四％なので、バフェットのほうがわずかに上回っているが、両者ともS&P五〇〇の一六・九％を楽々と打ち負かしている。そのうえ、シンプソンは著名投資家ピーター・リンチが一〇年前にフィデリティの「マゼラン・ファンド」を運用していたときと同等の成績を残しているのである（一一二ページの表を参照）。

それも、これだけのリターンを株だけからたたき出しているのだから、シンプソンの記録がいかにすごいかというものだ。ちなみに、バフェットの年間リターンはバークシャーの純資産額の変化率（簿価ベース）で計算しているため、完全子会社の利益をはじめ、フロート（滞留資金）やその他の要素が成績アップに貢献していることになる。したがって、株式の銘柄選択によるリターン比較では、バフェットよりもシンプソンのほうが上かもしれない。

当然のことながら、二人はお互いに称賛し合う仲なので、仕事も一致団結して効率的に進むようだ。実際、バークシャーがGEICOを買収して完全子会社化する前でさえ、バフェットはシンプソンのことを褒めちぎっているのである。早くも一九八二年にはシンプソンのことを「損害保険業界一の投資マネジャー」[15]と称し、一九八六年度の会長あいさつ『株主の皆様へ』にも次のように書いている。「たしかにバークシャーで投資の責任を担う者としては、ルーの運用成績を記すのは少々きまり悪いものですが、バークシャーの単なる大株主としてなら、シンプソンがいかに好成績を上げているか、安心して見せびらかすことができます」[16]

その一年後、バフェットはワシントン・ポスト紙に対してこう語っている。「ルーのおかげで大儲けさせてもらいました。今日の相場環境のなかでは、私の知るかぎり彼が一番成功していると思います。ここ数年は、私よりも彼のほうがずっとうまくやっています。私が逃したチャンスも彼はちゃんととらえていました。おかげでＧＥＩＣＯの事業に投じた自己資本二四億ドルから七億ドルもの収益を手にしました。ルーが投資資金をどう管理しようと、私は何も口出しはしません。彼は彼なりの原則に忠実に従っていますから。しかし市場参加者のほとんどは、そもそも原則すら確立していませんし、仮に確立していても、それを貫き通すことはありません(17)」

シンプソンもボスについてはプラスの発言をしている。「彼は偉大な男です。第二のウォーレンは出ないと思います。いっしょに仕事をしていて何が最高かというと、やはり彼がとてもフェアでとても分別があることです。彼は何でも好き勝手なことをさせてくれます。そして、うまくいったら、拍手喝さいしてくれますし、うまくいかないときでも、ちゃんと理解してくれ、長い目で見てくれます」

バフェットについて、シンプソンはこうも語っている。「基本的な価値観とか類似点について言えば、二人とも投資手法がよく似ていると思います」

しかしその一方で、二人の大きな違いは公私の区別の仕方だと彼は見ている。「その聡明さにかけては、ウォーレンは計り知れないくらい特異な存在です。彼はバークシャーのことだけに集中し、人生＝仕事で、好きで仕事をしています。私も仕事は好きですが、たぶん彼ほど入れ込んではいません。私なら一、二週間ぐらいマーケットから離れることもできますし、相場のことも考えないでいられます。でも、ウォーレンにはどうでしょう。無理ではないでしょうか」

それから、シンプソン自身は指摘しなかったが、二人の投資哲学には小さいとはいえ、重大な違いがある。例えば、シンプソンのほうがバフェットよりも機動的で瞬発力がある。もっとも、ポートフォリオのサイズが違うせいかもしれない。ちなみに、本書執筆中の現在、ＧＥＩＣＯの持ち株は、ダン・アンド・ブラッドストリート、ファースト・データ、フレディーマック（ＦＨＬＭＣ／連邦住宅貸付抵当公社）、ＧＡＴＸ、グレート・レークス・ケミカル、ジョーンズ・アパレル、ナイキ、ショー・コミュニケーションズ、ＵＳバンコープのわずか九銘柄である。[18]「たいていの投資家は一〇銘柄から二〇銘柄しか持っていないと思いますが」とシンプソンはさらりと言う。

実際、GEICOのポートフォリオに組み入れられている銘柄を見てみると、シンプソンとバフェットとの違いがもう一つあることが分かる。両者とも市場平均に勝ってはいるが、銘柄構成は違う。これはまたバフェットの理論、つまり、スーパー投資家はみな「グレアム・ドッド村の出身者」であることを証明していることにもなる。これはシンプソンをはじめとする「バリュー投資家」を指すときのウォーレン流の言い方で、グレアムとドッドから学んだバリュー方式に従う者はそれぞれ違う銘柄に投資していても成功可能なのである（訳者注　グレアムとドッドは『証券分析／一九三四年版』〔パンローリング刊〕の共著者。詳しくは『賢明なる投資家』〔パンローリング刊〕の補遺「グレアム・ドッド村のスーパー投資家たち」を参照のこと）。シンプソンはこのバリュー投資の原則に基づき、個人的にコート・ファニチャー・レンタルに投資していたが、その後、バフェットがその価値に気づき、同社を丸ごと買い取っている。ルーは電話会社やケーブル会社にも投資しているが、これはハイテク嫌いで有名なバフェットよりもハイテク慣れしている、ということかもしれない。なにしろ、つい最近、AT&T（米国電話電信会社）の取締役を引き受けたくらいだ。

二人がお互いに知り合うようになったのは一九七九年、バフェットがシンプソンに対して行ったGEICOの入社前面接がきっかけだが（シンプソンによれば、このときシカゴ・カブス〔＝米メジャーリーグの球団〕の話をしたそうだが）、さらに親しい関係になったのは一九九六年、バークシャーがまだ取得していなかったGEICOの四九％の株式を買い付けてからである。「一週間か一〇日に一回はウォーレンと話をしますが、時には二、三日続けて話をすることもあります。たいていは株の話と会社の話です」とシンプソンは言う。そして、もう一つ変化があったのは、シンプソンの職責に関することだった。こぢんまりとしたオフィスに納まっている彼はこう語る。「もろもろの日常業務に関する責任は一切ありません。ただポートフォリオの管理をするだけです。年に四回、ＧＥＩＣＯ内部の取締役会に出席しますが、それもたいていは電話会議です。あとは年に二回、本社で行われる会議のため、ワシントンＤＣまで飛びます。ただし、ＧＥＩＣＯの業務管理をしているトニー・ナイスリーやワシントンにいる他の人たちとも定期的に話をするようにしています」

逆に、変化しなかったこともある。シンプソンには自分自身で意思決定を行う権限が与えられたことだ。例えば、バークシャーが一九九八年に他の大手保険会社ゼネラル・リーを一〇〇％子会社としたとき、バフェットはその投資ポートフォリオの管理を引き継いでいるが、シンプソンには引き続きＧＥＩＣＯの株式ポートフォリオの管理を任せている。その説明として、シンプソンはこう語っている。「お互い長い付き合いですし、彼はここにいる私たちをみな知っていますから、任せていいと思ったのでしょう。これまではそうしたことはなかったようなので、今回は例外となりますが、それは私たちが長年ＧＥＩＣＯの資金管理をしていたからです。それに、ゼネラル・リーの場合、ポートフォリオに対するアプローチ法がまったく違っていたからです」（つまり、普通の一般的手法だったということだ）。その後、「世界一有名な投資マネジャーから引き続きポートフォリオの管理を任されたということはものすごい賛辞ではないか」と水を向けると、シンプソンはただ手を振りながら、「まあ、これまでのところは……」と言って、「世間で何と言われているか、ご存じでしょ」と笑いながら付け加えた。しかし、「バークシャーに買収されてからＧＥＩＣＯが別の面で変わったことはあるか」と尋ねると、再び真顔に戻って答えてくれた。「それが分かるにはかなり時間がかかると思います。必要に迫られて短期的に引受利益を上げていくことはあまり重要ではないからです。それよりも、理にかなった成長を遂げられる分野で成長できることのほうが重要なのです」

ＧＥＩＣＯの株式投資はバークシャーとは若干異なる。企業の株式を一部取得するか、全部取得するかの違いだが、これは個人投資家とコングロマリット（複合企業）の違いと同じようなものだ。ポートフォリオのサイズが小さいほど、投資の選択肢は増える。でなければ、ルーも言っているように、「釣りをするなら池がずっと大きいほうがいい」かもしれない。というのも、ポートフォリオのサイズがどうあれ、分析の仕方は変わらないが、企業を丸ごと買い取る経済性によって付加価値が付き、管理・税金・キャッシュフロー面において、さらにうまみが出るからだ。

別に驚くようなことではないが、かつては別の職業を考えていたルーも、「投資管理の仕事に落ち着いて本当に良かったと思っています。知的な意味で非常にやりがいがありますし、とても実用的かつ実利的ですから」と語っている。不思議と日常業務にはまったく関与する気はないようなので、「投資管理以外ではどのような仕事に就いていたと思うか」と尋ねたところ、シンプソンは次のように答えた。

「おそらく総括管理の仕事でしょうか。非ハイテク企業のゼネラルマネジャーになっていたと思います。理由は、その実利面よりも、経営陣の一人として企業を経営し、価値を創造していく、そうしたすべてのプロセスを味わってみたいからです。専門分野はありますが――それを今、ＧＥＩＣＯでなりわいとしているわけですが――私としては投資および金融関係の専門知識を持ったゼネラルマネジャーのようなつもりでいます」

シンプソンはその専門知識のおかげでかなりの収入を得ているが、運用報酬は少なめである。運用資産二五億ドルのファンドの場合、平均的な運用報酬（＝管理手数料）は二五〇〇万ドルだが、シンプソンの場合は、よく分からないが、その一〇分の一くらいではないかと思う。他の運用担当者とは違い、ルーは資産規模ではなく、実際の運用成績に応じて報酬を受け取っている。だから、わざわざ宣伝したり、成績をつり上げたり、トークショーの人気者や市場予測者になったり、おとなしくインタビューに応じたりしなければいけない動機がない。バフェット傘下の他のＣＥＯと同様、社内のことだけに集中し、対外的なことなど眼中にない。だからこそ、シンプソンは年平均リターン二四％、額にして毎年六億ドルもの投資収益を株主にもたらすことができるのである。

バークシャーではシンプソンの給与や業績手当ての額は公表していないが、一九九六年、バフェットがＧＥＩＣＯを買収する前年は、シンプソンに六〇万ドルの報酬が支払われている。しかし一九九九年はバリュー投資もバークシャー自身の成績も市場平均（Ｓ＆Ｐ五〇〇）には届かなかったため、ルーは三年リターンの移動平均とＳ＆Ｐ五〇〇との比較を基に支払われるボーナスをもらい損ねている。特に今日の投信業界のファンドマネジャーの報酬から見ると、ルーの給与はそれ自体、大した額でないのは確かだが、一九九二年に市場に勝ったときは、一五〇万ドルのボーナスを手にしているし、その翌年にはストックオプション（株式購入権）を行使した結果、三八〇〇万ドルもの利益を上げている。さらに、バークシャーから会社が買収されたときは二五〇〇万ドル相当の株を現金化している。したがって、バークシャーの他の役員と同様、シンプソンも働く必要などないのだが、それでも仕事を続けているのは刺激と興奮が得られるからだ。それはどんなときかというと、「企業のことを本当に理解したときです。よく分からなかった企業について何らかの洞察を得たときは胸が高鳴ります」とのこと。実際、彼によれば、自分の能力を自覚するのは、こうして理解できたときなのだという。

もっとも、理解するには調査に相当の時間をかけないといけない。理想の一日は、「マーケットが休みで、電話が一切かかってこないオフィスで一日中、資料などを読んでいられる日」。実際、その時間の大半を読むことに費やす。「少なくとも一日に五時間から八時間は、こうした時間に充てるようにしています。各種の書類、アニュアルレポート、産業レポート、業界誌などいろいろなものに目を通します」。ビジネス関係の出版物で気に入っているのは、ウォール・ストリート・ジャーナル紙をはじめ、フォーチュン、ビジネス・ウィーク、フォーブス、バロンズなどの雑誌。「これらのどれを読んでも良いアイデアが浮かびます。……が、雑音もたくさん入ることになります」と、すぐさまこう付け加えた。雑音を排除して独自に考えることは、投資先企業を決めるうえで重要なことなのだ。

その一つの方法として、アニュアルレポートを注意深く見る。「アニュアルレポートが届く季節には、一日に一五冊か二〇冊ぐらい読みます。たいていは会長あいさつからその企業文化の香りを読み取り、それから資金の源泉および運用の項目へ進み、注記をいくつか拾い読みします。でも、基調を決めるのはCEOのあいさつです」と結論づけている。彼は特にCEOのあいさつが私事に偏っている場合は警戒する。「たしかにバークシャーの場合も、いくらか私的な内容になってはいますが」と認めながらも、「何と言っても、バークシャー＝ウォーレン。ウォーレンは会社のスターですから」とすぐに付け加えた。しかし最高責任者が「個人的に気取っている」のは気に入らない。「ウォーレンの場合、個人的なことを書いていても、重要な問題もきちんと取り上げています。でも、他のCEOの場合、その企業で発生していることについて、あまり手掛かりが得られないことが多く、みなPRやマーケティング絡みか、人を煙に巻くような話ばかりです」

シンプソンが自分で口にしたとおりのことを実践しているのは当然といえば当然である。一九九三年、ワシントン・ポスト紙がGEICOのアニュアルレポート――とその投資責任者――を一例に挙げて褒めたたえたことがある。スタッフライターのスタン・ヒンデンが次のように説明している。「長い年月の間に気づいたことは、アニュアルレポートを読むのはやはり退屈なことだ、ということだ。それも、企業の曖昧模糊とした話の世界に足を踏み入れてしまった、という感じだ。だがその一方で、変わったアイデアを見つけたり、悪いニュースを知らされ新鮮な思いがしたり、企業の正直さに珍しく触れたりできる機会もある」。GEICOのレポートは正直な企業の好例として同紙に認められ、「ストレート・トーク賞」を受賞している。ポスト紙にはこうある。「シンプソンはうまくいっているときも、まずいときもきちんと報告してくれる」。一九九〇年代初頭に会社の運用成績がいまひとつだったことをシンプソンがどのように説明しているか、ヒンデンはアニュアルレポートからの引用を交えて示している。「成績がなぜ下がったのか、明白な理由が二つあります。第一に良い投資先をうまく見つけられなかったこと。第二に、一九八〇年代に比べ、相場が上がらなかったことです」とシンプソンは包み隠さず告白している。(19)

実際、シンプソンは自分の弱点や限界やミスを、竹を割ったようにあっさりと認めている。投資家としての最大の欠点は、「特定のテクノロジーが世界経済においてきわめて重要であるにもかかわらず、テクノロジーへの理解が欠けていること」としたうえで、「時間をかけてテクノロジーを理解しようとはしない」自分を責める一方、「テクノロジーを理解していたほうがよかったかどうかは分からないが、どうも自らその分野を締め出しているようだ」と白状している。面白いことに、彼はテクノロジーが「儲ける絶好の機会を与えてくれる」と認めていながら、それ以上、テクノロジーにかかわろうとしないことについて弁解していない。「能力の輪のなか（＝能力の及ぶ範囲）で商いをする、自分の頭で理解できる企業を買う、企業の価値や収益力を上手に分析できる方法を見いだす、こうしたことが基本だと思います」。例えば、彼はこう説明している。「ＡＯＬ（アメリカ・オンライン）をどう評価したらいいのか、私には分かりません。ＡＯＬの事業についてはは分かりますが――価値を創造するという意味では非常によく運営されていますが、その見通しに対して、どう評価すべきか分からないのです」。それから考え直して、こう付け加えた。「たぶん、企業を理解していないのかもしれません。というより、きっと理解していないのです」

リスクをとった結果、失敗したことについては、シンプソンは次のように話している。「かつてかなり集中してイチかバチかの賭けをしたことがありますが、これ自体が最大のリスクだったと思います。素晴らしい成績につながることもありますが、芳しくないこともありました。それに、人物を評価するとき、特に経営陣とオーナーに対して評価ミスをしたことが何度かあります。そこで、さらに能力を身につけるようにしているところです。本当に企業を理解する能力と人物を理解する能力が兼ね備わっていないといけないのです。おそらく企業についてはは理解していたほうだと思いますが、両方を理解することについてはまだ修行中です。それと……ミスをしたときは、必ず事後分析をすることにしています。自分のミスを見つめ、なぜミスを犯したのかを見極めることはとても重要だと思います」

シンプソンが犯した最大のミスは、早く売りすぎたとか、ハイテク株に投資した、トレーディングをやりすぎた、株のインサイダー情報に盲目的に従った、といったことではない。むしろ、自らが株主となっている企業のインサイダー情報に耳を傾けてしまったことだ。「なにしろ、自分たちもインサイダーですから、こうした情報を聞いてしまった以上、ポジションを動かすわけにはいかず、いくらか損をする羽目になりました。情報をつかんでしまうと、売りも買いもできません。こうしたことは二度と繰り返さないようにしています。もうインサイダー情報などいりません。できるかぎり機動的に動けるようにしたいですから」

「その特質上、最大の強みは何か」と尋ねると、シンプソンはこう答えた。「強みがあるとすれば、企業を理解することと、願わくは、経営陣を理解することにかけては負けない、と言いたいものです。ある企業を適正価格で買うことを前提に、その確信を得たければ、値を下げているときに買い出動し、かなり集中的にそれに賭けることです。すると、結構うまくいきます。もっとも、うまくいかないこともたまにありますが」

企業の量的・質的側面を〝両方〟評価することが重要だとシンプソンは言う。彼のチームが業界やその業界内の企業について徹底的に分析してくれるおかげで、こうした点において強みを持てるのだと彼は感じている。一方、企業評価において最も重要な量的側面について質問すると、次のような答えが返ってきた。「それは資本収益率です。これをチェックすると、実にいろいろなことが分かります。ただし、根本的な問題として、利益に関してはかなり雑音が入るため、財務データ上の数値と実際の数値とは切り離して考えないといけません。ROE（株主資本利益率）は基本的に重要ですが、これが時としてあてにならないこともあります。が、たとえそうであっても、多くのことを調べる必要があります。そして、その企業の長期的な利益成長率を見積もり、一定の割引率で割り引く。これが何よりの評価となります。原理的には簡単ですが、実際にやってみると、結構難しいものです」

自分の専門分野については快く話してくれたシンプソンだが、投資家として成功する方法など教えられるものではないと考えている。「これは一種のアートであり、心理学や感情的要素がたくさん関係します」と彼は言う。それに「実際に投資家になるための気質や忍耐力に欠けている人が多い」ため、結局のところ、「平均的な投資家には成功できるだけの資質が備わっていない」とのこと。読み込んでおくとためになるものとして、彼はベンジャミン・グレアムの古典的名著を二冊挙げた。『賢明なる投資家』とデビッド・L・ドッドとの共著『証券分析』で、自身も持っているという（邦訳はいずれもパンローリング刊）。「現在、金融業界で仕事をしている、あるいは投資管理の仕事に就きたいと考えている人たちに対して、どのようなアドバイスをするか」と尋ねたところ、「その道に入ったら早いうちから、本当に良い人、誠実で自信のある人、学ぶところのある人と知り合いになること。そして、あまり近視眼的にならないことです」とシンプソンは答えた。実際、彼自身、自分で称賛できる特性は、長い目で物事を考えられることだそうだ。「私が学んだことは、マーケットは自分の思いどおりにはならないということ。でも、長期的に見れば、そんなマーケットもいずれは合理的な動きになる。少なくとも多少は合理的になるものです」

「個人投資家向けにアドバイスを一つしてほしい」と頼むと、彼はウォーレン・バフェットからもらったアドバイスをいくつか教えてくれた。「彼と初めて会ったとき、こんなことを言われました。投資について考えるとき、二〇回パンチされた料金カードを一枚もらったときの状況を思い浮かべてほしい、と。売買できる回数が二〇回限りだとすると、二〇の機会を使い切ってしまったら、現在手持ちにしているものを保有したまま動けないことになります。こうした考え方をしてみると、本当にためになります。どれほど入れ替えをしたいと思っても、すごく注意深くなり、かなりの確信が持てるまで神経を集中させるようになるからです。ポートフォリオの入れ替えばかりやっている人が多いようですが、ベン・グレアムからかつてこんなことを言われたことがあります。多くの個人投資家や機関投資家のやり方を見ていると、汚れた洗濯物を交換し合っている人たちを思い出す、と。彼らのやっていることは単なるトレーディングのためのトレーディングであって、実際に企業を所有しているのとは違います。企業を所有し、理にかなった投資期間を設けることを重視すれば、もっと成功する投資家になれるのではないでしょうか」

シンプソンは六四歳になった今も、引退はずっと先のことだと考えている。毎日午前六時にはオフィスに到着し――これは三人のアシスタントのだれよりも早い――通常は午後七時半まで会社にいる。つい最近、オフィスの賃貸契約をさらに五年延長したばかりだ。「本当に好きなことをしていますから」と彼は言う。「少人数のグループですが、とてもウマの合ういい人たちといっしょに仕事ができ、これ以上の環境はないと思います。引退してしまったら、何をしたらいいのか、自分で自分を持て余してしまうでしょう」

最近、再婚した。三人の息子は成人している。余暇の趣味はほとんどなく、せいぜい山登りにときどき行くぐらいだ。もっとも、そうした趣味の一つとして市民活動に参加している。例えば、息子たちがケイト・スクールを何年も前に卒業しているにもかかわらず、シンプソンは今も受託者として同校に投資アドバイスを行い、同校のために学資援助基金を設立し、毎年一〇〇万ドルを超す寄付をしている。同校の振興責任者メグ・ブラッドリーがマネー誌にこう語っている。「いかにもルーらしく、教育振興のために何よりも寛大な贈り物をくれました――それも無条件に、です。実に寛大ないい方です」[20]

引退する気がないこともあり、シンプソンはＧＥ

ICOの資本管理部門の後継者の訓練は行っていないという。「わざわざ引き継ぎをするようなたぐいの仕事だとは思っていません。ここではみな平等に権限を共有する環境下でともに仕事をしています。ですから、このままの形でずっと仕事をしていきたいと思っています」

「GEICOについて何かビジョンを持っているか」と尋ねると、共同CEOのトニー・ナイスリーの意見に従うとのことだったが、彼はこう付け加えた。「GEICOはおそらく自動車保険の未来像を表していると思います。保険はますますダイレクトレスポンス型になり、インターネットへの依存度をさらに高めていくことになるでしょう。そしてGEICOとしては、これからも格安の保険料と最上のサービスをお届けしていきたいと思っています」

彼は同様にバークシャー・ハサウェイの将来についても、あまり語りたがらなかった。GEICOの将来に関する質問のときと同様、「バークシャーについてビジョンを持っているか」と尋ねると、「それはまさにウォーレンの判断次第です。ただ、私自身は日和見主義的にいくと思っていますが」とだけ答えた。彼はバフェットがバークシャー用のマスタープランを用意しているとは見ていない（というより、「プランを描いている最中だと思います」とのこと）。また、一〇年先、二〇年先にどのような未来図が描かれているかについても予想する気はないという。「それはどのような機会があるかよって変わります。ですから、今後はとても面白いことになっていくと思います」

もっとも、バフェットが引退するのではないかと、株主が心配するような理由はほとんどないと彼は見ている。「ウォーレンの頭がしっかりしているかぎり――彼の頭の切れ味は二〇年以上前に初めて会ったときと変わっていませんから――これまでどおり仕事を続けていくでしょう」

社員たちの話では、バフェットの後継者としてシンプソンがバークシャー・ハサウェイの共同CEOの一人に指名されたとき、彼はとても喜んでいたそうだが、当の本人はわれ関せずといったそぶりを見せている。[21]いわく「彼が現役を退くころには、後継者としてもっと若い人たちが周りにいるはずです」とのこと。[22]また、「バークシャーの業務部門担当のCEOにはだれが選ばれると思うか」といった話にもあまり乗ってこなかった。「バークシャーにはその可能性のある人たちがたくさんいますし、ほかにだれか選べと言われても私には分かりません」。社内の人たちは有力候補が三人いると思っている。バークシャー再保険事業部の社長アジート・ジャインと、エグゼクティブ・ジェットの社長リッチ・サントゥーリ、それにGEICOでシンプソンとともにCEOを務めているトニー・ナイスリーである。[23]もちろん、このなかにいるとすれば、の話だが、だれがバフェットの後継者となるのか、そのときが来てみないことには分からない。

今のところ、ルー・シンプソンはいつもやってきたとおりのことを引き続きやっていくつもりでいる。「弊社のやり方には秘密もなければ、意外性もありません。やろうとしていることはみなはっきりと分かっています。アプローチも上々です。ただ、問題が一つあります。言うまでもなく、このとおり実行していくことはたやすいことではありません。長期戦であることも分かっています。でも、弊社のやり方でうまくいくという自信はあります」

ピーター・リンチ対ルー・シンプソン

おそらくルー・シンプソンとその投資原理や手法を理解するには、バフェットの次に有名な投資マネジャー、ピーター・リンチと比較してみるのが一番だろう。目を見張るくらい対照的な二人だ。

シンプソンとGEICOの年間リターンは、GEICOがバークシャー・ハサウェイの完全子会社となった一九九六年以降は公表されていない。フォーブス誌の見積もりでは、シンプソンの一九九九年度のリターンは一七％。[24]

ルー・シンプソンの運用成績

1. 一七年間で七回バフェットに勝っている

ピーター・リンチ	ルー・シンプソン
有名なメディアの人気者。著書を３冊刊行。雑誌記事や広告にも登場	無名。インタビューには応じない。執筆・出版とは無縁。自分の知名度には無関心
10年以上前に46歳でファンドマネジャーを引退	64歳の今も現役で資金管理を担当
「自分や家族にとっておなじみの企業の株に投資する。自分の知っているものに投資する」	「バリュー株に投資する。調査を重ね、独自に考え、だれも知らない未発掘の株に投資する」
「だれでも市場平均を超える投資家になれる」	「平均的な投資家には成功できるだけの資質が備わっていない」
運用資産140億ドル。350銘柄に分散投資	運用資産25億ドル。７銘柄に集中投資
フィデリティ・ファンドのオーナー、ジョンソン一族のために富を創造	GEICOとバークシャー・ハサウェイの株主のために富を創造
キャリア13年（1977-1990）	キャリア38年（1962-　　）
株主（受益者）数は100万人	株主数は30万人
株式の保有期間は３年か４年で最高リターンを達成	投資判断を下すのは一生涯で20回まで
特殊な状況にある復活株を物色	不人気なバリュー株を物色
ファンドの純資産総額を基準に報酬が決まる	運用成績と自社株買いによる株主価値の増大を基準に報酬が決まる

シンプソンの株式投資リターン比較 （単位：%）

年	シンプソン	バフェット	リンチ	S&P500
1980	23.7	19.3	69.9	32.3
1981	5.4	31.4	18.5	-5.0
1982	45.8	40.0	48.1	21.4
1983	36.0	32.3	38.6	22.4
1984	21.8	13.6	2.0	6.1
1985	45.8	48.2	43.1	31.6
1986	38.7	26.1	23.7	18.6
1987	-10.0	19.5	1.0	5.1
1988	30.0	20.1	22.8	16.6
1989	36.1	44.4	34.6	31.7
1990	-9.1	7.4	-4.5	-3.1
1991	57.1	39.6		30.5
1992	10.7	20.3		7.6
1993	5.1	14.3		10.1
1994	13.3	13.9		1.3
1995	39.7	43.1		37.6
1996	29.2	31.8		23.0
平均	24.7	27.4		16.9

注＝シンプソン（GEICO）とリンチ（フィデリティ・マゼラン・ファンド）のリターンは税金と管理手数料を引く前の株式投資収益率。また、リンチのリターンはファンド購入時にかかる3%の販売手数料を引く前のもの。バークシャーのリターンは税金と管理手数料を引いたあとのもので、時価ではなく簿価ベースの純資産増加率。S&P500のリターンは税金と管理手数料を差し引く前のもので配当は再投資

2. 一七年間で一三回S&P五〇〇に勝っている
3. リンチ引退前の七年間では五回リンチに勝っている
4. リンチ引退前の一〇年間においてトータルリターンベースでリンチに勝っている
5. シンプソンの時価ベースでのリターンとバフェットの簿価ベースの純資産増加率では公平な比較はできない
6. 運用成績が公表されている年数は一七年
7. 運用成績が市場平均を下回った年は四回
8. 運用成績がS&P五〇〇を連続して下回った期間は一年
9. 一九八〇年――GEICOのポートフォリオにおける株式の占める割合はわずか一二%
10. 一九八三年――GEICOのポートフォリオにおける株式の占める割合は三二%
11. 一九八二年――GEICOは二億八〇〇〇万ドルを三三銘柄に投資
12. 一九九五年――GEICOは一一億ドルをわずか一〇銘柄に投資

ビジネスの基本方針――ルー・シンプソン

★経済新聞を貪欲に読みあさる。
★購入前に企業調査を徹底的に行う。
★割高なものは買わない。
★独自に考える。
★長期的な展望を持って投資する。
★保有銘柄数を絞り込む。

第五章

災害部門の管理者――アジート・ジャイン（バークシャー・ハサウェイ再保険事業部）

アジート・ジャイン（Ajitと書いて「アジート」と発音する）は地球を半周したところで産声を上げた。インド生まれの彼は、カルカッタの南方にあるオリッサ州の海沿いの町で育った。度重なるサイクロンをはじめ、暴風災害で有名なところだが、母国でのこうした過酷な自然体験がいつの日か「災害部門」の仕事に役立つことになろうとは、彼自身ほとんど知る由もなかった。

英語を第二外国語として話すアジートは、バークシャーの社員のなかでは、だれよりも多くの収益を独力で生み出してきた。

アジート・ジャインが一員となっているバークシャーのCEOチームは、キリスト教徒やユダヤ系の経営者たちから成る種々雑多な集まりである。ジャインという名はジャイナ教というインドの小さな宗派に由来し、彼自身もジャイナ教徒の一人だ（訳者注　Jainは英語では「ジャイナ教徒」の意）。バークシャーの経営陣にはさまざまな文化、宗教、政治、教育を背景に持った人たちが集まっているが、これはウォーレン・バフェットがそうなるように指示したわけでも計画したわけでもない。単に知性、勤勉、功績を基準に人選した結果である。

ネブラスカ・ファニチャー・マートのローズ・ブラムキン（第六章参照）と同様、アジートも外国生まれで、根っからのセールスパーソンだ。現在の居場所に落ち着くまでは長い道のりの旅だったが、新しい環境に素早く順応し、ボスから高い評価を得ている。アジートは、正式な教育をまったく受けていないミセス・ブラムキンとは違い、バフェット傘下のCEOのなかではトップクラスの学歴の持ち主で、バークシャーではボスを除けば、一番の稼ぎ頭でもある。たった一四年の間にわずか一四人のスタッフと七八億ドルものフロート（＝滞留資金すなわち運用資産）を有する保険事業を築き上げたのである。今では再保険業界始まって以来の大口取引を成立させたことで有名だが、彼にとっては小さすぎるという取引は一つもない。相変わらず自分の車に乗って一〇〇万ドルの保険契約を取りにいく。

コネティカット州スタムフォードはコネティカット大学やゼネラル・リー（バークシャーの一〇〇％子会社）やゼロックスの本拠地だが、ここにあるアジートのオフィスは散らかっていて、書類や資料などがあふれている。

アジートはかなりの倹約家で、ひょっとしたらバフェット以上かもしれない。インタビュー当時、交代の秘書が三カ月もいない状態のまま、電子メールの処理から出張の手配まで自分一人でこなしていた。仕事を取ってくるのにエグゼクティブ・ジェットを利用すれば便利であるにもかかわらず、コスト意識が強すぎて、それさえ利用しないのである。

ジャインはユーモアがあって腰が低く、控えめながら話し上手で、率直かつ謙虚な、どこから見ても「いいヤツ」である。それが、はるか遠くまで出向いていって、ものすごい契約をまとめてくるのだから、人は見かけによらないものだ。もっとも、こんな男だからこそ、これまでこれだけの成功を収められたのかもしれない。

二〇〇一年春、バークシャーの熱狂的ファンの間にちょっとした衝撃が走った——と同時に単なる好奇心もあるのだが——ウォーレン・バフェットが年に一度の会長あいさつ『株主の皆様へ』を発表したからだ。バフェットはバークシャー再保険事業部の社長アジート・ジャインに関する話のなかで、自身の健康が最近やたらに取りざたされることに触れ、次のように記している。「バークシャーにとってアジートがどれほど貴重な存在か、いくら誇張してもしたりません。私の健康のことなど心配は無用です。それより、彼の健康を気遣ってやってください(1)」

ほとんど何気ないようなこの言葉が波紋を呼んだ

のは、バークシャー・ハサウェイの社員や取締役、バフェット家の友人たちを含め、内情を知る人たちがジャインこそ、バフェット引退後のバークシャー業務部門の共同CEOを引き継ぐ三人の候補者のうちの一人だと信じているからだ。ちなみに、あとの二人はエグゼクティブ・ジェットのリチャード・T・サントゥーリとGEICOのトニー・ナイスリーである。(2) 本書執筆中の現在、バフェットはその年齢の割にはまずまずの健康状態を維持している。ジャインは候補者としてうわさされているなかでは一番若く、ボスとは二〇歳以上、年が離れているため、バークシャーの業務部門のトップとしてバフェットの後継者になる可能性はかなり高い。とすると、その慎ましい駆け出しのころからよくぞここまで出世したものである。

ビジネス・ウィーク誌によれば、バークシャーのなかで拡大中のもう一つの部門、エグゼクティブ・ジェットの宣伝活動のため、最近パリを訪れたウォーレン・バフェットがパリのホテルにチェックインしたとき、フランスで指折りの市民団体や財界のリーダーたちを大勢待たせたまま、こっそりと姿をくらまし、いつもの電話友達とおしゃべりをしていたというが、その相手こそ――アジート・ジャインだったのである。(3)

一九五一年にインドで生まれたジャインは、一九七二年、インド工科大学（IIT）カラグプール校でエンジニアリングの学士号を修得し、その仕事人生をエンジニアとしてスタートさせている。ちなみにIITは一九五六年にインド議会で可決されたIIT法によって国の重要教育機関として指定を受けている大学である。実力だけを基準に入学できることで世界中の工学技術界でその名を広く知られているIITは、技術教育にかけては世界最高峰の一つとされ、人口九億人のなかから六つの地区キャンパスに入学できる学部学生は年に四〇〇〇人にも満たない。

一九九一年にビル・ゲイツがバフェットに語ったところによると、技術系の人材を世界中で一つの学校からだけリクルートできるとするならIITを選ぶ、とのこと。

しかし、ジャインは次のような話をしてくれた。

「エンジニアであることを楽しみ、それを専門職としていく夢があったとしても、あっという間に現実を知らされることになります。インドではもちろん、ここアメリカでも、エンジニアは結局いいように使われるのが落ちです。週に六日働いていましたが、給料はセールスやマーケティング担当者の四分の一しかもらえませんでした。そこで、どうせ彼らに勝てないのなら、その仲間に加わろうと思ったんです」

ちょうどその当時（一九七三年）、たまたま「IBMがデータ処理装置のセールスおよびマーケティング担当者を募集していたので、IBMに入り、インドでコンピューターシステムの販売を担当することになった」。そこで、ジャインは天性のセールスマンとしての手腕を発揮し、IBMの担当地区で「ルーキー・オブ・ザ・イヤー」に指名されている。

だがその後、インド政府が一九七六年、インドで操業している多国籍企業に対してインド人の部分的所有権を求める法律を可決。たいていの多国籍企業はこれに従ったが、コカ・コーラとIBMは一線を画し、「われわれに関するかぎり、インドでの事業は一〇〇％アメリカの親会社の所有とするか、でなければ、市場から撤退する」と宣言。結局、二社とも撤退を決め、ジャインは突然、職を失うことになった。

そうこうするうちに、ジャインは上司の一人から、アメリカのビジネススクールに行ってみないかと強く勧められた。「私は行きたくないと言いました。それにアメリカのビジネススクールなど難しくて、とても無理だと。でも、ともかく力試しに試験を受けてみろと、無理やり試験を受けさせられました。それが幸運にも、受かってしまって」――そう言う彼の表現はいかにも控えめな感じだが、彼が願書を出して合格したところは、実はハーバード・ビジネススクールなのである。もっとも、彼にとっては楽しい思い出ではなかったようだ。「海外に行くのは初めてでした。私は厳格なベジタリアン（菜食主義者）でしたから、食事に困りました。それに職には到底ありつけないと思っていましたし。スーパースターばかりがいるハーバードのようなところで、自分はいったい何をしたらいいのだろうかと、そんなことばかり考えていました。ともかく、絶対に落第する自信がありましたから、もう不安だらけで、楽しいなんて思ったことは一度もありません。……ただ、ビジネススクールで教わる内容にはちょっとがっかりしました。あまりにも分かりきったことが多くて。本当はごく当たり前のことや直感的に分かるようなことをわざと大げさに騒ぎ立てている、そんな感じでした」

一九七八年にMBA（経営学修士）を修得後、すぐに彼はIITやハーバード・ビジネススクールの卒業生がいかにも行きそうなところに就職した。マッキンゼー・アンド・カンパニーで経営コンサルタントになったのである。「マッキンゼーに入れて感激しました。給料はすごい額だし、ファーストクラスでヨーロッパに行けるのもすごいことだし、自分の履歴書にマッキンゼーの名前が書けるのも素晴らしいと思いました。でも、心から仕事が楽しいと思ったことはありませんでした。IBMでセールスをしていたときとは違い、コンサルタントとして振る舞い、夜中に図表を作成するなど、あまり面白いことではありません。それで、一九八一年のある晴れた日に、なんとなくここに来るのももう終わりだなという気分になって、始末をつけたわけです」

彼はインドに戻り、二年半をインドで過ごした。同じジャイナ教徒と結婚しろと強く言われ、ジャインは両親が選んだ相手と見合い結婚をした。親の望みどおり、一カ月のお付き合い期間を経てゴールインしたのである。「インドで結婚していなかったら、おそらく［アメリカには］戻らなかったと思います。私自身は欧米世界とはとっくに縁を切ったはずだったのですが、うちのカミさんがそうではなくて」。彼がアメリカに戻ったとき、彼の言葉を借りれば、マッキンゼーは「同じ過ちを二度繰り返し」、彼を再び雇ったのである。

マッキンゼーで初めて仕事をしたときの上司マイケル・ゴールドバーグは一九八二年にすでに会社を辞め、バークシャー・ハサウェイに移っていた。一九八六年、ジャインはその元上司に誘われてウォーレン・バフェットの会社に入ることになった。「バークシャーに入社したとき、「保険」（insurance）とか「再保険」（reinsurance）とかの単語のつづり方さえ知らない状態でしたが、ナショナル・インデムニティの再保険事業部で仕事をさせてもらえることになりました。それも幸運にも、当時、保険業界はちょうど天から金（ゴールド）の雨が降ってくるような時代だったので、基本的な数字がいくつか分かれば、ビジネスのことなどろくに知らなくてもよかったのです。もちろん、保険業界にも波がありますから、ちょうどそのピーク時に業界に潜り込めたのは本当にラッキーでした」

「当時、業界はかなりの資本不足に陥っていましたが、弊社は実際に資本を持っている数少ない企業の一つでしたから、保険を求める人たちからの電話や取引が殺到していました。新米の私には分からないことだらけでしたが、時には私にも分かることがあり、数字を見ては、これは妙味がありそうですね、とか言っていました」。採用された当初、ジャインは特殊保険部門の仕事を担当した。これはきわめてまれな大きなリスクを引き受けるもので、例えば、ＡＴＶ（全地形万能車）を補償対象とするような、販売が難しいＰＬ保険（製造物責任保険）を専門に扱っていた。にもかかわらず、半年もたたないうちに、彼は再保険事業部全体の仕事を任されることになったのである。

ナショナル・インデムニティとその再保険事業部は、それでもバークシャーの巨大な――そして成長中の――保険グループの一部にすぎなかった。ナショナル・インデムニティは一九四〇年、ジャック・リングウォルトによってオマハに設立。それをバフェットが一九六七年、ナショナル・ファイヤー＆マリン・インシュアランスとセットにして八六〇万ドルで買収。その二年後、金融セミナーで知り合ったジョージ・ヤングを引き入れ、共同でバークシャーの再保険事業部を立ち上げたのである。再保険とは、保険料の一部や団体保険契約と引き換えに保険業界向けに保険を提供するビジネスである。一九八二年まではバフェットが保険事業全体を監督していたが、以降はその年採用されたマイケル・ゴールドバーグが各種保険事業の管理を継承した。ゴールドバーグは基本的には一九九三年まで同社保険グループの最高執行責任者（COO）を務めたが、その後、オマハのオフィスで特殊プロジェクトを担当することになったため、彼の下にいた管理職はバフェットの直属となった。ジャインがナショナル・インデムニティに入社したとき、再保険事業部はフィラデルフィアを拠点としていたが、一九八七年にニューヨークに移転し、現在、本部のあるコネティカット州スタムフォードに移ったのは一九九二年のことだった。

「再保険事業部のトップになって以来、その責任がどう変わったか」と尋ねると、ジャインはこう答えた。「当時も再保険事業に関する責任を担っていましたが、今もそうです。何も変わっていません。ただ以前よりも仕事量が増えただけです。取引の対象範囲が広がっているため、それだけ大きな商いができるようになりましたが、自分の責任が重くなっているとは言えません。以前と同じです」。肩書きもずっと変わっていない。「名刺には『再保険事業部社長』とありますが、大した意味はありません」とのこと。

ジャインが監督している事業は割と珍しいものだ。参入企業が少ない大きな理由は、巨額の資本を必要とするからだが、「だからこそ、この事業を手がける意味があるのです」と彼は言う。「資本、巨大資本、それも忍耐力のある資本があって、資本投資するだけの肝が据わっていなければ、リスクをとることなどできません」

二〇〇〇年現在、世界の保険市場の規模は二兆一三〇〇億ドル。アメリカ国内の損害保険市場は年間約二八九〇億ドルで、このうち再保険業者の占める割合はごくわずかしかないが、ジャインの見積もりによれば、バークシャー再保険事業部の市場シェアは約一〇％だそうだ。しかし彼はこう指摘する。事業にはリスクが付き物であるため、「こうした数字は五％未満だったのがすぐに一五％を超えるなど、ちょっとしたことで非常にブレやすい」とのこと。バフェットも指摘しているとおり、「保険業界において予想外のことというのは、事実上、すべて悪いことであることを肝に銘じておくのが基本(4)」であることをジャインが承知しているのは明らかである。

とはいえ、ジャインの指導下で、同社は資本ベースでは全米最大の再保険会社となり、収入保険料で見ても、三位か四位に位置している。このため、収益力はきわめて高いと言える。しかし、こうした数字はやや誤解を招く可能性もある。というのも、保険会社のご多分に漏れず、バークシャーも好調な年には、収入源が実際には二つあることになるからだ。つまり、①保険証券の販売によって得た金と、②投資によって稼いだ金で、ウォーレン・バフェットは「フロート」（滞留資金）と称している。

こうした「フロート」が存在するのは、保険会社の商売形態によるものだ。つまり、損害発生時に保険金を支払わないといけないため、それに備えて保険料を事前に払い込んでもらう。このため、原則的に自由に使える金が一時的に手元にあることになるからだ。他の保険会社と同様、バークシャーもこうした金を投資に回している。実際、バフェットが保険会社に魅力を感じた理由の一つがこのフロートなのだ。バフェットは一九六〇年代半ばに、現在のバークシャー・ハサウェイ再保険事業部の前身となる会社の支配株主となったが、以来、フロートの額は大幅に増大し、一九六七年には一七〇〇万ドルだったのが、二〇〇〇年には七八億ドルになっている（全社的にはフロートの額は三〇〇億ドルを超える）。バークシャーが低コスト資金で企業買収を続けていけるのも、このフロートがあるおかげである（訳者注　七二ページの表参照）。

二〇〇〇年現在、バークシャー傘下の保険会社のなかではジャインの再保険事業部が一番儲けている。フロートの計上額は七八億ドル。保険引受損失は一億七五〇〇万ドル、つまり、フロートの二・二％がコストである。この七八億ドルのフロートを再投資して、六％の無リスク金利で運用すると、運用益は四億六八〇〇万ドルになり、ここから一億七五〇〇万ドルのコスト（損失分）を差し引くと、税引き前利益は二億九三〇〇万ドルとなる。ジャインが一番稼いだのは一九九七年だが、今よりはるかに少ないフロートを同レートの無リスク金利で堅実に運用したとすると、税引き前利益は三億六九〇〇万ドルとなる。これはバークシャー全体の税引き前利益の一三％に当たるが、例によって、バフェットとバークシャーが株を買うなどして他の企業に投資することによって、無リスク金利で運用するよりも多くの投資収益を上げることができれば、他人の金を運用して得られる潜在利益はもっと莫大なものになるだろう。

他社と比較してみると、二〇〇〇年のGEICOのフロートは三九億ドルで保険引受損失額が二億二四〇〇万ドル、つまりフロートの五・七％がコストとなる。無リスク金利を適用すると、税引き前純利益はちょうど一三〇〇万ドルとなる。もっとも、それ以前の三年間をそれぞれ見てみると、バークシャー再保険事業部よりもGEICOのほうがフロートの額は少ないが、純利益のほうは平均すると約一四〇〇万ドル多い。

さらに最近買収したばかりのゼネラル・リーと比べてみると、ゼネラル・リーは赤字続きであるのに対して、ジャインの再保険事業部のほうはずっと黒字を維持している。一九九九年、ゼネラル・リーのフロートは一五〇億ドルもあるが、純損失は二億七四〇〇万ドル（計算には無リスク金利を使用）で、二〇〇〇年もフロートの額は同じく一五〇億ドルだが、また引受損失が発生し、純損失は一億九二〇〇万ドルとなっている。二〇〇一年は黒字転換予定だが、これはジャインの事業部に匹敵するコスト構造になり始めた兆候と見られる。ゼネラル・リーはフロートの額が二倍もあるのだから、ジャインの事業部よりもっと多くの利益を上げてしかるべきである。実際、二〇〇一年第1四半期の業績を見てみると、早くもゼネラル・リーが正しい方向に向かって歩んでいることが分かる。

バークシャーの再保険事業部にとって最大の収入源となるのは、「スーパーキャット保険」（"super-cat" coverage＝大災害保険）の販売である。これは他の保険会社――と時には他の再保険会社――を対象にハリケーンや地震などの大災害（catastrophe）による多大な損失をカバーするための保険だ。当然のことながら、この手の保険は他の保険よりもはるかに大きなリスクを伴うばかりか、見積もりもより複雑になる。とはいえ、バフェットは一九九〇年度の会長あいさつのなかでバークシャーの株主に向けて、この「スーパーキャット保険」に関する明快な説明を行っている。大災害保険といえば普通は複雑な契約にもかかわらず、彼はこう記している。

「ごく簡単な例として保険期間一年で一〇〇〇万ドルの保険契約を結んだとします。この場合、保険契約者、例えば再保険会社は大災害によって以下の二つの条件を満たしたときだけ一〇〇〇万ドルの保険金を受け取ることになります。その条件とは、①再保険会社にとって特定の損失額が限界値を超えた場合、②保険業界の合計損失額が、例えば五〇億ドルを超えた場合です。どんな状況であれ、損失額が二番目の条件を満たすようなときは、たいてい一番目の条件も満たされることになるでしょう。

この一〇〇〇万ドルの保険契約において、例えば三〇〇万ドルの保険料をいただくとします。また、各種の大災害保険から弊社の懐に入る年間保険料が一億ドルだとします。この場合、所定の年に弊社が報告することになる利益はおそらく一億ドルに近いか、でなければ、二億ドルを優に超す損失を計上することになるでしょう[5]」

その後、バフェットは株主に対して次のような指摘も行っている。「実際にはこれほどの大規模災害はめったに起こりませんから、大災害ビジネスでは、ほとんどの年で多大な利益を上げることが見込まれます――もっとも、巨大な損失が出る可能性もたまにありますが」と言いながら、警告も発している。「理解しておかなければいけないことは……大災害ビジネスにとって本当に大変な年がやって来るかどうかは可能性の問題ではなく、いずれは確実にやって来る、ということなのです。ですから、唯一の問題は、それがいつか、ということなのです[6]」

「バークシャー再保険事業部にとって、この一四年間で最大の成功例を教えてほしい」と頼んだところ、ジャインはすぐに、つい最近、保険期間が終了したばかりのカリフォルニア地震保険の契約例を挙げた。この契約を取ったのは一九九七年。相手はカリフォルニア州で、地震による被害額が五〇億ドルを超えた場合、一五億ドルの損害に対して保険をつけるというもので、四年間にわたり毎年五億九〇〇〇万ドルの保険料が支払われた[7]。（訳者注　ちなみに、ロサンゼルスでマグニチュード六・八の大地震が起きたのは一九九四年で、その翌年の同じ日に阪神大震災が発生している）

保険料収入としては、もう一つ大きな収入源がある。ジャインが「独自保険」（"one-of-a-kind deal"）と称しているもので、彼によれば、この分野では国内トップだそうだ。その一例を挙げると、二〇〇〇年に保険契約を結んだ相手は米メジャーリーグの球団テキサス・レンジャーズで、スター選手のアレックス・ロドリゲスがケガや病気などで再起不能となった場合に備えて球団を守るのが目的である。なにしろ、ロドリゲスとは二億五二〇〇万ドルという史上最高額の契約を交わしているため、球団としてもその投資資金を保全する必要性を感じたに違いない（訳者注　一〇年間の保証契約のため、本人が出場不能になっても支払わないといけない）。この契約については、「おそらく弊社の保険のほうも傷害保険史上最高額を記録していると思います」とバフェットは語っている[8]。

もう一つの例としては、二〇〇〇年秋にジャインがまとめたグラブ・ドット・コムとの保険契約がある。このネット企業はマーケティングに役立つような個人情報を集めるために、できるだけ多くの人を自社のウエブサイトに引き付けたいと考えていた。そこで、提案されたのが、「運が良ければ一〇億ドルの賞金が当たるかも」という企画で、その支払いを保証したのが資産規模一三六〇億ドルのバークシャーだった。USAトゥデー紙によれば、一〇億ドルの保証を受けるには、七ケタ、つまり一〇〇万ドル単位の保険料をジャインのところに支払う必要があったとのこと[9]。同社のウエブサイトでは、当たる確率は低い（二四万分の一）と説明されていたが、それでも、だれかが当たる可能性は捨てきれない。にもかかわらず、ジャインはそのリスクを請け負ったのである。しかし、運が良かったのはバークシャーだった。結局、だれも当たらなかったのである[10]。

多額の保険料収入が転がり込むケースはほかにもある。バフェットも言っているとおり、「トラブルなど水に流したい」と考えている企業の過去の損失額を引き受けるような場合だ。二〇〇〇年度の『株主の皆様へ』のなかでバフェットは次のように説明している。「XYZ保険会社と昨年、結んだ契約では、一九九五年以前に発生した事象による損失額および損失調整費が一〇億ドルになった時点で弊社がそれを支払うといった感じのものです。弊社の負担額には必ず上限を設けてありますが、この手の契約はかなりの額になる可能性があります」。二〇〇〇年に締結したこの種の契約のなかにはイギリスの某大手企業の補償を過去にさかのぼってしたものがあるが、このときバークシャー再保険事業部に払い込まれた一括保険料は二四億ドルで、バフェットによれば、これは史上最高額かもしれないとのこと(11)。

こうした遡及保険では毎年いくらかの損失が発生することをバフェットも認めているが、バークシャー再保険事業部全体の保険料を合算すれば、収入も利益も相当な額に上る。少なくとも重要性においては、それほどではないにしても、こうした遡及保険がもたらす「フロート」はかなりのものだ。

ジャインによれば、同社がこれだけ成功できたのには、いくつかの要因があるという。一番明らかな要因はバークシャーの自己資本である。二〇〇〇年末現在、約六二〇億ドルもあり、そのおかげでAAA（トリプルA）という最高格付けを取得している。しかしジャインは言う。「資本に加え、ブランドネームやフランチャイズに価値がなくてはいけません。バークシャーから何かを買えば、そして何かの代わりにそれを買えば、一五年か二〇年後にきっと何らかの見返りがあることを人は知っているのです。弊社が多くの信頼を勝ち得ているのも、バフェットやバークシャーのネームバリューがあるおかげなのです」

ジャインはまたバフェット自身が会社の成功に貢献していると考えている。「ウォーレンの考え方や指導のおかげだと考えると、競合他社よりも弊社に優位性があるのは不公平かもしれません」。バフェットも言っているように、「他社よりも多くの再保険リスクを自己勘定で引き受ける」だけの積極性があるのはこうした考え方が根付いているからだ。つまり、「弊社では四半期どころか、年間の報告利益がどうなろうと、そうした利益（あるいは損失）が計上されるに至った意思決定が賢明なものであるかぎり、まったく気にしません」というわけだ[12]。ジャインもこうほのめかしている。バフェットがこうした考え方をしてくれるおかげで、「傘下の経営者は——幸いにも私もその役目を担っているわけですが——結果的にその立場以上の信用を得ることができます」

ウォーレン・バフェット傘下の経営者のほぼ全員がそうであるように、アジート・ジャインもボスのことについては褒め言葉しか出てこない。「頭が良くて、切れるし、決断力はあるし、支えになってくれるし。私の場合、契約を決めるのに一〇日かけて調査してから報告を入れるのですが、その五分後には彼はもう私の二歩先を進んでいます。それに、ちゃんと答えを出してくれます。最初からやり直せと突っ返されることはありません。『ここにあるほかの三つのことをするといい。それから、また相談に来なさい』という感じなのです』。そしてもっと大切なことといえば、バフェットは「ビジネスをよく理解しているだけでなく、私をはじめ、ほかのみんなにもそれを教えることのできるボスだということです。まさにたぐいまれな人です。ウォーレンのようなボスなら、いないより、いてくれたほうがずっといいです」

バフェットも同様にジャインのことを高く評価している。一九九二年に彼はバークシャーの株主に向けてこう記している。「案件の良し悪しを見極める能力を見れば、財務力に見合った経営力があることが分かります。アジート・ジャインは……この業界では最高の人材です[13]」。その二年後、大災害保険の契約に関する話のなかで、バフェットは次のように語っている。「スーパーキャット保険は件数が少なく規模が大きいため、規格外となります。ですから、このビジネスを引き受けるには、例えば大量のデータが手に入る自動車保険よりもはるかに判断力が要求されます。が、ここでもバークシャーはかなり有利な立場にあります。災害部門の責任者としてアジート・ジャインがいるからです。引受手腕にかけては彼の右に出る者はいません。彼の値打ちは弊社にとってはまさに莫大なものです(14)」

一九九六年、バフェットは自分自身と比較しながらジャインを好意的に評している。「たしかに言えることは、大災害ビジネスを運営するに当たり、弊社には最高にふさわしい人材がいるということです。それはアジート・ジャインです。……再保険分野では悲惨な案件が山ほどあります。なぜそれが分かるかというと、一九七〇年代に私自身がこうした案件を引き受けすぎてしまったからです。そのうえ、当時の経営陣は優秀であったにもかかわらず、一九八〇年代初頭に結んだ愚かな契約のせいでＧＥＩＣＯのポートフォリオから多額の資金が流出してしまったこともあります。でもアジートについては、私が保証します。彼ならこの手のミスをすることはまずないでしょう(15)」

一九九九年にも、バフェットはこう書いている。「アジートには保険業者として必要なものが備わっています。リスクに対して適切な料率を設定できる頭脳。自分で評価できない案件には手を出さない現実主義。適切な保険料であれば、どれほど大きな保険でも引き受ける勇気。そして、どれほど小さなリスクであっても、不適切な保険料では引き受けない自制心。こうした資質をどれか一つ持っている人を探すだけでも苦労するのに、一人の人間にそのすべてが備わっているとは驚くべきことです(16)」

互いに称賛し合っているだけでなく、バフェット自身が長年、保険業界に興味を抱いていたこともあり、この二人がともに仕事をするときの親密度はバフェット傘下の他の経営者とは比較にならないほどだ。事実、二人は毎日電話で話をしている。バフェットいわく、「それは何よりも楽しいからです。もっとも、彼のほうは、相手が私でなくてもかまわないのでしょうが(17)」。こうした二人の会話について、ジャインはこう語っている。「ウォーレンと私が話をする時間は三〇秒のときもあれば、三〇分のときもありますが、私が決めた契約にはすべて彼もかかわっています」

親密な関係にもかかわらず――というより、親密な関係だからかもしれないが――ジャインにとってボスと比較されることは気詰まりのようだ。「比べものになりませんから」と彼は言う。「ウォーレンのほうがずっと頭が良いし、経験も豊富だし、判断力もあります。自分では彼の近くにいるつもりでも、次元が違うと思います」。ただし、ボスから影響を受けたことについては、ジャインも快く話してくれた。「ウォーレンは取引に当たって私が道に迷わないように、基本的な経済面から調査していく方法を教えてくれました。でも、商売のやり方についても感化を受けています。判定が微妙で、ぎりぎりセーフかというようなときは、ぎりぎりの線には近づきすぎないようにと、思いとどまらせてくれました。第一級のビジネスを手がけるためのこうした全体的な概念を第一級のやり方で教わったのです」

ジャインはその経営スタイルや信条、経営哲学にもバフェットから感化を受けたと感じているが、「まだまだです。そこが私の弱みでもあるのですが」と答えている。「部下への接し方についてはウォーレンのようにはいきません。ただ、これはリンゴとオレンジを比べるのとちょっと似ていると思います。ウォーレンのあとを継ぐロン・ファーガソン［ゼネラル・リー］やリッチ・サントゥーリ［エグゼクティブ・ジェット］のような人たちは、自分自身で会社を築き上げた人たちです。でも私たちはビジネススクールからリクルートされた若造です。なかには一〇年か一二年いっしょに働いている仲間もいるのですが、私はまだウォーレンほど、自分の部下に自由と権限を与えることができないでいます」

彼はためらうことなく、自分の弱点をもう一つ挙げた。「本当はプラス面を最大化すべきなのでしょうが、思うようにはうまくいっていません。マイナス面をできるだけ小さくすることばかりに多くの時間をとられているからです。理想的には、リスクに対して真に中立的で合理的に対処できる人が必要です。私としては、だれよりもウォーレンがそれに打ってつけだと思っています。プラス面とマイナス面を見ながら決断を下し、両者のバランスをとらないといけないのですが、私の場合、どうもマイナス面を最小化することのほうを重視してしまうようです。もちろん、代わりにリスクをとって資本投下してくれる人がだれかいれば、それに越したことはありませんが」。だからといって、バフェットより保守的というわけではない。「うまくは言えませんが、二人でさんざん話し合った結果、結局どちらかにまとまることになります」

再保険事業においてはリスクが明らかに重要な要素となる。「私たちは途方もなく大きな賭けに応じているわけです。ですから、基本的なことでのミスは許されません。保険業は、いわゆる〝逆選択〟（＝リスクの高い人ほど保険に加入したがり、虚偽報告等で有利な契約を結ぼうとしたり、不当に保険金を受け取ろうとしたりする傾向が強いこと）に弱いビジネスです。こうした逆選択が起こるのは往々にして、売り手となる私たちよりも、保険商品を購入しようとする人のほうが〝売上原価〟について詳しいからです。こうしたことにかかわるのは非常に恐ろしいことですが、こんなことでいちいち夜眠れなくなるようでは困ります。いったん契約を決めてしまったら、あとはもう自業自得。ベッドを整えたら、そこに寝るしかありません。ただ、他社とは違い、弊社の場合はリスクをとってくれる組織がありますから、いずれ損失が出ることは百も承知で、目をカッと見開いて飛び込むわけです」

話はまだ続く。「それは特殊な状況であり、特殊な機会です。だからこそ、非常に面白い案件がいくつも見つかることになります。他の再保険事業とは異なり、この小さな事業部は〝工場〟ではないので、毎年、製品を供給し続けないといけないほど製品を必要とする顧客がいません。その種の問題を抱えている人がいても、弊社が提案できるものよりも、ずっと安上がりで済む従来型の解決法がありますから、弊社には電話一本かかってこないでしょう。弊社が狙っているのはユニークな独自保険、つまり、ほとんどの人がリスクをとりたがらないような保険です。ですから、弊社に電話がかかってくるのは、大口の賢い顧客が早急に解決すべきその種の問題を抱えていて、それを解決するのに資本が重要なカギとなるようなときなのです。そこで、弊社ではかなり妙味があって珍しい特殊な状況を物色するようにしています」

この事業がユニークとされるもう一つの要素は企業規模である。バークシャー再保険事業部の社員数はいついかなるときも一五人未満。このように人数が少ないからこそ、ジャインもスタッフも機動的に動ける。「だれかから電話がかかってきて、こう言われたとします。『状況は以下のとおり。一〇億ドルの取引がしたい。四八時間以内に返事がほしい』と。あとは、それがどのようなリスクなのか、そのリスクは弊社で抱えられるようなものなのかによって、数字を出します。えらく小さなところですから、私が直接電話に出なくても、リアルタイムで話が聞こえてくるので、その場でウォーレンに電話をかけて相談します。自分たちの仕事は自分たちでやって、自分たちで分析し、自分たちで返事をします。シンジケートを組んだり、他者を取引に介入させたりする必要はありません。きちんと理解したうえで価格設定ができるなら、最初から最後まで自分たちでやれますから」

「でも」とジャインはすぐさまこう指摘した。「毎年、ただサイコロを振って幸運を祈っているというわけではありません。契約を決めるときは、見込まれるリスクをすべて把握しておくために、できるかぎりのことは何でもします」。実際、最大の努力目標は「ばかげたミスをしないこと」だそうだ。「この商売ではあまりにも簡単にばかげたミスが出ます。それに、どれほど良い契約をたくさん取ってきても、一つひどいのがあると、すべてが水の泡になってしまいます。これは腐ったリンゴが一つあるのと同じですから、こうしたことがないように、なんとか食い止めなければなりません」（訳者注「腐ったリンゴは周りも腐らす」ということわざがある）

「ばかげたミスとは具体的にどのようなものか」と尋ねると、ジャインはこう答えた。「ろくに検討もせずに保険を引き受けてしまい、それがあとから表面化して悩まされるたぐいのものです。こうしたミスがあると、無力感にさいなまれて、それこそ窓から飛び降りたい心境になります」。実際、彼がうまくいったと評価するときの尺度は、「どれだけ上手にばかげたミスを避けられたか」ということにあるそうだ。

とはいえ、ばかげたミスをしないようにするだけでは不十分なのは明らかである。「以前は、この業界で多くの問いに答えを出せるのはＩＱ（知能指数）だと思っていました。何をすべきか分かっていることが最重要課題だと思っていたからです。でも今は、仕事上の意思決定には単にＩＱが高いだけではダメで、それ以上のものがもっと必要だと、心のどこかで考えている自分がいます。それは、実際に仕事をきちんとこなしていくことも同じくらい重要だからです。でも、私を含め、多くの人がその重要なことを見落としてしまっています。良き企業経営者になるために本当に必要なのは、先の予想がつかないときでも決定を下せる能力と行動し前進していく能力なのです」

彼にとって一番簡単な決定は、「気の進まない取引にはノーと言うこと」。逆に、一番難しい決定は、「どっちつかずで、決めきれないときにイエスと言うこと」だそうだ。「前提としては、どっちつかずのときは、単にノーというべきだと思っています。時間を無駄にはできませんから。でも、時には仕方なく巻き込まれてしまい、やらざるを得ないもっともな理由をいくつか見いだすことになります。これらはかなり主観的なトレードオフで、結局は自覚のないままブレーキの利かない危険な坂道の上にいたりします。この危険な坂道が頭に浮かんでしまうと、決定を下すのが難しくなります」

こうした決定を下していくのは大変な仕事だが、それでもジャインはほかの仕事をしようとは思わないという。「私自身は楽しく仕事をしています。いろいろな取引にかかわれるのはとても面白いことだし、ウォーレンの下で仕事をするのもとても面白いです。私たちは少人数のグループで、ずっと長いこと、同じメンバーでやっていますが、彼らとの協働作業も楽しいものです」

週に三日ほど、会議やビジネスランチのために、本社のあるスタムフォードからニューヨークに出張するが、それ以外は毎朝八時か八時半には出社し、夕方六時半か七時まで仕事をする。もっとも、「週末もずっと部下との電話でかなりの時間」を費やすそうだが、「平日は九時から六時まで社内のことにはかかわらないようにしている」。「その時間は一番大事な時間帯で、顧客のために、そして取引をするために取っておきたいですから」と彼は言う。

実際、仕事と家族のこと以外にはほとんど興味はない。少なくとも、他への興味が欠けていると彼は思っている。家族は彼と妻ティンク、双子の息子アクシャイとアジャイで、ニューヨーク州のライに住んでいる。「自分自身のなかで特に目立つ特徴は何か」と尋ねたところ、彼はこう答えた。「食事をともにするには、すごくつまらない相手。それが私だと思います。なにしろ、酒は飲まない、肉は食べない、おしゃべりは下手。注文するのはダイエットソーダのたぐい。口を開けば、仕事の話。揚げ句の果ては、その場から逃げ出すように、すぐに家に帰りたがる――だから、いっしょに食事に出かける方々には、本当に申し訳ないと思っています」

当然のことながら、引退することにも興味はない。これからもずっとバークシャーの再保険事業部で仕事をしていくつもりでいる。「これまでやってきたことについては、やって良かったと思っていますし、今後数年の間にやることになるだろうと思っていることについても、かなり楽観的に考えています」。とはいうものの、目先、何をしていくかということについては、具体的な計画は立てていない。「後ろ向きの仕事やビジネススクールやコンサルタントが教えてくれるようなこと、つまり、五年後にどうありたいか、どうやってそこに到達するか、といったことを自問するようなことはあまりしてきませんでした。現実問題として、こうしたことに焦点を当ててこなかったのは、仕事が取引中心に回っていたからです。幸い、電話もかかってきていましたし、いったん電話が入れば、その取引に集中していましたから」。実際、「バークシャー再保険事業部の将来について何かビジョンを持っているか」と質問したところ、「特にこうした大口向けの独自保険については、どこよりもまず、うちに電話がかかってくるようにしたい」というのが彼の希望だ。「これが最重要課題です。その後のこと、つまり、その電話を取引に結び付けられるかどうかも重要ですが、最重要課題というほどではありません」

仕事の性質上、当然といえば当然だが、「業績見通しは増収増益か、減収減益か、ほぼ横ばいか」と尋ねると、「大規模な自然災害や金融破綻などがあるかどうかによって大きく左右されます。もし明日カリフォルニアで大地震が起きれば、多大な損失を被ることになるでしょう。ただ、私としては、向こう一〇年ぐらいはかなりの増収増益が見込めると思っています。これまでの一〇年よりも、これからの一〇年のほうが業績は良いと思います」とのこと。当然のことながら、再保険業界の将来についても、彼は明言を避けた。「投資銀行のなかにはリスク移転の手段となり得る代替資本の統合が可能かどうか見極めようとしているところもあります。もしこれがうまくいったら、再保険業界には相当のプレッシャーになります。そうでなくても、超成長産業とは言えないわけですから、単に景気動向に従って成長していくことになると思います」

数年前、バークシャーがこれまでで最大の買収を決め、ジャインの最大顧客で隣人でもあったゼネラル・リーを二二〇億ドルで買い取ったとき、ジャインは大慌てでその対応に追われることになった。第一に、最大の顧客を失うことになった。今やバークシャーの一部となったゼネラル・リーにはもはや再保険を購入する必要がない。第二に、ゼネラル・リーのライバルとなる他の大口顧客に対して、合併後もこれまでどおり変わらないことを納得してもらえるように、電話したり、時には訪問したりしなくてはいけなくなった。バークシャー再保険事業部もゼネラル・リーも、他のバークシャーの子会社と同様、本社から相乗効果を上げろとの指示もなく、引き続き競争しながら独立して営業していくことになる。

バークシャー・ハサウェイの将来については、ジャインもあまり語りたがらなかったが、自分から次のような話をしてくれた。「資金力があるので、そのうちまた大型買収をいくつか手がけることになるでしょう。私たちは最大級の評判を得ていますので、この評判をこれからも築いていくことになると思います。それから、自分たちだからこそできるという取引をしていきたいと思っています。つまり、資本規模だけでなく、会社のクオリティーを理由に商いができるようになりたいと思います」

「バフェットが引退したら、会社は変わると思うか」と尋ねたところ、変わると思うが、具体的にどうなるかは予想がつかないとのこと。「コングロマリット（複合企業）になっていくと思いますが、一部の事業が売りに出されるようなら、〝どこよりもまず、うちに電話がかかってくるようなこと〟はないかもしれません。どれほどお膳立てを調えたところで、いくらかの収穫は得られても、ウォーレンが現役でいたときほどの収穫はないと思います」

バークシャーの業務部門（投資部門とは対極にある部門）においてバフェットの後継者と目されていることを自ら承知しているにもかかわらず、「だれがその地位に就くと思うか」との問いには、「見当もつきません」という答えだけが返ってきた。

自分の最大のミスは経営上のミスかもしれないと彼は言う。東京事務所の開設をはじめ、大口専門の再保険契約を取れるだけの大きな組織を展開していくつもりだったが、失敗に終わったそうだ。それに、実際のところ、アジートはまだ自分の後継者を一人も育てていない。彼が昇格するためには、これは必ずしておかなければいけないことだ。そのうえ、まるでバフェットの後継者候補の一人であることとさらに距離を置くかのように、自分の功績についてはすぐに謙遜する。彼の指導下で再保険事業部が成功を収めたことについて尋ねると、彼はこう答えた。「配られたカードと、それでゲームをする人とを区別するのは非常に難しいことです。私の場合、これはめったにない機会であって、そこにたまたま私が居合わせただけのことだと思っています。もちろん、世の中には物事を台無しにしてしまうような間抜けな人もいますが、今回のようなチャンスを手にした人ならたいていは素晴らしい業績を上げることができたと思います」

もっとも、ほかの人たちはそんなに批判的な目では見ていない。実際、もう一人の後継者候補であるGEICOの業務部門担当のCEOトニー・ナイスリーはジャインのことを優秀な候補者だと断言している。「数字的に見れば分かるとおり、アジートはウォーレンに近い存在です。バークシャー・ハサウェイのためにウォーレン並みに稼いでいるのは彼だけですから[18]」

ジャインのもう一つの強みはその保険知識にある。これはバフェットも言っていたように、将来のCEOのバックグラウンドとして必要不可欠な要素だ。もっとも、ナイスリーにも同様の知識があることを忘れてはならない。それに結局のところ、ジャイン自身、後継者となることに魅力を感じていないようだ。「今の仕事を楽しんでいますから、自分の知らないことまで引き受けようとは思いません」とのことだった。

ビジネスの基本方針――アジート・ジャイン

★リスクを取るときは、損失がいくらか出ることを覚悟しておく。この程度のことで夜眠れなくなるようでは困る。取引をするときは、そのことだけに集中する。

★小さい会社だからこそ、素早く決断できる。大きな商いになりそうな案件があれば、即座にかかわる。自分たちで調査し、自分たちで決定を下す。

★ばかげたミスをなくす。取引上のリスクに対して先手を打つべく、できるかぎりのことをしておく。最悪なのは、考えもしなかったことで、のちのち悩まされること。

★良き経営者は素早く決断し、先に歩を進めていかなければいけない。特定の取引において、どっちつかずのときは辞退して次の機会を狙ったほうがいい。

第二部

バークシャー傘下の創業者たち

第六章　天賦の才——ローズ・ブラムキン（ネブラスカ・ファニチャー・マート）

ローズ・ブラムキンはその一〇〇年以上にわたる生涯において、自己の方針を絶対に曲げることなく勤勉に働き、決断力と集中力をもって頭を使い、並外れた人生を送った。ホレイショー・アルジャー（＝「成功は独立心と勤勉によって得られる」という考え方を代表するアメリカの少年文学作家）の女性版ともいえる「ミセスB」は、移民、妻、母、経営者、女性実業家として、難問にぶつかるたびに強固な意志をもって克服してきた。貧困、戦争、侵略、人種差別、迫害、村の壊滅、家族との別離、移住、サプライヤーからのボイコット、法廷闘争、文盲、中年からのキャリアスタート、暴風災害など、ミセスBは数々の障害に直面してきたが、それを乗り越えたばかりか、普通は男社会とみなされている分野で成功を収めたのである。

ミセス・ブラムキンは自らが選んだ道で頂点を極め、自分の店を全米屈指の大実業家ウォーレン・バフェットに売却している。本書で紹介するエリートCEOのなかに女性が二人登場するが、そのうちの一人が彼女である。

バフェットはよくこう言っていた。経営学を学ぶ学生はミセスBの生涯とその時代について学ぶべきだ、と。なぜなら、彼女の人生は、昔ベンジャミン・フランクリンが説いた徳目を体現したものだからだ。バフェットはこんなことも言っている。「二年間、どこかのビジネススクールに通うか、数カ月間、彼女の下で見習いをするか、どちらかを選べと言われたら——かなりハードな数カ月になると思いますが——見習いをやったほうが経営のノウハウが分かるはずです。……ミセスBがやっているようなこと

以外は覚える必要はありません」(1)

ローズ・ブラムキンの人生は、それこそ「赤貧から大金持ちになった」典型例である。それは刺激的で人間的な興味をそそる、事業の成功物語であり、家族を描いた、たぐいまれなる投資物語でもある。アメリカで最も成功した主要小売業者の一人となった彼女は、ウォルマートのサム・ウォルトンに匹敵する女性である。

ローズ・ブラムキンがこの世を去ったのは一九九八年。だから、バフェット傘下のCEOのなかでは唯一インタビューを申し込めなかったCEOである。しかし幸運にも、当時フィラデルフィア・インクワイア紙の記者で、現在はコラムニストのアンドリュー・カッセルが一九八九年一二月一四日にミセスBのインタビューを録音し、書面に残してくれていたのである。このとき、彼女は家族と離れ、ライバルとしてカーペット事業を立ち上げたばかりだった。カッセルは電動カートに乗る彼女を追いながら、その率直な意見や経歴にまつわる簡単な話をテープに収めている。片言英語で語る彼女自身の言葉から、並外れた起業家人生がしのばれると同時に、自社を売却してバークシャーの傘下に入ることを選んだ人々がどのような人たちなのかが見えてきた。一般に言われているのとは違い、ウォーレン・バフェットが投資するのは第一に人。企業は二の次だ。だから、どれほど魅力的な企業でも、その経営陣が彼の設定した非常に高い基準をクリアしていなければ、バフェットは投資しようとはしない。

バフェット傘下の他のCEOと同様、ミセスBの話もメインストリート（産業界）の話であって、ウォールストリート（金融界）とは無縁だ。実際、ネブラスカ・ファニチャー・マートはオマハの大通り、ドッジ・ストリートからちょっと入ったところにある。場所はオマハの中心街、つまりネブラスカ州の中心地、すなわちアメリカ中西部の心臓部。ということはアメリカのど真ん中にあるのである。バークシャーの経営陣で初の殿堂入りを果たしたミセスBは、バークシャー傘下の他の企業経営者のために基準を打ち立てた人物でもある。

バークシャーの驚異的な成功物語を理解するには、

バフェットの投資先、とりわけブラムキン家のビジネスについて研究することが重要となる。ネブラスカ・ファニチャー・マート（ＮＦＭ）は、ひたむきな家族が経営する単純明快な店だ。負債もなく賃貸料も不要なので、その分、より低価格の商品を提供できる。このため、市場シェアは圧倒的に高く、競争上の優位性を長期的に維持していけるのである。

そうした価値を高く評価されて買収されたわけだが、何よりも重要なのは層の厚い家族経営者がいることだ。ミセスＢの息子ルイが彼女のあとを継ぎ、そのあとをルイの息子ロンとアーブが引き継いでいるが、売り上げも利益も年を追うごとに伸びている。ミセスＢの最大の貢献は、バークシャーの定年を塗り替え、一〇四歳にしたことかもしれない。事業を始めたのは四四歳のときだが、それから六〇年間、店のために尽くした。彼女の立てた営業方針は今も核としてしっかりと残っている。

ミセスＢのビジネスモデルは薄利多売。バークシャーのほとんどの経営者と同様、このビジネスモデルもごく自然に意識せずに見いだされたものだ。けっして教科書や授業で学んだわけでも、他の小売業者のまねをしたわけでもない。

一九九八年八月一一日火曜日、ローズ・ブラムキン（一〇四歳）は、故イザドーの未亡人として、ルイ、フランシス、シンシア、シルビアの母として、一二人の孫、二一人のひ孫のいるおばあちゃんとして、そしてネブラスカ・ファニチャー・マート（ＮＦＭ）の創業者としてオマハのゴールデン・ヒル共同墓地に埋葬された。(2) 家族、友人、隣人から非常に尊敬されていたこともあり、葬儀に参列した人の数は一〇〇〇人を超えた。(3) しかし、このころすでに孫のアーブとロンによって経営されていたオマハの店は、その日も休まず営業している。「店を閉めることなど母は望まないと思いますから」と、娘のフランシス・バットがオマハ・ワールド・ヘラルド紙の記者に対して答えている。(4)

一九三七年、ローズ・ブラムキンが四四歳のとき、兄弟から五〇〇ドル借りて創業したネブラスカ・ファニチャー・マートは、(5) 彼女の忍耐力のおかげで、今やネブラスカ州オマハの中心部に七七エーカー（約九万四〇〇〇坪）の事業用地を所有し、一五〇〇人の従業員を抱え、家具・カーペット類・家電製品・電子機器等の年間売上高は三億六五〇〇万ドルに上る。利幅を業界平均より一〇ポイント下に抑えることで、市場を完全に支配し、家具の売り上げではオマハで約四分の三のシェアを獲得している。しかも、数量ベースでは全米最大の家具小売業者となっているのである。[6] ＮＦＭの六〇年間の歴史を通して売上高は常に増加傾向をたどり、毎年記録を更新している。従業員一人当たりの売上高は他の国内小売業者よりも四〇％多く、純利益率はほぼ二倍。年間売上高にいたっては、平均的なウォルマートの店舗の八倍以上もある。特に何がすごいかというと、一平方フィート（約〇・〇九平方メートル）当たりの売上高は八六五ドルで、これはホールセールクラブ（会員制倉庫型安売り店）最大手でディスカウント業界首位のコストコよりも一〇〇ドルも多いのである。帝政ロシア時代、まだつつましかったミセスＢの駆け出しのころからは、とても想像できないことだ。

一八九三年一二月三日、ローズ・ゴーリックはロシア帝国（現ベラルーシ共和国）のミンスク市に近いユダヤ人村シドリンで生まれた。父ソロモンと母チャシアの間に生まれた八人の子どものうちの一人だった。家は二部屋しかない掘っ立て小屋で、わら製のマットの上で寝ていた。当時のユダヤ人居留地ではよくあることだが、父は研究に明け暮れ、母は家計を支えるために食料品店を営んでいた。ローズは正式な教育を一度も受けたことがなかった。グラマースクール（小学校）にさえ行ったことがなかった。[7] わずか六歳のころから店の手伝いをしていたと、のちに回想している。[8] あるとき、「夜中に目を覚ましたら、母がパンをこねていた」のを覚えているという。「で、そのとき、こう言ったのさ。『ママがこんなに一生懸命がんばってるなんて、なんか悲しいよ。あたしが大きくなるまで、待ってて。あたしがお仕事見つけてアメリカに呼んであげる。[9] 大きな町に行ったら、ママをアメリカに呼んであげる。大きな町に行ったら、きっとお仕事見つかると思うの。ママをお姫様にしてあげるね』って」[10]

一三歳になるころには、もう村を離れる覚悟を決めていたという。靴底を減らさないように靴を肩に背負い、最寄りの駅まで約三〇キロの道のりをはだしで歩いた。汽車に乗り、仕事を求めて訪ねた店は二五軒。そしてついに仕事をくれる店を見つけた。衣料品店だった。それから三年もたたないうちに、店をやりくりするようになり、男性従業員六人を従えるようになった[11]。

一九一三年、二〇歳のとき、靴の販売をしていたイザドー・ブラムキンと結婚。しかし翌年、第一次世界大戦が勃発。皇帝のために戦う気のなかったイザドーは兵役を免れるためにロシアを離れた[12]。それから三年後の一九一七年、ローズは夫のあとを追ってアメリカに行こうと決意し、シベリア鉄道に乗った。シベリアまで来た彼女は、ロシアと中国の国境付近で兵士に呼び止められた[13]。兵士には「軍のために革製品の買い付けに行くところだ」と答え、「帰りにウォッカの大瓶を買ってきてあげるから」と言ったら通してくれたそうだ[14]。

船で太平洋を渡り、ワシントン州シアトルに着いた。英語も分からず、入国ビザも所持していなかったが、幸い、ユダヤ人移民援助協会とアメリカ赤十字の計らいで、移民帰化局（ＩＮＳ）のお役所手続きをパスし、アイオア州フォートドッジで夫と合流することができた[15]。彼女は亡くなるその日まで、この町の名を「フォートドッチビー」と発音している[16]。おそらくロシアを離れたおかげだろう。彼女はここで命拾いすることになる。生まれ故郷の村ではユダヤ人二〇〇〇人のうち「一九〇〇人が新年祭の当日、ヒトラーに殺された」そうだ。彼女いわく、「村人たちは自分たちの墓を掘らされた揚げ句、「ナチスに」灯油をかけられて葬られたのさ。あいつらに皆殺しにされたんだ。村中の人たちが[17]」

英語が話せなかったため、フォートドッジでのブラムキン一家の生活は困難を極めた。ある日、ミセス・ブラムキンは近所の人と話をしようとした。「父が亡くなったの」と言う隣人に対して、言葉の分からなかった彼女は、「それは結構なことで」と満面の笑みで答えてしまったという。あとでその意味を知ったとき、かなりうろたえたそうだ。それから何年もたってから、彼女は記者にこう話している。「英語が話せなかった。あたしは口の利けない人と同じ。だから、コミュニケーションをとるには、どこかもっと大きな町に行かなくちゃ、って思った[18]」。どこかもっと大きな町」がオマハだった。ここにはイディッシュ語とロシア語の両方を話すユダヤ系移民の小さなコミュニティーがあった[19]。

一九一九年、オマハに落ち着いたイザドーとローズ・ブラムキンは古着屋を開店。商売は上々だった[20]。実際、四年もたたないうちに、子どものころに母にした約束を果たすことができたくらいだ。「母と父と七人の子どもたちをこちらに呼び寄せた」そうだ。「その子たちを学校に行かせた。家が大きかったから、みんなでいっしょに暮らした。で、結婚したら、仕事に就かせた。母はもうアメリカのお姫様だった[21]」

両親と兄弟姉妹の世話に加え、ミセス・ブラムキンにも自分の子どもが四人いた。しかし一九二九年、株式相場が暴落。世界大恐慌となり、ミセス・ブラムキンは家族全員を食べさせるために、夫の仕事を手伝うようになった。夫を促して値下げを断行。品ぞろえを豊富にするように後押しした。斬新な宣伝方法もいくつか考えた[22]。その一つは、オマハの他の衣料品店の価格をチェックしたあとに思いついたものだ。だれもが財布のひもをきつく締めていた。なら、どんな人でも頭のてっぺんからつま先まで五ドルで身支度が整うようにすれば、商売は絶対に上向くはずだと確信したのである。「五ドルで売ります」と銘打ったビラを一万枚刷った。ビラを配ったその翌日、古着の売り上げは八〇〇ドルに達した[23]。

とはいえ、彼女が家族のために一番努力したことは、一九三七年に兄弟から五〇〇ドル借りて、夫の古着屋から通りを渡ったところにあった質屋の地下室に家具屋を開いたことだ[24]。店の商品を仕入れるため、当時アメリカでは家具問屋の中心地だったシカゴまで出向いた。彼女はメーカーにこう言った。「オマハから来ました。店を立ち上げたばかりなんです。お金は今持っていません。でも信用してください。必ずお支払いしますから[25]」。「あんたと話をしていたら、あんたの言うことなら何でも信用できそうだ」[26]。メーカーからこう言われ、一万二〇〇〇ドル相当の家具を買い付けてオマハに戻った。と同時に、自分の店の名を決めて帰ってきた。シカゴのアメリカン・ファニチャー・マート（＝一九二六年竣工の高さ一四四メートル、二九階建てのアールデコ風摩天楼）を目の前にして、ひらめいた名前は「ネブラスカ・ファニチャー・マート」。店の売り場の大きさは、幅約九メートル、奥行き約三〇・五メートルしかなかったが、そんな店にこの名をつけたのである。

店がオープンしたのは一九三七年二月七日。彼女が語っているように、「広告を一回打ったら、すぐに客が来た」[27]。家具を卸値の五％上で買って、それに一〇％上乗せして売った。彼女が生涯にわたって貫き通す一つの基本ルール「安く売り、正直であれ」はこうして生まれたのである。[28] ミセスBは、かの有名な全国展開のチェーン店よりもずっと前からディスカウント小売業者の先駆けとなっていたのだ。しかし時代が時代だったため、資金難に陥ることになった。店を始めてまもなく、取引先に代金を支払うため、家にある家具や電化製品を売り払わなくてはいけなくなったのである。[29]

ミセスBの娘フランシス・バットが当時をこう振り返っている。「学校から帰ってみると、家のなかは空っぽになっていました。私たちはみな、子どもたち四人は泣きに泣きました。そのとき、母からこう言われたんです。『心配いらないから、心配しないで。そのうちもっといいベッドを買ってあげるから。台所のテーブルも新しいのを買うわ。でもね、この人にお金を返さないといけないの。これはどうしても大事なことなのよ』って。そう言われて、やっと私たちは落ち着きを取り戻しました。そして、もうお分かりだと思いますが、私たちも納得しました。母は一度口にした約束は絶対に守る人でしたから」[30]

当然のことながら、ミセス・ブラムキンのライバル店にしてみれば、自分たちよりも安い値段で売られたら面白くない。安売りをやめさせようと、家具メーカーやカーペットメーカーに圧力をかけ、彼女に商品を渡さないように働きかけたのである[31]。彼女はこう回想する。「一九四二年になるまで、あたしにはだれも何も売ってくれなかった。売れ筋商品もあったのに、それを買うだけのお金もなかった。銀行も全然お金を貸してくれなかった。でも、あたしも結構利口だったから、銀行員の裏をかいてやったのさ。メーカーたちときたら、まったく何も売ってくれない。だから、よその町へ行くことにしたんだ[32]」。「よその町」にはシカゴ、カンザスシティー、ミズーリ、ニューヨークなどが含まれていた。遠くまで買い付けにいくため、コストがさらにかさんだが、それでもライバル店より安く販売することは可能だった[33]。

一九五〇年、朝鮮戦争が始まり、アメリカ経済は大打撃を受け、家具の売り上げも低迷することになった。しかしミセス・ブラムキンは、例によって問題を克服する方法を見いだしている。「シカゴのマーシャル・フィールド百貨店に行って、アパート用のカーペットを三〇〇〇ヤード（約二七四三メートル）ほしいって店員に言ったのさ。実際、アパートを一つ持ってたからね。それで、マーシャル・フィールドでカーペットを一ヤード三ドルで買って、三・九五ドルで売った。そしたら、モホーク族出身の弁護士が三人やって来て、裁判所に連れて行かれた。不当な商売をしてるって訴えられたのさ。彼らはこのカーペットを七・九五ドルで売ってたんだ。三人の弁護士とあたし。あたしは自分なりの英語で、裁判官のところに行って、こう言った。『裁判官、あたしは何でもコストの一〇％上で売ることにしてるんだ。それのどこが悪いのさ？　客から何も盗んじゃいないよ』って。で、訴えは棄却。翌日、その裁判官が店にやって来て、一四〇〇ドル分買い物をしてくれた[34]」

ネブラスカ・ファニチャー・マートの転機も同じく一九五〇年に訪れた。店には未払いの家具が山ほどあったが、手元のキャッシュは不足していた。「お勘定が払えなくて」と、のちに語っているが、「死ぬほど心配した」そうだ。七月のある日、地銀の副頭取ウェード・マーチンと話をしているとき、ミセス・ブラムキンは資金繰りの問題を打ち明けた。

「店には家具があふれてるんだけど、これじゃ食べられないし。物事が何にも進まない。どうしたらいいのか分からなくて」

するると、意外なことに、マーチンは未払いの商品を担保に五万ドル貸してくれるという。期限は九〇日。家具が売れれば、すぐにでも銀行に返済できる。申し出を受け入れ、融資契約にサインしたものの、その日は眠れなかった。「もう胸がドキドキして。万一返済できなかったら、どうしようかって」。しかし、ここでもまた彼女は活路を見いだしている。市の公会堂を借り切って、そこに家具を詰め込み、オマハ・ワールド・ヘラルド紙に広告を打った。三日間の売り上げは二五万ドル。おかげでこれまで抱えていた借金も五万ドルのローンも返済できた。以来、彼女は二度と金を借りることはなかった[35]。

一九五〇年、ローズが四〇年近く連れ添った夫イザドー・ブラムキンが他界。一九四八年から店に出ていた一人息子のルイが経営を引き継いだが、親譲りの才覚であっという間に全国的に認められる小売業者となった。息子に経営権を引き渡したミセスBは、自分だけの縄張りとしてカーペット部門を担当することにした。ファニチャー・マートは無借金経営で賃貸料も利払いも不要。常に諸経費を低く抑えることができるため、依然として他社より二〇％から三〇％安く家具を販売することが可能だった[36]。おかげで、その後三〇年にわたり店は成長し続けることになる。一九七五年に竜巻に襲われ、店がほぼ全壊し、何百万ドルもの損害を被ったときも、なんとか乗り切ることができた[37]。

この二〇年間、小売業界のトレンドのはるか先を行っていたミセスBは、顧客に対して永久不変の価値を提供してきたが、こうした価値の提供こそ、ディスカウント量販店やホールセールクラブの成長を促す一因となったものだ。彼女は革新的パイオニアとしてウォルマートのサム・ウォルトンに匹敵する女性だったが、そのコンセプトを全米中や世界中に広めるだけの能力はなかったし、そうしようとも思わなかった。顧客を満足させるために、厳選した商品と素晴らしい価値を提供することだけで頭の中がいっぱいだったのである。スリム化された経営陣は他の大手小売業者よりも多くの時間を売り場で過ごし、顧客と直接、顔を合わせるようにしていた。結局、成功の決め手となったのは、売り場でどれだけ時間を過ごしたか、ということだった。ミセスＢの場合、ほぼ一〇〇％売り場に出ていた。「顧客との親密度では、大手のどんな小売業者にも負けないくらいだった」と、孫のアーブ・ブラムキンは言う。ミセスＢは、顧客にとってためにならないことには一切お金を使わないことで有名だった。支出にはことごとくチェックの目が光る。バイヤーを一人も雇わず、買い付けはすべてミセスＢと息子のルイが担当した。こうして経費を削減していることがさらなる安売りにつながるのである。

一九八三年のある日、ウォーレン・バフェットがネブラスカ・ファニチャー・マートにふらりとやってきた。当時、店の総売り上げは八八六〇万ドル。一平方フィート（約〇・〇九平方メートル）当たりの売上高はなんと四四三ドルもあった。バフェットはミセス・ブラムキンに店を買いたいと申し出た。のちに彼女は記者にこう話している。「子どもたちから支配されることにいいかげん嫌気が差してた。で、考えたのさ。あたしが店を売ってしまえば、この男がボスになるんだって。彼はあたしの邪魔を一切しない人だったからね」[38]。そして、バフェットによれば、帳簿や棚卸資産のチェックもせずに、彼女はただこう言ったそうだ。[39]「全部ちゃんと払ってよ。銀行にはいくらキャッシュがあるのかい？」と。[40]

「そして私と握手したんです」とバフェットは言う。このときの握手について、のちにバフェットはこう語っている。「アメリカの八大公認会計事務所なんかより、よっぽど彼女のほうが信用できます。イギリスの中央銀行と取引しているようなものですから[41]」。その後、バフェットはミセスＢの息子ルイにこう漏らしている。「お母さんの怪しげな英語がときどき理解できなくて困る」と。ルイはこう答えた。「心配いりませんよ。母はあなたの言うことなら何でも理解していますから」

その後、ミセス・ブラムキンの話では、店の価値は一億ドルあったそうだが、[42]彼女はバフェットに対して自社株の九〇％を六〇〇〇万ドルで売却することに同意している（ただし、その後、ブラムキンの一族がオプション〔株式購入権〕を行使して自社株を一〇％買い戻しているため、最終的にバークシャーが得た株式は八〇％分の五五〇〇万ドル相当となった）[43]。

いよいよ正式契約に署名する日が来た。しかし英語の読み書きを学んだことのないミセス・ブラムキンは、書類に自分なりの印を付けただけで済ませた[44]。バフェットから小切手を手渡された彼女は、それをあらためもせずに折りたたみ、ひとことこう言った。「ミスター・バフェット、あたしたちの手でライバルたちを肉ひき器にかけてつぶしてしまいましょうね[45]」。こんな具合に簡単かつ迅速に事が運び、NFMの買収に絡む法的手続きや会計処理にかかった費用は締めて一四〇〇ドル[46]。こうして、この買収劇は普通に家を購入するよりも手早く安上がりに済んだのだった。

しかし、なぜミセスBは店を売却したのだろうか。おそらく、全部とは言わないまでも、家業を手放す人たちの理由はたいてい同じではないかと思う。つまり、遺産税の問題を軽減すると同時に、家族や経営陣、従業員や顧客のために事業の存続を確実にするためだ。バフェットによれば、ミセスBは四人の子どもたちにそれぞれ自社株を二〇％ずつ持たせ、自身が残りの二〇％を保有していたという。しかし八九歳になったとき、今、店を売れば、家族にお金を分けてあげられると思ったようだ[47]。こうして売却した結果、その目的を達成したばかりか、十分な資本を有し買収によって事業を拡大していた無干渉主義のパートナーを得たうえ、家族のために自社株の二〇％をなんとか確保することもできたのである。

バフェットは一九八三年度の『株主の皆様へ』のなかで、ネブラスカ・ファニチャー・マートを買収した理由を次のように説明している。「企業の価値評価をするうえで必ず自問することが一つあります。それは、弊社に十分な資本と有能な人材が備わっていると仮定したうえで、その企業とどのくらい競争したいと思うか、というものです。私ならミセスBやその一族と争うくらいならグリズリー（凶暴な灰色グマ）と格闘したほうがマシだと思います。仕入れは天下一品だし、ライバル企業が夢にさえ見ないような経費率を実現し、そうやって節約した分を顧客のために回している。まさに理想的な会社です。顧客のために格別の価値を創造する企業は、今度はそのオーナーのためにも格別の経済性をもたらしてくれるものです」

バフェットの説明はさらに続く。「そして、経営者について言えば、遺伝学者たちもブラムキン一族を目の前にしたら、きっととんぼ返りするのではないかと思います。ミセスBの息子ルイ・ブラムキンはネブラスカ・ファニチャー・マートの社長を長く務め、家具や家電製品にかけては全米一のバイヤーとして名が通っています。『自分には最高の教師がいた』とルイは言っていますが、ミセスBも『あたしには最高の生徒がいた』と言っています。どちらも当たっていると思います。ルイとその三人の息子もブラムキン家ならではの実務の才と労働観を持っていますが、何よりも重要なのは、その人柄です。ともかく、みんな本当に良い人たちなんです。そんな彼らといっしょに事業ができるのは喜ばしいことです[48]」

その翌年、九一歳になったミセス・ブラムキンは相変わらずフルタイムで働いていた。「家に帰ったら食べて寝るだけ」という彼女は、「あとはもう店に戻りたくて、夜が明けるまで、待ち遠しくて」と記者に語っている[49]。その同じ年、別の記者が彼女のことをこう表現している。「身長一五〇センチ未満、小柄、パッチリした目、情熱的な風貌のユダヤ版ヨーダ」（**訳者注**　ヨーダとは映画『スターウォーズ』に登場する、強いフォースを持った推定年齢九〇〇歳、身長六六センチのジェダイ・マスター[50]）。彼女の新しいボスもこう言っている。「名門ビジネススクールの首席卒業者か、フォーチュン五〇〇社の最高責任者と彼女を同じ条件で競わせたら、彼女のほうが圧倒的大差で勝つでしょう[51]」

ミセスBの能力について、バフェットは次のように語っている。「彼女は顧客に最高の価値を提供する方法を心得ていますし、だれよりも良い仕事をします。それに、自分の知っていることと知らないことをきちんとわきまえています。つまり、私がよく言う〝能力の輪〟の境界を明確に仕切っているのです」。バフェットの説明はまだ続いた。それは投資の教訓としても非常に重要なものだ。「例えば、彼女に対してラグマットやエンドテーブルのようなものを一万枚あるいは一万個売りたいとします。この場合、彼女には仕入れのノウハウがあります。でも、売ろうとしているのがゼネラル・モーターズ（GM）の株一〇〇株だったら、どうでしょう。彼女は『やめとくよ』と答えるはずです。なぜなら、GMの株については何の知識もないからです[52]」

一九八四年、ミセスBはオマハのクレートン大学から名誉法学博士号を贈られ、ワシントンDCのネブラスカ協会より名誉ネブラスカ州人賞を受賞。ネブラスカの財界においては栄誉の殿堂入りを果たしている[53]。ニューヨーク大学からは名誉商学博士号を授与され、業界リーダーとしては初の女性修得者となった[54]。それ以前に名誉学位を修得した人には、エクソン・コーポレーションのCEOクリフトン・ガービン・ジュニア、当時シティコープのCEOだったウォルター・リストン、当時IBMのCEOだったフランク・ケアリー、当時GMのCEOだったトム・マーフィーらがいる。「みんな優良企業の人ばかりだ」とバフェットがコメントしたところ[55]、「何てことないさ」とミセス・ブラムキンはいかにも彼女らしい答え方をしている[56]。

五年後、ミセスBは九六歳になったが、まだまだ元気だった。朝六時に起床。九時には店に顔を出し、五時まで働いた[57]。だいぶ前からだんだん歩行が困難になっていたが、電動カートを購入することで問題を解決した。カートの愛称は「ローズB」。彼女はこれに乗って店中を疾走する。「ロシアのコサック（騎馬軍団）みたいだろ」と言いながら[58]。就業時間の終わりにはお抱えの運転手に運転させてオマハ中を回る。ライバル店とその駐車場をチェックするためだ。これが時には九時ぐらいまでかかることもある。いわく、「あたしにとっちゃ、家に帰るなんぞ最大の罰当たりさ」とのこと[59]。

実際、あまりにも元気すぎて、家族との衝突は避けられない状態だった。一九八九年、ミセスBはまだカーペット部門を取り仕切っていたが、息子のルイはとっくにCEO（最高経営責任者）を引退し、会長になっていた。あとはルイの息子アービンがCEO、ロナルドがCOO（最高執行責任者）となり、兄弟二人で店の経営に当たっていた。ミセスBの孫たちは祖母に対して絶大な敬意を払っていたが、「自分たち流」のやり方で経営したいと考えていたため、女家長と衝突するようになっていた。

どの創業者や起業家にとっても、長期にわたって直接関与してきた現場から離れるというのは一筋縄ではいかない問題である。ローズにとって、自分の手でつくり上げてきたものをほかの人に譲るのは、それがたとえ自分の家族であっても、かなり酷な仕事だったのかもしれない。一代目から二代目へ――彼女の場合は一代目から三代目へ――事業を引き継いで存続させていくためには、こうした秩序だった継承作業が必要だが、これが往々にして不和を生み、事業の衰退を招くか、廃業となることさえある。

実際、カーペット部門はあたしの担当なのに、「あの小僧たち」は干渉しすぎだと感じていたミセス・ブラムキンは、五月に店を辞めてしまっていた。成功した意志強固な起業家たちがみなそうであるように、ミセスBにとっても、自分の誤りを指摘されたり、上から命令されたりするのは、それが自分の孫でも、不愉快極まりないことだった。のちに彼女は当時のことを記者にこう語っている。「辞める二カ月前だったか、あの子たちはあたしの権限をみんな取り上げたんだ。これじゃあ、もう何にも仕入れられないじゃないの。金は出してくれないし。しかも、メーカーにこう言ったんだよ。あたしと話をしたセールスマンからはもう買わないって。もうめちゃくちゃ頭にきたね。まったく何にも知らないくせに」。孫息子たちのことについて、ミセスBはさらにこう続けた。「よくまあ、お偉くなったもんだよ。で、ある朝、あんまり腹が立ったから、出て行ったのさ。そしたら、それまではパトロンみたいだったウォーレン・バフェットまでがあの子たちの肩を持ったんだ。以前は、あたしみたいなのはほかにはいないって言ってくれたのに。年齢にはこだわらない。いつも素晴らしい仕事をしてくれているからって――。あたしはあの男にだまされてたんだ。パトロンだと思ってたのに」

しかし例によって、ミセス・ブラムキンはただ辞めただけではなかった。のちに彼女はこう語っている。「家に戻ってから、二カ月間ずっと泣いてたね。あまりにも寂しくて。いつも周りに人がいることに慣れてたから。でも、このとき、娘からこう言われたのさ。『ねえママ、また別のことを始めればいいじゃない。これまでのことを気にしながら、いつも家にじっとしていたら、気がヘンになるわよ』って」[60]

というわけで、一九八九年一〇月、九五歳のミセスBは自己資金二〇〇万ドルをつぎ込んで店をオープンした。その名も「ミセスBのウエアハウス」。場所はなんと、ネブラスカ・ファニチャー・マートの通りを挟んだ真向かいだった。[61]

「あと二年長生きさせてほしいって願った。で、あたしがだれだか、あの子たちに見せてやろう。あいつらを地獄に突き落としてやるって思ったね」と当時、彼女は記者に語っている。もちろん、「あいつら」とは孫息子のことだ。「あいつらはあたしのことを年寄り扱いした揚げ句、気難しいとか言うんだ。家族のためにこの命をささげてきたのに。あいつらが大金持ちになれたのはあたしのおかげだよ。会長はこのあたしなのに、権限を取り上げるなんて。……一流だか何だか知らないが、あの孫息子たちは高級品しか知らないし、何かといっちゃ、すぐ休む。今じゃやたらに役員が増えてるし」と、無駄を省いた自らの経営手法と孫たちのやり方を比べながら、こう付け加えた。「やたらに会議ばっかりやってるし、長期休暇はしょっちゅう取るし、何もかも金のかかることばかりだ。だから、バフェットに言ってやったのさ。あたしが経営してたときの経費は七〇〇万ドルだったのに、今じゃ二七〇〇万ドルになってるって。最近は、どんなぼんくらでも社長や副社長になれるんだねえ」[62]

皮肉なことに、ミセス・ブラムキンが孫息子たちと張り合って新しい店を開いたとき、ネブラスカ・ファニチャー・マートを創業したばかりのときと同じ状況に遭遇することになった。「ボイコット・マートに遭ったのさ。ネブラスカ・ファニチャー・マートの差し金で、大手のメーカーがみんなあたしに売ってくれなくなったのさ。あいつら［＝孫息子たち］がメーカーにこう言ったんだと。もしあたしに売るようなことがあれば、うちはもうお宅からは買いませんよって。ファニチャー・マートの年商は一億五五〇〇万ドル。あいつらのために、このあたしが全米最大の店をつくってやったんだ。だから、あたしとは競争したくなかったんだろうね(63)」

「あいつらはゾウで、あたしはアリ」とは、新しい店を手伝ってくれていた孫娘のクラウディア・ベームにミセスBが語った言葉だ。たとえそのとおりであっても——在庫がわずかしかなくても、主要メーカーが商品を回してくれなくても、広告を打っていなくても、つまり、開店を「公に」していなくても、三カ月目には二五万六〇〇〇ドルの売り上げを達成していた。「あたしは速攻型の経営者だからね」とミセス・ブラムキンは説明している。「神様に感謝した。まだ頭もしっかりしてたし、ノウハウもある。才能だって……(64)」

開店してからわずか二年後の一九九一年には、ミセスBの店は採算がとれるようになったばかりか、オマハで三番目に大きいカーペット専門のアウトレット店になっていた(65)。そして一九九一年一二月一日、九八歳の誕生日の二日前、ウォーレン・バフェットがミセスBの店にやってきて、「停戦」を願い出た。手には二四本のピンクのバラの花束と、重さが二キロ以上もあるシーズ・チョコレートの詰め合わせを一箱抱えていた。新しい店を開いて以来、二人はひとことも口を利いていなかった。それだけにバフェットがわざわざ来てくれたその心遣いにミセスBは感謝の意を表した。「彼はやっぱり本物の紳士だった」とのこと。それから数カ月後、ミセス・ブラムキンは「ミセスBのウエアハウス」をネブラスカ・ファニチャー・マートに四九四万ドルで売却している(66)。

ミセスBが通りの真向かいに店を開いたことで、家族も当惑したが、客も混乱した。今回の出来事は家族経営の典型的な世代間闘争を浮き彫りにする形となったが、全体的に見れば、事実上の事業強化につながったと同時に、ミセスBの孫息子たちの経営手腕を証明することにもなった。つまり、創業者である祖母と激しい戦いを演じても、NFMの競争優位がいかに揺るぎないものであるかということが証明されたのである。そして、自分がいなくても店は存続し成長していく、ということを祖母自身も了解したのだった。結果、両者が仲直りした時点で共食い状態になっていたカーペット部門はすべてNFMの一部として統合されることになった。

「うれしいことに、ミセスBがまた私たちと手を組んでくれることになりました」とバフェットはあとで株主に報告している。「彼女が築いてきた事業の歴史は、他のどんなものとも比べようがありません。パートナーであるときも、ライバルとなったときも、私はいつでも彼女のファンでした。でも本当のことを言えば、パートナーのほうがずっといいです。今回の契約では、ミセスBも〝不戦条約〟に快くサインしてくれました。彼女がまだ八九歳だったとき、私は買収を急ぐあまり、この点について配慮が足りませんでした。ミセスBはいろいろなことでギネスブック入りを果たしていますが、九九歳にして〝不戦条約〟にサインしたのも、間違いなくギネスものでしょう(67)」

一年後、一〇〇歳になったミセス・ブラムキンは相変わらず週に六〇時間ファニチャー・マートで働いていた。だから、誕生日のお祝いも、もちろん店内で行われた。来賓にはネブラスカ州知事のベン・ネルソン、上院議員のボブ・ケリー、下院議員のピーター・ホーグランド、オマハ市長のP・J・モルガンらがいた。当時、彼女はこう語っている。「あたし、今、一人暮らしでしょ。だから仕事するの。家に帰るのが嫌なのよ。墓になんか入りたくないから働くの(68)」

一〇〇歳になったとき、ミセスBは自分の人生をこう振り返っている。「七五年前、ロシアから渡って来て、店を始めたけど、一度もウソはついたことないし、イカサマもしたことがない。あたしはそんな大物なんかじゃないからね(69)」。これほどのシェアを誇る巨大事業を彼女はどうやって築き上げたのだろうか。孫息子のアーブ・ブラムキンによれば、「祖母には集中力とビジョンがあった」とのこと。

今日も受け継がれているミセスBの店のモットーをここに記しておこう。

★一回一度のお買い物で、何代にもわたって人々の暮らしを良くしていく。
★キャッシュは王様。借金は絶対にしない。

一〇四歳の誕生日が近づくにつれ、ミセス・ブラムキンにもとうとう衰えが見え始めてきた。心臓病と肺炎、慢性気管支炎を患ってからは、これまでのように長時間働くことは不可能となった。NFMの一部となった「ミセスBのウエアハウス」の日常業務は孫のクラウディア・コーン・ベームとバリー・コーンに引き継がれたが、それでもまだミセスBは絶えず店と連絡を取り合っていた。一日に一回か二回、看護婦に車での送り迎えを頼み、店の様子を確認していた。短時間とはいえ、実際に車から降りて従業員や顧客の前に顔を出すこともあったが、たいていは孫娘が店から出てきて販売状況を報告した。それ以外にも一日に四回、店にチェックの電話を入れていた。「どうしても店の様子を知りたかったようです」とベームは言う。「ともかく四六時中、口を出していましたから、私たちは祖母の望みどおりに店を経営するようにしていました」(70)

ミセスBが息を引き取ったのは一九九八年八月九日。一〇五歳の誕生日の四カ月前だった。彼女はネブラスカ・ファニチャー・マートや優秀な経営陣に素晴らしい遺産を残したが、それだけではなかった。数々の慈善事業も行っていたのである。例えば、オマハのユダヤ人連盟に一五〇万ドル寄付しているが、これでベッド数一一九床の療養施設が建設されている。ユダヤ人連盟になぜこのような高額の寄付をしたのかと尋ねられた彼女は、自分が初めてアメリカに来たとき、ユダヤ人移民援助協会から食事を分けてもらったので、このとき親切にしてくれたユダヤ系の人たちのためにいつか何かしようと心に誓ったのだと説明している(71)。

また、オマハの繁華街にある古びた映画館アストロにも二〇万ドルを超すお金を出している。ビルが取り壊されるのは見るに忍びなかったようで、ビルの修復費用九〇〇万ドルの資金調達にも協力。ウォーレン・バフェットの娘スーザンが音頭を取り、ブラムキン家とバフェット家がそれぞれ一〇〇万ドルずつ寄付している。その後、映画館は「ローズ・ブラムキン・パフォーミング・アーツ・センター」として再びオープンし、一般には単に「ザ・ローズ」と呼ばれている。(72)

とはいえ、ミセス・ブラムキンの一番の遺産は、何と言っても、ネブラスカ・ファニチャー・マートの驚異的な成功である。根っからの実業家である彼女は、どうすれば必ず成功できるか、本能的に心得ていたようだ。ミセスBにとって、自分の生涯を惜しみなく店のためにささげること――これが成功の秘訣だった。「どんな商売にも必要なのは良き経営者だね」と彼女は言う。「良き経営者は全身全霊、仕事に打ち込む。昼食に三時間半もかけたり、ラスベガスやハワイに行ったり、フットボールの試合を見に行ったりするようなヤツとは違うよ(73)」

言うまでもなく、一番大切なのは顧客である。ウォーレン・バフェットに言わせると、「顧客第一主義をうたったものを読むと、どれもこれもミセスBが発案したものばかり」だそうだ。(74)それに実際のところ、ミセスBには客を引き付けるだけの魅力もあった。彼女はよくこう言っていたという。「いらっしゃいませ。何をお探しかしら？　ほしいものがあれば、どれでもうんと勉強させてもらいますからね。……最高のお買い物をしてくださいね(75)」――こうして彼女のことを気に入った客がお得意さんになったのである。

その反面、従業員を、とりわけ家族のメンバーを厳しく監督した。電動のゴルフカートで走り回りながら、「この役立たず！　とんま！　バカちん！　そこ、ダラダラしない！」と、よく怒鳴り散らしていた。幸い、息子のルイが温厚な性格だったので、いらだつ従業員をなんとか静めることができたという。ミセスBが営業マンに食って掛かったときなどは、いつもルイがなだめ役に回り、従業員がクビにされたときは、ルイがまた呼び戻したりしていた。(76)

家族や従業員に対してはやたらに厳しいミセス・ブラムキンも、幸せになるコツをきちんと心得ていた。九六歳のとき、記者にこう語っている。「成功して幸せになる唯一の方法は正直な人生を送ること——五〇年、六〇年と、そうやって生きていくことさ。それには人様を怒らせるようなまねはしないこと。そうすれば自分も気分よくいられる。これがハッピーライフというもんよ」

自分が成功した理由についても、完璧に理解していた。「あたしが成功したのは、お客様と正直ベースで接していたからさ。あたしは本当のことを言うし、安く売る。そして、至らないことがあれば、ちゃんと直すよ(77)」

ビジネスの基本方針——ローズ・ブラムキン

★常に顧客第一。顧客の望むものを提供していけば、お得意さんになってもらえる。
★自分の時間は一〇〇％売り場で顧客のために使う。
★顧客のためにならないことには一切金を使わない。
★経費を節約し、その分を顧客のために使う。
★絶対に借金はしない。

第七章

先見の明――アル・ユールチー（フライトセーフティー・インターナショナル）

場所はニューヨークのラガーディア空港。かつてパンアメリカン航空のマリンターミナルのあったところに、現在はデルタ航空のシャトルターミナルがあるが、その真向かいにフライトセーフティー・インターナショナル（ＦＳＩ）の執行部がある。ＦＳＩが細々と会社を立ち上げたこのビルは、アル・ユールチー（Ueltschiと書いてユールチーと読む）がパンナム初の社用機のパイロットとして二五年間過ごした場所から、文字どおり石を投げて届く距離のところにある。

広さは約三三〇〇平方メートル。この旧パンナムビルにはエレベーターがない。二〇年来のカーペットがこれ見よがしに敷き詰められ、古めかしいが機能的なオフィス家具が置かれている。ここがアル・ユールチーの本拠地だ。航空業界では伝説的人物で、実業界および医療界でも英雄的存在の彼は、今バークシャーのなかでもきわめて収益性の高い部門の一つ、フライトセーフティーを監督する立場にある。

成人してからはほとんどニューヨーク暮らしだが、アルは明らかにそれと分かる南部なまりを交えながら喜んで話をしてくれた。この日の話ぶりからは、まだ人生の折り返し地点にいるかのよう思える。ふと実年齢を感じさせたのは、正確な日付が思い出せなかったときぐらいだ。会議室の外にはブラジルの航空会社の代表団が待っていた。見たところ、かの有名なミスター・ユールチーと会って握手するためだけに一日中待っていたかのような印象を受けた。

インタビュー終了後、ミスター・ユールチーと私の間で、どちらが私のブリーフケースを持つかでちょっともめた。なかには調査資料や録音済みのテープ、インタビュー用のノートなどがたくさん入っている。結局、「主導権争い」に負けた私は、倍も年上の彼に荷物を持ってもらうことになり、すっかり恐縮してしまった。あとでマーケティング部門の副社長ジム・ウォーが説明してくれたところによると、つい最近まで特別なお客様のバッグはすべてアルが運んでいたそうだ。パンナム時代、社用機への荷物の出し入れはアルの仕事だった。だから、人のバッグを持つのはアルのたった一つのトレードマークなのだという。相手の身分に関係なく、そうすることで敬意を表すのが彼流のやり方なのである。

インタビューと昼食が済んだあと、ハドソン川を渡り、ＦＳＩのテターボロ訓練センターに連れて行ってもらい、「ファルコン９００ＥＸ」という三四〇〇万ドルもする三発式のビジネス機で大西洋横断フライトを疑似体験した。最新鋭の訓練装置やフラット画面のコンピューターモニター、先端技術が施された教室は、簡素な事務所とはまったく対照的である。アル・ユールチーの会社では客のために金を使う。けっして役員のために快適性を追求することはしない。こうしたことを株主たちが知れば、きっと喜ぶだろう。

ＦＡＡ（米連邦航空局）の認可を受けた最高水準のレベルＤシミュレーターは、ＦＳＩのシミュレーター部門が製造し、同社で原価販売している。これには二万五〇〇〇ドルの操縦席込みでコックピットの実物も付いている。ＦＳＩでつくっているシミュレーターは、いずれもシミュレーター技術では最高水準とされるレベルＤに相当する。教官がディスプレイのスイッチを入れると、最新鋭ビジネスジェットのコックピット内にいる気分に難なくなれる。場所はテターボロ空港の六番滑走路。遠くにマンハッタンの地平線を臨みながら離陸体勢に入る。この最新鋭の模擬飛行機の値段は一五〇〇万ドル。業界用語で言えば、航空電子工学上、ＮＡＳＡ（米航空宇宙局）の月着陸船よりもさらに高度なものだ。

管制塔から離陸許可をもらい、滑走路上を加速し、上体を反らすと、もう空の上だ。雲の中に入ると、例の乱気流によって機体が揺れる。手に汗を握りながら着陸を試みる。まともな神経の人なら自家用機や乗客の乗った飛行機で、私にこんなことをさせてくれる人はまずいないだろう。単発のプロペラ機で約四〇〇時間の飛行経験があったせいか、副操縦士のジム・ウォーの指導の下、一回目はなんとか墜落を免れ、二回目、三回目は驚くほど簡単に着陸できた。教官が背後にあるコンピューター画面に触れると、夜明けに離陸し、その一分後には夕暮れ時に着陸するように設定できる。「もっと面白くしませんか。視界を悪くしてみてください」と提案すると、あっという間に視界が五〇フィート（約一五メートル）となり、地面には雪が積もり、滑走路は凍結状態となった。

制御された環境下で異常事態や命にかかわるトラブルの組み合わせが二〇〇通り以上も体験できるようになっている。こうしたシミュレーションやその場の対応については、あとでパイロットが万一の場合にいつどう対処したか、おさらいできるようにすべてビデオに録画される。

最新鋭のシミュレーターをあとにしたとき、一日中飛んでいたような気分になった。フライトセーフティーの訓練プログラムがいかにリアルか、汗まみれになった私のシャツがそれを証明している。

「理由はよく分かりませんが、小さいころから飛行機にあこがれていました。当時、周りに飛行機がたくさんあったわけでもないのに、飛行機やパイロットに関することなら手当たり次第読んでいました」とアル・ユールチーは回想する[(1)]。

一九二七年春、アルの一〇歳の誕生日の数日後、チャールズ・リンドバーグという青年飛行家が初の大西洋単独無着陸横断飛行を目指し、ニューヨークのルーズベルト飛行場を飛び立った。「ほかにも多くの人たちが挑戦しましたが、それまで単独で成功した人は一人もいませんでした」とユールチーは言う。「当時、ガーガーいうRCAの真空管ラジオにぴったりと耳をくっつけて、リンドバーグのフライト状況に関するニュースを一つも聞き逃さないようにしていました。そんなときニュース速報が入ったんです。パリに到着したリンドバーグが歓喜にわく大勢のフランス人の肩にかつがれて飛行場を去るところが報道されたときは、もう無我夢中で、頭の中には何の迷いもなく、ただただリンドバーグのようなパイロットになりたいと思いました。というより、絶対になってやると思いましたね[(2)]」

アル・ユールチーは本当にパイロットになった。それどころか、そのフライト経験と、見つけたチャンスをうまく生かし、ほとんど独力で飛行訓練業界を築き上げた。そしてフライトセーフティー・インターナショナルを創業し、育成し、確立していくことで、何千、何百万というパイロットと乗客のために空の旅をさらに安全にできるようにしたのである。

アルバート・リー・ユールチーは一九一七年五月一五日、ケンタッキー州フランクフォートに程近い酪農場で生まれた。七人兄弟の末っ子だった。小学四年生までは同州チョートビルにある、教室が一つしかない学校で学んだ。その後、チョートビルと比べれば「大都市」と言えるフランクフォートの学校に転校した。といっても、町の人口は一万五〇〇〇人である。「学校は山の上にありました。授業が終わると、表に出て峡谷を見渡しながら、パイロットはいつもこんな光景を目にしているに違いないと思っていました。こんなふうにパイロットと同じ世界を見てみたかったんです[(3)]」

時は大恐慌の真っただ中。家計は先行きの見えない状態だったが、意外にも両親は彼の夢を懸命に支えてくれた。「父と母は偉大でした。空を飛びたいという私の途方もない夢に水を差すようなことは一切しませんでした。一家九人、ド田舎の農場暮らし。それこそ、ろくな家も持てないような状況下で、私は飛行機を飛ばすことばかりべちゃくちゃしゃべっていました[(4)]」

両親の援助があったとはいえ、パイロットになることは並大抵のことではない。飛行訓練には金がかかる。農場で働くだけではとても授業料は払えない。しかし一九三四年、高校卒業後、まもなく道が開けた。「ちょうどそのころ、ホワイト・キャッスルという新しいハンバーガーショップがフランクフォートにチェーン店をオープンしたんです。店にはお客さんがたくさん来ていました。見るからに簡単そうな商売だったので、自分もフランクフォートでちっぽけなハンバーガースタンドを始めました。ただし、場所はケンタッキー川の川向こう。つまり、ライバル店とは反対側にしました」。店の名は「リトル・ホーク」（＝小さなタカ）。「空を舞う」ということに引っかけたのだそうだ。

「店は最初から繁盛しました。ハンバーガーとコークの値段をそれぞれ五セントにしていたので、かなり売れました。でも、これでは儲からない。そこで、値上げしたら――もちろん、数量割引にして、ハンバーガー一二個で一ドルにしたんですが――急に儲かるようになりました(5)」

ハンバーガースタンドで得た儲けはすべて貯金に回した。やがて一年もたたないうちに飛行訓練を受けられるぐらいになった。それから二年後、初の単独飛行を経験。一八歳にしてすでに店を成功させていた彼は、客の一人だったフランクフォートのファーマーズ・バンク（農業銀行）の頭取にアプローチし、飛行機を一機購入するためにローンを申し込んだ。ハンバーガースタンドを担保に三五〇〇ドル借り、ついに自分の飛行機「WACO10」で飛べる日が来たのである(6)。これは風防のないオープンコックピットの旧型複葉機で、パイロットはゴーグルをつけないといけなかった。

両親はケンタッキー大学に行くことを望んだが、当の末息子はずっと飛行場に入り浸っていた。一九三七年、ユールチーはローンの返済を残したままハンバーガースタンドを一ドルで兄に売却。自分は空への情熱に燃え、飛ぶことに専念した。しかし大恐慌の余波で、パイロットとして生計を立てていくのは厳しかった。「取り立てて言うほど、飛ぶ仕事はありませんでした」とユールチーは回想する。「軍でさえ一握りの飛行機しか持っていなかった時代です。ですから、自分も他の多くのパイロットと同じことをしていました。それこそ何でも、どんなことでもやりましたよ。一ドルで人を乗せて近距離を飛んだり、飛行訓練の指導をしたり、航空ショーまで開催しました。バカな若造が命を落とすかどうか、みんなして見に来るわけです。愚かなようですが、折りを見ては、ほとんど義務感でやっていました(7)」

忘れられない出来事が起こったのは、シンシナティにあるクイーン・シティー・フライング・サービスからチーフパイロットとして雇われ、こうした航空ショーを続けているさなかだった。一九三九年のある日、ユールチーはＣＡＡ（民間航空管理局＝ＦＡＡ〔米連邦航空局〕の前身）のパイロットにオープンコックピットの飛行機で急横転する操縦方法を指導していた。つまり、機体を横転させながら反転させ、逆さまのまま、まっすぐ水平飛行を続ける方法を教えていた。ユールチーの記憶によれば、そのＣＡＡのパイロットが「いきなり横転させたため、機体が急によじれて反転し、突然、機体を丸ごと見失った！」という(8)。ユールチーの座席が破損してコックピットから外れ、彼は真っ逆さまに真下のオハイオの農場に振り落とされたのである。

あわてて分厚い革手袋をもぎ取り（ユールチーはこのときの空気の冷たさをいまだに覚えている）、パラシュートのリップコードを引っ張った。地上約一五〇〇フィート（約四五〇メートル）地点でやっとパラシュートが開いた。幸い、ケガもなく自分の足で歩いて帰ったが、あと数秒遅ければ、地面にたたきつけられるところだった。このときの体験から以下のような重大なことを悟るまでには少々時間がかかった。

★機内での訓練は危険を伴う。
★予想外のことが起きたときは、適宜、適切な行動を取る。
★少しでも可能性があるなら、運を味方につける。

彼はのちにこう語っている。「最初の二つは、自分の職業を選択するうえでも取引のうえでも、長年にわたってかなり大きく影響しました。三つ目について言えば、私の人生にはいつも運がついて回っていたようです(9)」

一九四一年、ユールチーはパンアメリカン航空と契約した。当時、すでに航空大手となっていたパンナムが運航を開始したのは一九二八年、フロリダ州キーウェストとキューバのハバナを結ぶ路線が初飛行だった。それから一三年、ユールチーが入社するまでに同社の路線は世界中に広がっていた。ユールチーはこう回想する。「パンナムは世界中の人々にとってアメリカを代表する航空会社でした。当時、パンナムのような会社はほかにはありませんでした。フライトクルーは業界でも特にベテランぞろいで最高の評価を受けていました。ですから、歴史の一コマでもその業務にかかわれたというのは、ほかでは味わえない貴重な経験だったと思います。こうした経験はおそらくもうだれもできないでしょう[10]」

しかし皮肉なことに、パンナムはアメリカ唯一の国際航空会社だったにもかかわらず、国内線での運航は認められていなかったため、その創業者で社長のジュアン・トリップが国内を移動するときは、他社の飛行機に乗らなければいけなかった。そこで、パンナムではこうした事態を避けるため、双発のプロペラ機を一機、トリップ用の社長専用機にすることにしたのである。同機はアメリア・エアハート（＝一九二八年に女性初の大西洋横断飛行に成功したアメリカの飛行家）が飛んでいたのと同型機で、そのパイロットとしてユールチーが選ばれたのである。一九四三年のことだった。当初は半年間の任務ということだったが、結局、ユールチーがパンナムを引退する二五年後までその任務は続いた[11]。

ボスが業界で大物だったことから、ユールチーは数多くの企業経営者や著名人らを乗せて飛び、その荷物も運ぶようになった。例えば、ドワイト・D・アイゼンハワー、ジョージ・マーシャル、財政家のバーナード・バルーク、フランシス・スペルマン枢機卿、そして、息子と孫がアメリカ大統領になったプレスコット・ブッシュ――。なかでもユールチーの少年時代からのヒーロー、チャールズ・リンドバーグを乗せて飛ぶときは特に胸が躍った。「ケンタッキーの農家の小せがれにとって、それはもう不思議の国に足を踏み入れたようなものでした」と彼はのちに語っている。「社長のトリップ氏やその知人たちを黙って観察していましたが、私にとってこれはとりわけ貴重な時間でした。なかには成功を収めたバリバリの実業家たちもいて、商売の交渉をしたり、政治のことで議論したり、相手の無礼を許したり、新規のベンチャービジネスの計画を立てたり、資金調達の戦略を練ったりしていましたが、そのと

き私が得た耳学問は、超一流のビジネススクールの授業に匹敵するものでした」(12)

ジュアン・トリップとお抱えパイロットのユールチーにとって、将来有望と思われたベンチャービジネスの一つがビジネス機だった。年を追うごとに、自社専用機の利便性に気づく企業経営者たちが増え、その数がどんどん増大していくにつれ、アル・ユールチーは、当時だれも気づいていなかったビジネスに将来性を見いだすようになっていた。ユールチーの知り合いのパイロットには優秀な人が多く、ほとんどが第二次世界大戦中、陸海軍の航空隊で訓練を受けていた。しかしいったん退役してビジネス機を操縦するようになってからは、基本的に訓練の場がなかった。

与圧キャビン式の高性能機が旅客機に導入され始めると、旧型機に慣れていたパイロットにとって新型機への移行は大問題となった。しかし、航空会社ならこうした問題に対処することが可能だった。実際、ユールチー自身、年配のパイロットが「DC6」や「ロッキード・コンステレーション」（＝ダグラス社製のDC6型機とともに四発プロペラ旅客機黄金時代の花形機）に移行できるように訓練に協力している。そのうえ、航空会社のパイロットは全員、連邦政府により半年ごとに技能検査を課されることになったが、ビジネス機のパイロットにはこうした義務はなかった。このため追加訓練が不要だったが、こうしたことがいずれ問題を生むのは明らかだった。

それに、ビジネス機のパイロットがさらに訓練を受けたいと思っても、訓練をしてくれるところがなかった。「これについてはずいぶん長いこと考えていたのですが、こうしたパイロットたちに航空会社と同様の訓練システムを提供してみてはどうだろう。ここに一つのビジネスチャンスがあるのではないか、と思ったんです」とユールチーは言う。一九五一年、ボスの承認を得たアル・ユールチーは自宅を担保に一万五〇〇〇ドルの融資を受け、ラガーディア空港のマリンエアターミナルにフライトセーフティーの事務所を開いた。といっても、およそ四メートル四方の部屋が一つあるだけの会社で、あとは木製の机が一つ、電話が一台、電動タイプライターが一台と秘書が一人――女性秘書はフライトセーフティー唯一の正社員で、営業用にユールチーが書いた手紙をタイプするのが仕事だった。(13)

一九四四年、ユールチーはアイリーン・ヒーリーと結婚。会社を立ち上げてから七年たったころには、子どもは四人になっていた。家族を養うため、パンナムの仕事はそのまま続けた。実際、フライトセーフティーを創業してから一九六八年までの一七年間、ジュアン・トリップのパイロットとしてフルタイムで勤務していた。ボスに新会社への投資を依頼したことは一度もなかったし、ボスからもそうした申し出は一切なかったが、ユールチーの努力に対してパンナムの社長は協力を惜しまなかった。雇い主であり良き師でもあったトリップについて、ユールチーはこう語っている。「社長の友人には社用機を導入している企業のCEOが大勢いましたから、パイロットをフライトセーフティーで訓練させるように、友人たちを口説いてくれていました。フライトセーフティーの〝初代大使〟として、いろいろな形でフォーチュン五〇〇社との橋渡し役を務めてくれたのです」(14)

アル・ユールチーの会社がパイロットの訓練を始めた当初は、訓練はすべて空の上で行われていた。まだフライトシミュレーターというものがなかったからだが、実際のところ、地上でパイロットの訓練をするという発想にはかなり抵抗があったのである。にもかかわらず、実際的なシミュレーター訓練はパイロットにとって技能維持だけでなく、新型機への移行時にも効果的かつ経済的な訓練方法だと確信している夢想家たちがいた。アル・ユールチーもその一人である。「シミュレーターで飛べる人は飛行機でも飛べますが、その逆は必ずしも真とは言えません。シミュレーターでは実際のフライトでは起こり得ないような――それでいて絶対にないとは言い切れない――〝危険〟がいくつも重なるような状況を〝安全〟に体験できますから、備えを万全にすることができます」とユールチーは指摘する。NBAA（米ビジネス航空協会）によれば、使命感に燃えたユールチーは、懐疑的だった業界を説得することから始めたという。「フライトセーフティーでは技術的に進歩した高度なシミュレーターと本職の教官が慎重に練ったカリキュラムによって航空技能訓練のニーズをほぼ満たすことが可能です」と彼は説いて回っていたのだそうだ[15]。

こうしてユールチーは新しい会社と同時に新しい業界をつくり出したのである。フライトセーフティーでは創業当初から、地上訓練装置についてはどんな小さなものでも利用できるものは利用していたが、同社初の近代的なシミュレーターを導入する機会に恵まれたのは一九五四年のことだった。それ以前にもエド・リンクが製造した「リンク・トレーナー」の中古品を直接購入したことがあったが、新しいシミュレーターのほうは一五万ドルもする。創業間もない企業にとって、手持ち資金をはるかに超える額であり、銀行から借りても、まだまだ足りなかった。しかしユールチーが言うとおり運が良かった。「お得意さんたちがシミュレーター訓練の価値を高く評価してくれただけでなく、信念をもって資金を提供してくれたんです。イーストマン・コダック、ナショナル・デーリーズ、コカ・コーラ、ガルフ・オイル、オリン・マシーソンなどのフライト部門の中核を担う人たちがシミュレーター納入後五年間はパイロットの訓練を保証するということで、合計で七万ドル前貸ししてくれたのです。で、この小切手を手にシミュレーターを買いに行きました。そのときは、これでもう会社はうまくいく、という感じでした」[16]

ところが、フライトセーフティーにとって先行きの見通しがやっと明るくなったのは、タービン機が登場した一九六〇年代半ばになってからのことだった。ユールチーのボス、ジュアン・トリップがフランスのジェット機「ミステール」の設計を担っていたマルセル・ダッソーと取引をするようになったことが一つの重要なきっかけとなった。トリップとダッソーは、パンアメリカン航空が「パンナム・ビジネス・ジェット」という新しい部門を新設することに合意し、ミステール機に「ファルコン・ジェット」という名前をつけ、北米でのマーケティング活動を推進することになったのである。ユールチーはそのときのいきさつをこう説明している。「その後すぐに社長を説得し、新型ファルコンが出るたびに、機体価格に込みという形でフライトセーフティーでのパイロット・整備士訓練をセットで販売してもらうことにしたんです。おかげさまでフライトセーフティーでのシミュレーター訓練は新型ビジネス機の運航には欠かせないものとなりました。フライトセーフティーで訓練を受ける、ということが常識となったのです[17]」

こうした進展が重要な足がかりとなってフライトセーフティー・インターナショナル（ＦＳＩ）のネームバリューを築き、認知度をアップさせ、それが顧客ロイヤリティ（忠誠心）へとつながっていった。飛行機を購入すると、おまけとしてフライトセーフティーで訓練が受けられる――これは強力な競争上の優位性となった。

しかし、ＦＳＩが成功した要因はこれだけではない。ユールチーは次のように説明している。「『ジェットスター』『セイバーライナー』『ガルフストリーム』『リアジェット』などが登場したことで、ビジネス機の傾向ががらりと変わりました。これらは軍用機の二番せんじではありません。その価格に恥じない、高高度を飛べる洗練された高速機です」。こうしたジェット機がもてはやされたといっても、まだ一般的というには程遠かったが、将来的に主流となる可能性はだれにも否定できなかった。それに、事故が続出したことで、ジェット機がこれまでの飛行機とはまったく違うということを痛感させられることになった。「その結果、パイロットもオーナーも保険会社もみな同じ結論に達することになりました。つまり、こうした違いを学び、最新式のビジネス機の操縦技術をマスターするにはシミュレーターが一番だ、というわけです。こうしてフライトセーフティーの事業もようやく軌道に乗ることになりました[18]」

一九六八年、すでにフライトセーフティーの株式を公開していたユールチーも五〇歳となり、そろそろパンナムを引退する時期が来たと感じていた。「パンナムを去るというのは生涯において最もつらい瞬間であると同時に最も胸が熱くなる瞬間でもありました」とユールチーは言う。「飛行機も自分の仕事も好きでしたし、ジュアン・トリップは私にとってとても大事な人でした。でも、それでもなお、自分の会社を率いていくことに専念する、というのは考えただけでも胸がわくわくすることでした。そして、ついにその日が来たのです。フライトから戻り、胸を張って社長の荷物を飛行機から運び、社長と握手を交わし、自分にこのような素晴らしい仕事を与えてくれたことを心の底から感謝しました。それから駐機場を横切り、階段を上がり、フライトセーフティーの常勤CEOになったんです。創業してから一七年目にして初めてフライトセーフティーから給料をもらうことになりました。定職をやめてしまった以上、もらわないと困りますから[19]」

フライトセーフティーから給料をもらうことについては、何ら問題はなかった。飛行訓練においてはほぼ独占企業となっていたフライトセーフティーは、年を追うごとに繁栄を謳歌し、アル・ユールチー自身も五億ドルを超す財産を築き上げていた。一九八三年にはフォーブス誌の「米国長者番付フォーブス四〇〇」にも名を連ねた。しかし一九九六年、八〇歳の誕生日を間近に控え、急に心配になった。妻に先立たれ、成人した子どもが四人、孫が一二人いたが、自分がこの世を去ったあと、長年にわたって築き上げてきたこの会社はいったいどうなるのだろうか――。かなり前から複数の大手企業よりオファーを受けてはいたが、会社の所有権を分割されたくなかったため、そうした話には乗らないことにしていた。

ユールチーは概して金融業界や乗っ取り屋、LBO（対象企業の資産を担保とした借入金による買収）の達人やグリーンメーラー（乗っ取りのおどしをかけ、大量に買い付けた株を高値で引き取るよう企業に迫る人）たちを軽蔑してきた。「でも、幸いなことに、ここでもまた幸運の女神が味方してくれました」とユールチーは言う。「ウォーレン・バフェットから電話がかかってきたんです。ウォーレンはパイロットの訓練をうちでさせていましたが、お互いに顔を合わせたことはなかったので、連絡をもらったときはびっくりしました。フライトセーフティーの将来について話し合う気はないか、と聞かれたので、ある、と答えました[20]」

なぜバフェットは電話をかけてきたのだろうか。それは、フライトセーフティーとバークシャーの共通の株主から提案があったからだ。その株主とは、アリゾナ州ツーソンを本拠とする航空コンサルタントのリチャード・セルサーだった。彼は妻のアルマ・マーフィー（バークシャーの株主でハーバード仕込みの眼科医）から説得されてバークシャーの株をいくらか購入していた。そしてその後のことについては、バフェットがバークシャーの株主に次のように報告している。「幸運にも、リチャードはフライトセーフティーの安定株主でもありました。それで彼は思いついたのです。この二社は相性がぴったりだと。リチャードは弊社の買収基準を知っていましたから、アル・ユールチーなら取引に応じるだろうと踏んだのです。フライトセーフティーにとっては、拠り所となる家ができるし、安定した報酬が得られる。これならユールチーもオーナーとして生涯にわたって快適でいられるはずだと。そこで、リチャードはソロモン・インクのＣＥＯボブ・デナムに手紙を書き、合併の実現性について調査を依頼。その後はボブがこの案件を引き継ぐことになりました[21]」

バフェット自身、ハイテク企業は嫌いだと、あれだけ言っていたにもかかわらず、こうしてすべてが進行していったのである。もっとも、バフェットがハイテク企業を避けているように見えるとすれば、それはテクノロジー関連だからではなく、企業の先行きが不透明だから避けているのだ。しかし、フライトセーフティーについてはその手の心配をしていなかったバフェットは、ユールチーと九月にニューヨークで会うことにした。

二人には共通点がたくさんあった。事務所が質素、倹約家として有名、自分の腕一本で出世、株主思い、目先筋のアナリストを軽蔑、長者番付フォーブス四〇〇の常連。そして、相棒の名前が「チャーリー」。ウォーレンの相棒はバークシャーの副会長チャールズ・マンガー。アルの「チャーリー」はゴールデンレトリバー。アルが自家用機を操縦するときは、パイロットとコーパイ席の間、つまりスロットルの下に寝そべっているが、夜、眠るときもアルといっしょだ。

「ハンバーガーを食べ、チェリーコークを飲みながら、お互いの話をし、見たこと、聞いたこと、すべて気に入りました」とユールチーは言う。「ウォーレンからフライトセーフティーをバークシャー・ハサウェイの傘下に入れたいと言われました。ただし、独立子会社という形で、いままでどおりのやり方で同じ人たちに経営してもらいたい、とのことでした。食事が済んでから、商談成立ということで握手を交わしましたが、あのときのハンバーガーは最高でした。あんなにおいしいのを食べたのは、私がリトル・ホークで売っていたとき以来です。その後、一九九六年の一二月末に買収が完了し、フライトセーフティーはバークシャー・ハサウェイの一〇〇%子会社となりました」[22]

バフェットが提示した買値は一五億ドルで、フライトセーフティーの株主には選択肢が設けられ、フライトセーフティー株一株につき、キャッシュで五〇ドル受け取るか、バークシャーの普通株式クラスA株かクラスB株四八ドル相当と交換できるようになっていた。ユールチーとその家族は自社株を三七%保有していたが、バークシャーの株式との非課税交換を選択。これなら税金が一切かからないからだ。ユールチーいわく、「個人的にバークシャーの株は最高の投資対象だと思っていましたから、永久に保有するつもりでいます」とのこと。[23]結局、フライトセーフティーの株主の四九%が株式交換に応じ、他の株主はキャッシュを選択。買収は無事完了した。「これほど喜ばしいことはありません」とユールチーは報告している。[24]

ウォーレン・バフェットのほうも同様に喜んでいた。「フライトセーフティーは、私の好きなあこがれの人が経営している、お気に入りの会社です」[25]と、当時はひとことで済ませているが、のちに次のように説明している。「彼［＝アル］は私のことを理解してくれましたし、私もフライトセーフティーのことをすべて理解しました。ですから、彼が自分の仕事を大事にしているのが私にはよく分かります。彼のような地位にある人について、私がまず自問することは、その人はお金が好きか、それとも仕事が好きか、ということです。アルについて言えば、お金は完全に二の次でした。彼は仕事にほれ込んでいますが、それこそ私が求めていたことだったのです。もしお金が好きな人なら、私が会社を買収した翌日には、もうドロンしてしまうでしょう。でも仕事が好きな人なら、これまでどおり会社にとどまって経営に当たってくれるはずです[26]」

フライトセーフティーはバークシャー・ハサウェイのファミリーの一員となってから、さらに成長を遂げた。買収当時は、およそ三億六五〇〇万ドルだった年間売上高が、四年後にはおよそ六億四五〇〇万ドルに増加。結果、バークシャー・ハサウェイのために稼いだ税引き前利益は累計でおよそ七億ドルとなった。これはバークシャーがフライトセーフティーを買収するときに支払った一五億ドルの約半分に相当する。しかも、企業価値は今や利益の約二〇倍すなわち三〇億ドルとなり、買収額（初期投資額）の二倍になっている。そこで、税引き前利益に企業価値の大幅な伸びを加えると、内部収益率は年率二五％となる。これでなぜバークシャーが公開株の一部を買い付けるのではなく、企業を丸ごと買収するほうを好むのか、その理由がよく分かるというものだ。

企業の成長は、事業を拡大した結果である同時に、事業を拡大する動機にもなる。一九九六年当時、フライトセーフティーの従業員数は二五〇〇人、シミュレーターは一七五基、訓練センターはアメリカ、カナダ、ヨーロッパに四一カ所あったが、今日では従業員数四〇〇〇人、シミュレーター二〇〇基、訓練センター四四カ所となっている。訓練を受けるパイロットの数は今では年間約六万人、年間売上高は六億ドルを超える。その大半は企業のお抱えパイロットや地方航空のパイロットの訓練から稼ぎ出したものだ。実際、欧米では新しいビジネス機を購入すると、フライトセーフティーでのパイロットおよび整備士訓練プログラムがセットになっているケースがほとんどである[27]。

ほかには米連邦航空局（ＦＡＡ）や米麻薬取締局（ＤＥＡ）、沿岸警備隊や空軍のパイロット、陸軍の連絡官、「ガルフストリーム」に乗るホワイトハウス担当のパイロットなど、政府や軍関係のパイロット訓練も行っている。[28]というわけで、フライトセーフティーは、航空会社を除けば、世界最大の非政府系飛行訓練会社であると同時に、世界第二位のフライトシミュレーターメーカーなのである。[29]つまり、競合他社の追随を一切許さない断トツトップの会社なのだ。

一九九七年、フライトセーフティーは世界最大の航空機メーカー、ボーイングと長期の提携関係を結び、フライトセーフティー・ボーイング訓練センターを開業。この独立型ジョイントベンチャーは、ボーイング、エアバス、フォッカー・モデルなどの一〇〇人乗り（以上）の航空機を専門とし、訓練センターは世界中に二〇カ所。イギリス（ロンドン、マンチェスター）、中国、ブラジル、南アフリカ、フランス（パリ）、スペイン、メキシコ、韓国など、さまざまな国と地域に散らばっている。訓練センターにはさらに六〇〇人の人員と六五基のフルフライトシミュレーターを投入。一億ドルかけて最近オープンしたばかりのマイアミ・センターでは、年間七〇〇〇人のパイロットと三〇〇〇人の整備士の訓練を行う予定だ。[30]

こうしたことによって競争の優位性がさらに明確になることを認めながらも、ユールチーはこう主張する。「ライバルはたくさんいます。余剰能力を売り物にして、弊社と張り合う航空会社は山ほどありますし、新たに参入してくる会社もあります。今、弊社に言えるのは、これからもベストを尽くす、ということだけです。業界リーダーを目指し、日々変化する環境のなかで最善の努力をする――これがわれわれの使命です」

さらに彼はこう付け加えた。「ともかく頑張るしかありません。外に目を向ければ、今すぐパイロットの訓練をさせたいという需要はいくらでもあります。ただ、われわれの使命はシェアを根こそぎ奪い取ることではありません。昔、父からよく言われていたことですが、一人勝ちして、ビー玉を全部独り占めしたりしたら、だれも遊んでくれなくなってしまいますから」

バークシャー・ハサウェイがＦＳＩを買収したこ

とがきっかけになったのか、CAEやGEをはじめとする大手のシミュレーターメーカーが飛行訓練事業に参入してきた。しかし新しい会社が参入してきたところで、大した脅威にはなり得ないだろう。この手の会社を立ち上げるにはかなりのコストがかかるだけでなく（フライトシミュレーター一基で一九〇〇万ドルもする）、ユールチーが言うように「お金以上のものがかかる」からだ。つまり、「これだけのことをやろうと思ったら、それなりの組織が必要となる」のである。とはいえ、飛行データコンサルティング会社のAVウエブによれば、この業界も今ではユールチーの会社一社だけではない。一九九八年当時、彼らはこう言っている。「一〇年前までは、シミュレーターを使ってレシプロ機用の専門技能の反復訓練を行うにはフライトセーフティーしか選択肢がなかった。しかし今はそうではない。とはいえ、FSIはいまだに業界では支配的な存在で、同業他社のベンチマークとなっている」(31)

フライトセーフティーがベンチマークとされているのは、驚異的な記録を達成しているからだ。例えば、同社の最大顧客エグゼクティブ・ジェット（偶然にもバークシャー・ハサウェイの子会社）は一度も致命的な事故を起こしたことがない。エグゼクティブ・ジェットのパイロット訓練は年間二二日。これはどこよりも多く、法律で定められている規定日数よりも多いが、その訓練すべてをフライトセーフティーで行っているのだ。

言うまでもなく、他社にとって、このベンチマークに対抗するのは並大抵のことではない。というのも、アル・ユールチーやフライトセーフティーの社員はみな信念をもって自分たちの仕事をしているからだ。ユールチーは言う。「どんな航空機であれ、一番の〝安全装置〟は訓練を十分に積んだパイロットです。これがわれわれのモットーであり信念です。ジェット機が運航した当初は、シミュレーターなどなく、すべての訓練は機内で行われていました。乗客を乗せて飛ぶときよりも訓練飛行のほうが、事故が頻発するのはシミュレーターで練習する機会がなかったからです。特に最近の飛行機はかなり複雑になっているため、実際に飛行機を飛ばして通常時および緊急時の手順を実地に学ぶのは不可能です。現在のようにシミュレーターを使って制御された状況下で訓練できるときに飛行機を使って訓練するのはもう道理にかないません」

それどころか、ユールチーもフライトセーフティーの社員も訓練の重要性を説くだけでなく、訓練のバックアップ体制もきちんと整えている。「弊社では二五〇〇社を超す企業のフライト部門のためにパイロットの飛行訓練を実施しています。訓練は年二回。サービスとして傷害保険をつけています。機長として航空従事者技能証明書を取得しているか、副操縦士としてフライトセーフティーでの訓練プログラムを優秀な成績で終了したか、いずれかに該当するパイロットには一〇〇万ドルの保険をかけています。保険料はフライトセーフティーが支払い、保険金の受取人はパイロット本人となります」

フライトセーフティーのプログラムを終了した人たちのために保険料を払うのは、バークシャーに買収されるずっと以前からしていることで、買収されたからといって、特に変わったことがあったわけではない。ユールチーは言う。「私は相変わらず社長ですし、その職責も今までどおりです。唯一変わったことといえば、何もかも前より良くなったことです。バークシャーの傘下に入る前はニューヨーク証券取引所に上場していたので、来四半期の収益予想はどうなるのか、とか、前四半期はなぜもっと収益を上げられなかったのかと、絶えず質問攻めに遭っていましたが、今は来四半期の心配をすることなく、長期的な視点で経営に当たっています。ウォーレンと仕事をしていて一番良かったと思えるのは、こうした点ですね」

「その一番良かったと思えること」についてさらに尋ねたところ、ユールチーはすぐにバフェットの指導力について言及した。「良き経営者になるには、何と言ってもリーダーシップが欠かせません。それに、LEADERSHIPという言葉そのものが良き経営者に必要な資質を表しているんです。**L**はLOYALTY（忠誠心）、**E**はENTHUSIASM（熱意）、**A**はATTITUDE（姿勢）、**D**はDISCIPLINE（規律）、**E**はEXAMPLE

（模範）、つまり良き手本を示すこと、**R**はRESPECT（敬意）、**S**はSCHOLARLINESS（学究肌）、**H**はHONESTY（正直）、**I**はINTEGRITY（誠実）、**P**はPRIDE（誇り）です。ウォーレン・バフェットに関して私が一番好きなところは、こうした資質をすべて持ち合わせているところです」

当然のことながら、ユールチーはバークシャーとの合併に同意したことについて一切後悔していない。いわく、「最良の選択だった」とのこと。これを機にバークシャーの大株主の一人になったが、特別待遇を受けることなど期待していないし、実際、そうした待遇を受けているわけでもない。「何も違いはないと思います。年次総会のときも、ほかの皆さんと同様、外野席に座っていなければなりませんから」とは言うものの、バフェットから自分がどう見られているかは気になるようだ。「彼にも株主の皆さんにもご満足いただけるようにしたいと思っていますし、そうするのが私の務めだと肝に銘じています。自分が経営するからには、新聞に悪いことを書かれるような会社にはしたくありませんから」

ユールチーがバフェットに感服し、尊敬の念を持っているのは明らかだが、一番影響を受けたのは両親からだという。「父と母の影響が一番大きいと思います。私を一番支えてくれたのは両親でしたから。ケンタッキーの田舎で農場をやっていたときはろくな稼ぎもない状態でしたが、別のいろいろな意味で私たち家族は豊かでした」。「では、お宅のご両親は息子の成功をとても誇りにしているのでは？」と尋ねると、「私自身は自分が成功しているとはまったく思ってもいませんし、そうしたことを考えたこともありません」という答えが返ってきた。実際、彼はパイロットになり、航空ショーの曲芸飛行士やハンバーガー屋の店主、ビジネス機のパイロット、飛行訓練の教官、起業家、医療関係の慈善事業家、そして億万長者にもなったが、彼に言わせれば、「ただ単に幸運だっただけ。ちょうど良いときに、ちょうど良いところに生まれただけだ」という。

利益を上げるための秘訣については、「コスト管理をきちんとして、生産性を上げること。別に難しいことではない」と彼は言う。[32]「どうしたら支出より収入を増やすことができるか、その方法を考え出す必要がある。これは非常に大事なことだ」とのこと。特に驚くようなことではないが、成功するために重要なのは規律だという。「会社経営は飛行機を操縦しているのと同じようなもの。注意を怠れば、自殺行為につながります」[33]

飛行訓練業界とフライトセーフティーの将来については非常に楽観的だ。「旅行する人はさらに増えるでしょうし、その傾向は続くと思いますから、業界にとってビジネスチャンスは無限にあります。それは、アメリカ国内だけに限られることではありません。今日、世界中でパイロットが不足しています。それも、前例がないくらい不足しています。たいていのパイロットは六〇歳までしか飛べません。国によっては五五歳で定年になるところもあります。こうした人たちが引退していく一方で、新人が入ってきます。そのうえ、新型機の登場に伴い、訓練の需要はさらに増大します。弊社では絶えず事業を拡大していますが、すべてをカバーし切れるわけではありません」

「実際、航空業界はこれまでの五〇年よりもこれからの五〇年のほうが劇的に発展すると思います。日を追うごとに境界線がまた一つ消え、舞台の幕が上がり、閉鎖的な社会が門戸を開ける。そんな感じです。地球規模でヒトやモノが移動し、驚異的なスピードで広がりを見せる。いずれもどこへ向かうのか、行き先の予想はつかなくても、目的地への到達手段なら分かる――そう、飛行機です」[34]

「というわけで、弊社では今後もパイロットと整備士の訓練を続けていくことになるでしょう。その目的は、いついかなるときも空の旅をより安全にすること。そして、新しいやり方を開発し、磨きをかけていきたいと思っています。人間にとって一番大切なのは命です。ですから、この業界を成長させるには、あらゆる手段を講じて、人の命を守るために全力を尽くすこと。葬儀に出席することほど悲しいことはありません。飛行機事故を未然に防ぐお手伝いができれば、それで満足です」

こうした目的を達成するためにフライトセーフテ

ィーが実行しているのは、学生たちに手を差し伸べることだ。「彼らは今後、航空輸送の担い手となる人たちです。フライトセーフティーでは教育機関と提携して、航空業界の二世紀目を担う第一世代の教育・育成に協力していきたいと思っています。すでにフロリダ州のエンブリ・リドル航空大学と契約を結び、学内で学生相手にシミュレーター訓練を実施していますが、これからも、こうしたプログラムをほかの学校にも広げ、いっそう多くの訓練を提供していけると確信しています。航空業界の未来を飾る一コマにフライトセーフティーもかかわっていくことになるでしょう(35)」

バークシャー・ハサウェイの将来については、あまり考えたことがなかったようだ。「第二のウォーレン・バフェットは現れると思うか」と尋ねたところ、答えはノーだった。「第二のジョージ・ワシントンやエーブラハム・リンカーンも出ないでしょう」とのこと。「ただ、賢い人たちはほかにもいますし、どんな人でもいずれはどこかでだれかに取って代わられることになります」というユールチーは、バフェットが「かなり素晴らしいマスタープランを用意している」と信じている。「彼は頭がいい。だれが何をすることになるのか、ちゃんと頭に入れています。私が万一路面電車にはねられたら、いったいだれが代わりを務めるのかと彼から聞かれたことがあります。ですから、彼も自分がいなくなったときに、だれが後任を務めるのか、プランを立てているはずだと思います」

ユールチーは、バフェットがいようがいまいが、バークシャー・ハサウェイの株は引き続き投資するだけの価値があると信じている。また、バフェット亡きあと、どんなことが起こるかなど関心もない。「何がそんなに不安なのか、私には分かりません。彼が死んだからといって、いったい何が起こるというのでしょう。いっしょにほかの全員が死ぬとでも思われているのでしょうか。フライトセーフティーの経営の仕方についてウォーレンから指導を受けたこともないし、他の経営者だって自社の経営方法を彼から学んだわけではありません。ウォーレンが亡くなれば、遅かれ早かれ、だれかがそのあとを引き継ぐことになりますが、その間も、傘下の会社は自分たちのすることぐらい、みなちゃんと心得ていますよ」

自身の将来については、差し迫った引退計画などは立てていない。にもかかわらず、ユールチーは自分の後継者をすでに選んでいる。それは執行副社長のブルース・ホイットマン。ユールチーと四〇年近くもいっしょに仕事をしてきた人だ。今は、「やりたいことをやっている」というユールチー。「私にとっては、仕事というよりも道楽みたいなものです。バウォーレンとは、ある取り決めをしてるんです。バークシャーの株については絶対に株式分割は行わないと宣言している彼ですが、唯一分割する気になっているものがあって、私が一〇〇歳になったら、〝年齢分割〟を実施して五〇歳にするのだそうです」

一方、バフェットはこう言っている。「アルには帳簿どおりの価値があります。八四歳になっても、その熱意と精力はひとかけらも失われていません」(36)

そう言われたご本人は、心底楽しみながら会社を経営し報酬を得ているが、人生にはほかにも大事なことがたくさんあることを心得ている。「正直言って、神に誓って断言できます。私にとって、お金はそれほど重要なものではありません。本当にそうなんです。だから金持ちになろうと思って仕事をしているわけではありません」。実際、一九七〇年代末、つまり、バークシャー株で億万長者になる二〇年前、ユールチーは地元ケンタッキーのステート・ジャーナル紙の記者にこう話している。「お金は測定可能な形の報酬です。でも、それよりももっと大事なことがあります。自分の預金口座を潤すだけでなく、何かほかのものにも寄与するような良いことをしている、という満足感が人間には必要なのです。われわれにはフライトをより安全にすることに貢献している、という満足感があります。何かに役立つような良いことをして、それが報われるというのは本当に素晴らしいことです」(37)

ユールチーが貢献していることはほかにもある。最近では自分の時間の大半をこうした事業に費やしているが、その一つがＯＲＢＩＳインターナショナルへの関与である（**訳者注**　現在、会長を務めている)。「オービス」とは、彼の説明によれば、ギリシャ語で、意味が二つある。一つは「目」、もう一つは「世界中」という意味だそうだ。一九七七年に彼の援助を受けて設立された非営利組織で、「空飛ぶ眼科治療室」を運営している。彼が資金の半分を個人的に負担して改造したDC10型機「ORBIS-DC10」が四六時中、世界を飛び回り、開発途上国において失明しなくても済むはずの人たちを救う努力を続けている。

目が悪かったら、ユールチーはパイロットにはなれなかっただろう。そしてパイロットになれなかったら、地上訓練の必要性に気づくこともなかったに違いない。彼はフライトセーフティーを築き上げたことで数え切れないほどの人命を救ってきた。そして開発途上国では目の不自由な人たちの視力を回復させることで、引き続き人の命を救っている。自分が非常に恵まれていることに気づいた彼は、その発想を飛行機と結びつけ、世界中の人々の目を治療するユニークな方法を思いついたのである。

「現在、目の見えない人は世界中に四五〇〇万人もいますが、この数は今何も措置を講じなければ、二〇年後には倍になるでしょう。しかも、目の不自由な人たちの一〇人に九人は開発途上国に暮らしている人たちです。WHO(世界保健機関)と眼科医の話によれば、失明の予防や治療は医療機関ならどこでもでき、大してお金もかからないものなので、本来なら、失明した人の八〇%は治すことが可能なのだそうです。仮に目の見えない子どもがいたとして、その子のために何かしようと思えばできるのに、何もしなかったとしたら、自分で自分に嫌気が差すはずです。これは恥ずべきことなのですから」

ユールチーはオービスの功績に特に誇りを感じている。「失明を減らすうえで絶大な効果がありました」と彼は言う。「ORBIS機に詰めているボランティアの医師から治療を受けた患者さんは二万三〇〇〇人以上に上りますが、それよりももっと重要なのは、わざわざ自分の時間を割いて、開発途上国や低開発国の医師たちに指導を行った優秀な眼科医が世界中に三五〇人もいることです。オービスではこれを足がかりとして、五万五〇〇〇人以上の眼科医、看護婦、麻酔医、生物医学工学者の研修を行い、その結果、九〇〇万人以上の目の不自由な人たちを救うことができました」

こうした生き方を見ていると、彼から次のようなことを聞かされても、なるほどと納得がいくだろう。「われわれはみなただの人間にすぎません。だれもが自分なりに最善を尽くしていますが、人助けをすることで差をつけることができます。世界を見渡せば、絶好の機会が転がっています。たしかに人は勝ち組になりたがります。だれもがみな勝ちたいと願い、勝つためにがむしゃらに頑張ります。でも、勝てなかったからといって何なのでしょうか。こうしたことはゴルフをするのと似ています」。彼自身もゴルフをたしなむが、例としてもよくゴルフを引き合いに出す。「タイガー・ウッズでさえいつでも勝つとは限りません。でも、人生とはそのようなものです――ゲームと同じなのです。さて、これからどうするつもりですかって？　私は〝自分が死ぬとき〟の話はしません。〝自分がもし死んだら〟という仮定の話ならしますが」――八四歳になるフライトセーフティーの社長はこう言って話を結んだ。

ビジネスの基本方針――アル・ユールチー

★業界リーダーを目指す。競合他社の発展の指標となるベンチマークになれるように邁進する。
★どの業界であれ、成功したければ、規律を守る。
★自分の預金口座を潤すだけでなく、ほかの何かのために貢献しているという自覚を持つ。人助けになるような役に立つ仕事をする。

第八章　革新者——リッチ・サントゥーリ（エグゼクティブ・ジェット）

場所はニュージャージー州郊外のリッチな街。メインストリートにあるモダンなオフィスビルのなかにエグゼクティブ・ジェット・アビエーション（EJA）の本部とネットジェットの創業者で最高責任者のリッチ・サントゥーリのオフィスがある。入り口には、いかにもその場にふさわしく、ウォーレン・バフェットの広告ポスターが額に飾ってある。「世界屈指の成功者はどうやってそこに到達したか？」——これがそのヘッドラインだ。

インタビューの質問事項を事前に確認しようとはしなかった数少ないCEOの一人、サントゥーリは数理的かつ論理的な思考の持ち主だ。けっして後ろを振り返ることなく、人生を前向きに生きている。理知的で起業家精神にあふれた天性のセールスマン。そんな彼は人を素早く評価する目を持ち、ウォーレン・バフェットとバークシャーの企業文化を深く理解している。まさしくビジネスジェットの会社を運営するのに打ってつけのタイプである。EJAはバークシャー・ハサウェイの子会社のなかでも一番の成長企業で、この二年間で売上高、従業員数ともに倍増している。

アメリカの株式市場が「根拠なき熱狂」に浮かれているとき、バークシャー株はかなり割安な状態で放置され、クラスA株は四万五〇〇〇ドル近辺で取引されていた。このとき、ネット株をいくつか空売りし、持ち株を担保に金を借りてバークシャー株を買い増ししようとしていたサントゥーリは、「金持ちになりさえすればいいのか」とバフェットにたしなめられたそうだ。

ニュージャージー州ウッドブリッジを拠点とするエグゼクティブ・ジェット・アビエーションのCEOは、バフェット傘下の経営者のなかでは少なくともある一つの点において異質な存在である。リッチ・サントゥーリは他の経営者とは違い、自分のいる業界にほれ込んでいるわけではない。二一歳になるまで飛行機に乗ったことさえなかった。「好きだから乗らないんです」と彼は言う。「実際、事業を始めたとき、自分はかなり有利な立場にあると思いました。というのも、たいていの人は飛行機が好きでたまらないから、この業界に入る。だから財務面には無頓着で、みんな飛行機を飛ばしたい、パイロットになりたい、としか考えていない。私は飛行機の操縦はしないし、したいとも思わない。そうしたことはどうでもいいんです。私がほれ込んでいるのは、自分の仕事、自分の会社、それとうちの社員なんです」――という彼の締めの言葉には、いかにもバークシャーの経営者らしい響きがあった。

サントゥーリの率直すぎる（？）くらいの正直さは、その生い立ちによるものかもしれない。彼は一九四四年八月一四日、連邦政府職員の息子として生まれ、ニューヨーク市ブルックリンの労働者階級の住む地域で育った。八年生まで公立学校に通い、その後はカトリック系の高校に進み、卒業後はブルックリン工科大学に入学。大学では応用数学を専攻し、一九六六年に学士号を修得。その後も大学に残り、まずは大学院生として修士号を二つ修得し、数学部で教鞭をとりながら博士を目指した。彼が言うように、「教えるのは好きだった」が、一九六七年に息子が生まれたこともあって家族を扶養する義務が生じ、やむなくアカデミックな世界から足を洗い、「ちゃんとしたところに就職する」ことになった。

シェル石油に入社した彼は、最終的にはオペレーションズリサーチ（OR）グループのマネジャーとなった（**訳者注**　ORとは企業などの意思決定方法の一つで、資料を収集し数理学的に分析すること）。「ここでは、いろいろと勉強させてもらいました。会社がヒューストンに移転するという話がなかったら、おそらくまだシェルにいたと思います。でも、どうしても引っ越す気にはなれませんでした。私はブルックリン生まれですし、家族もみなブルックリンに住んでいましたから、動きたくなかったんです。で、職を探したほうがいい、ということになりました」。幸い、ゴールドマン・サックスのレスリー・ペック博士から誘いがあり、職はすぐに見つかった。博士は新しい部門を立ち上げている最中で、その目的は、コンピューターを駆使したビジネスモデルを投資銀行に当てはめようというものだった。ゴールドマン・サックスは金融業界でいち早くITを取り入れた会社の一つだが、当時のサントゥーリには、「ゴールドマン・サックスとはいったい何者なのか、正直言って、皆目見当もつかなかった」そうだ。

ペック博士が健康上の理由で退職したあとは、サントゥーリがその部門を引き継いだが、一九七二年、同社のリース事業部の部長からリースファイナンス部門で仕事をしないかと声をかけられた。「『嫌です』と言ったら、『なぜだ?』と聞かれたので、こう答えました。『これまで学んできたものを生かしたいんです。分析の仕事が好きなんです。私は大学で学んだことを実業界で実際に生かしていると言える世界でも数少ない人間の一人なんです』と」。そのとき、彼の上司はこう言ったそうだ。「どうだ、半年間だけそこに行ってみたらいいじゃないか。君のいる部署がなくなるわけではないのだから、気に入らなかったら、また戻ってくればいい」

「そこで、『わかりました』と答え、異動することになったのですが、それがすっかり気に入ってしまって」。結局、その部の部長になったばかりか、ゴールドマン・サックス・リーシング・コーポレーションを立ち上げて社長に納まってしまったのである。当時はウォールストリートでも最大のリース事業部だった。

「事業はとても順調で、儲かっていました」とは言うものの、一九七九年には自分から会社を辞めている。彼はこう振り返る。「その翌年、私はパートナーという形になっていました。というか、まだいれば、まず間違いなくパートナーとなっていたはずです。そして、それこそが辞める理由でした。会社は好きでしたが、ゴールドマンのパートナーになってしまったら、基本的に一生涯、会社とかかわっていくことになります。でも、あの当時はまだそれだけの心の準備ができていませんでした。それに実際のところ、自分のエゴもあって、仮に成功したにしても、ゴールドマンのネームバリューに頼らずに、どこまで自分でやっていけるか試してみたいという思いもありました。そこで、問題解決には自分自身で事業を興すしかないと思い立ち、実行に移したわけです」

一九八〇年二月、サントゥーリは自分のイニシャルをとって、RTSキャピタル・サービス・インクを創業。それは、彼がゴールドマンで手がけていたことと同じことを専門とする会社、すなわちリース業だった。ただし、今回はヘリコプターのリースである。「ヘリコプターの知識があったからですが、これが福音となりました」と彼は言う。「ついていたのは、大手の金融機関や投資銀行などの競争相手が出てこなかったことです。彼らがヘリコプターに手を出さなかったのは、額が小さすぎるからです。なにしろ、彼らが普段扱っているのは一〇〇万ドルから二〇〇万ドルの商いですから。というわけで、唯一の商売敵は地銀でしたが、彼らにはリースファイナンスのような複雑なものに関する専門知識が全然ありませんでした」。こうしてサントゥーリの専門知識が功を奏し、一九八五年になるころにはRTSキャピタル・サービスは世界最大のヘリコプターリース会社となっていた。

そして、つい数カ月前まではまったくその気もなかったくせに、一九八四年九月にはエグゼクティブ・ジェット・アビエーションを買収している。そのときのことを彼は次のように回想している。「一九八三年に友人三人と私でベール［＝スキー場で有名なコロラド州の町］にスキーをしに行ったときのことです。そこを立つ前の日にクライアントから電話がかかってきて、こう言われました。『ところで、リッチ、これから飛行機で帰るところなんだが、君たちもいっしょにニューヨークへ乗って帰らんか？』。彼は飛行機を二機持っていました。で、私たち四人は彼の『リアジェット』に乗せてもらうことになりました。お分かりだと思いますが、なにしろ野郎だけの旅で、それも日曜日だったので、服装もよれよれだし、ヒゲもそっていませんでしたが、気にもしていませんでした。それから二時間ぐらいすると、飛行機が減速し始め、クライアントから給油のためいったん降りると言われました。機種は『リア35』でしたから、ニューヨークまでノンストップでいけるはずです。つまり、なぜ給油のために立ち寄るのか、ちょっと納得がいきませんでした。

結局、オハイオ州のコロンバスに降りることになりました。着陸するとき、クライアントからこう言われました。『リッチ、時間があるなら、ちょっと寄ってエグゼクティブ・ジェットの連中と話をしてもらいたいんだ。この会社を買収しようかと思っているんだが、君に資金調達を頼みたいんだ』

『はあ？』と言うと、『ともかく給油しないといけないんで、それならここがいいと思ってね』とクライアントから言われ、飛行機から降りると、男が一人やってきて、『はじめまして、ポール・ティベッツ将軍です』とあいさつされました。彼はスーツにネクタイ姿。『まったくもう、いったい何なんです？』とクライアントに食って掛かると、『まあ、そう気にするな』と言われ、役員室に連れて行かれました。そこにはやはりスーツとネクタイ姿の紳士が八人もいて、私が買収の件で話し合いに来たと思っていたようでした。でも、こちらの頭は真っ白状態ですから、おわびして、これまでのいきさつを詳しく説明しました。だまされてここまで来たことを伝え、時間を無駄にしてしまい、本当に申し訳ないと謝りました。ウソはつきたくなかったので、何もかも本当のことを話したんです。この件には興味がないこと、彼らのことをまったく知らないことも話しました。それで、飛行機に乗って帰ったわけですが、もう怒り心頭でした」

それから半年後、サントゥーリのところにティベッツ将軍の代理だという銀行から電話がかかってきた。今回はエグゼクティブ・ジェットをサントゥーリ自身に買ってほしいという話だった。「なにしろ、前のときにとんでもない失礼なことをしてしまっているので、『もちろん、喜んで』と答えてしまいました」

エグゼクティブ・ジェット・アビエーション（E

ＪＡ）は民間のチャーター便会社のパイオニアで、アメリカ空軍の退役将軍らによって一九六四年に設立され、操縦の難しい軍用型の新機種「リアジェット」を専門に扱っていた。取締役会のメンバーには、俳優のジェームズ・ステュアートやエンターテイナーのアーサー・ゴドフリーなど、いち早くビジネス機のファンとなった人たちも含まれていた。社長のポール・Ｗ・ティベッツ・ジュニアは第二次世界大戦を終結に導いたとされる原子爆弾を初めて投下したパイロットである。(1)つまり、空を飛ぶことへの愛着を捨て切れないパイロットたちが創業した典型的な航空会社だった。しかし会社は火の車で、サントゥーリは一九八四年に買収を決めたものの、会社を再建させる道を模索するのに苦労させられることになった――といっても、これは名案が浮かぶまでの話である。まず、サントゥーリが考えたのは、ＥＪＡをリース予定のない航空機の駐機場とすることだった。「せっかく航空会社を手に入れたのだから、飛行機を一機購入して、自分の代わりにエグゼクティブ・ジェットに管理してもらおうと思ったのです。でも、実際に自分が何時間飛行機を利用するだろうかと考えながら試算してみたところ、まったく採算がとれないことが分かりました」。利用するのが年間五〇時間未満なら、必要に応じてチャーター機を使ったほうが得になることが判明したのである。同様に、自家用機を購入して維持管理していくのであれば、最低でも年間四〇〇時間は飛ばないと、金の無駄遣いになることも明らかとなった。

「そこで、友人たちを一堂に集め、『コストを四人で負担すれば、こんな素晴らしい話はない！』と提案したんです。それで友人三人と私で話し合った結果、これは結構おいしい取引だ、実際にやってみよう、ということになりました。それで一件落着となったとき、友人の一人が『僕は毎週火曜日と木曜日に飛行機を使いたいんだけど』と言いだしたんです。私は言いました。『おい、待てよ。おれは使いたいときに使いたいんだ』と。これで、四人で一機の飛行機を共有するのは無理であることがすぐに分かりました。これは一部屋しかない別荘の寝室を四家族が共有するようなものです。どう見ても不可能でした。その後、一人で考えてみました。時間分割方式か、分割所有方式で経済的に採算がとれて、かつ、乗りたいときに必ず飛行機に乗れる方法があれば、大ヒットを飛ばせるのに……と」

幸い、エグゼクティブ・ジェットは軍関係者が運営していたので、これまでの飛行記録がすべて保存してあったため、データベースから飛行パターンを分析することが可能だった。四年分の記録を調査した結果、発着地（たいていのフライトがミシシッピー川以東だった）、発着時間、曜日、滞在時間、季節要因、機体の故障などに関して、かなりの確率で予測可能であることが判明した。大学で学んだ数学を駆使しても、数字を分析して、フラクショナルオーナーシップ（＝飛行機の分割所有方式）とアクセスの確保を両立させる方法を見つけるのに半年近くかかった(2)。作業が終了した一九八六年、サントゥーリはネットジェット・プログラムを立ち上げた。

基本コンセプトはいたってシンプルだった。飛行機を二〇機売るごとに、ネットジェットがフラクショナルオーナー（＝飛行機を分割所有方式で買ってくれた人）全員にサービスとして同社のビジネス機を五と四分の一機、余分にキープするというものだ。この仕組みだと、アクセスおよび採算性を九八％確保でき、あとの二％はチャーター機で賄えばよかった。時間分割方式とは違い、各フラクショナルオーナーは、別のオーナーが同時刻に別の場所で飛行機を必要としていても、いつでも飛行機を利用することができ、四時間前に申し込めば、必ず乗れることになっていた。普通のオーナーと違うのは、友人を空港の格納庫に連れて行って、「これがおれの自家用ジェットだ」と言えないことぐらいだ。

個人あるいは法人は特定の飛行機の所有権の一部を購入し、月額手数料を支払う。これで維持管理費、燃料費、パイロットの給与、訓練費、機内食代などを賄う。さらに飛行時間に応じて一時間ごとに一定額の利用料を納めることになっていた。とても安いプランとは言えないことはサントゥーリも分かっていたが、このやり方なら各人がメンテナンスに頭を痛めることなく、飛行機のオーナーとしてすべての特典を享受できるはずだと考えたのである。とはいえ、新しいアイデアがみなそうであるように、いざ実行に移すとなると、大変であろうことは彼も承知していた。

「このコンセプトの実現に当たっては、だれもがうまくいかないと思っていました。最初の一〇人か一五人、あるいは二〇人のお客さんでやってみて、完璧にできなければ、すべてが水の泡になることは覚悟していました。飛行機の四分の一の所有権を購入することについて話をすると、おそらく相手は妙な顔をして、こう言う。『おい、ちょっと待てよ。機体価格の四分の一だけ払えば、乗りたいときにいつでも乗れる？　四人が全員、同じ時間に乗りたいって言ったら、どうなるんだ？』と。で、私はこう答える。『そこが問題なんですけど、ちゃんと乗れるようにしますから』と。もちろん、私の言うことなど、ほとんどの人が信じてくれないだろうということは百も承知のうえです。ですから、『半年の間に、これはやっぱりダメだと思ったら、お金は全額払い戻します』と最初に言うことにしました」

約束を守るため、そして払い戻しをしなくて済むようにするため、何十人ものパイロットや運航管理者、その他の従業員を雇い、セスナ機八機の頭金として四〇〇万ドルつぎ込んだ。「でも、セスナ機は八機とも売れませんでした」と彼は言う。「あと二五機売れるだろうと見ていましたから、手持ちの飛行機は三三機。どんなに申し込みがあっても応じられるくらい、バックアップ用の飛行機は十二分にあるというわけです。それで、感謝祭の翌日が日曜日のような場合、つまりネットジェットが一年で一番忙しい日に飛行機がもし足りなくなったら、チャーターすればいい。というわけで、そのとおりに実行しました。これで数字をチェックしてみたところ、うまくいくことが分かりました。数学はウソをつきません」。とはいえ、会社が軌道に乗るにはかなりの時間を要した。「もたついていました」とサントゥーリは回想する。「なかなか進展しないとは思っていましたが、それでも最初の年には四機売れました。八六年、八七年、八八年も、売れたのは年にだいたい四機でしたが、これも基本的には予想の範囲内でした。

一九八九年にリセッション（景気後退）入りするまでは、まあ順調でしたが、その後、死ぬ思いをすることになりました。一九八九年から一九九〇年の初頭にかけては、八分の一の所有権さえ売れなかったのです。これで巨額のお金が吹っ飛びました。みな自己資金です。失ったのは三五〇〇万ドルから四〇〇〇万ドル。私にとっては全財産です。負債を全額、個人的に保証していたうえに、飛行機を買い続けていましたから、損失が大きくなったのです。なぜこうなったかというと、所有権を八分の一だけ買いたいと言われたとき、『あと七人、客を見つけるまで待ってくれ』と言えなかったからです。飛行機は手元にあったので、そうした人たちにすぐに利用してもらっていましたが、パイロットや乗員を雇わないといけなかったので、コストがかなりかかりました。実際には何も売れていないわけですから、余計に高くついたわけです」

とはいえ、景気後退にもプラス面があった。「この間、多くの企業が社用機の売却に走りました。資金調達のため、あるいは単にバランスシートから経費を削るためです。一機か二機残しておくところもあったかと思いますが、完全にゼロにして、代わりにネットジェットを利用するようになったところもありました。財務上の代替案として弊社を使うのはもっともなことです。そこで、発想を一八〇度転換して、最高財務責任者（ＣＦＯ）と仲良くすることにしました」

一九九三年、エグゼクティブ・ジェットはブリティッシュ・エアロスペースから「ホーカー１０００」を二五機購入した。一機一二〇〇万ドル、合計三億ドル。当時、商業用定期旅客機と軍用機を除く一般航空機（ゼネラルアビエーション）の取引としては最大だった。「これで中型キャビン、つまり大陸横断用の機種が手に入り、弊社もレベルアップすることになりました。中型機を希望する人が多かったので、これは非常に重要なことでした。これまで使っていた『サイテーションＳ-２』は三時間しか飛べず、航続距離はおよそ二六〇〇キロメートル。中型機に慣れていた人たちの多くは、フライト部門も含め、小型機だからという理由で『サイテーション』を利用するのを嫌がりました。そこで、『ホーカー』を買ったわけです。交渉が大変でしたが、これでお客さんたちに報いることができ、マイナーリーグ3Aからメジャーリーグへと昇格した気分です。おかげさまで弊社に関する人々の見方も変わりました。苦境をなんとか乗り越え、生き延びることができたんです。このままずっとやっていけると思います。世間からも注目され始め、『こいつらは消滅しそうにない』と思ってもらえるようになりました」

そして本当に消滅しなかった。それどころか、成長を続け、顧客の増加に伴い、機体数も増加していった。客が増えたのは――そして増え続けたのは――既存のオーナーたちの紹介があったおかげである。新規顧客の約七〇%は既存顧客から紹介を受けていた。二〇〇〇人いるオーナーあるいは顧客のうち、大半は起業家、コンサルタント、ハイテク企業の幹部、設計チーム、金融関係者で、新しい客は必ずしも法人顧客とは限らなかった。豪華で便利な社用ジェットでの移動に慣れている元CEOや次期CEOたちがフラクショナルオーナーになってくれたのである。メディアでおなじみのデビッド・レターマン、アーノルド・シュワルツェネッガー、キャシー・リー・ギフォード、シルベスター・スタローンらもネットジェットの利便性に気づき、オーナーの一人となった。そして、その移動スケジュールからして当然といえば当然だが、プロのアスリートや、ベン・クレンショー、カーチス・ストレンジ、アーニー・エルス、デービス・ラブ三世ら、プロゴルファーの多くがネットジェットを利用している。(3) ネットジェットが顧客対象とする人たちはたいていどこかのカントリークラブに所属しているため、企業のCEOを勧誘するのに、これほど打ってつけの「広報マン」はいないだろう。他社が著名人の支持を得るのに何百万ドルも費やしている一方で、ネットジェットにはピート・サンプラスやタイガー・ウッズ、そしてウォーレン・バフェットといった世界最高の「広報マン」が顧客あるいはオーナーとして存在しているのである。

ネットジェットの魅力を語ってくれる支持者のなかでは、ボストンの実業家デビッド・ムガーがおそらく一番雄弁かもしれない。ボストンのＷＨＤＨ－ＴＶの元オーナーで、一九八九年以来、ネットジェットのフラクショナルオーナーとなっている彼は、年間約一〇〇時間飛んでいるが、ビジネス用だけでなく、レクリエーション用としても同じぐらい利用している。「一番ぜいたくな使い方は自分一人だけで飛ぶことだ。いつか乗れれば、の話だが、『エアフォースワン』［＝米大統領専用機］がちょうどこんな感じではないかと思う」とのこと。(4)

ムガーも説得力があるが、同社の顧客としてとりわけ重要なのはウォーレン・バフェットであることは確かだ。彼は長い間、役員専用のプライベートジェットで移動することには難色を示してきた。バフェットは一九九八年、株主に次のように報告している。「私が初めてネットジェットのプログラムについて話を聞いたのは四年前。Ｈ・Ｈ・ブラウンの経営者フランク・ルーニーからでした。以前からネットジェットを利用し、そのサービスに満足していたフランクから、リッチと会って確かめたうえで家族用にネットジェットに加入したらどうか、と言われたのです。リッチから『ホーカー１０００』の四分の一の所有権（年間二〇〇時間）を買うのに要した時間はおよそ一五分でした。以来、三〇〇回、合計九〇〇時間飛んで、うちの家族が直接体験して分かったことは、ＥＪＡがいかにユーザーフレンドリーで効率的かつ安全な運航を行っているか、ということでした。平たく言えば、そのサービスにほれ込んだ、というわけです。実際、家族がすぐに熱狂的ファンになってしまったため、私自らＥＪＡの証言広告に出る羽目になったくらいです。これは同社を買収することになると分かるずっと前のことですが、リッチには、もし会社を売る気になったら電話をください、と当時すでに伝えていました(5)」

しかし実際には、リッチ・サントゥーリは一九九五年に自社株の二五％をゴールドマン・サックスに売却していた。事業拡大のために資金を調達する必要があったからだ。このことを知ったバフェットはサントゥーリに「なぜ電話をくれなかったのか？」と尋ねている。「金銭的に困っていたものですから」と答えたサントゥーリに対して、バフェットはこう応酬した。「ちゃんと聞いてください。御社が何かをする予定があるとか、ゴールドマンが株を手放すという話があれば、お願いです。私に電話をください」

ＥＪＡの年商は一九九八年には一〇億ドルに迫るまでになっていた。サントゥーリによれば、ゴールドマンから「株式を公開しろ、公開しろ」としつこく言われたそうだが、彼は頑として「ノー」と言い続け、最後にはこう言ったという。「聞いてくれ。株を売却する相手は一人だけ――ウォーレンだけだ」と。のちに彼は株式公開の可能性についてコロンバス・ディスパッチ紙に、こう説明している。「私は二八歳のアナリストから自分の会社の経営についてとやかく言われたくありません。ウォーレン・バフェットは長期派の投資家です。彼は三カ月先とか半年先のことなどいちいち気にしません」(6)

売却（バークシャーから見れば買収）が完了するのに三週間とかからなかった。エグゼクティブ・ジェットの株主は売却価格七億二五〇〇万ドルのうち約半分をキャッシュで受け取り、残り半分をバークシャー・ハサウェイの株式と交換した。ＳＥＣ（米証券取引委員会）の資料によると、支配株主であるサントゥーリは売却価格の半分以上を受け取っている。内訳はバークシャーのクラスＡ株三四三七株、二億五〇〇〇万ドル相当と、残りはキャッシュで、サントゥーリもバフェットもこの取り決めに非常に満足していた。それこそ、企業間の完璧な「結婚」だった。というのも、株を買うことは企業の一部を買うこと、つまり「分割所有」（＝フラクショナルオーナーシップ）という形で株式市場を理解していたバフェットは、ネットジェットについても、同じコンセプトの延長線上にあるものとしてとらえていたからだ。それにサントゥーリにしても、契約の一部としてそのままトップの座に居座ることになったため、フォーブス誌に語ったように、「今もＥＪＡを自分の会社だと思っている」と言えるからだ。

もっとも、バフェットのほうはもっと浮かれていた。サントゥーリとフェデラル・エクスプレスのフレッド・スミスとを比較して、こう言っている。「スミスはまったく新しいビジネスを立ち上げました。最初は小さな会社だったフェデックスも、今は巨大な会社に成長しました。エグゼクティブ・ジェットについても、同じことが起こるかもしれません」[7]。バフェットはその後、コロンバス・ディスパッチ紙に次のように語っている。「リッチは経営の達人、経営のアーティストです。この壁を見て、ほかの人には見えない何かを見いだせるからです。彼はちょうど今、壁画を描き始めたところです。私の仕事はそんな彼に絵の具と絵筆を与えることです」[8]

この「絵の具」と「絵筆」によって、サントゥーリの会社は買収されて以来ずっと繁栄を続けている。バークシャー・ハサウェイがAAA（トリプルA）という最高格付けを取得しているおかげで、エグゼクティブ・ジェットの借入コストが激減し、アメリカ国内だけでなく、ヨーロッパや中東にまで事業を拡大していくことが可能となったからだ。計画では南米やアジアにも手を広げる予定なので、サービス網はいずれ全世界に及ぶことになるだろう。一九九九年にはレイセオン・エアクラフトからビジネスジェット「ホーカーホライゾン」を一〇〇機、二〇億ドルで購入。これはビジネス航空史上、最大の発注額とされるが、こうしたことができるようになったのもバークシャーの傘下に入ったおかげである[9]。

実際、その成長スピードには驚嘆させられる。買収時（一九九八年）、従業員はオハイオ州コロンバスに九〇〇人、ニュージャージー州の事業所に一二人いるだけだった[10]。それが二〇〇〇年には二〇〇〇人近くになっているのである。一九九八年には顧客数一〇〇〇、保有機数一三二、運航地域八八カ国だったのが、今では顧客数一八〇〇、保有機数二四〇、運航地域九二カ国となり、ネットジェットの一日の飛行便数は国内・海外合わせて一日平均二五〇便を超え、便数では全米第八位の航空会社と言える[11]。二〇〇六年までにビジネス機を倍以上、増やして五四二機とする予定なので、国際輸送機関としてもメジャーとなれるだろう。

とはいえ、一番すごいのは、五年前には年商一億ドルだったのが一九九八年には九億ドルとなり、それが今やほぼ二〇億ドルに達し、バークシャー・ファミリーのなかでエグゼクティブ・ジェットが一番の成長企業となっていることだ。サントゥーリが築き上げた市場は全体で一〇〇億ドル規模の産業に成長している。ハネウェル・インダストリーズによれば、フラクショナルジェット事業は今後三年間で三倍の規模に膨れ上がるだろうとのことだ。[12]

バークシャーにとって、なぜＥＪＡが最高の投資先となったのか。現在、起こっていることと、将来、起こりそうなことを考えてみると、その答えは簡単に分かる。この二年間で売り上げはおよそ一〇億ドルから二〇億ドルへと倍増した。ＥＪＡではビジネス機を毎年五〇機から六〇機買い付けているため、最初の数年間は指数関数的に成長することになる。現在使用されているビジネスジェット一万二〇〇〇機のうち、フラクショナルオーナーシップによって運航されている航空機（＝フラクショナル機）はおよそ四〇〇機。シェア的にはわずか三％にすぎない。全ビジネス機の八五％はアメリカにあるため、世界中を見渡せば、ビジネスチャンスはいくらでもあることになる。ビジネス機の数は今後一〇年間で倍になると見られている。フラクショナル事業のパイオニア、ネットジェットの同事業でのシェアは六五％。しかも、ネットジェットの周囲には巨大な「外堀」が築かれている。というのも、メーカー側の受注残が積み上がっているため、世界中のお金をかき集めても、だれも新型ジェットを購入することができないからだ。つまり、これから出てくる予定のビジネス機はＥＪＡが事前に買い占めてしまっているため、すべて売約済みなのである。そのうえ、ＥＪＡのパイロットは、飛行経験が平均六〇〇〇時間の粒ぞろいである。そこで、世界中の潜在需要からして、今のペースで行けば、ＥＪＡは時価総額二〇〇億ドルのフェデックスと同じくらいの成長が見込めるかもしれない。

業界に新規参入してくる企業が増え、競争が激化しているにもかかわらず、これだけの成長を遂げたのである。もっとも、一九九五年以前のエグゼクティブ・ジェットは、航空機のフラクショナル事業において「一番成功している会社」というわけではなかった。一九九五年までは競争相手が一社もなく、同社が「唯一の会社」だったからだ。しかし一九九五年、モントリオールのジェット機メーカー、ボンバーディア・インクとアメリカン航空系列のチャーター便会社AMRコムズ・インクが提携し、ダラスにビジネス・ジェット・ソリューションを設立。サントゥーリは同社のフレックスジェット・プログラムを「質の高い競争相手」と評してはいるが、エグゼクティブ・ジェットのほうが二倍半、規模が大きいと指摘している。

この五年間にフラクショナル機の運行管理会社が五〇社以上創設されたが、そのなかで唯一ネットジェット・プログラムの強力なライバルとなるのはレイセオン・トラベル・エア――カンザス州ウィチタを拠点とするレイセオン・エアクラフト（ネットジェットのサプライヤー）によって設立された会社だ。しかしサントゥーリはフレックスジェットと同様、レイセオンについてもそれほど気にしていないようだ。「かえって弊社のプログラムの良さが分かってもらえる」と当時、ビジネス・ウィーク誌に語っている。[13] これは言うまでもなく、新入りに対して寛大でいられるだけの余裕があるからだ。一九八八年から一九九七年までに、エグゼクティブ・ジェットの顧客所有機は一・六機から一三二機に増えた。しかも、一九九七年には一二九機の発注を済ませているが、これはその年に発注されたビジネス機全体の三一％を占めている。発注済みの航空機は、サントゥーリによれば、八〇億ドル相当。軍関係を除けば、大手ビジネスジェット機メーカー五社のうち四社において、EJAが最大顧客となっているそうだ。このように資金量がきわめて豊富であることに加え、EJAにはゴールドマン・サックスのパートナーやクライアント、バークシャーの株主、そしてノーギャラで広報マンを務めてくれるウォーレン・バフェットら、他社に負けない人的ネットワークがある。

業界大手三社がかなり低価格でフラクショナル機を提供しているが、それでもネットジェットには有利な点がいくつかある。なかでも特に重要なのは、おそらく安全性プラス規模およびサポート体制だろう。エグゼクティブ・ジェット買収時にウォーレン・バフェットが株主に対してこう語っている。「弊社ではいつどんなときでも全米中に無敵の飛行隊を待機させていますので、お客様は安心して最高のサービスを受けることができます」(14)。それどころか、ネットジェットのオーナーならだれでも欧米および中東のネットジェット・プログラムを相互に利用できるので、途方もなく広範囲な移動が可能となる。同社の統計を見てみると、こうした点がうまく生かされているのが分かる。アメリカのオーナーの約四〇％がネットジェット・ヨーロッパのプログラムを利用しているが、ヨーロッパのオーナーの場合、全員がアメリカのプログラムを利用しているのである(15)。オーナーのなかには一六分の一の所有権（年間五〇時間）を買って、都合がつくときだけ家族連れでヨーロッパ巡りをするという人もいるが、これだと「コンコルド」のファーストクラスに乗って旅行するよりちょっと高いぐらいで済む。五年間で加速償却すれば節税になるし、事業費の節減効果もある。このため、ネットジェット提供のプライベートジェットは多くの個人・法人にとって身近なものとなり、その潜在顧客数は一五万から二〇万と推定される。

ネットジェットにはもう一つ有利な点がある。さまざまな機種を取りそろえてあるため、――つまり、機体価格もピンからキリまであるため――顧客にとって選択の幅が広いことだ。例えば、ネットジェット・プランの最小分割単位は一六分の一で、「サイテーションVウルトラ」の場合、飛行時間は年間五〇時間で、約四〇万ドルの一括払いとなっている（なお、所有権は五年間有効で、期限が切れるときは、その機体の時価に応じて一六分の一の投資金額の最大八〇％の払い戻しを受けるか、追加金なしで契約を更新するか、いずれかを選ぶことができる）。「サイテーション」の管理費は毎月五〇〇〇ドル、利用料は一時間ごとに約一三〇〇ドル。逆に最大分割単位は二分の一で、「ボーイングビジネスジェット」の場合、年間の飛行時間は四〇〇時間で、当初支払額は約二三〇〇万ドル、管理費は毎月一六万六〇〇〇ドル、利用料は毎時四三〇〇ドルとなっている(16)。

ネットジェットがこれだけ多くの航空機を提供できるのは、他の二大ライバルとは違い、航空機メーカーの子会社ではないため、親会社製造の航空機だけに限定されることがないからだ。ネットジェットのプログラムで扱っている航空機のメーカーには、ボーイング、ガルフストリーム、ファルコン、セスナ、レイセオンなどがあるが、これについてはバフェットが一九九八年にバークシャーの株主に対して次のように語っている。「要するに、ネットジェットは一人ひとりの患者に応じて一番よく利く薬を処方できる医者のようなものです。それにひきかえ、弊社のライバルたちは自社ブランドのつくり手ですから、相手かまわず自社ブランドを処方しなくてはいけないわけです(17)」

もう一つ途方もない強みがあった。総工費二五〇〇万ドルの最新鋭コントロールセンターがオハイオ州コロンバスの空港にあることだ。思い浮かべてみてほしい。NASA（米航空宇宙局）顔負けの中枢部には二四時間体制で二〇〇人の従業員が詰めている。一人ひとりのオーナーのために空の旅を預かる部門の人たちだ。民間のエアライン（＝定期航空路線を持っている航空会社）とは違い、ネットジェットのフライトスケジュールはみなまちまちである。だから、部門がいくつもある。まずは搭乗予約を受け付ける（場合によっては四時間前の申し込みも可）。次に独自に開発した「インテリジェット」というソフトを駆使して、機体、乗員、食事、整備等のスケジュールを組む。そして空域の確保。国際線の場合は税関の手続き。フライトプランの申請。社内の航空気象予報士九人による現在の天気と飛行中の天気の観測。陸上の交通手段と旅行中の宿泊施設の手配など、それぞれの部門がその責任を担う。

以下に、その他の強みを列挙しておこう。サントゥーリの会社では、①パイロットに民間エアラインの倍以上（年に二二日間）の訓練を受けさせている、②より多くの都市（二七都市）に窓口を設けている、③柔軟性があるので、エアラインを定年退職したあとも飛び続けることができる、④すべてが不定期便で、その便数は空港数の一〇倍、⑤企業経営者や世界的に有名なスポーツ選手など、乗客が一人しかいなくても飛ぶことが可能――といった具合だ。

つまり、ネットジェットのビジネスモデルは、民間のエアラインにとっては夢のまた夢なのである。

ネットジェットのビジネスモデル

1. 搭乗者は、経費を必ず負担するという約束の下、航空機（あるいはその一部）を五年間、所有することができる。機体を社用で使う場合には、五年間で加速償却することが可能。
2. 搭乗者は、固定管理費（月額）と利用料を全額前払いする。
3. 事前にスケジュールが決まらず、空席が半分あり、コスト割れとなる場合でも飛ぶ。だから搭乗者は自分が旅行したいと思ったときにちゃんと旅行できる。
4. より高高度を飛び、パイロット訓練が多く、過密空港をなるべく避け、最新の航空電子工学を駆使した新型ジェット機を導入し、各機に航空気象予報士が一人ずつつくため、安全性がどこよりも高い。
5. ハブ・アンド・スポーク（＝自転車の車輪のようにハブ空港を中心に路線が放射状に伸びている）方式の空港は使わないため、年間に四五万件もあるとされる発着の遅れを避けることができる。
6. 航空チケット、チケット販売店、旅行代理店、カウンター職員、季節ごとの宣伝やセールは不要。
7. コストのかかる頻繁利用客用のプログラムもないし、搭乗予約を取り消されることもない。
8. 飛行機の売り上げ・月額手数料・利用料から利益を得るため、収益が一定し、季節変化の影響を受けない。
9. 景気が悪化しているときは、資本をより効率的に使わないといけなくなるため、フラクショナル機の需要増につながり、不景気に強い。
10. 世界的に見れば、成長余地は無限にある。
11. いったん臨界量（＝採算のとれる経済規模）に達し、世界でＡＡＡ（トリプルＡ）

の信用格付けを取得している八社のうちの一社から金融面での後ろ盾を得られれば、大きな資本は必要なくなる。

12. ビジネスジェットのフラクショナル市場を築き、そこでのシェアは六五％でも、国内のビジネスジェット市場全体から見れば、シェアはわずか三％にすぎない。世界中を見渡せば、さらに未開拓のビジネスチャンスが転がっている。

13. 搭乗者は一切煩わしいことに悩まされることなく、オーナーの特典をすべて享受できる。オーナーになれば、搭乗者として余計なコストを払わずにEJAのフライト・旅行部門の全サービスを受けられる。

14. アメリカ国内で利用可能な飛行時間の枠内でヨーロッパや中東のネットジェット・プランを利用することができる。

15. 航空機の分割所有権はいつでもEJAが時価で買い取ってくれる。

16. オーナーは飛行機を一機購入するよりも安い値段で、小型機の代わりに中型機あるいは大型機（あるいは三機すべて）を分割所有することができる。あるいは、その所有権を売買することができる。

17. EJAは新型機のサプライチェーンの大部分を管理下においているため、かなり競争優位な立場にある。

18. ウォーレン・バフェットがノーギャラで会社の宣伝をしている（世界一有名なバリュー投資家が太鼓判を押すのだから、あなたにとっても、あなたの家族にとっても安全な投資に違いない）。

19. 顧客維持率はほぼ一〇〇％。

20. オーナーになれば、機内から地上への電話はタダでいくらでも自由にかけられる。

21. オーナーになれば、輸送部門および旅行部門から一人ひとり親切に面倒をみてもらえる。

22. 混雑したハブ空港ではなく、空いているゼネラルアビエーション（GA）ターミナルを利用するため、荷物が紛失する、手荷物の受け取りに煩わされる、といったことがない。到着時にはレンタカーかリムジンがちゃんと待機している。

　バフェットがエグゼクティブ・ジェットの業績について話すとき、話題にするのはその成長性ばかりではない。経営陣や将来性についても高く評価している。「今後一〇年間でアメリカ国内だけでなく、世界規模で爆発的に伸びる分野であることは明らかです。だれが見ても、ネットジェットのオペレーションは最高ですし、経営陣も最高です。率直に言わせてもらえば、業界リーダーとしての支配力はこれからも拡大していく一方になるでしょう。本業に専念していれば、……競合他社を尻目に首位の企業がどんどん伸びていく、そんなビジネスなのです。つまり、その性質上、臨界量のようなものがあるのです。空の旅において、これからも末永く最高のサービスをお届けできると思います。したがって、勝ち組になれるでしょう。それも、大勝ちすることになるかもしれません。弊社ではこの手の会社を永久に保有するつもりでいます。買ったら永久に保有する、というのが私たちの理想なのです。ネットジェットはそうした投資手法にぴったりの会社です」(18)

　バフェットはえらくご執心だが、サントゥーリのほうは、バークシャーへの全般的な貢献度について尋ねられると、かなり謙虚な姿勢を見せた。バークシャーの取締役七人のうち六人がネットジェットの顧客であり、バークシャー傘下の経営者のなかにも同社の顧客が何人かいるにもかかわらず、である。

　「バークシャーは巨大企業ですし、その保険事業部は圧倒的に群を抜いています。保険事業に比べれば、弊社の稼ぎなど大したことありません。でも、だからと言って、ウォーレンがどうの、という話ではないんです。こうしたことがウォーレンだけの功績であるなら、バークシャーはバークシャーでなくなってしまいます。彼はその業界のマーケットリーダーとなっている会社を買い、その会社に見合った豊富な資金を投入する。会社はそれによって成長し、膨大な投資リターンをもたらす。彼のしたことは正解だった、というわけです。そこで、多種多様な会社を一つ一つ見てみると、どの会社も財務上バークシャーに影響を与えるほど大きくはない。でも、われわれが二五社集まれば、十分な大きさになるんです」

とはいえ、ボスの話になると、サントゥーリも口が軽やかになる。「私はウォーレンが好きです。ウォーレンは私のことを信頼して、うちの会社を買ってくれました。これまでで出会った人間のなかでも、特にすごい男です。でなければ、自分の会社を売ったりなんかしません。売った理由は、彼の人柄です。彼という人間に魅力があったからであって、大富豪のウォーレン・バフェットだったからではありません。ウォーレンは大胆にもこう言いました。『会社は買いますが、経営はそちらでやってください』――この言葉で心が動きました。ウォーレンはこんなふうに切れ味がいいんです。彼は、自分の仕事にほれ込んでいるヤツを見つけ出しては、引き続き経営を任せるんです」

他社はなぜこのバークシャー・モデルに従って、買収先企業の経営者に引き続き会社の経営を任せないのだろうか。その点をサントゥーリに尋ねてみると、彼はこう答えた。「普通、買収する側の人間には相当のエゴがあって、買収先よりも自分たちのほうが賢いと思い込んでいるからです。バークシャーの傘下に入って何が一番良かったかというと、例えば、私がウォーレンに『航空機を一〇億ドル分買おうと思うのですが』と言ったとします。すると、彼はこう言います。『なぜそんなことを私に聞く？　買いたいものは買えばいい』と。一例を挙げれば、こういったことです」

「第二のウォーレン・バフェットは現れるだろうか」と質問すると、サントゥーリはためらうことなくきっぱりとこう言い切った。「いや、それは絶対にあり得ません。彼の一番すごいところは、人の心を読む力があることです。これはだれにも教わるわけにはいきません。でも、彼はその術を心得ているんです。彼ほど頭の切れる人にいまだかつて会ったことがありません。私なんかよりもずっとずっと頭がいい。そもそも、属しているリーグが違う。つまり、野球で言えば、私はマイナーリーグで、彼はオールスターゲームに出るような人なんです」

それでも、二人の間には似ている点がいくつかあるという。「正直で誠実。これは私たちにとってかなり重要な要素です。それから、彼はやりたくないことはやりたがらない。これは私もそうで、困った点の一つです。私は嫌な人とはいっしょに仕事をしたくないタイプ。彼も同じです」

サントゥーリはバフェットが経営に一切口出ししないことを感謝しているが、バークシャー傘下の――大半とまでは言えないが――多くの経営者とは違い、バフェットとは定期的に連絡を取り合っている。「ほとんど毎日話をします。私か彼が出張中でないかぎり、一週間に四回は連絡を入れます。時には電話をかけるだけの特別な理由がある場合もあります。例えば、ある人に電話を入れるように彼から頼まれるとか、何か質問事項があるようなときです。でも、たいていは、休憩でもするか、という感じで、電話をかけて、ただ単にくだらないおしゃべりをしています。お互いにどんなことでも話しますが、基本的には何についても、彼の意見を尊重するようにしています。こんな具合にだれかと話をするのは実にためになります。特に戦略的な話などは……。それに、彼、面白い人なんですよ」とサントゥーリは最後に付け加えた。

自分の人生を振り返りながら、彼は言う。「一番影響を受けたのは両親です。父からは一生懸命働くことを教わりました。父は仕事を三つ持っていたんです。連邦政府の職員でしたが、いったん帰宅して夕飯を食べ終わってからは、保険のセールス、週末には不動産のセールスもしていました。私たちが無事に育ったのは、父が懸命に働いていたおかげです。母からも多くのことを教わりました。宗教的なことに関しては、父よりも母からの影響が大きいです」

母親からの宗教的な影響が彼の仕事人生にも垣間見られる。「誠実さ。これはおそらく人として一番重要な資質だと思います。非常に重要だからこそ、商談をまとめるときは、基本的に契約書など読む必要のないことを前提にしています。ですから、取引先が、契約書を絶対に読まなければならないような相手であることが分かったら、もうそことは一切取引しないことにしています。それと、私自身、経営者としての気配りを忘れないようにしています。うちでは社員をとても大事にします。私は人に対して気を配ります。そして、どこのだれよりも自分の仕事に気を配ります。うちの会社も好きだし、うちの社員も好きだし、働くことも好きですから」

実際、バークシャー傘下のほとんどの経営者と同様、サントゥーリも自分が成功したのは仕事が好きだからだと見ている。「自分の仕事を心底大切にしなければいけません。仕事には愛情が必要なのです。そして社員を大事にすること。社員には威厳と敬意を持って接する必要があります。そして現状をきちんと伝えられるように、社員と上手にコミュニケーションがとれるようにならなければいけません」

彼はまた、できるだけ最高の人材を探して雇い入れることも重要だと考えている。「私がいつも良いポジションにいたのは、自分がボスだったからです。経営者たちの多くは自分の仕事を横取りされるのを恐れて、自分よりも劣った人を雇おうとします。私はだれかから自分の仕事をとられるかもしれない、などと恐れたことは一度もありません。ですから、いつも優秀な人を雇うようにしてきました。そして、いっしょに仕事をしてみて、優秀であることが分かれば、その人たちに権限を与えて仕事を任せます」

と同時に、将来を見据えることの大切さにも彼は気づいている。「戦略的な目で将来を見つめ、これから五年から一〇年の間にどのようなことが起こるか、予想しておく必要があります。私はあまり大きな計画は立てませんが、会社と業界の行く末については、絶えず気をつけています。これからも業界をリードしていくつもりなので、確実に適切な方向へ導いていきたいと思っています」

エグゼクティブ・ジェットが業界を率いていくうえで努力していることは、安全性の確保である。同社ではこれまで一度も致命的な事故を起こしたことがない。「夜眠れなくなることがあるとすれば、その原因はただ一つ。安全性の問題です。うちではどこよりも多くの訓練を社員に受けさせています。世界一安全な運航を実現するために、できるかぎりのことはすべてやっています。そのために、競合他社よりも何千万ドルも余分に資金を投じています。弊社のパイロット訓練および安全基準はFAA（米連邦航空局）の規定を大幅に上回っています。とはいえ、規模が非常に大きいだけに、これからも何も起こらないとは、けっして言い切れません。けれども、適切な機材を購入していなかったために、何かが起こる、ということはあり得るのです。ですから、この点においては絶対に大丈夫、保証しますと、お客様全員にお伝えしています。プライベートアビエーションで多くの事故が発生するのは、パイロットが上司や後部座席の人たちに好印象を与えようと無理するからです。こうしたことは四六時中起こることです。でも、弊社ではまったく違った哲学を持っています。『やることを考える前に、やれることをきちんとやれ』――これがうちのモットーです。ですから、うちのパイロットたちは、やりたくないことは無理にやろうとしなくていい、ということを頭に入れています」

「得意なことは何か」と尋ねると、サントゥーリはこう答えた。「私の〝能力の輪〟は、ビジネスと人についてかなり深く理解していること。そして航空業界に関する知識があることです。飛行機の製造方法も操縦方法も知りませんが、お客様が――つまり人が――飛行機のどこを気に入っているのか、心得ています。こうしたことを把握しているからこそ、それを取り入れて、経済的な視点から有効な形に変えていく方法が分かるのです」

とはいえ、彼にとっては、お金は重要ではないという。「私が仕事をするのは金のためではありません。金はあったほうがいい。だから、金などいらないとは言いませんが、お金は何かをする動機にはけっしてなりません。私にとって、やる気を起こさせてくれるのは仕事です。チャレンジするのが好きなんです。セールスの仕事も好きです。私には全従業員に対する義務があると思います。彼らは最初から私のことを信頼して、ついてきてくれました。こうして築き上げてきたものにとても誇りを感じています。会社に来てチャレンジするものが何もなかったなら、私はここにはいなかったでしょう」

実際、彼の勤務時間は結構長い。通常は午前九時前には出社し、たいてい午後六時半まで会社にいる。「長期休暇は一切とりません。ばらばらに何日か休む程度です。フロリダ州に家を一軒持っていますが、そこに行くのはクリスマスからお正月までの一週間と、あとは月に一回ぐらい。木曜日に行って日曜日に戻ってきます。でも、心底熱中しているものといえば、やはり仕事です。それと、馬ですかね」と彼は付け加えた。「飼育しているんです。競走馬を」

ほかには、「ＲＴＳファミリー・ファンデーション」という家族財団を設立し、かなりの時間を割いて慈善事業にも取り組んでいる。おそらく彼は意識していないと思うが、アンドリュー・カーネギーの「金持ちのまま死ぬのは不名誉だ」という名言に感化されているのかもしれない。サントゥーリは、ボスとは違い、こんなことを言っている。「家内が十分に暮らしていける分を除き、私が持っているものはすべて、私が生きているうちに寄付してしまうつもりです」

将来に関しては、彼はこう信じている。「航空機産業の将来はかなり明るいと思います。商業用定期旅客機は悪化の一途をたどることになるでしょうが、だからこそ、逆に一般航空機については、かなり強気で見ています」とのこと。エグゼクティブ・ジェットについては、「前途遼遠」だそうだ。その一つの道としては、超音速ビジネスジェット（ＳＳＢＪ）が考えられる。これなら、例えばロンドン―ワシントン間を四時間足らずで飛べるので、会議に出席してから日帰りできる。現在は、軍用機を除けば、超音速ジェット機はアメリカ東部とロンドン、パリを結ぶ「コンコルド」しかないが、サントゥーリによれば、「いずれはＳＳＢＪが登場すると思う」とのこと。「仮に海上しか飛行許可が下りないにしても、欧米間を超音速で飛べるなら、市場規模は相当でかいでしょうから、きっと成功すると思います。一般航空機はこのところずっと技術的にはあまり進歩していません。確かに燃料が節約できるようになり、騒音も軽減され、航続距離も伸びましたが、ＳＢＪが開発されれば、状況はがらりと変わるはずです。超音速機に関心を示す企業はかなりあるでしょうから[19]」

ただし、暗雲が一片漂っている。FAA（米連邦航空局）がフラクショナル機に関する規定を変更する可能性があるのだ。というのも、フラクショナル機については規定が緩いため、チャーター機よりもはるかに融通が利き、不当に競争優位になっていると、チャーター便会社から苦情が出ているからだ。フラクショナル機はアメリカ国内に約五五〇〇ある空港のどこへでも着陸可能だが、チャーター機は商業用定期旅客機と同様、約五〇〇の空港にしか着陸できない。仮にFAAがエグゼクティブ・ジェットのようなフラクショナル機の運航管理会社に対してチャーター便会社と同じルールで運航することを義務づけたとしたら、フラクショナル機の重要な優位性の一つが失われるのは明らかである[20]。また、安全規定についても、民間のエアラインと同じにすべきかどうか、議論されているところだ。もっとも、フラクショナル機の安全性についてはすでに優れた実績があるため、実際には安全性の問題というより、両者の政治的な駆け引きの問題だと業界関係者は見ている[21]。

バークシャー・ハサウェイの将来について、サントゥーリに尋ねると、「これからはコングロマリット（複合企業）というよりも、損害保険会社的色彩が濃くなると思う」とのこと。「というのも、保険業務から入ってくるフロート（滞留資金）を利用して企業を買収していくため、そうならざるを得ないからです。フロートのコストがどのくらいかかろうと、フロートは絶えず手元にありますから、ウォーレンは基本的にタダで企業を買収していることになるんです」。とはいえ、バフェットがバークシャーのためにマスタープランを用意しているとは思えないという。というより、「描いている最中ではないか」とのこと。

ウォール・ストリート・ジャーナル紙によれば、バフェットが自分の後継者としてCEOになる人をバークシャー傘下の経営者のなかから三人選んだというが、そのうちの一人がサントゥーリである[22]。「バークシャーに対して何かビジョンを持っているか」と尋ねてみたが、サントゥーリの答えは「ボスの判断に従う」とのことだった。「バークシャー株について人から聞かれたときは、こう答えるようにしています。私のそばには常に投資銀行関係者あるいは証券関係者が何人もいましたが、業界でバフェットより賢い人間は一人もいませんでした。ですから、心配は無用です。最高の運用担当者がいるのですから。もし彼が四〇歳か五〇歳ぐらいなら、私は借りられるだけの金を借りて、それを全額投じてバークシャー株を買い増ししたいところです、と」

彼はまたバフェット亡きあとも、バークシャーの経営方針が変わることはないと見ている。「実際、バフェットの業務部門の後継者として、もし指名されたとしたら、最初に何をするか」と質問すると、彼はこう答えた。「私なら経営者たち全員に電話をかけて、こう言います。ウォーレンがいたときはどんな仕事をしていたか、それを私に教えてください。それで、これからも今までどおりにやってくださいい、と。こうして彼らの仕事について少し知識を入れたあとは、彼らにすべてお任せします」

ビジネスの基本方針――リッチ・サントゥーリ

★顧客にとって魅力あふれるサービスをお届けする。顧客の必要に応じて世界中でエグゼクティブ・ジェットの航空機をいつでも利用できるようにする。遅延、荷物の紛失、空港混雑などで顧客の手を煩わせるようなことはしない。顧客維持率ほぼ一〇〇％を維持する。

★不況時に備えたプランを用意しておく。ネットジェットの収益は月額手数料と利用料、機体の売り上げが基本となるため、季節変化の影響を受けない。それどころか、景気後退期には、顧客にとっては経費節減効果があるため、弊社のサービスはより魅力的になる。

★最高の人材を採用する。自分の仕事を横取りされるのでは、という心配はしない。優秀であることが認められた人には権限を委譲して仕事を任せる。長期的な視点で優秀な人材を採用していくことは将来の成功を確実にする一つの手段となる。

トニー・ナイスリー（3章）
GEICO保険

ルー・シンプソン（4章）
GEICO保険
（写真　マイケル・ゲイマー）

アジート・ジャイン（5章）
バークシャー・ハサウェイ
再保険事業部
（写真　キャピタル・フォト）

ローズ・ブラムキン（6章）
ネブラスカ・ファニチャー・
マート

アル・ユールチー（7章）
フライトセーフティー・
インターナショナル
（写真　ロージャー・リッチー）

リッチ・サントゥーリ（8章）
エグゼクティブ・ジェット
（写真　エド・ターナー）

ドン・グラハム（9章）
ワシントン・ポスト

アーブ・ブラムキン（10章）
ネブラスカ・ファニチャー・マート

フランク・ルーニー（11章）
H・H・ブラウン・シュー
（写真　ジェイ・リゾー）

ビル・チャイルド（12章）
R・C・ウィリー・ホーム・
ファーニシングス
（写真　ブレント・カニンガム）

メルビン・ウォルフ（13章）
スター・ファニチャー
（写真　アレクサンダーズ・オブ・ヒューストン）

スタン・リプシー（15章）
バファロー・ニューズ
（写真　ウエストオフ・スタジオ）

バリー＆エリオット・テートルマン（14章）ジョーダンズ・ファニチャー
（写真　リンダ・ホルト）

チャック・ハギンズ（16章）
シーズ・キャンディーズ
（写真　フランクリン・アベリー）

ラルフ・シャイ（17章）
スコット・フェッツァー・
カンパニーズ

スーザン・ジャックス（18章）
ボーシャイムズ・ファイン・
ジュエリー
（写真　リージェンシー・フォト）

ジェフ・コメント（19章）
ヘルツバーグ・ダイヤモンド
（写真　デビッド・リッフェル）

ランディー・ワトソン（20章）
ジャスティン・ブランズ

ハロルド・メルトン（20章）
アクメ・ビルディング・ブランズ
（写真　ブリット・ストークス）

第四部

バークシャー傘下のCEO一族 ——子どもと孫の代

第九章

バフェットの弟子――ドン・グラハム（ワシントン・ポスト）

厳密に言えば、ドン・グラハムは表向きバフェット傘下のCEOではない。バークシャーの一〇〇％子会社で働いているわけでも、バフェットがボスなわけでもないからだ。しかし、この二人は結構親しい関係にあり、経営上の重要事項について頻繁に話し合っている。

ドン・グラハムとウォーレン・バフェットはプライベートでもビジネスのうえでも、かなり長い付き合いだ。そこで、バフェット傘下のCEOとバフェットが一株主となっている公開企業のCEOに対する彼の影響力に違いがあるのかどうか、グラハムとの話のなかで解明していければと思う。例えば、完全所有企業のCEOと一部所有企業のCEOに対するバフェットのアプローチには違いはあるのか。完全所有企業のCEOといっしょにいる時間のほうが長いのか、といった具合だ。

バークシャーについて、ワシントン・ポストのドン・グラハムはアウトサイダーとして、あるいはインサイダーとして独特の見方を披露している。そんな彼はどこをとってもバフェットの弟子であり、バフェット傘下のCEOと言える。グラハム自身はバークシャーの株を一株も持っていない。しかしワシントン・ポストの従業員退職基金口座では長年にわたりバークシャー株を大量に買い付けているし、ワシントン・ポスト本体でも約二億ドル相当のバークシャー株を保有している。

グラハムは毎日地下鉄で出勤し、祖父ユージーン・マイヤーと父フィリップ・グラハムの肖像が描かれた大きな油絵の前を通って広々とした役員室に入る。ここで彼は仕事や人生について、実にオープンに話をしてくれた。その地位からすると、意外だが、本当に「いいヤツ」だった。出版・テレビ・メディアに関する知識があると同時に、バフェットやバークシャー、その子会社や関係者全員のこともよく知っていた。そして、そうした人たちのなかでも特にバフェットと気が合うらしいことがすぐに分かった。なにしろ、バフェットの名前を出すだけで、笑みがこぼれるくらいなのだから。経営上の意思決定において、グラハムがバフェットから影響を受けているのは明らかである。例えば、ワシントン・ポストは株式分割を行わない。年金収益および年金費用が損益計算書に与える影響をきちんと注記している。経営陣は目先の利益にこだわらない。役員に付与するストックオプション（株式購入権）を最小限にとどめている。それに、ドンとバフェット以外にもバフェットの内輪の会に属している取締役会のメンバーがいる。ダン・バーク（バークシャーが株を大量に保有していたキャピタル・シティーズ／ABCの元CEO）とドン・キーオ（コカ・コーラの元社長）である。そして、つい最近までは、彼の亡き母ケイ（＝キャサリン）とビル・ルアン（セコイア・ファンドのマネジャーでバークシャーの大株主であり、バフェットのコロンビア大学時代のクラスメート）もメンバーの一人だった。まるでバフェットが取締役会の人選を行ったかのようだ。

バフェットの投資スタイルがバイ・アンド・ホールド型であることは、ドン・グラハムの会社を見ればよく分かる。バークシャーは、傘下の子会社と同様、ワシントン・ポストの所有権（つまり株）をけっして売らずに保有している。グラハムの家族を除けば、バークシャーが最大最長の安定株主なのだ。そしてバークシャーの子会社と同様、ワシントン・ポストも、長らくバフェットの下にいた「弟子」によって家族経営されている。

ドナルド・E・グラハムにはワシントン・ポストの会長兼CEOとしてその名に恥じぬよう、果たさなくてはならない義務がたくさんある、と思っている人もいるかもしれない。なにしろ、祖父のユージーン・マイヤーは二〇世紀初頭に金融界で財を成し、一九三三年にその財の一部でワシントン・ポスト紙を買収。世界大恐慌の真っただ中から第二次世界大戦終結まで同紙を成功に導いた人なのだから。そのうえ、父フィル・グラハムは才気煥発で、苦労が多かったとはいえ、一九四六年から一九六三年まで同紙の社主を務め、ワシントン・ポストの名前を全米に広めたばかりか（ジョン・F・ケネディやリンドン・ジョンソンのアドバイザーをしていた）、他のメディアにも手を広げて多角化を図り、今日のワシントン・ポスト社を築き上げている。そして父フィルの自殺後、同社を継承した母キャサリン・マイヤー・グラハムは、フォーチュン五〇〇社初の女性会長として同社を約三〇年にわたって率い、全米屈指のメディア複合企業に育て上げているのである。にもかかわらず、ドン・グラハム本人はそれほど重圧を感じているわけではない。両親や祖父の成功などまったく気にもかけていないし、自分の有能さを示さなければいけないとも思っていない。むしろ、家族があまりにもすごいので、かえって世間は自分にはあまり期待しないだろうと彼は見ている。新聞社の社主となって一二年になる彼は言う。「社主の息子としてのメリットは、世間が思うほどバカにはなり得ないということです(1)」

とはいえ、ドン・グラハムをバカだと思う人などまずいないだろう。彼は一九四五年、ボルチモアに生まれた。四人兄弟の上から二番目。早熟な子で、三歳になるころには、自分で本を読むようになっていた。ワシントンDCにあるセント・オールバンズ・スクールに通っていたときは、学業成績は常にクラスでトップ。それでいながら、レスリング部とテニス部にも入っていた。しかし一番熱心だったのは新聞づくりで、学年が上がるにつれて興味が増し、最終的にはスポーツをするよりも学校新聞『セント・オールバンズ・ニュース』のために費やす時間のほうが多くなっていた。そしてその情熱が花開いたのは一九六二年、ハーバード大学に入学してからだった。四年後に卒業するころには、大学の日刊新聞『ハーバード・クリムゾン』の発行人に選ばれていた。

母は息子が卒業したらワシントン・ポストに入る

ことを望んだが、召集を受けたグラハムはベトナム戦争に参加。他の同世代の若者たちとは違い、彼の場合は、家族のコネで兵役を免れることも可能だったが、大学時代のグラハムはアメリカが参戦することに反対ではなかったため、召集されたら行くのが義務だと思っていた。が、その後、この戦争は間違っていると確信するに至った。第一機甲部隊で情報スペシャリストとして一年間過ごし、一九六八年に帰還。ワシントンに戻った彼は相変わらず母に抵抗し、ポストへの入社を拒んだ。まずは街のことを知っておきたいと主張。コロンビア特別区（DC）の警察隊に入隊した。母キャサリンは当然のことながら快く思っていなかったが、ポストの警察担当記者アルフレッド・ルイスから「やめさせたほうがいい。あそこは危険だ」と言われたとき、「私たちが口出しすべきことではありません」と答えている(2)。のちにドン・グラハムは当時のことについて、「警察の仕事はなぞめいていて、やりがいがあるように見えましたが、警察官は市民を守るために命がけなんです」と語っている。ポリスアカデミー（警察学校）の入学試験に合格し、約一年半、警察官として勤務した彼は二六歳のとき、ワシントン・ポストに入り、首都圏担当の記者となった(3)。

ドン・グラハムが一九七一年に入社したとき、同社は創業からすでに一〇〇年近くがたっていた。ニューハンプシャー州ホワイトフィールドからワシントンにやってきたスティルソン・ハッチンズがワシントン・ポスト紙を創刊したのは一八七七年。以来、長い間にオーナーが何度も変わっている。時は一九二〇年代の終わりごろ。グラハムの母方の祖父ユージーン・マイヤーは金融業者として、そして政府の役人としてすでに成功を手にしていたが、新聞社を所有することでその影響力をさらに拡大しようと、同紙の買収をもくろんでいた(4)。ポストは当時、ワシントンでは第五位の新聞にすぎなかったが、マイヤーの提示価格五〇〇万ドルではオーナー側に受け入れてもらえなかった。しかしその後、株式市場が大暴落し、同紙は赤字に転落。一九三三年、世界大恐慌のどん底で破産寸前となって競売にかけられたとき、マイヤーはわずか八二万五〇〇〇ドルで同紙を落札した(5)。

孫のグラハムはこう回想する。「何もかもこのときが始まりでした。明らかに最高のお買い得品を手に入れたわけですから。弊社の歴史をさかのぼれば、これ以降も華々しい買収劇をいくつか繰り広げてはいますが、このときの買収に比べれば、いずれも見劣りするものです」。祖父についてはこう語っている。「実際には非常に節操のある人でした。だからこそ同紙を買収できたのです。祖父は第一次世界大戦後、連邦政府の仕事に就き、一九二〇年代はずっと要職を歴任していましたが、当時としては珍しく、連邦政府職員は民間企業の株を一切買ってはならないという考えの持ち主でした。ですから、保有資産はすべて国債でしたから、大恐慌のときも全財産を失わずに済み、同紙を買い取るだけの余裕があったのです」

しかしマイヤーが買収したあとも、ポストは相変わらず赤字続きで、その後、数年間は年に一〇〇万ドルを超す赤字を計上していた。それでもまだ、会社を絶対に成功させてやると心に決めていたマイヤーは、成功するまで自己資金を惜しみなくつぎ込み続けた。幸い、グラハムの言うとおり、アプローチの仕方は正解だった。「祖父は新聞のクオリティーを高めれば、販売部数も次第に伸び、広告もそれに従って増えるだろうと見ていました。ただ、そうなるまでにどのくらいの時間を要するかは見当がつかず、三年か四年でトントンまで持っていけると思っていたようです」。だが実際には、その後、二一年にわたり赤字が続くことになる。

マイヤーが望んでいたほど、新聞には急速な変化は見られなかったが、家族のほうには変化があった。重要な変化の一つは、娘のキャサリンがフィル・グラハムと結婚したことだ。一九一五年にノースダコタで生まれたグラハムは、一九三九年にハーバード大学ロースクールを首席に近い成績で卒業し、最高裁判事フィーリクス・フランクファーターの書記を務めていたが、帰郷して政治家になるつもりでいた。しかし第二次世界大戦直前にキャサリン・マイヤーと出会い、一九四〇年に結婚。フィル・グラハムと会った人ならだれもがそうであるように、義理の息子にいたく感心したユージーン・マイヤーは、ハリー・S・トルーマン大統領から世銀の初代総裁になってほしいとの依頼を受けたとき、会社の経営をグラハムに引き継ぎ、二年後には自社の議決権株式五〇〇〇株を娘と義理の息子に譲渡している（内訳はキャサリンが一五〇〇株、フィル・グラハムが三五〇〇株）。

それから数年間、ポストは引き続き赤字だったが、フィル・グラハムに説得されたマイヤーは会社に数百万ドルの資金を投じている。しかし一九五〇年代初頭までに明らかになったことは、会社を存続させるには、ワシントンの他の朝刊紙と合併するしかないということだった。一九五四年、ドン・グラハムが八歳のとき、父フィルはポストよりも収益性が高く規模の大きいタイムズ・ヘラルド紙の買収に成功した。取引には約一〇〇〇万ドルを要したが、マイヤーが二一年前にポストを手に入れて以来、初めて黒字となり、会社を救うことができた。と同時に、これにはもう一つの意味があった。ユージーン・マイヤーは当時こう語っている。「これでドニー（＝ドン）のために会社を安定させることができるだろう」[6]。しかし、肝心のドニーのほうは特に興味を示してはいなかった。その後、何年もたってからワシントニアン誌の記者に語っているように、その当日のことで彼が覚えているのは、真っ昼間に父が家に帰ってきて（これはただごとではない）、ポスト・アンド・タイムズ・ヘラルド紙に掲載予定の漫画を見せてくれたことぐらいだ。「そうそう、アレは面白かった」――まだ幼かったグラハムの記憶にあるのはその程度のことだった[7]。

タイムズ・ヘラルド紙の買収は、フィル・グラハムが義理の父を説得して実行した先見の明ある数多くのことの一つにすぎない。フィル・グラハムに促されたユージーン・マイヤーは、ワシントンDCとフロリダ州にあるテレビ局の買収にも同意している。その後、一九六一年にはポストにとってきわめて重要となるニューズウィーク誌の買収も行われた。こうして会社はますます発展していったが、フィル・グラハムを心の病から救うことはできなかった。一九六三年、精神科のクリニックから週末に外出許可をもらったグラハムは、バージニア州にある一家の農場で自らの命を絶った。ドン・グラハムが一八歳のときだった。

ユージーン・マイヤーはすでに一九五九年に他界していたため、フィル・グラハムの死後は、未亡人となったドンの母キャサリンがワシントン・ポストの筆頭株主となった。その後、数々のオファーを受けた彼女は売却を拒否。企業経営の経験は一切なかったが、自らあとを継ぐことを決意し、一九六三年に社主となった。未経験だったとはいえ、八年後の一九七一年にドンが入社するころには、その実力を発揮し、辣腕家として新聞社の重責を担っていた。

同年、株式公開（総額一五〇〇万ドル）に踏み切ったが、会社の支配権を一族以外の者に取られずに済んだのは、一九四七年に発行していた二種類の株式（完全に議決権が認められているクラスA株と議決権に制限が設けられているクラスB株）のうち、クラスA株はキャサリン・グラハムと四人の子どもたちがすべて握っていたからだ。

一九七三年、ワシントン・ポストに影響を与える重要な出来事が二つあった。一つは、取締役会会長のフリッツ・ビービが亡くなったため、キャサリン・グラハムが後任を引き受け、フォーチュン五〇〇社初の女性会長となったこと。二つ目は、ウォーレン・バフェットが同社の株を買い始めたことだ。実際、その買い付け額はかなりの額に上り、クラスB株の約一二％、一〇六〇万ドルに相当し、バークシャー・ハサウェイがグラハム家に次ぐ大株主となった。ミセス・グラハムは数年前にバフェットと一度顔を合わせてはいたが、どこのだれなのかは知らなかった。クラスB株を買ったからといって、議決権があるわけではないが、自社株をこれだけ大量に買われると、さすがに神経質にならざるを得なかった。(8)

ミセス・グラハムが心配しているのではないかと思ったバフェットは、先手を打って彼女に手紙を書いた。かつて新聞少年をしていたころ、ポスト紙の配達をしていたこと、会社を乗っ取る意思などまったくないことを伝えたのである。しかし、彼女からその手紙を見せられた見識ある二人の友人——ラザール・フレール（＝フランスの投資銀行）のアンドレ・マイヤーとシカゴの銀行家ロバート・アブード――は、「バフェットには近づかないように」と彼女に忠告している。まだ自分にいくらか自信の持てなかったミセス・グラハムは、いつもは相談相手に頼り切っていたが、今回ばかりは彼らの忠告を無視し、バフェットに「お会いしませんか」という返事を出している。二人はロサンゼルスで会い、とても楽しいひとときを過ごした。しかし、彼女がまだ懸念を抱いていることを察したバフェットは、これ以上、株を買わないことを約束した(9)。

不安を感じながらも、キャサリン・グラハムは、「イーストコーストに来ることがあれば、ぜひ社に立ち寄ってほしい」とバフェットを誘い、バフェットもその誘いに応じている。それから一年もたたない一九七四年の秋、彼女はキャピタル・シティーズの会長トム・マーフィーの提案を受け、バフェットをポストの取締役として迎え入れることにし、バフェットもそれを承諾。以来、キャピタル・シティーズ／ABC（現ディズニー）の大株主だった一〇年間を除き、取締役の一人に納まっている（これは連邦法により、同一市内で操業しているメディア企業二社以上の取締役を一個人が兼務してはいけないことになっていたからだ）。それから何年もたってから、ドン・グラハム（バフェットと同じ年に取締役に就任）はニューヨーカー誌の記者にこう語っている。「編集者としてベン・ブラッドレーを起用したのは、母が下したなかで最高の決断ですが、ウォーレンを巻き込んだことは紙一重の差で二番目に良い決断だったと言えます(10)」。バフェットとつながりができたことで、キャサリン・グラハムとドン・グラハム、そしてワシントン・ポストはかなりの影響を受けたようだ。

ミセス・グラハムにとって、バフェットは個人的に親しい友人であると同時に、個人指導をしてくれる家庭教師のようなものだった。例えば、バフェットがワシントンに出向くときは、アニュアルレポート（年次報告書）を持参し、彼女といっしょに一行一行検討した。彼女がバフェットのアドバイスを頼りにするにつれ、社員から何か提案が出るたびに、「面白そうね。ウォーレンに相談してみましょう」

と言うのが彼女の口癖となった[11]。なかにはバフェットを警戒する者もいて、彼女が巧みに操られているのではないかと懸念する声も出ていた。しかし彼女から見れば、バフェットはアドバイスをくれたり、相談にのったりしてくれるだけで、何々をしろ、といったことは一切言わなかったという。ともかくバフェットはいかなるときも頼みの綱だった。それは息子のドンも認めているし、今もそう思っていることに変わりはない。実際、ドン・グラハムは、バフェットが助言し、相談相手となってくれるのは、ポストの取締役の一人として重要な貢献をしてくれているものと見なしている。ドン・グラハムは母についてこう語る。「経営者としての母は当初かなり自信がなかったようで、自分で判断することにとても臆病になっていました。ウォーレンからアドバイスをもらうようになってからも、それは変わりませんでしたが、ウォーレンは母の下した決断を素晴らしいと言っては褒め、心から支えてくれました。母があれだけのことを成し遂げられるようになったのはウォーレンのおかげです。母は最高責任者として立派に成功しました。二八年間で株価を六ドルから一七五ドルに押し上げ、その値上がり率は当時の市場平均を九九％も上回っていたのですから」

バフェットの影響はほかにもあった。ドン・グラハムは言う。「長期にわたり、もしウォーレンという取締役兼相談役がいなかったら、一つの会社としてこれほどうまくはやってこられなかったと思います。それまではまったく違った買収戦略をとっていましたから、そのままなら、事はうまく運ばなかったでしょう」。バフェットが取締役となってからは、ドン・グラハムか母ケイ（彼は母キャサリンのことを時折「ケイ」と呼ぶ）が手がけた大型買収はいずれもバフェットの息がかかっていた。「もっと小口の案件もありましたが、ウォーレンならまず手がけなかったと思います。でも、会社にとって重要となりそうなことは何でも着手する前に、まずケイ、それから私がウォーレンといっしょに慎重に検討していました。幸い、私たちが真剣に手がけたいと思ったことについて、ウォーレンが反対することはありませんでしたが、そもそも私たちの価値観自体、ウォーレンからかなりの感化を受けました。彼は新聞社にしては価格が高すぎると思ったときは、割高な買収からは手を引くようにケイに忠告していましたが、もし彼がいなければ、私たちはまず間違いなく買収に踏み切っていたでしょう。そうした割に合わない買収を手がけた企業はみなあとになって後悔していました」

バフェットが会社に与えた影響には、ほかにも重要なことがある。それは自社株買いを勧めたことだ。「ケイが自社株を買い戻すように言われたのは一九七六年のことです。当時としてはかなり異例のことで、どこの企業もそんなことはしていませんでした。幸い、彼の話を聞いたケイは、それから五年かけて一株当たり平均二五ドル未満で自社株の二五％を買い戻しましたが、これが今や五〇〇ドルを超す、想像を絶する価値をつけています。今も断続的に自社株買いを実施していますが、ウォーレンが役員になったときから発行済み株式数は二〇〇〇万株減り、現在は九四〇万株になっています。ほかにも良い投資先はありましたが、資本の使い道としては、この自社株買いが群を抜いて最高の投資だったと言えます」

バフェットのアドバイスに従い、ポストが自社株買いを行った結果、バークシャーの持ち株比率も上昇し、当初一二％だったのが現在は、買い増しもしていないのに一八・三％になっている。バークシャーが二七年前に買い付けたポスト株一〇六〇万ドル相当（一株六・一四ドル）の評価額は今では一〇億ドル超となり、そのリターンは年率一八％を超えている。バークシャーがポストから受け取る年間配当金は九〇〇万ドルなので、取得価額とほぼ同額の払い戻しを毎年受けている計算になる。

これなら、企業を一〇〇％買い取る場合と、株を一部買い付ける場合とを比較するだけの価値はあるというもの。ちなみに、バフェットは一九七七年にバファロー・ニューズ紙を三二五〇万ドルで丸ごと買い取っているが、ポストを一部所有するより投資効率は高い。バークシャーからポストへの投資金額は一〇六〇万ドル。配当は九〇〇万ドルで、配当を除く「ルックスルー利益」（＝バフェットの造語。

持ち株比率二〇％未満の企業から得る配当金に、財務諸表には反映されない未配分の留保利益を足して、見なし課税を引いたもの）は一八〇〇万ドルなので、二〇〇〇年度のリターンは合計二七〇〇万ドル。一方、バファロー・ニューズはしばらく赤字が続いたため、バークシャーの純投資額を四四五〇万ドルに押し上げる形となったが、昨年のリターンは五二〇〇万ドル。そのうえ、もっと重要なことは、バファロー・ニューズがバークシャーにもたらす累計税引き前利益（七億五〇〇〇万ドル超）によって、さらに買収ができるということだ。

キャサリン・グラハムやワシントン・ポストに対するバフェットの影響力を「絶大」とするなら、ドン・グラハムへの影響力は「深遠」と表現するのが適切かもしれない。最近、ドン・グラハムは初めてバフェットと出会ったときのことをニューヨーカー誌にこう語っている。「思いつくかぎりの質問を彼にぶつけましたが、これまで出会った人のなかで一番頭の切れる人だということがすぐに分かりました。ウォーレンはあまりにも明瞭な話し方をするので、ある意味、人を迷わすところがあります。みんな、彼から感化を受けているつもりで得意になっていますが、彼の奥深くには私たちには分からないものが何層もある、というのをいつも感じさせられます。ちょうど、チェスについてはガルリ・カスパロフから、バスケットボールについてはマイケル・ジョーダンから影響を受けた、と言うのと同じようなものです[12]」

実際、グラハムがバフェットからいろいろな意味で影響を受けているのは明らかである。そのうちの一つは、「良いものには金を払うが、余分なお飾りには金は出さない」というバフェット流の哲学を採用していることだ。例えば、社用車を使わないことや役員室にも業務用カーペットを敷いていることなどがその一例として挙げられるが、その結果、彼の師と同様、世間からは「ケチ」という評判を得ている[13]。

しかし、こうしたことを株主本位の企業経営を行っていると評する人たちもいる。師と同様――そして他の多くの経営者とは違い――彼は長い目で会社を見ている。「四半期ごとの業績にはこだわりません。ただし、四半期利益に焦点を当てていないからといって、利益を上げることや成功することに意識を集中していない、という意味ではありません。うちの取締役会にはかなり厳しい採点者がいますから。それに弊社で重視していることは、長期的な視点で企業価値を創造していくことですが、こうしたことは純利益によってしか評価できませんので(14)」

「あなたにとってヒーローはだれか」という問いについては、当然のことながら、次のような答えがすぐに返ってきた。「仕事上では、だれよりもまずウォーレンです。ウォーレンと仕事をしたことがなくても、彼から半径一五キロ以内にいたことのある人なら、だれもが同じことを言うと思いますよ。これはもう本当にすごいことです。ある一定のレベルにおいては、彼のような人はたくさんいます。有能な実業家も優秀な投資家も大勢いますし、ほかにも心からあこがれるような人はいます。でも、ウォーレンと同じ次元に並べられる人、というのはどこにもいません」

彼にとって、バフェットとほかの人とはどこがそれほど違うのだろうか。グラハムは大学時代の友人の話をしてくれた。「卒業後、友人は『オーマナック・オブ・アメリカン・ポリティックス（Almanac of American Politics）』という本を出しました。政治関係の統計資料を要約したもので、センセーショナルな参考書でした。その本を見て驚いたのは、大半は彼が自分の頭のなかに記憶していたことを引き出して書いていたことです。友人は上院議員や下院議員をしていた人の名前をすべて知っていたし、一九六〇年にミズーリ州の選挙で勝った人の名前だけでなく、実際に何票取ったかも頭に入れていました。各候補者の得票率ばかりか、得票数まで覚えていたんです。で、それについて友人に尋ねたところ、彼はただこう言いました。脳細胞を使うのさ、と。私がワシントン・レッドスキンズ（＝米ＮＦＬのフットボールチーム）のライトガード（ＲＧ）の控え選手の名前を覚えるのと同じ脳細胞を彼も使っているわけです。仕事に関して言えば、ウォーレンがちょうどこんな感じなのです」

面白いことに、これにはもう一つ話がある。グラハムがバフェットの記憶力を褒めるのではなく、バフェットがグラハムの記憶力を褒めているのである。一九九二年刊行のワシントニアン誌上でバーバラ・マッソーが次のように説明している。「ドン・グラハムは過小評価されやすいタイプ。非常に謙虚で謙遜ばかりしているので、彼が意外に頭の良いことを発見して、だれもが驚くことになる。あるとき、ポストの取締役たちはグラハムが来るのを待つ間、ふざけながら立ち話をしていた。エーブラハム・リンカーンを補佐した副大統領の名前を知っている人がいるかどうか、賭けをしていたのである。ロバート・マクナマラ（＝元国防長官）は、知っているやつなどここにはいない、というほうに賭けた。実際、だれも分からなかった。そのとき、ウォーレン・バフェットはドンなら答えられるだろうと、いるほうに五ドル賭けた。そこへドン・グラハムが登場した。いわく、ああ、それならハンニバル・ハムリンですよ……」

バフェットは言う。「ドンは信じられないくらい頭が良いし、記憶力も抜群です。アニュアルレポートに書いたことを私が思い出そうとしていると、彼がそれを教えてくれます。自分で調べるよりも、彼に電話をしたほうが早いくらいです(15)」

バフェットがドン・グラハムに熱を上げている理由はほかにもある。ワシントン・ポストが報道機関として大いに成功しているからだ。年商は二〇億ドルを超え、純利益は二億二五〇〇万ドル超。しかも多角経営で、その事業は主として次の五つの部門に分かれている。①テレビ放送／ミシガン州・テキサス州・フロリダ州に六つの系列局を持つ、②ケーブルテレビ／アリゾナ州フェニックスを拠点とするケーブル・ワンの受信契約数は中西部・西部・南部の一八州で七五万件、③雑誌出版／ニューズウィーク誌の米国版と国際版三誌、ティーン雑誌、隔月の旅行雑誌、そしてテレビ制作会社、④カプラン・インク／教育・就職斡旋サービス大手、⑤新聞／言うまでもなく、看板はワシントン・ポスト紙だが、ほかにも全国特別版の週刊紙や全米中にいくつかの新聞を抱えている――の五部門である。

実際、ポストは他社にとっても花形的存在と言える。他のメディアとの競争により全米の主要日刊紙はいずれもこの一〇年間で販売部数を減らしているからだ。例えば、ロサンゼルス・タイムズは一四・八％減、フィラデルフィア・インクワイアラーは二三・八％減となっている。[16] しかし、ポストの一日の販売部数はこの一〇年でわずか四％ちょっとしか落ちていない。その結果、価格も二五セントまで値下げしたものの、これを堅持し、ずば抜けて高い収益性を引き続き確保している。公平を期すと、ポストの成功は少なくとも、一紙を除き、競合していた朝刊各紙が破綻したことが一因として挙げられる。大手ライバル紙ワシントン・スターも一九八一年に倒産したので、唯一残っている朝刊紙は、文鮮明を師とする統一教会所有のワシントン・タイムズだけとなった。しかし、販売部数が安定していること以上に著しいのは、ポストの世帯普及率である。二〇〇〇年にワシントンの大都市圏で行われた調査によれば、平日版は四六％で、日曜版は六一％に達しているという。ちなみに、同規模地域に配布されているボストン・グローブの場合、平日版は二七％、日曜版は四〇％。ポストとよく比較され、もっと広い地域で読まれているニューヨーク・タイムズの場合も、平日版はわずか九％、日曜版は一三％にすぎない。[17]

しかし、こうして比較されるのは、グラハムにとっては受け入れがたいことだった。「どうしてもニューヨーク・タイムズと比較されてしまいますが、いろいろな意味で、これはおかしなことだと思っています。両紙とも新聞であるというだけで、『タイムズとは』競合はしていませんから」。これについては、二〇〇〇年にニューヨーカー誌の記者に次のように説明している。「ポストは全国紙ではありません。地方紙です。ただ、地元がたまたまアメリカの首都だったというだけのことです。弊社としては、国政をつかさどる人だけでなく、役所の掃除をする人たちにも読んでもらいたいと思っています」。だからこそ、広告主にとって非常に魅力的な存在であり続けているのである。「ポストがなぜ繁栄しているのかというと、理由はたくさんありますが、例えば、シャツを売りたいならポストに広告を打てば、シャツがたくさん売れる、といったことが挙げられます」[18]。地域のニュースを常時取材し、その量を増やしていくために、ポストではワシントンおよびその周辺部に一二、全米に五、海外に二一の支局を開設している。一方、ニューヨーク・タイムズの場合、ポストよりもずっと広大な担当地域に支局はわずか一〇しかないが、全米に一一、海外に二六の支局がある。

もちろん、これらをすべて取り仕切るのは並大抵のことではない。しかし、グラハムはずっと以前からその実力を発揮し、難題に対処している。一九七一年に記者として入社して以来、ポスト紙とニューズウィーク誌の双方で報道部門および業務部門の部署をいくつか経験したのち、一九七六年にポスト紙の執行副社長兼ゼネラルマネジャーに任命され、一九七九年に新聞社主となり、一九九一年には母のあとを継いで親会社のCEOとなった。このときグラハムは四五歳だった。当時、ウォーレン・バフェットの言葉が次のように引用されている。グラハムの就任を受け、「これほど喜ばしいことはない」「何も驚くようなことはまったくない」と述べ、「長い間、金融業界ではドナルド・グラハムがポストの社長になることを待ち望んでいた」と付け加えている[19]。それから二年後の一九九三年、母キャサリン・グラハムが最高経営役員会の会長となり、ドン・グラハムが取締役会の会長に選任された（ドン・グラハムと親会社の経営責任を共有していたポスト本体の社長アラン・スプーンの引退に伴い、グラハムはポスト紙の社主を降り、会社全体の業務管理に集中できるようになった。グラハムの後釜にはポスト紙の社長で共同社主のボアフォイエ・ジョーンズ・ジュニア〔通称ボー〕が座った）。

というわけで、グラハムは経営権を握ることには慣れていた。もっとも、彼の経営スタイルはかなり抑制が効いている。祖父や両親とはわざと違うものに変えたのかもしれない。バフェットと同様、傘下の経営者たちに意思決定を任せ、直接指示を与えることはめったにない。こうした控えめなスタイルは社説面にも表れている。社説は伝統的に社主の声を代表するものとされるが、グラハムは社主として自分の意見を表明することはまれで、仮に表明することがあっても、社説編集者とは違い、「判断するのは皆さんです」と言うのが普通だった。

とはいえ、絶対に譲歩しないことが一つある。彼が不要だと見なした経費については絶対に譲らないことだ。彼の徹底したコスト削減策があったからこそ、ポストは今日のように儲かる会社になったのである。同様に、女性やマイノリティー（少数民族）の採用および昇進にも徹底したこだわりを見せる。実際、社員の能力を伸ばすことが彼の最大の関心事で、管理職は常に社内からの昇進組で占められている。

妻子持ちのグラハムは、妻のメアリーと四人の子どもたちといっしょにワシントンDCに住んでいる。大富豪であるにもかかわらず――グラハムの資産は推定二億ドル――家族はぜいたくとは程遠い生活を送っている。グラハムは毎日地下鉄で出勤する。そして、衣類はオフィス近くのディスカウントショップで買っていると、まことしやかにうわさされている。ニューズウィーク誌のオフィスに行くためにニューヨークへ出張するときは、飛行機よりも鉄道を使う。グラハムはめったに仕事を休まない。だから夫婦でパーティーに出席することも、遊びで旅行に行くこともめったにない。

「新聞社に入らなかったら、どのような仕事に就いていたか」と尋ねてみた。いわく、「さあ、どうでしょう。子どものころは野球選手になりたいと思っていましたが、それ以外にはこれといって、あこがれるような職業はありませんでした。でも、面白い質問ですね。特に私の場合、ポストで働こうという意思がはっきり固まるまでに、かなり時間がかかりましたから。家族が事業をやっているような場合、その会社に入りたいという気持ちと、絶対に入りたくないという気持ちで心が引き裂かれるような思いをする人が多いと思いますが、私は新聞といっしょに育ちましたから、仕事にはずいぶん魅力を感じていました。ポストに入らなくても、おそらくどこか別の新聞社で記者をやっていたと思います。そのくらい新聞というのはものすごく面白いんです。新聞の仕事をしていると、毎日、文字どおり、何が起こるか、何が話題になるのか、分からない状態で会社に来るわけですから、非常にエキサイティングです」

新聞の日常業務にはもはやかかわっていない彼も、子会社の一つ、ワシントンポスト・ドット・コム（同社のインターネット事業部）には胸をときめかせている。この点については、彼の師とは異なることを彼も認めている。「ウォーレンの手がけている事業や投資先を見ていると、インターネットの影響を受けるものを避けていると言ってもいいかもしれません。この五年間に投資したのはデイリー・クイーン（＝ファストフードチェーン店）やエグゼクティブ・ジェットや宝石店など、アメリカでは珍しくインターネットにあまり左右されない企業ばかりです」。もっとも、新聞社の場合はこうはいかないことをグラハムも承知している。

実際、彼はこう見ている。「新聞がこれから長期にわたって取り組んでいかなければいけない問題はいずれもインターネットの進歩や、それに伴う影響とは切り離せない関係にあります。ポストが今日繁栄しているのは、読者が心から読みたいと願っているものを提供しているからです。読者にとって朝、読むだけの価値があると思える新聞が良い新聞なんです。そして新聞を読みながら、衣料品・自動車・住宅の販売広告や求人広告を偶然見つける。そこで、ほとんど予期せぬ形で掘り出し物を見つけた人によって商取引が発生する。そうした商取引を発生させる役目をポストが果たしているわけです。問題は、弊社のウエブサイトに広告を掲載して、ポスト紙上と同じようにヘクト・カンパニー（＝ワシントンDCにあるデパート）のシャツを買ってもらえるかどうか、ということです。その可能性についてはまだ未知数ですが、こうしたことも新聞事業が直面している問題の一つです。今ではウエブ上でニュースの検索や収集ができますが、こうしたことによる将来的な影響も大きな問題と言えます。その答えが分かる方がいらっしゃれば、ぜひ教えていただきたいと思います」

もっとも、グラハム自身はその答えを待ってはいられないとばかりに、将来に向けてポストのウエブサイトを開発中だ。アラン・スプーンも退職前はこの開発にかかわっていた。一九九九年、彼はオンライン新聞、ワシントンポスト・ドット・コムについて「ワシントン・ポストの全国版になりつつある」とフィナンシャル・タイムズ紙に語っているが、同紙が指摘しているように、「地元の小売広告や分類広告に大きく依存している新聞にとって、ウエブサイトを立ち上げることは、紙上からウエブ上に流れていく広告をすくい上げるうえできわめて重要である」[20]。それでも、ボー・ジョーンズは「インターネットには無限のビジネスチャンスがある」と言いながらも、こう語っている。「ワシントンでの販路拡大は、弊社にとっては常に重要課題であることに変わりありません。ですから、当地を担当するために送り込まれてきた人には、この辺りの地図を広げて見せ、こう言ってやりました。ここはわれわれの縄張りだ、と」[21]

ワシントン・ポストの将来へのビジョンについて質問すると、グラハムはこう答えた。「うちはコンセプト主導型の会社ではありませんが、クオリティーのきわめて高い新聞・雑誌・テレビ――特にテレビニュース――をつくり続けていきたいと思っています。そして、どこよりも会社の内在価値を高めていくつもりでいます」。新聞業界全般の将来については、こう話している。「業界関係者ならだれもが業界に競争上の脅威が迫っていることを認識していますが、私は比較的楽観的に見ています。この五年間で、新しい競争相手がいろいろ出てきた割には、驚くほど競争力がついたと思います。われわれのメディア事業はいずれもテクノロジーの影響を受けるでしょう。デイリー・クイーンのようなわけにはいきません。でも、だからこそ、五つの部門およびインターネット事業の将来は非常に楽しみだと思っています」

自分自身の将来に関しては、まだ引退計画は立てていないそうだ（ちなみに本書執筆時の彼の年齢は五六歳）。「母は八四歳で亡くなるまで、ここで働いていました。弊社にも通常の退職慰労金制度などはありますが、定年制のたぐいは一切ありません」と言う彼自身は、引退のことなど念頭にない。したがって、自分の後継者についても考えていない。しかし、彼は一九九七年に前立腺がんの治療を受けている。治療が成功したとはいえ、家業の継承問題はどうなるのか疑問である。一族で、現在ポストとかかわりのある次世代のメンバーといえば、キャサリン・グラハムの名前をもらった最年長の孫、キャサリン・ウェイマス・スカリーしかいない。彼女はラリー・グラハム・ウェイマスの娘で、ドン・グラハムの姪に当たる。一族の関係者もそうでない人もみな、彼女には絶大な期待を寄せている。現在、三五歳。生粋のニューヨーカーで、ポスト紙の法務部門で二年間仕事をしたあと、ワシントンポスト・ドット・コムおよびニューズウィーク・インタラクティブの副法律顧問兼業務部長をしている。スカリーが最も未来志向の強い部門を担当しているというのは意味ありげな感じだが、いずれ家業を継ぐかどうかについては、本人もその他の人も一切公式発表はしていない。[22]

「バークシャー・ハサウェイの将来について何かビジョンを持っているか」とドン・グラハムに尋ねたところ、「それはウォーレンがどうしたいのか、それ次第でしょう」と、あっさりとした答えが返ってきた。ただ、「保険事業にかなり傾斜する」とは思うが、保険会社というよりも、コングロマリットとして伸びていくだろうとのこと。「ウォーレンの買収先を見ていると、保険以外の企業をいろいろと積極的に買い付けているのは明らかですから」と彼は指摘する。

「バフェットの後任としてだれがバークシャーのトップになると思うか」と質問すると、グラハムはこう答えた。「私には分かりませんし、気にもしていません。ウォーレン次第でしょう。できるだけ賢明なやり方で準備を進めていると思います。だから何も心配していません。会社の価値は、その会社がどのような会社かということです。たしかに、会社を経営し、長年にわたり独自に賢い判断を下してきたのはウォーレンです。でも、彼の後任人事も彼が下す判断の一つなんです。ウォーレンなら、またとない適任者を選ぶはずです。ウォーレン以外の経営者の下では、これまでと同程度の成長を遂げていくのは無理かもしれませんが、ウォーレンが選んだ人たちが経営するなら、かなりの成長が見込めると思います」。そして、彼はこう締めくくった。「それでもなお、皆さんにとって心配なことがあるのは分かりますが、私のなかでは、それはかなり順位の低い心配事です」

ビジネスの基本方針――ドン・グラハム

★コスト管理を徹底する。余分なものにはできるかぎり、出費しない。
★各管理職に仕事を任せる。よほど必要に迫られないかぎり、口出しはしない。
★社員の能力を伸ばす。生え抜きの社員を育て昇進させるのが重要。
★社員の多様化を図る。女性やマイノリティー（少数民族）を採用し昇格させる。

第一〇章

三代目の家族継承者——アービン・ブラムキン（ネブラスカ・ファニチャー・マート）

　コストコ（倉庫型会員制ディスカウントストア）の巨大倉庫を五つつなげたようなところで、家具やカーペット、家電製品や電子機器など、ありとあらゆる家庭用品を販売している。そんな図を思い浮かべてほしい。場所はアメリカのど真ん中、ネブラスカ州オマハ。この一店舗だけで全米最大規模を誇る家具店。それがネブラスカ・ファニチャー・マート（NFM）である。

　メイン売り場の上にある彼のオフィスで、アーブ（＝アービン）・ブラムキンと会った。年は四〇代。今やすっかりおなじみとなったこの店のCEOだ。インタビューは嫌いだと言っていた割には、すぐに打ち解けてくれ、アメリカ屈指の優良小売業者のサクセスストーリーの内幕について優れた洞察を披露してくれた。ミセスB（第六章参照）の生涯とその時代について、そしてミセスBが家族の心に刻んだ不朽の遺産とブラムキン家の事業について、一つ一つ説明してくれたのである。

　ミセスB（NFMの創業者でアーブの祖母）と同様、アーブも家具小売業界では有力者で通っている。祖母に似て謙虚で勤勉だが、外交的手腕に長けているところは、父ルイに似ている。

　「安く売り、正直であれ」——オフィスの至る所にミセスBのモットーが目につく。ゴミ箱のふたにまで、「正直」「親切」「姿勢」「価値」と、ビジネスの基本方針がひとことで表されている。棚の上には彼にとってのヒーローである父の写真が一枚、机の上方には「どこよりも安い値段で商売繁盛」という意味の父の言葉と、ウォーレン・バフェットの言葉が額に飾られている。こうした標語類を除けば、N

FMが大企業の子会社だと分かるようなものは何一つなかった。

アーブ一人で、だれよりも多くの買収案件をバークシャーにもたらしている。買収先候補としてバフェットがどのような企業を物色対象としているか、それを一番よく心得ているのがアーブなのだ。

NFMは今もしっかりと家族経営の店だ。ミセスBからたたき込まれた基本方針に従い、アーブと弟のロンが日曜も休まず、二人で店の経営に当たっている。それがウォーレン・バフェットの目に留まったのである。

大手企業のトップで、八歳か九歳ぐらいからその会社で働いていたと言える人はなかなかいるものではない。しかし、ネブラスカ州オマハにあるネブラスカ・ファニチャー・マートのアーブ・ブラムキンは堂々とそう言える一人である。現在四八歳。会長兼CEOの彼はファニチャー・マートでのキャリアは長いものの、正式に従業員として給料をもらえるようになったのは一九七五年以降のことだった。

一九五一年、オマハで生まれた彼は、祖母ローズ・ブラムキンが一九三七年に創業した家業にいずれはフルタイムで専念したいといつも思っていた。一九七四年に経営学の学位を修得してアリゾナ大学を卒業したあとは、ツーソン（アリゾナ州）の、とある銀行のマネジメントプログラムに参加。家業に就く前に仕事の経験を少しでも多く積んでおくつもりだった。ところが、一九七五年五月六日、竜巻に襲われ店が倒壊。急きょ家に戻った彼は、以来ずっとオマハで暮らしている。

当時、NFMの社長だった父ルイは、彼に配送センターや売り場や管理部門での仕事を体験させ、アーブの言葉どおり、「小売業の現場とはこういうものだ」ということを、身をもって教え込んだ。一九八〇年代半ばに父が会長を退き、取締役名誉会長となってからは、アーブが会長となり、弟で社長兼COO（最高執行責任者）のロンと、いとこで副社長のロバート・バットとともに店の経営責任を担っている。

仕事を分担することについてアーブはこう語って

いる。「父が監視役となって、私たちがとんでもないヘマをやらかさないように気をつけてくれています。基本的にロンが業務部門、私が商品戦略・マーケティング・広告部門を見ています」。店にとっても、家族のみんなにとっても、こうしたやり方がうまくいくのである。

「ミセスB」として知られるブラムキン家の祖母も、きっと孫たちのことを誇りにしていたのではないかと思う。というのも、一九八三年にミセスBがバフェットにファニチャー・マートの八〇％を五五〇〇万ドルで売却して以来、年間の売上高は八九〇〇万ドルから三億六五〇〇万ドルと、四倍以上も増えているからだ。ミセスBの孫たちの業績を評価する尺度はもう一つある。一平方フィート（約〇・〇九平方メートル）当たりの売上高も四四三ドルから八六五ドルに増えているのである。しかし、それよりもバフェットにとって、もっと重要なのは、NFMを売りに出すことはまずないとはいえ、その時価評価額が推定で五億四八〇〇万ドルもすることだろう（NFMは普通の家具店とは違い、家具を倉庫価格で販売しているため、評価が難しい。五億四八〇〇万ドルという評価額は売上高の一・五倍、税引き前利益の一七倍に当たる）。これに過去一七年間の累計税引き前利益二億七二〇〇万ドル（二〇〇〇年度の推定三二〇〇万ドルを含む）を合わせると、NFMによってバークシャー・ハサウェイに加算された価値は合計で八億二〇〇〇万ドルとなり、その内部収益率は年率一七・二％となる。

同様に店の規模も拡大している。バークシャーに買収された当初は地下室にあったが、今では北米最大の家具店に成長。従業員数一五〇〇人、七七エーカー（約九万四〇〇〇坪）の事業用地を所有し、売り場面積は四二万二〇〇〇平方フィート（約一万二〇〇〇坪）となった。ご想像どおり、ブラムキンの店が市場を完全に支配している。一九九八年の調査によれば、オマハの大都市圏の居住者で、過去一年間に一番よく家具を購入した店としてNFMを挙げた人は六九％に上ったという。ちなみに、次点の店を挙げた人はわずか八％だった[(1)]。

NFMがあまりにも市場シェアを大きく占めてい

るため、ディラーズ（全米屈指の百貨店チェーン）がオマハに出店したとき、家具売り場は設けなかったそうだ。「彼らとは競争したくありませんから」とは、ファニチャー・マートについて語った同百貨店の会長ウィリアム・ディラードの言葉だ。いわく、「ここらではおそらく最高の店だと思います」とのこと。(2)

とはいえ、NFMが有力家具店であることは何もオマハに限ったことではない。オマハから約一六〇キロ離れたアイオワ州デモインの居住者の間でも家具販売でトップスリーの一角に入っているし、ミズーリ州カンザスシティーからも相当数が買いに来ている。こうした現象をとらえて、ニューヨーク・タイムズ紙は「ニューヨークの住民が誘われてボルティモアまで買い物に行くようなもの」と例えている。そのうえ、フロリダ州や南西部にある別荘や全米中の親戚の家に家具を送ってほしいと注文する地元客もいる。(3)

NFMは買収によっても大きくなった。一九九三年、ネブラスカ州リンカーンにある商業用フローリングの会社、フロアズ・インクを買収。翌年にはデモインに電器店を開設。(4)二〇〇〇年にはデモインにあるホームメーカーズ・ファニチャーとその子会社ウッドマーク・マニュファクチャリング（アイオワ州ウィンターセット）を買収。(5)二〇〇一年二月には初の大々的な拡張宣言を行い、二〇〇三年にはネブラスカ・ファニチャー・マート・カンザスシティー店をオープン予定だ。ファニチャー・マートをデンバーやミネアポリスなど、ほかの都市にも出店してはどうかと興味を示していたウォーレン・バフェットだが、ブラムキン家の事業についてはブラムキン一族がすべての意思決定を行うことをちゃんと認めている。バフェットいわく、「彼らがやると言えば、私も喜んで賛成しますが、私のほうから、やれと言うつもりはありません」(6)

バフェットが二〇年ほど前にNFMを買収した当時から、アーブはすでに店の商品戦略および広告に関する責任を担っていた。今になって振り返ってみると、なぜバフェットがNFMに引かれたのか、よく分かると言うアーブは、バフェットについてこう語っている。「彼はうちの祖母と父をずいぶん前から尊敬していました。うちの店なら、強力なフランチャイズを持ち、本業をわきまえ、長期的に継続して利益が出る、そんな有力企業に成長するはずだと見ていたようです。つまり、彼が買いたいと思うような要素をうちが持っていたわけです」

アーブはバークシャー・ハサウェイの家具部門の成長にも一役買っている。ファニチャー・マートが買収されたとき、バフェットからほかにも見込みのある買収案件はないかと意見を求められ、別の州にある優良家具小売業者を三社推薦したのである。いずれも当時、売りに出されていたわけではないが、バフェットはブラムキンの提案に基づいて何年か後に行動を起こし、最終的には三社とも買収している。[7]

バフェットはバークシャーの株主に向けて一九九五年度の会長あいさつのなかで買収のいきさつをこう報告している。「ユタ州の家具大手R・C・ウィリーの素晴らしさについては、長年にわたりアーブから話を聞いていました。しかも、アーブはブラムキン家とバークシャーとの関係がいかにうまくいっているかという話をR・C・ウィリーのCEOビル・チャイルドにしてくれていました。そんな一九九五年の初頭、アーブはビルから、彼を含めたR・C・ウィリーのオーナーたちが遺産税をはじめ、いろいろな理由で店の売却を考えていることを聞かされました。これ以上、事が簡単に運ぶ話はありません。ビルに店の財務データを送ってもらい、私なりに価値評価を下して、彼に手紙を書きました。すぐに商談成立となり、私たちはすっかり意気投合。その年の半ばには合併が無事完了しました」[8]

バフェットはアーブ・ブラムキンから、メルビン・ウォルフ率いるスター・ファニチャー（テキサス州ヒューストン）についても検討したらどうかと勧められていたが、今度はビル・チャイルドからも同様の推薦を受け、調査を開始。バークシャーの買収基準を満たしていることが判明した。つまり、「事業内容が理解でき」「経済状態が良好で」「経営陣が有能」だったのである。結果、一九九七年に同社を買収。バークシャーの家具部門はこれで三社目となった。[9]

家具店を買収し、すっかり気をよくしたバフェットはブラムキン、チャイルド、ウォルフの三人に、ほかにどこかいいところはないかと引き続き推薦を頼んだ。三人がそろって検討を勧めたのは、ニューイングランド（＝米国北東部の六州）で家具事業を展開しているエリオット＆バリー・テートルマンが経営するジョーダンズ・ファニチャーだった。バークシャーは一九九九年に同社を買収。この年、バフェットは会長あいさつのなかでこう述べている。

「弊社の家具店はいずれも、それぞれのテリトリーでナンバーワンの地位を確保しています。今ではマサチューセッツ、ニューハンプシャー、テキサス、ネブラスカ、ユタ、アイダホの各州においてはどこよりも多くの家具を販売しています」[10]。最近、ジョーダンズを買収した結果、バークシャーの家具部門の年間売上高は一〇億ドルを超すまでになった。

バフェットがこれらの家具店を買い取ったとき、ほとんどキャッシュを使ったため、買収に投じた資金は六億ドルに上るとされるが、いずれの店も競争優位に立ち、成長しているため、控えめに見積もっても、現在の評価額は一五億ドルになると見られる（評価法はNFMに倣い、売上高の一・五倍、あるいは税引き前利益の一七倍として計算）。家具はどうしても流行に左右される傾向があるが、各店を買収したことで周囲に「巨大な堀」を巡らしたことになった。フランチャイズの価値によって、常に多くの客を引き付けておけるようになったからだ。バークシャーはファニチャー・マートを皮切りに、事実上、家具市場を独占している、と言う人もいるくらいだ。

それにしても、ブラムキン――とバフェット――は、これらの店にいったい何を見いだしたのだろうか。ブラムキンいわく、「何よりもまず、彼らの人柄と人材の質の高さです。次に、いずれも市場支配力のある小売業者だったことです。彼らは長い年月をかけて素晴らしい店を築き上げ、今も仕事に愛情を注いでいます。つまり、自分たちの仕事を知り尽くし、それに情熱をかけていた――飛び切り最高の人たちだったのです」

バフェットは買収に関してはバークシャー傘下の

他のCEOよりもブラムキンの提案をより多く取り入れているが、ブラムキン本人は控えめな性格のため、提案後のことについては、「判断はすべてウォーレンに任せています。彼が自分で調べ、自分で決めています」とのこと。これまでにブラムキンが提案したなかで、最終的にバフェットが買収に踏み切った会社は何社あるのか、正確には教えてもらえなかったが、「打率はかなり高い」と、うれしそうに話してくれた。

バフェットのほうも相応に感謝の意を表し、一九九九年に株主に向けてこう記している。「バークシャーが買い集めたような店は、業界中どこを探してもほかにはありません。これは私にとって喜ばしいことであり、皆さんにとっても有益なことです。かつてW・C・フィールズ［＝米国のエンターテイナー］がこんなことを言っています。『酒で憂さ晴らしをするようになったのは、ある女性のおかげだが、残念ながら彼女に礼を言うチャンスがとうとうなかった』と。私はそのような過ちを犯したくありません。ブラムキン家のルイ、ロン、アーブには感謝の意をささげたいと思います。私が家具事業を始めるようになり、弊社が現在のような家具部門を持てるようになったのは、彼らが適切に私を導いてくれたおかげです(11)」

ブラムキンのほうもバークシャー・ハサウェイとウォーレン・バフェットについては、いいことずくめの発言しかしていない。家族の他のメンバーと同様、アーブも買収の話は聞いていたが、最終的にネブラスカ・ファニチャー・マートをバフェットに売却して、バークシャーの傘下に入ることを決めたのはミセスBだった。アーブはこの取引を「お互いに有利な取引。だれにとっても最高の取引」と評している。合併以来、バフェットやバークシャーと仕事をしてきた経験から、この取引はだれにとってもメリットがあったという思いがさらに強まったようだ。

バークシャーにとって、ファニチャー・マートの家具事業とブラムキン家からの買収先候補に関するアドバイスがとても役立ったように、ブラムキン家にとっても、知名度の高い親会社の傘下に入ったことで恩恵を受けていた。より儲かったのはどちらだろうか。パートナーシップを組んだ当初、ブラムキン家が会社を売却して得た金額は五五〇〇万ドル。これに加え、彼らが受け取っているこれまでの累計税引き前利益は五四〇〇万ドル。配当もまだ受け取っているが、これが増配して今や六五〇万ドルとなり、自社株の残り二〇％分の時価評価額は現在一億一〇〇〇万ドルと推定されている。そのうえ、だれよりも賢明な企業家（＝バフェット）の知恵をいつでも拝借することができる。今でも自社を実際にコントロールしているのはブラムキン一族だが、所有権と経営権を譲渡したことで、成功企業ならみな抱える遺産税問題をも解決している。バークシャーの基準から見ても、この投資リターンは相当なものだ。

事実上、バークシャー傘下の経営者がみなそうであるように、アーブ・ブラムキンもバフェットから買収される前とまったく同じように経営していけることを喜んでいる。「父もロンも、頭の中では自分たちがファニチャー・マートを一〇〇％所有しているつもりでいますし、実際、やっていることは、一〇〇％所有しているときとまったく変わりありません。相互にアイデアを出し合える素晴らしいベストパートナーを得たことを除けば、何事もなかったかのようです。経営面から見ても、改革・改善という意味では――業績が伸び、店を増築したり店舗を増やしたりしましたから――変わったと言えますが、結果的には経営手法や業務内容などは一切変わっていません」

祖母や父と同様、彼もまた経営を一任されている。仮にバークシャーから買収されなかったとしても、「うちの店に関するかぎり、今とまったく変わっていないと思います」と言いながらも、「バークシャーとつながりができたことで、かなりのメリットがありました」と、ためらうことなく認めている。「いっしょに組んで仕事をするのに、これほど良いパートナーと出会える機会はないと思います。すべて見たとおり。ごまかしがないんです。バークシャーやバフェットから言われたことはすべて一〇〇％信用できるんです。これはすごいことです。バークシャーは一〇〇点満点のパートナーです。やりたいことをやらせてくれるだけでなく、だれよりも賢い頭脳をお借りすることもできるのですから」

実際、ブラムキンはバフェットについて、かなり理想化しているようだ。「ボスのどこがそんなにすごいのか」と尋ねると、彼はこう答えた。「ウォーレンと仕事をしていると、『すごい』と言えることがやたらにあるんです。例えば、かなり難解に見えるようなことでも、きちんと咀嚼して、簡単な言葉に置き換えてしまうところはすごいと思います。それに、人にやる気を起こさせるのがとてもうまいし、ともかく頭がいい。ウォーレンと会うたびに、授業を受けているような気になります。彼ぐらい尊敬できる人なんて、なかなかいませんよ。すごいところが一つあるだけじゃなく、まとめて一つにパックされている感じなんです」

最近、バフェットに対する誹謗中傷をよく耳にする。例えば、テクノロジーを解しない、かなりの倹約家、腕が落ちている、といったものが挙げられるが、ブラムキンは即座にバフェットの擁護に回った。「みんな誤解です。彼の近くにいて、彼を知っている人なら、ウォーレンが高潔で崇高な心を持った人だということをよく知っています。それに、今も頭の回転の速さは変わりません。ほとんど完全無欠と言ってもいいくらいです。私にとって、彼はヒーローなんです」

資本配分と人材管理。バフェットが得意とするのはどちらだろうか。ブラムキンは次のように語った。「どちらも見事なものです。もちろん、彼の本職は資本配分ですから、世間をうならせるほどのことをやってのけますが、私が知るかぎり、経営者としても上の上をいくような人です。彼自身は一番うまくやれるのは資本配分だと言っていますが、彼の下で仕事をしている者としては、だれよりもスゴ腕の経営者だと言っていいと思います」

ブラムキンの話はまだ続く。「私よりずっと頭が切れるし、はるかに長い目で物を見ています。師としても素晴らしく、我慢することと長期的視点を持つこと、正しい行いによって勝ち組になることを教わりました。ともかく勉強になることが〝山のように〟ありますが、こうして学ぶ機会が得られたこと、そして何より彼と知り合いになれたことは本当にラッキーでした。

人によって動機づけはそれぞれ異なりますが、私が思うに、ウォーレンといっしょに仕事をしている人たちの大半は、お金のために働いているわけではありません。すでに十分な蓄えを持っている人がほとんどですから。むしろ、仕事が好きで、楽しみながら仕事をしている、満足感を得たいから仕事をする、そんな感じです。……私について言えば、ウォーレンの喜ぶ顔が見たいから仕事をしているんです」と彼は最後に付け加えた。

バークシャーに対するファニチャー・マートの全般的な貢献度は小さいと彼は見ているが、当然のことながら、バークシャー・ファミリーの一員になれたことをとても喜んでいる。あまりにもうれしかったので、個人的にもバークシャーにかなり投資しているし、前述したように、R・C・ウィリーのビル・チャイルド、スター・ファニチャーのメルビン・ウォルフ、ジョーダンズ・ファニチャーのテートルマン兄弟らをファミリーの一員になるように説得する手伝いまでしたのである。

ブラムキンはバフェットのときと同様、家具部門の仲間たちについても、いいことずくめの発言しかしていない。「みんなそれぞれ得意分野が違う」そうだが、こうした多様性がバークシャーの大きな強みの一つだと彼は考えている。「メル・ウォルフはとても明確なビジョンを持っていて、本当に頭の良い、やり手の経営者で自分の領域をよくわきまえています」。ビル・チャイルドについては、「すごく積極的かつ楽観的な野心家で、かなりのハードワークをこなしながら、目を見張るような事業を築き上げています」。そして、エリオットとバリーのテートルマン兄弟については、「とってもユーモアがあって独創性に富んでいます。彼らはお客様に対して、他店では実現できないような素晴らしい時間、素晴らしい価値を提供することで事業を築き上げてきました。うちがやりたいと思っていたことをやり遂げたのが彼らです。お客様にセンセーショナルな体験をしていただく。それをやってのけてしまった彼らをとても尊敬しています」

バークシャー自体は特に結束力の強いファミリー

というわけではないが、この三社が加わり、さらに最近、ホームメーカーズとコート・ファニチャーを買収したことで、結果的に相乗効果が見込めるかもしれないとブラムキンは見ている。そのためにも、最近、家具部門の役員会に出席し、各人のアイデアを持ち寄って共有できるようにした。例えば、ジョーダンズ・ファニチャーから出されたアイデアは、カラフルで愉快な消防車型のベビーカーだった。親が買い物をしている間、子どもをそれに乗せておけば、家具を一通り見ながら楽しく買い物ができるというわけだ。

「そのうち、ものすごい相乗効果が現れると思います」と彼は言う。「仕入れや業務面でも効果が期待できるかもしれません。成功につながりそうな道はいくらでもあります。それぞれのマーケットを支配している仲間たちとコミュニケーションをとり、情報を交換することができる。そう考えるだけでも、かなり前向きになれます。ただし、最終的には、やはり各人各様のやり方で事業を進めていくことになりますが、これがバークシャーの良いところなんです」

バフェットやバークシャーの仲間たちを手放しで称賛しているブラムキンだが、彼自身やその経営スタイルに最も影響を与えたのは、父ルイと母フランシス、それにアービング＆ゲイル・ビーツァーとノーム＆ジョディ・ビーツァーら叔父や叔母たちだという。また、妻のスージーからも多大な影響を受けたそうだ。「偉大な女房兼友人兼パートナー兼母親なんです」と彼は言う。もっとも、一番感化を受けたのは、やはり父ルイからで、「父は偉大な師でありコーチである」とのこと。

経営スタイルについては、「ふれあい・関与型」だそうで、人間志向であることがよく分かる。「人、つまりうちの社員を家族の一員とみなし、今も家族で事業をやっているような感じで店の経営に当たるようにしています。幸い、うちは年々業績が伸びているおかげで、レイオフをせざるを得なくなったことはまだ一度もありませんし、万事うまくいっているので、難しい決断を迫られたこともありません。もちろん、コスト管理を徹底させ、持続的に成長していけるように努力していますし、不景気への備えも怠らずにやっています。所々ぜい肉がつきすぎている部分もありますが、たいていは厳しい決断を迫られるような状況に陥らずに済んでいます」

経営者として成功するのに不可欠な要素を聞いてみた。「まず第一に、業務を熟知しておくこと。それと、自分の知っていることと知らないことの見極めをつけておくことです。第二に、〝能力の輪〟のなかで仕事をすることと、輪の大きさをしっかりと頭に入れておくこと。第三に、どうしたら事業がうまくいくのか、その仕組みを知っておくこと。もちろん、これには正直・誠実といった中心的な価値観を軸に、低コスト体質を堅持し、参入している市場で優位に立てるように努力することも含まれます。こうしたことこそ、ファニチャー・マートが機能していくうえで大事なことなんです」

と同時に、ブラムキンが最も重要だと考えていることは、「お客様にうんと満足していただけるようにすること」と、競合他社よりも「顧客満足度を大幅にアップさせること」だという。そして、こうした仕事が一番刺激を感じるそうだ。実際、「どうしたら常に利益を再投資しながら、店を改善し、業績を伸ばしていけるか、そして顧客サービスの向上が図れるか」と考えていると、夜も眠れなくなるという。

ファニチャー・マートの業績評価については、①売上高、②利益率、③経費、④利益、⑤営業外利益、⑥顧客調査あるいは顧客の嗜好調査、⑦従業員の離職率――の七つの重要項目を評価することで、こうした目標が達成できているかどうかを見ている。

「でも、本当の評価は最終的にお客様にどのくらい満足していただけたかで決まります。満足してもらえれば、今後もずっと店に足を運んでいただけますし、それが他の目標を達成することにつながるからです」

実際、彼は「使命」という言葉は使わなかったが、ファニチャー・マートの使命を「厳選した価値ある商品を提供することで、人々のライフスタイルの向上を図ること」と考えている。いわく、「これは本当に基本的なことですが、お客様のことをよく理解し、お客様を大切にする、そして守りを固めていく、といったことは祖母もサム・ウォルトン［＝ウォルマートの創業者］もしていたことです。お客様にとって本当に重要なことは何かということを理解していくためにも、こうした複雑な仕事に真剣に取り組んでいきたいと思っています」

ブラムキンによれば、顧客を最優先することを怠る以外に、事業の失敗につながるよくある過ちは、「成長を急ぐあまりに図体ばかりが大きくなりすぎて、一番得意とする分野をおろそかにし、本業から外れて、過重債務に陥ることだ」という。だから、こうした過ちを避けるようにしてきた。ネブラスカ・ファニチャー・マートは長年かけて成長してきたが、その成長速度は緩やかで、ブラムキン家の本業（家具・家電製品・電子機器・カーペット類の販売）から外れるようなことには一切、金は出さなかった。それに加え、一族は祖母の言いつけを守り、抵当貸し付けやその他の借り入れに頼ることなく、すべて現金払いにしてきた。

面白いことに、ブラムキンが過ちと考える事業の最大の失敗――そして個人的に一番後悔していること――も祖母に関することだった。「祖母は私のことで頭にきて、自分で別の店を開いたのですが、これはあまり賢明な決断ではありませんでした。家族にもかなりの衝撃でしたが、お客様を混乱させてしまいましたから。ファニチャー・マートとミセスＢのウエアハウスのどちらで買ったらいいのか、皆さん、迷われたようです」。もう一度やり直しが利くのであれば、「もっと忍耐強く、解決の道を探れたのではないか」と彼は言う。それから自分自身と弟やいとこのことに触れ、こう付け加えた。「私たちは攻撃的な若いトラと同じで、待つということを知りませんでした。何でもやりたい放題で、せっかちだったんです」

今現在の個人的な目標の一つは肩の力を抜くことだという。彼は自身のことを「一途、仕事に夢中、勤勉でひたむき、忠誠心に厚く、正直」と評しているが、だからこそ肩の力を抜く必要があると感じているのかもしれない。「こんな具合に自分の人生を謳歌したいものです」とのこと。祖母のように晩年まで働き続けることはないかもしれないが、四八歳の今、引退は考えていない。「仕事が好きですから」という彼は、楽しいと思える間は、仕事を続けていくつもりでいる。「将来的には、もうちょっとのんびりとしたいとは思いますが、やはり可能であれば、できるだけ仕事をしていきたいと思います」

ブラムキンの一日は通常、朝六時ぐらいから始まる。軽く運動をしてから早朝出勤し、フロアを歩いて回る。理想は、整理整頓された清潔な店に顧客がどっとやってきて、満足して帰っていく、そんな姿を見届けることだ。それから、その日のうちにミーティングを行い、仕入れを済ませたら、帰宅する前に、「翌日の準備をし、その日にやり終えられなかったことを確認して計画を立てる」。普通は午後六時半ごろ店を出て、妻と子どもたちの待つ家に向かう。「自分がこれほど成功できたのは家族の大きな助けがあったから」だそうだ。

もっとも、彼の場合、日曜日も働いている。だから毎週日曜日は街にいることになる。それは「刺激の多い所の近くにいたいから」と説明してくれた。「それに、日曜日はいろいろなことを片づけるのに好都合なんです。ほかに働いている人があまりいませんから、生産性がぐんと上がるんです。うちの弟も日曜日に仕事をしていますが、日曜日に働くというのは、なかなかいいもんですよ」とのこと。

彼が日曜日に仕事をすることについては、祖母のミセスBもきっと歓迎したに違いない。アーブはネブラスカ・ファニチャー・マートを経営するブラムキン家三代目の代表として、ウォーレン・バフェット引退後、二代目、三代目があとを継いだときに親会社であるバークシャーがいったいどうなるのか、その手掛かりを得るにはもってこいの例と言える。

事業が二代目に引き継がれる率は三〇％にも満たない。ましてや三代目となると、さらに少なく、一三％ぐらいだという。[12] にもかかわらず、ブラムキン一族は、バフェット引退後を心配する株主のために、長期にわたって事業を継承していくことが可能であることを身をもって教えてくれているのである。

家業を存続させていくことは、この世で一番の難事業かもしれない。これまで創業したあらゆる企業のなかで、実際に次の世代が経営者となって家業を継ぐケースは五％未満だという。アメリカでは家業が廃れていくことが企業文化のなかにあまりにも深く浸透しているため、家業が成り立つようなら、それはもう伝説的なこととなる。俗に言われるように、「富は三代続かない」「貧乏から金持ちになって、また貧乏」というのが普通なのである。こうした言い習わしはいずれも同じ過程を意味している。つまり、一代目が事業を興し、二代目が「うまい汁を吸う」あるいは「収穫を得る」が、三代目は残り物を競売にかけて売り払うか、もう一度、一からやり直すことになるのである(13)。

三世代の家族を通して家業を強力かつ健全に繁栄させてきたことは、ミセスB最大の偉業と言えるかもしれない。バークシャーでは家具部門だけが代々にわたり家族経営の究極のサクセスストーリーを築き上げているが、他の事業部門では三代目はおろか、二代目の後継者もいないところがほとんどなのだ。

将来に関しては、ブラムキンの成長戦略はいたってシンプルである。「持続的な成長を目指す」そうだ。成長性に関するかぎり、特別な目標は立てていないと言いながらも、こう指摘している。「うちはこの六三年間、一度も下り坂になることなく、ずっと成長を続けてきました。ですから、この流れを止めないようにしていきたいと思っています。私たちで三代目ですので、せっかく築き上げてきた実績を台無しにしないように気をつけていかなければなりません」。六三年も業績好調が続くと、さすがにかなりのプレッシャーを感じると認めてはいるものの、「これは単に自らが課したプレッシャーですから」とのこと。「ウォーレンから電話がかかってきて圧力をかけられる、といったプレッシャーは一切ありません。自分たち自身が成功に向けて絶えず努力していく、ただそれだけのことです」

好業績を維持していくため、ブラムキンは常にビジネスチャンスを探している。「買収や他地域への出店など、いろいろな可能性が考えられます。これからも一番得意とすることを居心地の良い場所でやっていくつもりです。私たちはいつでも頭の中に自分たちの未来図を描いています。先のことははっきりとは分かりませんが、引き続き見晴らしをより良くしていきたいと思っています」

一〇年後、ネブラスカ・ファニチャー・マートの最大のライバルはどこになっているだろうか。面白いことに、ブラムキンは他の家具小売業者の名前を挙げるのではなく、こう答えた。「可処分所得からどのくらいお金を出してもらえるか。つまり、個人消費に頼っているところなら、どこでもライバルになると思います。ですから、必ずしも家具や家電業界など、同業他社がライバルになるとは限りません。旅行業界や自動車販売業、衣料品店、その他の大規模小売店などが競争相手となります」

一般に家具業界の将来については、さらに拡大すると同時に統合再編されていくと見ている。「個別には難しい商売です」とブラムキンは言う。「巨額の資本が必要ですし、頭に入れておかなければいけないことが山ほどあります。それに、全体像を把握している人材が限られていますから。将来的にしていかなければいけないことは、品質の向上と配送面の改善、そして、お客様のことをもっとよく理解することです。それと同時に、生活の場として家や家庭の重要性をもっと高めていく必要があります」

バークシャー・ハサウェイの将来については、「そういったことはウォーレンの責任であって、私の責任ではありません。でも、彼のビジョンがどのようなものなのか、よく知りませんが、一〇〇％信用しています。ただ、ウォーレンなら、利用できるあらゆるチャンスを柔軟にとらえて一番納得のいくものを選び、自分の得意分野や自分の能力の輪のなかで仕事をしていくと思います」。当然のことながら、ブラムキンはバークシャーを〝断然〟有利な投資先と考えている。「私は投資アドバイザーではありませんが、もっとお金があったら、まずバークシャーに投資しますね」とのこと。

バークシャーはどんどん拡大の一途をたどっているが、大きくなりすぎではないか、という心配はしていないそうだ。「たしかに人間も成長するにつれ、いろいろな問題が増えてきますが、結局のところ、それぞれの事業の運営方法を組織化するウォーレンのやり方を見ていると、規模の拡大が障害になる恐れはないのではないかと思います。うちはうちで小さな世界を築いて、それを運営していますが、それはもっと大きな世界の一部で、そうした小さなピースが一つにまとまって、この大きなパイを形成している、ただそれだけのことです」

こうした考え方をしているせいか、ブラムキンはバークシャーの株主たちが「ウォーレンが亡くなったらどうなるのか」と、やたらに心配していることについては、ほとんど気にもしていない。バフェットの後継者が一人であろうと、すでに話が出ているように業務部門と資本配分部門の責任者が二人で引き継ぐことになろうと、それはバフェット自身が熟慮に熟慮を重ねたうえで人選に当たるはずだと彼は見ている。「だから、一秒たりとも心配したことはありません。ウォーレンのビジョンとその人選の才があれば、こうしたことは大した問題にはならないはずです」

どんなことが起ころうと、バークシャーは確かな人の手によって運営されていく、とブラムキンが考えているのと同じように、バフェットもネブラスカ・ファニチャー・マートについてそう確信している。一九八四年にバフェットは株主に向けてこう語っている。「ブラムキン家の事業の秘訣について教えてほしいと、よく頼まれます。これといって秘伝のようなものがあるわけではありませんが、強いて言えば、家族全員が、①まるでベン・フランクリンやホレイショー・アルジャーらが落伍者に見えてしまうくらい、仕事に情熱とエネルギーを注いでいる、②驚くほどの現実主義でもって、自らの専門分野の線引きを明確に行い、その範囲内だけにこだわって仕事をしている、③どんなに魅力的な条件を提示されても、それが専門分野外のものであれば、絶対に手を出さない、④取引先に対してはどんな相手であろうと、丁重にいつも変わらぬ態度で接する――といったことが挙げられます(14)」

ビジネスの基本方針――アービン・ブラムキン

★社員を家族の一員として見る。

★無駄遣いをしないようコスト管理を徹底し、コスト削減に努める。

★お客様のことを理解し、満足していただけるように、新しいサービス方法を常に模索する。

★本業をわきまえ、本業から外れないようにする。

★無借金経営。可能なかぎり、現金払いにする。

第一一章　復帰した経営者――フランク・ルーニー（H・H・ブラウン・シュー）

以前、マルコム・キム・チェイスに会ったことがある。彼は取締役会のメンバーで、バークシャー繊維工場を所有し経営していた創業者一族の一人である。バフェットが初めてバークシャーの株を買い付け始めたのは一九六二年。このとき、この繊維工場にバフェットはいったい何を見いだしたのか、それが知りたかったからだ。その洞察を得れば、バフェットがなぜ靴業界へ投資したのか、その戦略との関連性が分かるかもしれないと思ったのである。バフェットが経営するようになってから、バークシャー株は大幅に値上がりし、チェイス家の保有株の評価額は一〇億ドルにもなった。それを目の当たりにしてきたチェイスは、昔のアニュアルレポート（年次報告書）を見せてくれた。バフェットが株を買い始めた当初、バークシャーにはかなりの価値があったという。当時の時価総額は一四〇〇万ドルだが、簿価ベースの純資産額は二二〇〇万ドル。つまり、バフェットはグレアム流の古典的バリュー投資（割安株投資）の手法で、この繊維工場に投資していたのである。バフェットにとって、繊維産業やバークシャーへの投資は最終的には最悪とまではいかずに済んだ。一ドルの資産を六四セントより下で買い付けていたうえ、こうした資産を他の事業にうまく振り向けることができたからだ。バフェットのおかげでチェイス家の持ち株は三五年間で一株七ドルから七万ドルを超すまでに上昇したのである。

靴製造業界は繊維業界と同様の危機に直面していた。何百もの織物メーカーが国内工場を閉鎖し、生産拠点を極東に移していたが、靴メーカーも同じだった。国内の靴の売上高は史上最高を記録していたが（数量ベースでは年間一〇億足を超えた）、メーカー側の利益は、実はアメリカ国外で稼ぎ出したものなのだ。

H・H・ブラウンのCEOフランク・ルーニーは私をナンタケット島にある別荘に招待してくれた。別荘は断崖絶壁にあり、西側の港が一望できる。それはまさに一〇〇万ドルの景色だった。ルーニーは夏、二カ月ほどここに滞在し、子どもや孫たちの家族とそれぞれ一週間ずつ過ごしている。冬はフロリダ州のノースパームビーチにいるが、それ以外は、妻のフランシスと二人でニューヨーク州ライに住んでいる。

いつもならゴルフをしているところをちょっとお休みしてもらい、かなり風変わりな引退事情について話を聞いた。第一に、彼が築き上げた事業は最終的にはCVSというドラッグストアとなっている。しかも、義父の靴メーカーをウォーレン・バフェットに売却したとき、ルーニーはすでに引退していたにもかかわらず、説得されて現役に返り咲いているのである。私と話をする前、ルーニーはバフェットに電話を入れ、「あなたが靴メーカーを買った理由について、どう話せばいいか」と尋ねている。するとバフェットはこう答えたそうだ。「フランク、あなたがいたから買ったと、そう言えばいい」

一九九九年八月一八日、ボストン・グローブ紙に次のような記事が掲載された。「数日前、マサチューセッツ州の沖合、ナンタケット島のサンカティ・ヘッド・ゴルフ・クラブという会員制超高級ゴルフクラブに超豪華な四人組が出没。その四人のなかには全米最大企業の伝説的CEOもいた。ゼネラル・エレクトリック（GE）のジャック・ウェルチ、バークシャー・ハサウェイのウォーレン・バフェット、マイクロソフトのビル・ゲイツ……」。そして、ルーニーについては、「ピッツバーグ・スティーラーズ［＝米NFLのフットボールチーム］のオーナーであるルーニー一族のメンバー」と書いてあった。(1)

ルーニーはこの誤りをわざわざ正そうとはしなかったが、この日、ゴルフ場にいたルーニーは、スティーラーズのオーナー一族とは無縁の、マサチューセッツ生まれのフランシス・C・ルーニー・ジュニア。H・H・ブラウンの会長兼CEOである。コネティカット州グリニッチを本拠とする同社は、作業靴と作業ブーツでは全米でも指折りの大手靴メーカーである。しかし、比較的無名のルーニーがあんな堂々たる面々といっしょに、いったい何をしているのかと疑問に思われる方もいるかもしれない。実は、ルーニーはジャック・ウェルチの友人で、ナンタケットではご近所付き合いをしているし、一九九一年にウォーレン・バフェットに会社を売却して以来、バークシャー・ハサウェイ・グループの一員でもあるのである。

ルーニーは一九二一年、マサチューセッツ州ノースブルックフィールドで生まれた（H・H・ブラウンがこの町で創業したのは、そのさらに四〇年ぐらい前のことだ）。一九四三年、ペンシルベニア大学ウォートン校で経済学の学士号を修得。卒業後は米海軍の少尉となり、第二次世界大戦中は戦艦「USSノース・カロライナ」に乗り組んでいた。戦後は靴業界に入り、最初はシカゴにあるフローシャイム・シュー・カンパニー、次は「トム・マッキャン」ブランドの靴を製造していたメルビル・シュー・コーポレーションに勤務。

一介の平社員から身を起こした彼は、商品部長とトム・マッキャン部門の社長を経て、一九六四年にはその親会社メルビルのCEOとなり、多角化計画に着手。マーシャルズ（アパレル）、KBトイズ（玩具）、ディス・エンド・アップ・ファニチャー（家具）に続き、一九六九年にはドラッグストアチェーンのCVSを買収した。ルーニーが経営権を握った当初、一億八〇〇〇万ドルだった年間売上高は、二〇年後に引退するまでに七〇億ドル近くにまでなっていた。

それだけの功績を上げたなら、悠々自適の引退生活を送っているだろうと人は思うかもしれない。なにしろ、早期に引退できるのは、実業家にとっては成功のあかしなのだから。しかし、プロの仕事人にとっては、成功＝引退とはけっしてならないようだ。仕事への愛着が多くのプロにまたヤル気を起こさせるのである。フランク・ルーニーは少なくとも、そんなプロのうちの一人だ。メルビル・シュー（その後、メルビル・コーポレーションに改称）を退職してから六年後、義父のレイ・ヘファナンからH・H・ブラウンを継いで経営に当たってほしいと依頼され、承諾したのである。

H・H・ブラウンはヘンリー・H・ブラウンによって一八八三年に創業。(2)それを一九二七年、当時二九歳だった実業家ヘファナンが一万ドルで買収したのである。それから歳月が過ぎ、ヘファナンの娘フランシスがフランク・ルーニーと結婚。ルーニーはすでに靴業界に入っていたが、「H・H・ブラウンで働くつもりでいるなら、そうした考えは一切捨ててくれ」と当時、ヘファナンから釘を刺されていた。(3)

ところが一九八九年、九二歳にしてまだ会社の経営を行っていたヘファナンは慢性的な病に悩まされ、もはやCEOの仕事は務まらないと悟り、病気が回復するまで経営をルーニーに任せたのである。しかし一九九〇年、ヘファナンが息を引き取り、家族は事業の売却を決断した。

ルーニーはゴールドマン・サックスに依頼してH・H・ブラウン関係の顧客リストを作成してもらい、事業を買い取ってくれそうな人を探すことにした。そんなとき、フロリダ州でゴルフの試合があり、友人のジョン・ルーミスから「ウォーレン・バフェットに連絡してみたらどうか」と言われる。ルーニーはバフェットとは面識があった。そこで、バフェットに電話をかけ、家業の話をすると、「興味はありますが、ゴールドマン・サックスの人間をこっちによこさないでください。この二年間の監査済みデータを送ってくれるだけでいいですから」と言われ、過去数年分の損益計算書と貸借対照表をバフェットに送った。すると、バフェットから電話があり、「いくらで会社を売りたいのですか」と聞かれた。

「私には分かりません。市場テストをしたほうがいいかと思いますが」とルーニーが言うと、バフェットは、「価格が決まったら、また連絡してください」と答えている。売上高は約二億四〇〇〇万ドル、税引き前利益は約二四〇〇万ドル。ルーニーは会社の価値を数億ドルぐらいではないかと見積もった。それからしばらくしてバフェットから電話が入った。

「これからニューヨークに行くんですが、いっしょに昼メシでも食べませんか」

ルーニーは言う（ニューイングランドのなまりが入っている）。「義理の兄弟と私と彼とでいっしょに昼食をとりました。『こちらの出した数字がそちらの言い値と合うようなら、もうこれ以上ほかの人とは話を進めないでくれませんか』とウォーレンから言われ、『分かりました』と答えると、『じゃあ、決まりですね』と言われました。義理の兄弟と私は辺りをちょっと散歩してから、また戻り、『それでお願いします』と答えました。ウォーレンは工場見学もせず、社のだれとも会っていませんでした。なんでまた靴会社を買う気になったのかと、あとで尋ねたところ、『買った理由はただ一つ。あなたがいたからです』と言われました」

実際、バフェットは一九九一年度の会長あいさつにおいて、株主に次のように報告している。「今回の買収にこれだけ乗り気になれたのは、フランクがCEOとして続投することを快く引き受けてくれたからです。弊社のほとんどの経営者と同様、彼もまた働かなければならないような金銭的な理由はありません。それでも仕事をするのは、仕事にほれ込んでいるから。そしてゲームに勝つのが好きだからです。こうした経営者たちを通常の感覚で『雇う』というわけにはいきません。弊社がしなければいけないことは、彼らのようなビジネスアーチストが演奏したいと思えるようなコンサートホールを提供することなんです(4)」

バフェットが――フランク・ルーニーとセットで――買い取った会社は、ワークブーツやセーフティーブーツ、アウトドアブーツのほか、ウエスタンシューズやカジュアルシューズの製造・輸入・販売を手がけている会社で、中部大西洋岸諸州にある二二の直営アウトレット店をはじめ、ディラーズやJCペニー、シアーズ、ペイレス・シュー・カンパニーなどの小売店を通して、さまざまなブランドネームで靴を販売している。鋼製先芯入りの安全作業靴にかけては全米屈指の大手メーカーでもある。顧客には、法律でこの手の特殊靴の着用が義務づけられている産業労働者が多く、価格的にはそうした中間層向けの市場でしのぎを削っている。[5]

フランク・ルーニーのほうもバークシャーに買収されたことをことのほか喜んでいた。バークシャーの株主のほうが有利だったとはいえ、バフェットが支払った金額はルーニーの見積もりどおりだった。バークシャーの傘下に入っていなかったら、これほどの業績は上げられなかったとルーニーは思っている。今でも家族が会社を一〇〇％所有しているかのように経営できるうえ、資本も際限なく利用できるため、他の靴メーカーを買収してグループの強化を図ることも可能であり、実際それを実行に移してきた。「バフェットの会社は買収者として好ましい存在か」とルーニーに尋ねたところ、彼はすぐにイエスと認めたうえで、傘下に入るということは、「自ら事業を経営することの次に素晴らしいことだ」と付け加えた。

ほぼすべての業界がそうであるように、靴業界も、H・H・ブラウンが一〇〇年以上前にノースブルックフィールドで創業したころから見ると、劇的な変貌を遂げていた。当時は、靴製造業といえば、もっぱら国内だけで営まれ、マサチューセッツ州では最大の雇用提供者だった。ブロックトン周辺だけでも一〇〇以上の工場があったくらいだ。[6] しかし今では国外のほうが人件費やその他の経費が安いため、たいていのアメリカ企業は自社で靴を製造するよりも、輸入に的を絞っている。

アメリカ国内の靴の生産量はこの一〇年間で二億三四〇〇万足から七六〇〇万足と約七〇％減となっている。一九九九年にアメリカ国内で販売された一三億五四五六万八〇〇〇足のうち、一三億五二六万二〇〇〇足――つまり九六％以上――は海外、特に中国で生産されているのである。[7] 五〇年前、靴業界の就業者数はマサチューセッツ州だけで七万五〇〇〇人いたが、だんだん減少し、今では五〇〇〇人しかいない。[8] アメリカでかつて操業していた二五のなめし革工場も、今や二、三工場を残すのみとなっている。

値下げ競争が激化しているうえに、ナイキやリーボックなどの有名大企業のような戦術もないため、H・H・ブラウンではルーニーの指導の下、生産拠点の大部分を海外に移転している。この数年間で同社の国内生産量の割合は九〇％から、わずか四〇％まで下がっているのである。当然のことながら、輸入品と国産品の割合が変わるということは、大幅な人員削減を意味する。バークシャーに買収された当初、約三五〇〇人いた従業員も、今では二〇〇〇人ぐらいしかいない。

結果的にアメリカ人が職を失うことになってしまったことをルーニーも認めているように、遺憾に思っているが、本人も認めているように、競争がますます激化する環境下で生き残っていくためにはこれしか方法がなかったのである。バフェットがバークシャー・ファミリーの全企業に対して重要性を強調していることの一つに持続的な競争優位性があるが、彼はこれを「大きな堀」（つまり防御するもの）を周囲に巡らす、といった形で表現している。H・H・ブラウンの周囲には、本来あるべき大きな堀は築かれていない。これが今後の課題となることはルーニーも認めているが、それでもなお競合他社よりは有利だという。

「実は、弊社はニッチ（すき間）産業の部類に入り、他とは異なる独自商品を提供しているのです。鉱山労働者や電柱に登る電話工事の人など、その種の仕事をしている人たち向けに特殊な靴をつくっています。短納期を要求されることが多いですから、短期で回して、なおかつ利益を上げていかなければなりません。ライバル企業のなかには、こうしたことができないところもあります。だからこそ、製品すべてを輸入に頼るわけにはいかないんです。ともかく迅速かつ柔軟に対応し、お客様に満足していただかなければなりませんから」とルーニーは言う。

こうした客層を見れば、H・H・ブラウンがもう一つ別のニッチを築いていることが分かる。顧客の大半は一日中、立ち仕事をしている人たちだ。つまり、自分が何を履くかは非常に重要な関心事となるため、彼らは金を高く支払ってでも、高品質のものを求める傾向にあるのである。

その結果、同社は買収と新製品の開発によって成長を続けている。一九九二年、H・H・ブラウンは、ニューハンプシャー州ハドソンを本拠とするローウェル・シュー・カンパニー[9]（モース・シューズの一部門）を四六二〇万ドルで買収[10]。同社を既存事業のなかに取り込んだことで、各種靴のほかにナースシューズの主力ブランド「ナースメイト」が製品ラインに加わることになった[11]。それからさらに靴のチェーン店スーパー・シューズを取得。一九九七年にはテクノロジー関連のディコンという会社を買い取っている。ディコンは靴の中敷や裏地の汗を吸収する発泡剤のメーカーである。

H・H・ブラウンも最近では婦人靴の開発や「ボーン」という新ブランドをはじめ、新しい製品ラインもいくつか手がけている。「ボーン」は今どき珍しい手縫いタイプのつくりになっていて、売れ行きも絶好調だ。とはいえ、H・H・ブラウン自体は売り上げ・利益ともに大幅に伸びてはいるが、工場閉鎖や退職金の支払いに伴うコストがかさみ、バークシャーへの財務的貢献度は本来より下がり、相対的に小さくなっている。

もっとも、バークシャーがH・H・ブラウンよりあとに買収した他の靴部門に比べれば、はるかに業績は良い。例えば、バフェットが一九九三年に取得したデクスター・シュー・カンパニー。同社の買収については、H・H・ブラウンのときと類似点がいくつもあるが、このとき仲介役をしたのがルーニーである。デクスターのオーナーであるハロルド・アルフォンドやピーター・ランダーとは古くからの知り合いだったため、バフェットにデクスターを調べてみてはどうかと勧めたのである。と同時にアルフォンドとランダーには、バークシャーは御社にとっても理想的な「家」を提供してくれるだろうと伝えていた[12]。この両人とバフェットとの初顔合わせはフロリダ州ウエストパームビーチの空港で行われた[13]。バフェットはのちにフォーブス誌にこう語っている。「第二次世界大戦を基調テーマにした、ちょっとしたレストランに入り、ハンバーガーを食べながら靴の話をしました[14]」

買収に当たり、バフェットは即金で支払うことを申し出たが、二人はバークシャー株での受け取りを望んだ。バフェットが自社株を渡すことはめったにない。今回も株式交換には乗り気ではなかった。にもかかわらず、数カ月後、バークシャー株が史上最高値をつけそうになったとき、バフェットはこの二人にもう一度会いに行った。場所はボストンにあるランダーのアパート。弁護士も会計士も投資銀行も交えずに、三人だけで取引が行われた。デクスター・シュー・カンパニーを売却する見返りとして、アルフォンドとランダーはバークシャー株を二万五二〇三株受け取った（当時の時価評価額はおよそ四億二〇〇〇万ドル）。これはバークシャーの発行済み株式数の二％に当たり、二人はバフェットの家族に次ぐ大株主となった(15)。

当時、デクスターの買収はたしかにグッドアイデアのように思えた。同社は一九五七年、ハロルド・アルフォンドによってメイン州デクスターに創業。このとき投じた資金は一万ドルだった。翌年、おいのピーター・ランダーが入社。それから三五年の歳月を経て、デクスターは男性用および女性用のドレスシューズやカジュアルシューズ、スポーツシューズ（特にゴルフシューズとボーリングシューズ）を手がける年商約二億五〇〇〇万ドルの成功企業に成長。全米中に九〇ある工場直売店に加え、百貨店や比較的規模の大きい独立店や専門小売店を通して自社製品を販売するようになっていた(16)。

しかし、バフェットとバークシャー・ハサウェイが靴メーカーとのかかわりを深めていく一方で、アメリカの靴会社は製造・販売業者から輸入・販売業者へと変わる過渡期にあった。H・H・ブラウンは数々の工場閉鎖や生産拠点の海外移転などで苦境を乗り切ることができたが、デクスターは相変わらずメイン州の四工場で完全雇用を維持することにこだわっていた(17)。その結果、バークシャーの靴部門（H・H・ブラウン、ローウェル、デクスター）の売上げは一九九五年から落ち込み始め、九〇年代の終わりまで減収が続くことになる。

デクスターの買収がさらに傷口を広げることになったのは、バフェットが株式交換に応じていたからだ。買収当時、四億二〇〇〇万ドルしていたバークシャー株の時価評価額は今日ではほぼ二〇億ドルに達しているが、これを税引き前で一億ドルの利益しか生まない企業のために手放してしまっていたのである。業界基準でいえば、デクスターの実際の価値はわずか一億ドル。これは年間売上高の二分の一、あるいは値上がりを続けるバークシャー株（買収時引き渡し分）の評価額の約五％にしかならない。一九九八年九月一六日の会合においてバフェットが「靴部門はバークシャーにとって大当たりとはいかなかった」と認めざるを得なかったのも、これで納得がいく。[18]デクスターはバフェットにとって最悪の投資先だった、ということになるかもしれない。

バフェットを支持していたフランク・ルーニーが幸いにして救われたのは、バークシャー・ファミリーの候補としてバフェットに検討を勧めた企業はデクスターだけではなかったことだ。バフェットにアルフォンドとランダーを紹介してから一年ほどたった一九九四年、ルーニーはバフェットにリッチ・サントゥーリとエグゼクティブ・ジェットの話をしている。オハイオ州コロンバスを本拠とするエグゼクティブ・ジェット（詳しくは第八章を参照）は個人および法人向けに各種の航空サービスを提供している。なかでも特に重要なのは欧米および中東におけるネットジェット・プログラムだ。飛行機を分割所有するこうしたプログラムなら、個人も法人も自家用機あるいは社用機の購入費や維持管理費等の高いコストを負担せずに飛行機のオーナーとしてのメリットを享受できるのである。

ルーニーの提案を受けて、エグゼクティブ・ジェットのサービスを試してみたバフェットはすぐさまその優位性のとりこになり、一九九八年、同社を七億二五〇〇万ドルで買収。支払いはキャッシュと株で行われた。この投資はだれが見ても正解だった。[19]エグゼクティブ・ジェットの売上高は、一九九九年に一〇億ドルだったのが、二〇〇〇年には倍の二〇億ドルとなり、買収以来、その価値は急上昇することになったのである。バークシャー・ハサウェイ全体としては成功していたので、デクスターのことは取るに足らないこととなっていたが、エグゼクティブ・ジェットのほうは、いずれフェデックスよりも大きな会社になって、将来的にはバークシャーの売上高・利益・純資産において相当な割合を占めることになるかもしれない。バフェットはかつて株主に向けてこう言っている。「フランクは控えめで、のんびりしたところがありますが、これにだまされてはいけません。彼がバットを振れば、ボールはフェンスをはるかに越えて消えてしまうんですから」[20]。

バフェットがなぜフランク・ルーニーのことをこれほどまでに高く評価したのか。エグゼクティブ・ジェットの成功とその将来性を考えると、説明がつく。

当然のことながら、ルーニーも同様にバフェットを評価している。「珍しい人です。気取らないし、面白いし、ほがらかで、ユーモアがあって、楽しい。それにヘンなところもあるし……よそのうちへ行くと、彼、自分の朝食は自分でつくるんです。それがハムサンドとチェリーコークなんですよ。彼は自分にとって面白いことだけする。私にはそんなふうに見えます。それこそ、人や人との付き合いが彼の楽しみなんですね。それ以外は興味がないんです」。だから、「ウォーレンの内輪の会に参加すると面白いですよ」とルーニーは付け加えた。

しかしながら、ルーニーはバフェットがバークシャーのためにマスタープランを用意しているとは思っていない。「私が思うに、ウォーレンはむしろ日和見主義者ですからね。もちろん、人口統計やその種のことに関しては未来に目を向ける気はあるでしょうが、概して言えば、一つの総括的なマスタープランがあるといった印象はないですね。こうしたことについて彼と話をしたことは一度もありませんが、おそらく彼に聞いても、マスタープランの存在は認めないと思います。何らかのプランがあるようなことは言うかもしれませんが。例えば明日、缶詰の缶をつくっている会社を見つけて、お買い得だと思えば、買収するでしょう。だから、長期的なプランなどいくらあっても、いったい何がどうかかわってくるか、分かりませんよ」

もっと個人的なことについて言えば、ルーニーは自分が仕事を続けていけるのはバフェットのおかげだと思っている。バフェットが最近こんなことを書いている。「私にとっては、『働く』ということに金銭的な意味合いはありませんが、好き好んでバークシャーで働いているのには単純な理由がいくつかあります。それは、仕事によって達成感が得られ、自分で良かれと思ったことを自由にでき、信頼のおける好きな人たちと毎日ふれあい、互いに刺激し合えるからです。それにしても、弊社の経営者たちは――その道に秀でた達人ばかりですが――どうしてまたこう違った物の見方をするのでしょうかね[21]」。

ルーニー自身はまったく違わないと思っている。「ウォーレンは私に目的を与えてくれました。私がH・H・ブラウンを経営しているのは、ウォーレンを喜ばせたいからです」

ルーニーが最も影響を受けた人は、経営の第一人者ピーター・ドラッカーである。メルビルを経営していたとき、四半期ごとにドラッカーと会い、本分をきちんとわきまえることと顧客満足に焦点を当てることの重要性を教わったという。これまで読んだなかでは、ドラッカーの著書『現代の経営（上・下）』（ダイヤモンド社刊）が最高のビジネス書だそうだ。原書の初版が出たのは一九五四年。ドラッカーの古典的名著で、この当時、仕事で直面した重要な問題を取り上げたものだが、今日の経営者たちにも読み継がれている。「私にとってはバイブルです」とルーニーは語る。

「常にシンプルに」――これがルーニーの経営スタイルだ。自分のことを「ピープルパーソン」（＝親しみやすい庶民派）と評する彼は、人事に関する決断、つまり雇用と解雇に関する決断が一番難しいと思っている。一番易しいのは日常的な決断だそうだ。企業経営者として成功するために最も重要かつ不可欠な要素は「誠実さと正直さ、それとかなりの知性」。おそらく意識せずにバフェットの指導に従っているのかもしれないが、管理職への一番の動機づけは「ただ楽しくやってもらうこと」。能力については、人に権限を委譲できるだけの技量が不可欠だと考えている。事業に失敗する一番の原因は「人に任せる」ということができないことだそうだ。

こうした基本的な資質や能力を重視しているせいか、年月を経ても、事業や経営陣はそれほど変わってはいないと彼は見ている。「ありとあらゆる新しいテクノロジーを導入してきましたが、好業績を上げているとされる人たちが一〇年前とまったく違う仕事をしているかというと、必ずしもそうとは限りません」

自分自身の能力については概して謙遜気味のルーニーだが、バフェットと共通していると本人が思っているある資質については特に誇りにしているようだ。それは、人を見る目があること、人を正確に評価する能力があることだ。バフェットは、金よりもビジネスに興味がある事業主を探しているが、同様にルーニーも人を見るときは、仕事に対する情熱があるかどうかをチェックすることにしている。H・H・ブラウンでは、管理職の姿勢を反映・強化するために一風変わった給与体系が採用されている。多くの主要管理職には最低でも四ケタの年収が支払われるが、これに会社の利益の一定率が加算される仕組みになっている。これだと、単なる管理職ではなく、オーナー的な立場に立たされることになる。管理職にとっても会社にとっても、このシステムがうまく機能しているのは――バフェットも言っていたように――「自分の能力に大きく賭けてみたいと熱望する管理職にはたいていそれだけの能力が十分にある」からかもしれない。(22)

八人の子どものお父さんであり、二六人の孫を持つおじいちゃんでもあるルーニーは現在七九歳。自身のことを「半ば隠居の身」と評する。笑いながら彼は言う。ウォーレン・バフェットとの契約により、週に一日でいいから、あと二〇年間勤務することになっている。ただし、契約期間満了時には「不戦条項」(＝第六章に登場するミセスBのように子どもや孫と経営をめぐって争わないように、という条項)が付加されているそうだ。バフェットからせがまれて承諾したこの契約は書面によるものではない。口頭でなされた非公式のものだが、たとえそうであっても、バークシャー・ハサウェイの一企業の経営者になるということは、合衆国最高裁判事になるようなものだ。というのも、最高裁判事は終身制が普通だからである。この三四年間で死去あるいは引退という理由以外でバークシャーを辞めた経営者は一人もいない。実際、バークシャー傘下の企業のほとんどはいまだにバフェットから買収された当時の経営幹部たちによって経営されているのである。(23)

ルーニーは一定のペースで仕事を続けている。春と秋は週に五日、ニューヨーク州ライにある自宅からコネティカット州グリニッチにある本社まで通勤している。肩書きは会長兼CEOだが、日常業務はCOO（最高執行責任者）のジム・イスラーが管理し、ルーニーにとって知っておく必要があることはすべて彼が報告してくれる。夏はマサチューセッツ州沖のナンタケット島にある別荘、冬はフロリダ州ノースパームビーチで過ごす。

出勤する日は、たいてい午前九時か九時半に出社し、社内を歩き回り、本社のスタッフ（三五人から四〇人）にあいさつをすることから一日が始まる。それから通常はイスラーと打ち合わせをし、会社の主要メンバー（一人から三人）を交えて昼食をとる。午後は、ウォール・ストリート・ジャーナル紙を読み、イスラーがルーニーのために予定を組んだ会議（一つか二つ）に顔を出す。したがって、肩書きは会長兼CEOだが、ルーニーの役割は実際にはアドバイザーかコンサルタントといったところだ。

靴業界の将来については、ルーニーは次のように語っている。「これまでも常に厳しい状況にありましたが、これからも厳しいことに変わりはないでしょう。引き続き合理化を進めていくことになりますが、浮上できる企業はどんどん減っていくと思います。でも、人間がはだしで生まれてくるかぎり、商機はきっとあるはずです」。特にH・H・ブラウンの将来については、「弊社には戦略がありますし、弊社なりの使命もあります。大したものではありませんが、ともかくもっと体当たりで防戦に努め、この状況を乗り切り、事業の線引きをはっきりさせていくつもりでいます。本業を明確化する必要性については議論を重ねていますが、それほど生易しいことではありません。利益の追求だけを考える人もいますが、弊社ではお客様にご満足いただけることが私どもの務めだとわきまえています。ですから、そこから外れず、こだわりを捨てないようにすれば、うまくいくと思います」

ルーニーは自社の成功と最大のライバル、ウルバリン・ワールドワイドの成功とを比べて見ている。ティモシー・オドノバンが経営するウルバリンは、ミシガン州ロックフォードに本拠を置く靴の製造・販売業者で、「ハッシュパピー」「ハーレーダビッドソン」「コールマン」をはじめとする数多くのブランドネームで、さまざまなカジュアルシューズやアウトドアブーツ、ワークブーツ、スリッパ、モカシンなどを販売している。約五九〇〇人（H・H・ブラウンの三倍）の従業員を抱えるウルバリンは業界第五位に位置し、その時価総額は五億五五〇〇万ドル、年間売上高は横ばい状態で六億七〇〇〇万ドル。H・H・ブラウンと同様、主としてアメリカ工場の閉鎖と製品の大半をアジアからの買い付けに頼ることで好業績を維持している。

H・H・ブラウンではすでに大幅な人員削減を断行してきたが、「組織のスリム化はまだ道半ばにすぎない」とルーニーは言う。現在、自社製品の約四〇%をアメリカ国内で生産しているが、これを二〇%か、できれば一〇%まで落とす計画だ。そうすれば、年商五億ドルも夢ではないと考えている。ルーニーいわく、「あれこれ買収していけば、いずれ年商が一〇億ドルに届く日が来るかもしれません」

バークシャー・ハサウェイの将来については、最近の顕著な動きに反し、損害保険会社というよりも、むしろコングロマリットに近い形になると見ている。「そうしたことはウォーレンがどうするか次第でしょう」。とはいうものの、ほかの人たちと同様、バークシャーの将来に関しては、バフェットの後継者問題が一番重要と考えている。目先的には、バフェットがこれまでどおり会社に在籍して賢い投資を続けていくと思われるため、バークシャー株自体は当面、良い投資対象と言えるだろうとのこと。それにしても、バフェットの引退問題は――本人は死後五年後に引退すると決めているが――ことさら大きく取り上げられすぎだとルーニーは思っている。「ウォーレンがいくら偉大とはいえ、会社を経営できる人間はたった一人だけではありませんから」

ルーニー自身は、この問題はバークシャー・ファミリーのほかの全員にとっては非常にかかわりのあることだが、自分には関係ないと感じている。「ウォーレンが後継者と交代することについて心配ではないのか」と尋ねたところ、ルーニーは一笑に付した。「ウォーレンはまだ七〇ですが、私は七九です。そんな私がなんでまたそんなことをいちいち心配しなくてはならないんです？」

ビジネスの基本方針――フランク・ルーニー

★経営は常にシンプルに。
★管理職に会社の利益を共有させれば、オーナー感覚で行動してもらえる。
★管理職に責任を委譲することを恐れてはならない。
★管理職には楽しく仕事をしてもらえるようにする。

第二二章　主義を貫く経営者──ビル・チャイルド（R・C・ウィリー・ホーム・ファーニシングス）

ビル・チャイルドは夫であり父親であり、孫やひ孫のいるおじいちゃんでもある。そんな彼を決定づけているのは仕事と家庭、そして信念である。

妻のパトリシアは夫のことを「ワーカホリック」（＝仕事の虫）と言うが、彼に言わせれば、ただ仕事が好きなだけだ。その仕事人生のなかで彼が見せてきた決断力と粘り強さ、ひたむきさは、箱詰め作業や使い走りをやらされていたアルバイト時代に培われたものだ。

ソルトレークシティー界隈は道が分かりやすい。末日聖徒イエス・キリスト教会のソルトレーク・テンプル（＝モルモン教の総本山、テンプル・スクエアの中心となる神殿）を目印にして住所が決められているからだ。ビル・チャイルドの事務所およびR・C・ウィリー社の住所は「南二三〇一の西三〇〇」──これはソルトレーク・テンプルから南へ二三ブロック、西へ三ブロック行ったところ、という意味だ。

会社を訪問したのはレーバーデー（＝労働記念日／九月の第一月曜日に当たる休日）だったが、ビルをはじめ、経営陣には気合が入っていた。一日の売り上げ最高記録を目指していたからだ。家具・家電製品・電子機器・カーペットの売り上げ目標は八〇〇万ドル。ビルは一日中、各店舗の売上高を頻繁にチェックしていたが、最近オープンしたばかりのアイダホ州ボイシの新店舗には絶えず目を光らせていた。

チャイルドは私が会ったなかでも特に開けっぴろげな経営者で、私たちは一日中いっしょだった。主要管理職を紹介してくれたり、電話に出たり、売り上げの数字をチェックしたり、顧客の苦情を聞いたり、インターネットの検索エンジンで調べ物をしたり、ジェリー・ルイスのテレソン（＝長時間放送のチャリティーTV番組）に出演してR・C・ウィリー名義で小切手を贈呈したり、駐車場のゴミ拾いをしたり……と、そんななかでインタビューは行われた。

彼の無限のエネルギーと惜しみない笑顔を見ていると、いかにして年商二〇万ドルの企業を四〇年で二億五〇〇〇万ドルの企業に育て上げたか、そしてウォーレン・バフェットおよびバークシャー・ハサウェイのパートナーとなることで、いかにしてビジネスの頂点を極めたかが、すぐに分かる。買収されて以来、売り上げ・利益ともに六〇％も伸び、目下、年間売上高一〇億ドルという次の目標に向かって邁進中だ。会社が成長するにつれ、彼自身の純財産額も増えている。バフェットに会社を売却してから、バークシャー株は三倍になった。

しかしビル・チャイルドにとっては、お金がすべてというわけではない。大事なのはチャレンジすること。自分の主義を曲げることなく、ビジネスで大成することだ。バークシャーにR・C・ウィリーを売却したのも、それなりの理由があってのことだった。それは流動性の確保と相続・遺産税問題の解決。そして家族や従業員、顧客や地域社会のために会社を存続させていくためだ。バフェットに会社を売却して得た金よりも仕事を愛するこのCEOは、自分のため以上にバークシャーの株主のために懸命に働いている。

ビル・チャイルドのサクセスストーリーはホレイショー・アルジャーの世界を地でいくような話だ。それは貧しい身の上から勤勉と高潔さによって成功を手にした男の典型的な物語である。

「もう何年も前のことですが、バークシャー・ハサウェイの株を買いたいと思ったことがあります」とR・C・ウィリー・ホーム・ファーニシングスの会長ビル・チャイルドは言う。「株価は一株七〇〇〇ドル。当時は大金でした。そこで一、二カ月悩んだ末、ようやく腹を決めて二株買うことにしました。

証券会社に電話をかけ、『今、いくらで取引されていますか』と尋ねると、『一万ドルをちょっと超えたところです』と言われ、買うのをやめてしまいました。でも、ずっと気になっていて、半年か一年後、『やっぱり買いたいので、買おうと思います』とは言ったものの、そのときの株価は一万二〇〇〇ドル。結局、また買うのをやめてしまいました。結局、一株も買えなかったんです」

そんなビル・チャイルドがついにバークシャー・ハサウェイの株を大量に保有することになった。もっとも、それは一九九五年になってからのことだ。R・C・ウィリーをバフェットに売却したとき、R・C・ウィリー株とバークシャー・ハサウェイ株を交換したのである。当時、どちらも二万五〇〇〇ドル近辺で取引されていたが、本書執筆中の現在、ほぼ三倍に値上がりしている。

一九三二年にユタ州オグデンで生まれたウィリアム（＝ビル）・H・チャイルドは、大学一年を終了したのと同時にルーファス・コール・ウィリーの娘ダーリンと結婚した。彼いわく、「美しい女性で、まさに最高の人でした」とのこと。チャイルドは早速、ウィリーの店でアルバイトをするようになった。その店はユタ州シラキュースにある軽量コンクリートブロック建て約五五平方メートルの電器店だった。翌年、ユタ大学に転学したチャイルドは教育学と歴史学を学びながら、ウィリーの店で引き続き仕事をした。給料はあまり多くはなかったが、それでも奨学金の足しにはなった。ビルはダーリンとソルトレークシティーで一年間生活したが、義父の仕事を手伝うため、週末ごとにダーリンの実家に来ていた。その後、シラキュースに戻り、モジュラーハウス（＝ユニット工法によるツーバイフォー住宅）を購入。ウィリーが店の隣に用意してくれた土地に家を建てた。

一九五四年、チャイルドが大学四年のとき、義父が病気になった。しかしウィリーの息子ダレルは家業を継ぐことよりもアカデミックな道に進むことをすでに決意していたため、ウィリーはチャイルドが大学を卒業した日、経営のことなどほとんど分からない彼にカギを手渡しながらこう言った。「はい、これ。あと頼んだぞ。二、三週間で復帰するから」。ウィリーは自分で潰瘍だと思い込んでいたが、実際はすい臓がんで、その命は三カ月と持たなかった。教師になるつもりでいたチャイルドは当時をこう振り返る。「義父が亡くなったとき、従業員一人のこの店を自分が継がなければいけないという責任をひしひしと感じました。こうしたことがなければ、小売業以外の職業に就いていたかもしれない、という思いは、このとき一切断ち切りました[(1)]」

チャイルドがウィリーの電器店を引き継いだとき、店にはすでに二二年の歴史があった。友人たちから「RC」と呼ばれていたウィリーは何年もの間、電気技師として働いていた。時は一九二〇年代半ば。鉱石ラジオから新型の交流式ラジオへの切り替えについて問い合わせを受けるようになっていたウィリーは、二七歳にしてそこに商機を感じ取り、一九二七年、自家用車でトレーラーを引いてユタ州北部の小都市を回り、「アトウォーター・ケント」や「マジェスティック」ブランドのラジオ販売を始めた。それから何年もたたないうちに電気冷蔵庫がだんだん流行してきたことに気づいたウィリーは一九三二年、「ホットポイント」冷蔵庫や電熱器を製品ラインに加え、電器商を始めた。大恐慌にもめげず、さらに取り扱い製品を増やし、一九四〇年代末には電気掃除機や蓄音機、湯沸かし器、「デクスター」二槽式洗濯機なども顧客に提供できるようになっていた。

一九三〇年代から四〇年代は訪問販売をしていた。当時のことをチャイルドは次のように語っている。

「家電製品の利便性や価値に気づいていない人が大勢いましたから、義父は冷蔵庫や電熱器を各家庭に持っていっては、置かせてもらえるように頼み込んでいました。場合によっては電気の配線の仕事まで引き受けていたようです。そうやって、試しにしばらく使ってもらってから、その家をまた訪問し、『いかがでしょうか。お気に召さないようでしたら、持って帰りますので』と言うわけです。義父は優秀なセールスマンでした。いったん商品を家に入れて使ってもらえれば、返す人などまずいないことを心得ていたのです。これで結構いい生活が送れるようになったそうです。なにしろ、一人で仕事をしていたので諸経費も安く、年間の売り上げが四万ドルから五万ドルあり、粗利益率は一〇％でしたから」

しかし第二次世界大戦が始まると、ウィリーも苦しい時期を迎えることになった。国内産業の多くが戦争準備に入り、販売するための商品がなかなか手に入らなくなったのである。にもかかわらず、「義父は入手できるものならどんなものでも売ることができました」とチャイルドは言う。「実際、義父はゴミ捨て場に行っては廃物を拾い集めていました。パーツを購入すれば、修理できたからです。冷蔵庫にコンプレッサーを入れたり、電熱器に部品をはめ込んだりして、それを販売し、生活費を稼いでいました」。戦争が終わると、景気も上向きに転じ、三年後に朝鮮戦争が勃発すると、にわか景気がやってきた。チャイルドいわく、「第二次世界大戦中、家電製品がかなり不足しましたから、これが頭にあった人々は今回も同じことが起こると思い、多くの人が『買い換えておいたほうがいい』と言うようになりました」。その結果、商売は大いに繁盛することになった。

しかし、成功は高くつくことになる。チャイルドは次のような話をしてくれた。「RCのライバルたちがメーカーにこんなことを言うようになったんです。『おい、あの草っぱらにいるヤツを見てみろ。あいつは店さえ持っていないんだ。あんなのは真っ当な商売じゃない。そんなヤツに製品を売るなんてまともなことじゃない。あんなのと競争なんかやってられるか。なにしろあいつの諸経費はタダなんだから』と」。店を持つ気などなかったウィリーは、「ここはどう対処しようか」と自問していたが、サプライヤーを失うわけにはいかなかった。そこで、自宅のすぐ隣に軽量コンクリートブロックで広さ約五五平方メートルの店を建てたのである。「入り口をかなり広めにつくってありました」とチャイルドは言う。「家電製品を梱包用の箱に入れたまま置けるようにするためです。最初は商品をすべて箱に入れ、正面を開けておくだけにしていたんです。やがて義父はあることに気づきました。人というのは複数の選択肢から〝選ぶ〟ことを好むんです。みな小型トラックの荷台に乗せていた商品ばかりか、もっと多くのものを見たがりました。これで仕事が本格的に増えることになりました。年間の売上高は五万ドルから二〇万ドルを少し超えるまでになり、修理・配送担当者としてフルタイムの従業員を一人雇うことになりました」

しかし一九五三年、ガレージが大火事になり、家電製品がすべて燃えてしまったのである。二台の車は焼けずに済んだが、家電製品と倉庫が壊滅状態となった。そこで、敷地内に約七四〇平方メートルの倉庫を建てることになった。

店を切り盛りしていたころを思い出しながら、チャイルドは言う。「最初のころは悪戦苦闘の連続でした。店の評判は良かったのですが、財務内容は健全とは言えませんでした。債務超過状態でキャッシュ不足に陥っていましたから、ともかく給与と商品の支払いに必死でした。最初の一年か二年、自分の給料は働いた分の半分しか出せませんでした。本来なら、うちの従業員と同様に週に一〇〇ドルはもらえるはずだったのですが、当時、そんなに受け取ったことは一度もありません。結局、そのころの年収は二三〇〇ドルか二四〇〇ドルぐらいだったと思います。もっとも、生活費はそれほどかかっていませんでした。日曜日は教会に行ったり、家族と過ごしたりする日と決めていましたが、それ以外は毎日働いていたので、金を使う時間などなかったからです」

初期のころの緊急課題は店の経営を二人でできるような体制にすることだった。「私は〝のこぎり〟を使うことだけで手一杯でしたから、〝のこぎり〟を研ぐ時間が十分にありませんでしたので」とチャイルドは当時を振り返る。しかし二年もたたないうちに、弟のシェルダンを店に引き込むことができるくらいに商売は繁盛するようになった。そのうえさらに重要なことは、五五平方メートルの店舗を二八〇平方メートルに拡張できたおかげで、家具の販売も手がけられるようになったことだ。

とはいえ、売り場面積は限られていた。「マットレスなどは壁に立てかけていました。ですから、お客様がその心地よさを試すには、マットレスにもたれかかるしかありませんでしたが、返品されたという記憶はありません。当時のお客様たちは今ほど好みがうるさくなかったようです」

一九五〇年代から六〇年代にかけて必死で働いたチャイルド兄弟は、正直ベースの商いとお値打ち品を提供していくことで評判を確立。店は栄え、一九六四年までにシラキュースの店舗は二五〇〇平方メートルに拡大していた。オグデンやソルトレークシティーといった、三〇キロあるいは五〇キロ離れたところからやってくる客もいたが、六〇年代も終わりに近づくにつれ、引き続き成長していくためには人口の多い都心部に出店するしかないことに二人は気づいた。そこで一九六九年、ソルトレークバレーの中心地から南へ一六キロほどのユタ州マリーにR・C・ウィリーの二号店を構えた。およそ一万六二〇〇平方メートル（約四九〇〇坪）の農地に建てた店の売り場面積は約一八六〇平方メートル。兄弟が出資した額は締めて三〇万ドルだった。マリー店はすぐに売上高・利益率ともに最高を記録したが、今日でもR・C・ウィリーのチェーン店のなかでトップの成績を収めている。

チャイルド兄弟のビジネスモデルはブラムキン一族のネブラスカ・ファニチャー・マートと同様、一店舗だけで家庭に必要なものすべてを提供し、最高の価値とサービスをお届けできるようにすることだ。チャイルドがターゲットとしているのは消費市場の八〇％に当たる中間層で、上位・下位各一〇％は他の小売業者に譲っている。

一九七四年、チャイルド兄弟はまた一つ重要な戦略的決定を下した。消費者信用業務を完全に自前で管理することにしたのである。R・C・ウィリーは創業当初から何らかの形で信用を供与していた。「RC」がまだ小型トラックで家電製品を売って回っていたころから、収穫期に合わせて年三回の分割払いにしたいという農家のお客さんのために、地銀に融資をしてもらえるように頼んでいたのである。以来、チャイルドは顧客勘定への内部および外部双方からの融資を試み、一九七〇年代半ばにはクレジット関連の事務処理を自社ですべて行うことにした。このころには店の信用力によって資金を借り入れ、顧客に直接融資ができるようになっていたからだ。

これはR・C・ウィリーにとって税制上の利点もあった。というのも、売上利益は代金をすべて回収するまでは発生していないことになるからだ。そのうえ、もっと重要なのは、プライムレートが急上昇して二一％になったとき、貸出金利を一八％にすることで売り上げを伸ばし、市場シェアを獲得したことだ。こうしたことは同業他社にはまねできなかったし、まねする気もなかった。今日もR・C・ウィリーの利益の半分はファイナンス部門が稼いでいる。これは家具店としては非常に珍しいことで、これがまた最終的に「求婚者」（＝バフェット）の気を引くカギとなったのである。

以来、二〇年間、R・C・ウィリーの成長は続いた。最初に出店した二店を拡張し、他地域へも進出。一九九五年までにユタ州内のフルサービス店はウエストバレー、ソルトレークシティー、シラキュース、マリー、オレム、ウエストジョーダンの六店舗になり、家具・カーペット・家電製品・電子機器・コンピューターを販売。ソルトレークシティーにはカーペット専門のアウトレット店も構えた。従業員は一三〇〇人、年間売上高は二億五七〇〇万ドル。そのシェアは州内家具市場の五〇％以上を占めるようになっていた。

このときすでに複数の企業から「店を買いたい」とのオファーをもらっていた。チャイルド自身は買い手を探していたわけではなかったが、会社を売るかどうか、検討する気になっていた。とはいえ、どの企業も「求婚者」としてはいまひとつに思えた。

一九九五年一月のある日、チャイルドは繊維業界の会議に出席した。そのときいっしょだった友人のアーブ・ブラムキンは、大成功を収めたネブラスカ・ファニチャー・マートのCEOで、同社は一九八三年にバークシャーから買収されていた。チャイルドはこの日のことを次のように話してくれた。「買収のオファーを受けているが、どこの企業もキャッシュをあまり出してくれないので、どうも気に入らない、といった話をアーブにしました。ある企業のオファーでは、買収額の四〇％から五〇％をキャッシュで支払い、あとはうちの資産を担保に金を借りる計画でした。でも、そんなことをされたら、債務負担が重くなって身動きが取れなくなってしまいますし、うまくいくはずないことは分かっていました。株式交換の話を持ってきたところもありましたが、その相手とその企業自体を好きになれませんでした。そこで、『ウォーレンならうちに興味を持ってくれるだろうか』とアーブに聞いてみたんです。するとアーブはこう言いました。『興味がないわけない。家具業界ではトップクラスの会社なんだから』と。それで、ウォーレンと会食する予定のあった彼がウォーレンの意向を聞いてくれることになりました。

それから三日後、アーブから電話をもらいました。『ウォーレンに話をしたら、会社のことについて話をしたがっていたので、そのうち電話が来るだろう』と言われ、礼を言って電話を切りました。その五分後です。電話が鳴ったのは。受話器を取ると、声が聞こえてきました。『ウォーレン・バフェットです。ビル、話はアーブから聞きました。会社を売却したいそうで』。『はい、それで話をさせていただきたくて。お時間、おありですか』。そう言った私は相手の返事を聞く間もなく、こう言いました。『それはそうとして、お電話をいただき、今、舞い上がっているところです。ウォーレン・バフェットと話をしているなんて、とても信じられません。本当に光栄です』。すると、彼はただこう言いました。『時間なら世界中にいくらでもありますよ』。そこで、私たちは二五分か三〇分くらいおしゃべりをし、遺産税や後継者の問題、将来の成長性のことなど、売却理由について検討しました。

最後に一つ、『いくらで売却したいんですか』と質問されました。両者にとって公正な価格であることを望むと伝えた私はこう言いました。『買い手がだれであろうと、二年後、三年後、五年後に良かったと思えるようにしたいです』。それから、私はどうすればよいのかと彼に尋ねました。すると、『三年分の財務データと簡単な社史を送ってください。後日、連絡をします』と言われました。四日後、フェデックスの急送便が届き、それにはこうありました。『ビル、あなたは宝石のような会社をお持ちです。私たちとの相性はぴったりです。三日後に価格をご連絡します』――これだけでした。彼はうちの店を見学することも、棚卸資産のチェックもしようとはしませんでした。

　果たして三日後、また急送便が届きました。開けると、買収価格が書いてあり、早速、彼に電話をしました。『ウォーレン、この価格なら申し分ありません。それで、お願いがあります。うちの家族とも話さないといけないのですが、こちらへいらして、うちの店を見ていただいたほうがいいかと思います。うちの会社をちゃんと見てください』。すると、『その必要はありません』と言われてしまい、何分間か押し問答をした揚げ句、私はこう言いました。『ウォーレン、ちゃんと見てもらえないのなら、うちの会社を売るわけにはいきません。こういうのはフェアじゃありません。私たちは自分たちの店に誇りを持っています。だからこそ、あなたにお見せしたいのです』。彼は言いました。『じゃあ、パームスプリングズでビル・ゲイツとゴルフをする予定があるので、途中で寄らせてもらいますよ』」

　チャイルドは次のように回想する。「彼が来たとき、一店舗を除いてすべての店に案内しました。全店見せられなかったのは、ただ時間が足りなかったからです。うちの従業員がちょうど七人ぐらい乗れる古びたバンを持っていたので、それで各店を回りました。その間、ずっとしゃべり通しで、彼とはすっかり打ち解けることができましたが、それはうちの経営陣も同じでした。それから彼を飛行場まで見送り、『ご感想は？』と聞くと、『気に入りました。売ってもらえるのなら、ぜひ買わせてください』と言われたので、『私自身はＯＫなんですが、家族と相談させてください』と答えました。ただ、税金を払わなければならないようなら、売らないほうがマシなので、非課税扱いになるような処理［つまり、Ｒ・Ｃ・ウィリー株とバークシャー株との交換］をしてほしい、ということを伝えました。すると、『キャッシュか株、あるいはキャッシュと株を混ぜ合わせるようにしましょう』と言われたので、『これ以上、良い話はありません』と答えました」

　ところが、「友人のブラムキンから、『会社をバフェットに売却したとき、キャッシュで受け取ったのはとんでもない誤りだった』という話を聞かされたんです。『だから、どんなことがあっても、キャッシュで受け取ってはいけない。何をしてもいいが、バークシャー株だけは手放してはいけない』と言われたので、その言いつけを守りました」とチャイルドは説明している[(2)]。

通常、バフェットはキャッシュで買い取ることを好むが、今回は例外となるのもいとわなかった。一九九五年六月、ウォーレン・バフェットがＲ・Ｃ・ウィリー・ホーム・ファーニシングスを買収した結果、長年バークシャー株を追いかけながら買えずにいたビル・チャイルドは大量のバークシャー株を手にすることになった。また、経営上のインセンティブを高めるために、マリー店だけはパートナーシップの枠外として家族が引き続き所有し、バークシャーに貸す形をとらせてもらえることになった。「なかなか好条件の取引でした」とチャイルドは言う。「ただ、ちょっとした手違いがありました。買収が完了した直後に気づいたのですが、バークシャー側の計算ミスで、うちが四株多く受け取っていたことが分かったのです。それまでバークシャー株は二万五〇〇〇ドルぐらいで取引されていました。そこで翌朝バークシャーに電話をかけ、副社長兼財務部長のマーク・ハンバーグにこう伝えました。『計算が違っていたようです。四株、約一〇万ドル相当、弊社が余分にいただいていました』と。すると、『ウォーレンと相談して、あとで折り返します』と言われ、翌朝、電話がかかってきました。『ご心配なく。ウォーレンからの伝言で、そのままお持ちください、とのことです』」

ウォーレン・バフェットがなぜこうした決断を下したのか、さらに言えば、なぜＲ・Ｃ・ウィリーを買収することに決めたのか、ビル・チャイルドを見れば、疑問を差し挟む余地などないことが分かる。バークシャーのなかでもとりわけ成功している家具部門――オマハのネブラスカ・ファニチャー・マート、ヒューストンのスター・ファニチャー、マサチューセッツのジョーダンズ・ファニチャーなどのなかで大きな役割を占めるＲ・Ｃ・ウィリーは引き続き繁栄を謳歌することになった。実際、チャイルドはバークシャーの家具部門に加わったことで、心底メリットがあったと思っている。「かなりの相乗効果がありました。意見を交換し合ったり、お互いに顔を合わせ、それぞれの店を訪問したり、絶えずコミュニケーションを図るようにしています。共同で仕入れをすることはありませんが、いっしょにアジアに買い付け旅行に行くことはあります。それに、共同買付機構みたいなものを結成したらどうか、という話も出ています」

「バークシャーにさらに家具会社を買収してほしいか」とチャイルドに尋ねたところ、今や、拡大を続ける「能力の輪」の一パートナーとなった彼はこう答えた。「そうしたことはウォーレンに任せていますが、私自身は賛成です。ただ、正真正銘の優良店となると、そうたくさんあるものではありませんが、たぶん、あと二、三社買収することになるかもしれません」

ソルトレークシティーのオフィスにいるチャイルドには、成功している国内家具業者はすべて頭に入っている。商品戦略や集客力に定評のある小売業者もあれば、在庫管理や配送、財務、点検・修理、追跡調査などの業務に秀でた業者もあるが、店頭部門・後方部門ともに優れていることがキーポイントとなる。ただし、バークシャーの買収基準を満たすようなこうした小売業者はめったにない。

彼の仕事自体はバフェットに買収される前とまったく変わっていないというチャイルドだが、「R・C・ウィリーにとってバークシャーが一つの強みになっていることは間違いない」という。実際、絶対的に競争優位な点について質問すると、彼は自社の購買力、業界知識、メーカーとの関係、従業員と経営陣に加え、バークシャーからの支援を挙げた。と同時に、自社もバークシャーに貢献していると自負している。「プラス効果を発揮していると思います。ただ、成長余地がかなりあるので、まだベストとは言えません」

チャイルドが会社を拡大できた裏にはバークシャーの支えがあったのは確かだ。合併した一九九五年から二〇〇〇年末までの五年間で店舗数は七店から一一店、従業員は一三〇〇人から二〇〇〇人、年間売上高は二億五七〇〇万ドルから四億ドルに増加した。チャイルドの推定では、毎年ユタ州内で販売される全家具の五七～五八％、全家電製品の三〇～三五％、全電子機器の三〇％を同社が占めているという。なかでも特に興味深いのは、結果的にこれだけ成長できた要因の一つとして、ユタ州以外に初出店したアイダホ州メリディアンの店（ボイシ店）の成功があったことだ。ビル・チャイルドは店をオープンすることに大乗り気だったが、ウォーレン・バフェットのほうは懐疑的だった。というのも、R・C・ウィリーの経営哲学には一風変わった特殊事情が含まれているからだ。

バフェットはそのことについて一九九九年度のアニュアルレポートのあいさつのなかでバークシャーの株主に向けてこう語っている。「ビルをはじめ、経営陣のほとんどはモルモン教徒ですから、R・C・ウィリーの店は日曜日には絶対営業しません。これでは商売は難しくなります。なにしろ、たいていの客は日曜日に好んで買い物をしますから」。しかしユタ州ではこれは問題にはならない。人口の大部分がモルモン教徒だからだ。だがバフェットが心配したのは次のようなことだった。「新しく進出する地域で日曜を店休日になどすれば、すでに地位を確立している年中無休のライバル店を前に壁にぶつかることになります。とはいえ、この店の経営を担っているのはビルです。私自身はためらいもあったのですが、ビルに対しては、『自分の経営上の判断と宗教上の信念に従うように』と言いました。

このとき、ビルは突拍子もない提案をしてきました。個人的に自分で土地を買って店を建て――これには結局九〇〇万ドル近くかかりましたが――無事成功したら、原価でバークシャーに店を売却し、逆に、期待どおりの売り上げに達しない場合は、私たちはビルに一セントも支払うことなく、事業から撤退していいというのです。この場合、当然のことながら、空っぽの建物への莫大な投資資金が彼の負担として残ることになります。私は彼にこう言いました。『申し出には感謝するが、バークシャーとしては、良いときに利するのであれば、悪いときも引き受けるべきだと思う』と。でも、ビルは私の提案を断ってきました。自分の宗教上の信念のせいで事業が失敗するようなら、その報いは自分が一人で受けるというのです。店は昨夏オープンしましたが、すぐに大繁盛となりました。そこでビルは大幅に値上がりした土地もおまけにつけて、その物件を私たちに引き渡し、私たちは原価分の小切手を切って彼に渡しましたが、二年間にわたる金利負担分については一切受け取ってくれませんでした(3)」

R・C・ウィリーのメイン倉庫から五六〇キロ離れたボイシ店は初年度に五〇〇〇万ドルの売り上げを記録し、今年は六〇〇〇万ドルに到達する見込みだが、これはチャイルドとバフェットが売り上げ目標として定めていた三〇〇〇万ドルの倍で、目標達成はまさに楽勝だったことになる。こうしてボイシ店はアイダホ州では最大の家具店となった。R・C・ウィリーの会長であるチャイルドは、ボイシ店が静かに店開きしてから一カ月後に大々的に公式オープンした日のことを思い出しながらうれしそうに話してくれた。テープカットのとき、バフェットがこんなことをしゃべったそうだ。「ビルがボイシ店を建てたいと言いだしたとき、あまり良い案とは思えませんでした。でも、大勢の方々がいらしてくださったとき、すごいと思いました。これはたしか、私のアイデアだったに違いありません！」

「この一件については二人で大いに盛り上がっています」とチャイルドはにやりと笑った。「店がいかに好調かという話を聞かされるたびに、ウォーレンは決まってこう言うんです。『なあビル、あのボイシ店については、何を言われようと、私が出店をあきらめなくて、本当によかっただろ！』って」。バフェットは、あんなすごいアイデアを出したのは「この私」なんだから、店の名を「バフェット店」にしようと言い続けているそうだ。

この話にはまだ続きがある。ボイシ店が成功し、労働記念日の一日だけで売り上げが一〇〇万ドルに達したら、また別の地域、すなわちネバダ州ラスベガスにR・C・ウィリーのアウトレット店を出すことになっていたのである。ラスベガスはソルトレークシティーの倉庫から約六八〇キロのところにあるが、アメリカで最も成長著しい大都市圏で、クラーク郡への転入者は毎月約八〇〇〇人。なかでもコミュニティーの成長速度が際立っているのがラスベガス郊外のヘンダーソンで、偶然にもビル・チャイルドが次に店をオープンさせたのがこの地域なのである。ギャンブルのメッカで日曜に店を閉めるというのは、アイダホよりもはるかに成功が難しいとの懸念はあった。家具小売業界を担当しているアナリストでコンサルタントのブリット・ビーマーによれば、「家具の売り上げの二三%は日曜日に発生し、これは総売上高のほぼ四分の一に当たる」そうだが、「これは全国の数字であって、ラスベガスでは人々がヘンな時間に働いているため、この数字は三五%ぐらいだろう」とのこと。

しかし、チャイルドは言う。「日曜日に店を開けるというのは、タバコを吸ったり酒を飲んだりするのと同じことです。私はどちらもやりませんし、だれからもそうしろと要求されたことも勧められたこともありません」

R・C・ウィリー以外で日曜に休む店は、チックフィレ（アメリカで全国展開しているファストフードチェーン）だけかもしれない。主としてショッピングモールの飲食コーナーを占めていながら、チックフィレでは日曜は「従業員が一日家族と過ごせる日」となっているのである。ファストフード全米第三位のこの店（店舗数はおよそ一〇〇〇店）が自社の方針に従うことができるのは非公開企業だからである。そして、チャイルドの会社が今あるのは、その信念があったからこそだが、そうした信念に従うことができるのは、公開企業になった今も、いまだに非公開企業であるかのように経営を続けていけるからだ。

「日曜店休日問題」に対処するため、ソルトレークシティーの店では営業時間をさらに延長することを検討中だ。ラスベガス店では営業時間をさらに延長することを検討中だ。(4)もっとも、今回は店の建築費はビル・チャイルドではなく、バークシャー・ハサウェイが出している。チャイルドいわく、「本当は私も自己資金を提供するつもりだったのですが、ウォーレンから『いや、それではまた私が〝だれかさん〟を利用することになってしまうから』と言われたんです」

予想どおり、チャイルドはバークシャー・ファミリーの一員となれたことの最大のメリットはウォーレン・バフェットとつながりが持てたことだと考えている。「彼との関係を大切にしています」とチャイルドは言う。「彼の下で仕事をするというのは、ホールインワンを決めたときのように、夢がかなったようなものです。素晴らしき仕事人生の頂点を極めたといった感じでしょうか。ウォーレンは私にとって偉大なヒーローなんです。彼の哲学も好きだし、その誠実さも、人との接し方も好きです。彼とならどんな話をしていても、気持ちが高揚するし、話をするたびに学ぶことがあるんです」

実際、「バークシャーは買収者として好ましい存在か」と尋ねたところ、彼はすぐにそう思うと認め、こう言った。「その理由はウォーレンとその経営哲学にあります。ウォーレンに会社を売却しても、私たちは自分自身の店を引き続き経営していくことができますし、そうしたいと思えば、日曜に店を閉めておくことも可能です。かつてやってきたとおりに店を経営し、これまでやっていたとおりのことをやらせてもらえるかぎり、みんなとてもハッピーでいられます。ほかの人ならいろいろなことを変えさせようとしたかもしれませんが、そのようなやり方ではきっとプラス効果はなかったと思います」

チャイルドはすぐにこう続けた。「ウォーレンはすごく頭がいい。私もいろいろな意味で彼のようになろうと努力しています。少なくとも経営理念については そうありたいと思っています。でも彼はケタ外れの考え方をします。ですから、私が同じことをしようとしても、彼ならもっと多くのことをこなせるでしょう」。チャイルドによれば、バフェットの最大の強みは「状況を理詰めで調査して資本を配分し、人を上手に管理し、モチベーションを与えるのがうまいこと。人をやる気にさせるコツを知っているんです。ともかく心底信頼してくれるから、こちらとしては、ついやりたくなってしまうんです」。実際、チャイルドをその気にさせたのは「チャレンジ精神と、ウォーレンの期待を裏切りたくない、彼を失望させたくない、という思いがあったからだ」という。

とはいえ、「会社を経営しているのはウォーレンに喜んでもらうためか」と尋ねると、彼はこう答えた。「引き続き市場シェアを獲得し、収益性を上げていけば、つまり、成功が続けば、彼は誇りに思ってくれるでしょう。たしかに、彼に喜んでもらいたいとは思いますが、それ以上に私たち自身が納得のいくように仕事をしているつもりです」。こうしてバフェットと自分自身がともに誇りを持てるようにしたいと願うようになった結果、「私たち全員がこれまでよりちょっぴり多く頑張り、個々の責任をちょっぴり多く感じ、店の成長をちょっぴり多く喜べるようになりました。非公開企業のままなら、私はきっとこう言っていたと思います。『これまでどおりの仕事をずっとやっていけるだけでいい。それをうまくやれるようになれればいい。そんなに背伸びはしなくていいから』と。なにしろ、株の大半は私と私の家族が持っていて、残りは弟のシェルダンが持っていたわけですから。でも今はバークシャーの一部となり、公開企業の一員としてバークシャーの株主に対する義務があります」（なお、シェルダンはバフェットに会社を売却したあと退社し、天職として自分の教会で仕事をしている）。

バフェットからかなりの影響を受けたとはいえ、チャイルドの考え方に一番影響を与えたのは父と義父の二人だという。「父は素晴らしい人でした。とても誠実で正直で勤勉でした。正式な教育はほとんど受けていませんでしたが、とても頭の切れる人でした。ただ、何やら閉塞感を抱いていたようです。父の人生は農業一筋でした。農業はきつい仕事です。ですから、自分でできることに限界を感じていたんだと思います。それでも、父からは多くのことを学びました」。チャイルドは「RC」からも同様に多くを学んだが、まったく別のものを得たという。「RCのほうはもうちょっと人生を楽しく生きる人でした。自分の収入に応じて生活し、気前が良く、金を惜しげもなく使っていました。人生を楽しんでいたんです。家族を外食に連れ出したり、人の世話をしたり、楽しみながらやっていました。義父からもずいぶん多くのことを教わりました」

チャイルドが義父から学んだことを一部挙げると、

商品戦略、柔軟性、販売手腕を磨くコツ。こうしたことが長年にわたって役立ち、今も店に満足した多くの顧客が節約のために遠くからわざわざやってくる。「アプローチ法としてはアートとサイエンスはどのくらいの割合で必要か」と聞いたところ、「どちらも等しく必要」とのこと。「サイエンスというのは数字を見ること、つまり分析をすることで、アートというのは本能や直観力のことだと思いますが、どちらも必要です。私としてはあらゆる数字をチェックしたうえで、うまくいくことを願いたいのですが、勘だけに頼って進まなければならないこともあります」。例えば、ラスベガスの新規出店計画では、多くの重要な決断を下すとき、自分の直観に頼らざるを得なかったという。「ラスベガスは店を出すのに本当にベストな場所と言えるのか、店の規模はどのくらいにすべきか、どうやって市場に参入していくか、といったことを自問しましたが、決定的な答えなどけっして出せるものではありません」

特に拡張計画に絡む問いは、答えを出すのが一番難しいそうだ。「まったくの未知数ですから」と彼は言う。「私が今、事業を立ち上げたばかりなら、拡張することについてもっと深く検討し、より良い計画を立てようとするでしょうが、当初はここに私たちの弱点がありました。ともかく売ることだけで精一杯でしたから、〝のこぎり〟を研ぐ時間も、一歩下がって、『自分たちは何を目指しているのか、何が道理なのか』と自問する時間もありませんでした。そのくせ、何でもせっかちに事を進めていました。そんなとき、突然、気づいたわけです。業績が伸びる一方で、倉庫やショールームがそれに追いつかず、手狭になっていたんです。さて、どうしよう。また店を広げればいいさ――と、こんな感じで万事丸く収まったとしても、もうちょっと前もって計画を立てていたら、もっとうまくいっていたのではないかと思います。でも、計画を立てるのは生易しいことではありません。何もかもが目まぐるしく変わっていくときに、長期的な計画を練り上げるのは至難のわざです」

とはいえ、明快かつ決定的と思われる答えが出せる問いもある。例えば、経営理念や経営哲学について質問すると、すぐに次のような答えが返ってきた。

「倫理的かつビジネスライクに店を運営していくこと。お客様のために信頼を築き、誠実に価値を創造していくことです。そして、お客様のニーズにおこたえしていくことです。お支払いいただいた分に匹敵するサービスができなければ、改善の必要あり、ということです。モノとサービスを介して、お支払いいただいた以上の価値を提供していかなければなりませんから」

そのチャイルドの経営方針が初めて試されることになったのは、開店間もない電器店の経営を引き継いだばかりのころだった。「当時、自動洗濯機を四〇〇台以上販売していました。このとき、普通に使用しても九カ月後には修理が必要となるような構造的欠陥があったことなど気づいてもいませんでした。メーカー側は保証期間が過ぎていたので、修理はおろか、欠陥を認めることさえ拒否してきました。でも、お客様たちは私たちを信用して、洗濯機が長持ちするものだと思って買ってくださったわけです。こうしたジレンマに陥ったとき、ちょうど資金繰りが非常に苦しいときでしたが、「黄金律」（＝「おのれの欲するところを人に施せ」と簡約されている新約聖書の一節）を方針として採用していましたから、お客様に対しては、自分たちならこうしてほしいと望むとおりのことをすることにしました。つまり、採算を度外視して、欠陥洗濯機の修理を無料で行ったのです。これでほぼ一年分の利益が吹き飛びました」

それから四五年後の一九九九年、Ｒ・Ｃ・ウィリーが利用していた保証会社が破産。それも、保証サービスと引き換えに、ウィリー側が新たに一八万ドルの小切手を振り出してからわずか数日後のことだった。もちろん、Ｒ・Ｃ・ウィリーと保証会社の破産とは無関係で、保証を請け負う義務もなかったが、保証対象となる修理については、チャイルドが現在および将来にわたって費用を全額負担することを申し出た。結局、このとき、すべてのクレームに応じるのに一四〇万ドルもかかることになったのである。「法律的には何の義務もありませんが、これらの保証を私たちがすべて引き受けることにしました」と当時チャイルドは語っている。「というのも、私たちにとっては、お客様からの評判が一番大事だからです。良いときも悪いときも、誠実さに変わりがあってはなりません。従業員に対しても、お客様に対しても、取引先に対しても、そして私たち自身に対しても、正直で信頼に足る私たちでいたいですから[5]」

こうした言葉からして当然のことながら、「仕事上、一番忌み嫌うことは何か」と尋ねたところ、チャイルドは「不正行為により人々を失望させること」と答えている。ただ、こうした答えを聞くと、仕事で嫌なことはこれ一つだけのようにも思われる。実際、彼は「仕事一筋」らしい。「毎日、仕事をしています。もちろん、日曜は別ですが」と言う彼は、早起きタイプではないので、通常、仕事に取り掛かるのは午前九時以降だそうだが、「たいてい夜遅くまで仕事をし、いつも家に仕事を持ち帰る」（**訳者注**　R・C・ウィリーの営業時間は午前一〇時から午後一〇時までとなっている）。休暇中と思われているときも、実際は仕事をしていることが多い。最近、彼はこんなことを言っている。「今年になって、『休暇を二カ月取ろうと思いますが、取ってもいいでしょうか』とウォーレンに聞いたんです。そうしたら、『もちろん。それはいいことだ。まあ、君には無理だと思うが、休めるものなら、どうぞ』と言われました。結局、休んだのは二週間でした」。そのうち、一週間はハワイにいたそうだが、「どうも落ち着かなくて。携帯を持っていたことに感謝しました。ずっと電話でやりとりできましたから。区域内通話で五〇〇分。全部使い切りました」とのこと。

めったに利用しない別荘がユタ州南部のセントジョージにあるが、「本当は家にじっとしているほうが好き。理想的な休暇は、一週間休みを取って、家の周りでやりたいことだけやること」。そのやりたいことの一つは、それほど時間もかからないもの。読書である。「教会図書をたくさん読みます。『モルモン経』（＝モルモン教会の教典）や聖書などですが、『ファニチャー・トゥデー』『ホーム・ファーニシングス』『ハイ・ポインツ』などの業界出版物もよく読みます」。ほかには一般的なビジネス書やビジネス関連の出版物を読むそうだ。

彼が熱心にやっていることはもう一つある。チャリティー活動である。R・C・ウィリーを売却した新たなメリットとして、店の資本金だった金が自由に使えるようになったため、家族で寄付ができるようになったからだ。「個人的に年に二〇〇万ドル以上の寄付をしていますが、すべてR・C・ウィリー名義で行っています。有名になりたくないものですから。……それに、名前をはっきり出さないほうが祝福されますし」と彼は最後に付け加えた。病院やホームレス・ユースセンターのほか、特に教育関連の慈善活動を好んでやっている。彼と妻はユタ大学の卒業生で、子どもたちのほとんどはブリガムヤング大学に通っていたため、この両校に加え、ウィーバー州立大学とウエストミンスターカレッジに寄付を行っている。実際、夫婦でユタ大学の二講座――R・C・ウィリーの名で神経放射線学の講座、ウィリアム（＝ビル）＆パトリシア・チャイルドの名で保健科学の講座――に資金援助をしている。

全般的な見通しについては、チャイルドは「楽観主義者」である。「常に前向きに見ています。物事を見るときはいつも――たとえ問題があっても――チャレンジする対象あるいは機会としてとらえるようにしています」。もっとも、そんな彼がチャレンジしても、けっしてかなえられないこともある。「もう二〇歳若ければ、と思います。やりたいことが山ほどあるんです。でも達成したいと思っていることをすべて達成する前にきっと時間切れになってしまうでしょう。外国語を学びたいんです。学校にも戻りたいし、本も書きたい。でも、やりたいことを全部やろうと思っても、もう時間が足りません」

とはいえ、チャレンジ中のことが少なくとも一つあるが、これについては、たぶん二、三年以内になんとか達成できるだろうとチャイルドは見ている。例によって、バフェットはチャイルドの会社を買収したとき、新しく傘下に入ったCEOをジョージア州のかの有名なオーガスタ・ナショナル・ゴルフクラブに招待している。そこでゴルフを思う存分楽しんだチャイルドが、どうしたらまたゴルフに招待してもらえるのかとバフェットに聞いたところ、R・

C・ウィリーの年間売上高が一〇億ドルに達したら、その褒美として年一回マスターズトーナメントが開催される有名コースでまたゴルフをやらせてもらえる、という約束になった。この挑戦を受けて立ったチャイルドは、バフェットにこの約束を絶対に果たさせてみせると心に固く誓っている。

そのためには現行のペースで成長を維持していかなければならないが、維持できれば、十分に目標達成は可能だとチャイルドは期待している。「家具業界の未来は明るいと思います。まあ、いろいろ改善の余地はありますが。例えば、メーカーは業務の見直しが必要となるでしょう。アメリカでは労働コストが高すぎて、特定商品の生産ができませんから。おそらく多くの製品を海外生産に頼ることになると思います。ですから、海外から商品を仕入れられない小売業者は不利になります。輸入で成功するには大量買い付けができるだけの一定の規模と推進力、専門知識と資本、購買力、そしてそれらの業務をこなしていけるだけのインフラが必要です。これはR・C・ウィリーにとってはおいしい話です。うちにはそれだけのキャパシティーがありますから。確実に成長できる機会がかなりあるということです。うちはこうした機会をうまく利用できる位置にあると思います」

ビル・チャイルドは現在六九歳。自分自身の将来についてはこう語っている。「健康で、自分なりについていける間は、そして学びながら前進していける間は、現役でいたいと思います」。チャイルドは自分の後継者となるメンバーの人選を行い、後継者たちに自分の知識や経験をできるかぎり活用してもらえる機会をふんだんに与えることが重要だと感じている。さしあたって引退する予定はないが、最近、義理のおい、スコット・ハイマスをCEOに、おいのジェフ・チャイルドを社長に任命した。今もしっかりと家族経営の会社というわけだ。ちなみに、ビルの息子スティーブは商品戦略担当の執行副社長で取締役でもある。ビル自身は会長に昇進し、「たぶん、これからは週にちょうど四〇時間だけ働くことになるでしょう」と軽口をたたいている。

ほかの子どもたちが店に入ることについては、

「下の息子はきっと偉くなると思いますが、どの分野を目指すのか、まだはっきりしていないようです。ですから、店に入れば、絶好の機会になると思います。適性はぴったりですから」とのこと。最初の妻ダーリンは三六年前にビルと四人の子どもを残して他界したため、一九六六年にパトリシアと再婚。典型的な夫唱婦随。二人の間にも子どもが四人いて、現在はみな成人している。もっとも、子どもや家族に家具業界の仕事を教え込むことについては、「あまり大したことはしていない」そうだ。「なにしろ、私が長時間働いているものですから、良い印象を持ってくれているかどうか自信がなくて。だれもこの仕事にそれほど魅力を感じていないのではないかと思います。スティーブは楽しんでやっていますが、娘のタミー（今は四人の子どもを持つ若きお母さん）を除けば、あとの子たちは私のような情熱は持ち合わせていません」

後継者選びの方法とそのプロセスに関する洞察などを話してもらった。「まず、すべてを兼ね備えていると思われる人、私がやってきたことをすべてできそうな人で、できれば、私よりももっと優秀な人を探し、候補者となりそうな人を三人選びました。次に管理職全員に次のような文書を送りました。『これが私の考えるＣＥＯの役割です。明日、私が死んだ場合に備えて、会社をリードしていくのに一番適任なのはどの人だと思われますか？　この人こそと思われる人を三人リストアップしてください』。その結果に本当に驚かされました。私が想定していた三人の名前が全員そこに挙げられていたからです。しかも、私が一番に選んだ人は、それほどの有力候補になるとは思っていませんでしたが、実際は管理職全員から尊敬されていたことが分かったのです」

後継者選びは自分にとって非常に重要な責務の一つだとチャイルドは悟った。「私は人を選び抜く知恵を先人から受け継いでいたのだと思います」と言いながらも、「ウォーレンの承認を得なければなりませんが、私が賢明な人選を行えば、店は引き続き成長し向上していくものと思われます。それに、そうしたことこそ、ウォーレンが望んでいることでしょうから」と語っている。「ＣＥＯになる人間には経営陣からの支えが必要だ」と痛切に感じてはいるが、「いったんCEOに仕事を引き継ぎ、責任を任せたなら、彼らはこれまでとは違う彼らになる」と信じている。「スコットなら臨機応変に対処してくれるものと思いますし、だからこそ、彼を選んだわけですから。うちには立派な経営陣がいますし、私もあと二〇年は現役で監視役として教育や訓練、助言を行う立場に立って、会社の安定とその輝かしい未来をしっかりと支えていきたいと思っています」

バークシャー・ハサウェイの将来については、マスタープランはなくても、バフェットがあらゆる機会を柔軟にとらえて利用していくとチャイルドは見ている。そして、バフェットが引退しようがしまいが、バークシャーは成長し続けていくものと信じているが、バフェットから後継者への引き継ぎがうまくいくかどうかが心配だという。「では、こうした心配を吹き飛ばす材料は何かないのか」と問うと、「ウォーレンの健康状態は良好なので、私が現役でいるうちは、彼も現役でいるはずだと思う」とのこと。これに対して、「バフェット引退後のバークシャーはどんな感じになると思うか」と尋ねてみたところ、彼はこう答えた。「それは多分に新しい経営陣次第でしょう。変わらないでほしいと思いますし、これまでどおりの業績を上げていってもらいたいですが、だれがあとを継ごうと、ウォーレンの経営哲学に従っていけば、大丈夫だと思います。ウォーレンのことですから、自分の後継者をすでに選んで継承プランを練っているはずなので、投資に対する彼の価値観や哲学を守り続けていくことになるのではないでしょうか」

とりあえず、バークシャー・ハサウェイやR・C・ウィリー・ホーム・ファーニシングスの将来に不安を抱いていた人は、彼の答えを聞けば、ほっと一息つけるのではないかと思う。「バークシャーの株主に対して伝えたいことは？」と聞いたところ、ビル・チャイルドは次のように答えてくれた。「株主の皆様にぜひともご理解いただきたいことは、私たちが常にベストを尽くし、最善の努力を傾けていく所存であること。好業績を上げていくことができなければ、私たち自身、納得がいきませんから。皆様方との信頼関係を格別大事にし、その責任を果たしていきたいと思っています。私たちに至らぬ点があったとしても、それは悪意によるものではありません。皆様方の利益を最大化することに反するようなまねは絶対にいたしませんので、その点、くれぐれもご承知いただければと思います」

ビジネスの基本方針──ビル・チャイルド

★誠実さは尊いもの。顧客の評判が何よりも大切。無料で修理することを保証したなら、必ず約束は守る。保守サービス会社が破産しても、R・C・ウィリーにその義務がなくても、顧客サービス契約はすべて当社が履行する。

★顧客の期待以上のものを提供する。さらにサービスを充実し、付加価値をつけることで、顧客の忠誠心を維持する。

★経営上の意思決定については、財務面に気をつけることも重要だが、時には直観に従って進まなければならないときもある。

第一三章　生涯のパートナー――メルビン・ウォルフ（スター・ファニチャー）

ウォーレン・バフェットにスター・ファニチャーを売却した直後、メルビン・ウォルフのもとに、高さ一二〇センチ、幅一八〇センチの「どでかいあいさつ状」が届いた。それには、こんなメッセージが――。

「メルビンへ　……私たちがこうして結婚できたことに感激しています。その思いの大きさはこの電報が小さく見えてしまうほどです。あなたの生涯のパートナー、ウォーレンより」

ヒューストンにある本社の二階。昔ながらの役員室に納まっているウォルフはざっくばらんな人だった。ひたむきで知識欲旺盛な論理的思考の持ち主。そんな彼から質問をぶつけられたら、自分が確信を持っていたことも、とことん突き詰めて考えさせられる羽目になるだろう。だれよりも自社のこと、同業他社のことを知り尽くし、バークシャーのことを深く理解している彼は、バークシャー・ファミリーの他の家具小売業者四人のうちの三人と同様、ネットジェットの愛用者であり、ボスと同様、貪欲な読書家でもある。

バフェット傘下の他のCEOたちのように、メルビンも謙虚で寛大。しかもエネルギッシュなので、実年齢よりもはるかに若く見える。スター・ファニチャーとバークシャー・ハサウェイにその情熱を傾けているところも思っていたとおりだ。

スター・ファニチャーのCEOメルビン・ウォルフが自身のことを口にしなくても、バフェットが本人に代わって語ってくれている。ウォルフと彼の姉シャーリー・ウォルフ・トゥーミンのことや彼らが一九九七年に会社をバークシャーに売却したときの話については、バフェットが株主に向けて次のように書き記している。「会社の売却について社員に説明するとき、彼らはこんな発表をしました。『これまでスター・ファニチャーの成功に貢献してくださった方々には高額の特別手当をお支払いします』――しかも、この『方々』とは社員全員のことだというのです。バークシャーからそうした手当てを支払うということは買収条件にはありませんでした。つまり、その手当てはメルビンとシャーリーのお金から支給されたのです。こうした振る舞いをする人たちとパートナーになれたことをチャーリーも私もとてもうれしく思っています」[1]。実際、各社員には勤続年数に応じて一人当たり一年につき一〇〇〇ドルが支給され、その金額はトータルで一六〇万ドルに上った。とはいえ、メルビン・ウォルフが、バフェットの言う「こうした振る舞いをする」に至るまでには長い歴史があった。

一九三一年にテキサス州ヒューストンで生まれたウォルフは、ミズーリ州にある陸軍士官学校に行くまでは地元の高校に通っていた。法律家になるつもりだったので、その後、オースティンにあるテキサス大学に進学したが、一学年の終わりごろ、父親が病気になった。彼はそのときのことをこう回想する。「父がスター・ファニチャーの株を半分持っていましたが、もう一人の共同経営者は家族四人で店に出ていました。それで私は父にこう尋ねました。本当は父が元気になって復帰するまで私が家に戻って店を手伝い、父の分まで稼いでほしいと望んでいるのではないかと。すると父は学業の邪魔をする気はないと答えましたが、私はとりあえず一年間、家に戻ってヒューストン大学の夜学に通うから勉強の妨げになどならない、と父に言い、そのとおりに実行したわけです。それからしばらくして、父は毎日一、二時間程度ですが、店に出るようになりました。私たちに指導したり、仕事の監督をしたりすることはまだできましたから。でも、通常の仕事量をこなせるほどには回復しませんでした。そうこうするうちに、私自身、血筋的に家具屋に向いているような気がしてきて、結局、テキサス大学には戻りませんでした」

一九五〇年にウォルフがスター・ファニチャーに入社したとき、創業からおよそ四〇年が経過していた。ルイス・ゲッツとアイク・フリードマンがヒューストンの繁華街で食料品店を始めたのは一九一二年。やがて食料品の勘定代わりに中古の家具を受け入れるようになった。当初、店舗は三階建てビルの一階にあったが、ウォルフによれば、二階と三階には「少々いかがわしいホテル」が入っていた。「もっとも、父の話では、上の連中は上の連中で、『売春宿の階下にいかがわしい家具屋が入っている』とか言っていたそうです」。ウォルフの父ボリスは一九一八年にロシアから移住してきた。当初は金もなく、英語も話せなかったが、一九二四年には家具屋の株を買えるぐらい稼げるようになっていた。「たしか、店の四分の一の株式を購入するのに一二〇〇ドルから一五〇〇ドルぐらいかかったはずです」とウォルフは言う。S・N・ホーバスが同様に四分の一の株を買い付けたため、一九二〇年代の半ばには四家族が店にかかわることになった。

そのころには、店は「家具通り」のしんがりを務めるようになっていた。場所はヒューストンの繁華街。二と二分の一ブロック分の区域に家具屋が一一軒あり、いずれもスター・ファニチャーと同様、家具を低価格で割賦販売していた。スター・ファニチャーの新旧のオーナーたちはホーバスとウォルフの払い込んだ金をビルの頭金に充てて例のホテルを追い出し、三階建てビルを丸ごと買い取った。「これで、通りの他の家具屋とも競争できるようになったそうです。家具通りで三階建てのビルを持ったことが大きな転機となり、やっと軌道に乗ったというわけです」。実際、「軌道」に乗って店は繁盛し、ほかにも店を出せるようになった。

一九二九年には株式市場が大暴落し、続く大恐慌により会社は大打撃を受けたが、不景気にもかかわらず、「従業員には絶対にレイオフをしないことを約束していました。実際、レイオフをしたことは一度もありません。その代わり、共同経営者たちの給与も含め、まず賃金を凍結し、次に減額しました。ともかく、従業員には、みんなでいっしょに生き残ろう、でなければ、いっしょに敗退しよう、と約束していたそうです。もちろん、会社を去る人がいた場合には補充はせず、彼らが仕事を引き継き、余分に仕事をしていました。こうしてみんなで大恐慌をなんとか乗り切り、一九三五年には再び軌道に乗り、商売も繁盛するようになったそうです」。ところが、五年もたたないうちに第二次世界大戦が勃発。また新たな苦難を抱え、過酷な時代を迎えることになった。

一九四三年までに明らかになったことは、会社の現状からして、もう四家族を支えてはいけない、ということだった。創業者の一人、アイク・フリードマンはだいぶ前に亡くなっていた。そこで、ボリス・ウォルフとルイス・ゲッツ夫人がS・N・ホーバスの株を買い取り、ホーバスは店を辞めて自身で家具事業を興すことになった。一九五〇年にボリスの息子メルビンがスター・ファニチャーに入るころには、店はすでに六店舗あったが、ことわざにもあるとおり、「船頭多くして船、山に上る」状態になっていた。メルビン・ウォルフによると、「当時、店の経営に当たっていたのは二家族。それも一家族から四人、もう一家族から三人で、それぞれがさまざまな指示を出していた」。そんな一九六二年、二週間の間にボリス・ウォルフとルイス・ガッツ夫人が相次いで他界。突然のことで引き継ぎの用意も何もしていなかった。二代目となる共同経営者五人は、先々のことを自分たちで決めていかざるを得なくなったのである。

ウォルフは言う。「五人のなかでは私が最年少でしたが、あとのメンバーを何とか言いくるめて、私が社長に納まり、会社を率いていくことになりました。そのとき、私は気づいていませんでしたが、会社の財務状態はあまり良いとは言える状態ではありませんでした。それまでの三年間のうち、二年間はそこそこの儲けが出ていましたが、次の一年間で損失が膨らみ、赤字状態になっていたのです。負債がかなりあり、純資産額はマイナスになっていました。おまけに、目の前にとんでもないライバルが立ちはだかっていたのです。……規模がうちの二〇倍もあり、彼らの宣伝効果によってスター・ファニチャーなくなってしまい、ほしい家具も手に入らなくなっていました。しかも、売掛金がたまっていたため、銀行から金を借りていたのですが、私たちはその銀行の担当者を知りませんでした。父が一人で取り仕切っていたため、会ったことさえなかったのです。そこで、父の葬儀が済んで一週間ぐらいしてから、私は一張羅のスーツに身を包み、ネクタイを締めて銀行へ行き、担当者に自己紹介をしました。結構年配の方で、おそらく今の私と同じぐらいの年齢だったのではないかと思います。

私はこう言いました。『ミスター・グリーア、ぜひお会いしたくて、まいりました。御行からご融資していただいているお金につきましてはご心配には及びません。このたび私が社長に選ばれましたので、今後のご連絡事項については、私がここで承りたいと存じます。私は弊社の他のメンバー全員から支持を得ております。弊社はこれまでどおり営業を続けてまいりますので、私ともどもどうぞよろしくお願いいたします。父が亡くなりましても、何も変わらないことをお約束いたしますので』。そしてこう言いました。『本日はただ、お見知りおきいただきたく、ごあいさつに伺っただけですので、また後日お伺いしたいと思いますが、その節はぜひ与信枠を広げていただければと思います。事業にさらに資金を投入する必要がどうしてもあるものですから』と。

すると、彼からこう言われてしまいました。『お若い方とお会いできて光栄です。ご足労いただいたのは誠にありがたいのですが、またお越しいただいても、与信枠の拡大については承りかねます。現在の負債をどう清算するおつもりなのか、そのプランをお聞かせ願えればと思います。御社への融資残高は当行の法定限度額ぎりぎりなものですから、この次、いらっしゃるときには、ご返済計画をお持ちください』。私にとっては、これが実業界への序章でした。これこそ〝現実〟の世界ということです。それまでは、財務的なことはそっちのけで、商品戦略のことばかり考えていました。銀行に行くときは、足取りは軽やかだったのですが、帰りは重い足を引きずって帰りました」

ウォルフはヒューストン中の銀行と掛け合ったが、

どこからも追加融資を受けることはできなかった。そんなとき、家族の友人がニューヨークの銀行を紹介してくれ、連絡してみると、意外にも資金を提供してくれるという。「ただし、ただ単に小切手を切ってくれたわけではありません。いろいろやってもらわなければならないことがある、と言われました。『何でしょうか』と尋ねると、まず八大会計事務所のどこか一つから監査を受けた財務諸表を提出するようにと言われました。そこで、『ミスター・ベーカー、監査済みの財務諸表が必要なことは分かりますが、なぜ八大会計事務所でないといけないのでしょうか。そんなところに頼めば、かなりの金がかかってしまいます』と言うと、こう言われてしまいました。『おいメルビン、よくは知らんが、君のところの会計士というのは君の義理の兄弟とかじゃないのかね』と。思わず笑ってしまいました。なぜ笑うのかと聞かれたので、相手の目を見て、こう言ってやりました。『うちの会計士は〝たしかに〟義理の兄です』と」

こうして（融資により）資金を調達できたので、ウォルフは会社の方針を変更すべく、新しい事業計画を練った。それは攻めのプランで、相当のリスクを伴うものだった。実際、あまりにもリスクが高すぎて、共同経営者たちの腰が引けてしまったくらいだ。そこで、彼らが保有していた五〇％分の株をウォルフが買い取ることになった。計画では繁華街にあった本店ともう一店舗を売却することになっていた。そこで、その売却代金に加え、ジャンクボンド（信用度の低い高利回り債）並みの利率の長期手形を発行して、株と引き換えることにした。友好的な取引だった。

ウォルフは次に、大手のライバル店が手放した大型倉庫とショールームを借り受けた。それから姉のシャーリー・トゥーミンを説得し、インテリアデザインの仕事をやめて、家具屋を手伝ってもらうことにした。と同時に、戦略的に廉価の割賦販売から足を洗い、シャーリーが店のデザインとディスプレイ――ウォルフによれば、美的なものすべて――の責任を担い、ウォルフが商売上のことや戦略的な計画を担うことにした。プランは功を奏し、今日でも受け継がれている。ウォルフがのちに指摘しているように、シャーリーとの連携プレーが最終的に事業の成功につながったのである。

ウォルフとトゥーミンのリーダーシップの下で会社は繁栄し、一九九七年までに店は九店舗となり（ヒューストンに七店、オースティンとブライアンに各一店）、年間売上高はおよそ一億一〇〇〇万ドルとなった。とはいえ、二人とももう六〇代の半ばである。まだ引退するつもりはないものの、どちらか一方あるいは二人とも死んだ場合の連邦遺産税のことが気がかりだった。このため、ウォルフはソロモン・ブラザーズに相談し、株式を公開して、買い手を探すべきか、何もしないほうがいいか、アドバイスを求めた[2]。

ちょうどそのころ、ウォルフもトゥーミンも気づいてはいなかったが、ウォーレン・バフェットが出番を待っていたのである。のちにバフェットはバークシャー・ハサウェイの株主に向けて次のように語っている。「一九八三年にネブラスカ・ファニチャー・マートを買収したとき、……ブラムキン家から素晴らしい家具小売業者が他地域に三社あることを聞いていました。しかし当時は、どの会社も売りには出されていませんでした。それから長い年月がたち、アーブ・ブラムキンが推薦していた三社のうちの一社、R・C・ウィリーのCEOビル・チャイルドが合併に興味を持っていることを知り、急きょ［彼の会社と買収話を］決めたわけです。……そのうえさらに、業界で傑出した企業はないかとビルに尋ねたところ、彼が挙げた名前は、ブラムキンから聞いていた残り二社と同じで、そのうち一社がヒューストンのスター・ファニチャーでした。ただ、二社とも売りに出る気配もなく、時が過ぎていきました。

ところが、昨年の年次総会前の木曜日、ソロモンの［当時は会長だった］ボブ・デナムから、スター・ファニチャーの長期支配株主であるメルビン・ウォルフが私と話をしたがっている、という話を聞かされました。そこでこちらにご招待したわけです。総会に出席したメルビンはオマハにいる間にバークシャーに関する前向きな気持ちを確認し、私もスターの財務データを見て気に入りました。数日後、メルビンと私はニューヨークで落ち合って二時間ほど話し合い、一発で取引を決めました。ブラムキン家やビル・チャイルドのときと同様、リース契約の確認や雇用契約の取り決めなど、私は一切必要としませんでした。取引相手が誠実な人であることは分かっていましたし、それが何より重要だったわけですから(3)」

バフェットがスター・ファニチャーに興味を抱いたのは、もっぱらブラムキンとチャイルドの推薦があったからだとウォルフは思っている。「そうでなければ、うちのようなあまりにも小さな会社は検討の対象にもならなかったでしょうから。もっとも、ウォーレンの場合、家具業界に参入して業界のことをよく理解していましたし、まわりに追いつくために人の教えを請うまでもなく、うちとすでに買収した二社の財務諸表を見比べて、うちが他社に匹敵するかどうかを見る目がちゃんと備わっていたようですから、業者を見分けるうえで有利な立場にあったわけです。ただ、うちは他の二社よりも規模が小さいし、彼が物色するような他の業界の企業と比較しても、小さいのですが」

スター・ファニチャーが他の小売業者よりも小さいのは、中間所得者層から富裕層に的を絞った家具しか扱っていないからだ。ちなみにネブラスカ・ファニチャー・マート（NFM）やR・C・ウィリーは家電製品や電子機器、カーペット類の販売も手がけている。それでも、バフェットがウォルフの会社を買収したということは、利益や規模が基準に満たなくても、経営陣がしっかりしていて、他のアドバイザー――特に同業他社――が買収に賛成していれば、その会社を買い取ることもある、ということだ。

スター・ファニチャーをバークシャーに売却することは、ウォルフやトゥーミンから見ても有利な点がいくつかあった。バフェットが――不本意ながらも――キャッシュ払いではなく、株式交換に応じてくれたからだ。「遺産税は純財産額の五五％もかかりますから、私たちが死んだら、遺産税を支払うために会社を手放さないといけなくなります」とウォルフは言う。「私たちは自分たちの一生をかけて、この組織を築き上げてきました。うちの社員にとって、会社は収入を得るための頼みの綱なんです。ですから、どうしても会社を存続させたいと思いました。自分たちが死んでしまったら、あとは野となれ山となれ、というのはフェアじゃありません。ですから、そうならないためにも、そうした障害を取り除く必要があったのです。会社を株式交換の形で売却すれば、私たちが死んでも税金の心配がいりません。少なくとも、会社には心配をかけずに済み、何の影響も出ません。でないと、会社自体がなくなってしまうことになりますから、どうしてもこうした形で売却しないといけなかったのです。よくあるLBO（対象企業の資産を担保とした借入金による買収）の形では、会社を売却できても、巨額の負債が会社に残ってしまいますから」。というわけで、株式交換によって買収されたことにウォルフはとても気をよくしていた。当時、彼はこう語っている。

「相続・贈与対策にはかなりの流動性を確保しておく必要がありますが、この取引により流動性が確保できたのと同時に、グループの一員になることができ、これ以上に幸せなことはありません。バークシャーは一企業の下に集められた企業集団としては最高のファミリーだと思います」[4]

実際、ウォルフはお互いに顔を合わせる前からウォーレン・バフェットに相当好感を持っていたようだ。メルビン・ウォルフとテキサス人仲間のボブ・デナム（ソロモン・ブラザーズ）は以前から親しい関係にあった。ウォルフいわく、「事前に打ち合わせをしたときはボブもいっしょでした。それで、彼から電話があり、『ウォーレンが三年分の財務諸表を見たがっているが、渡してもいいか』と聞かれたので、『渡してかまわない』と返事をしたところ、三時間後にまた電話があり、『ウォーレンが財務諸表についていくつか質問があると言っているが、質問してもいいか』と言うので、『もちろん』と答えました。その質問とは『一九九四年度の財務諸表の注記では、七八のルール（＝貸し手がローンの金利等を割り戻すときに、一から一二を足し合わせた七八を分母に使う計算方法）に基づいたローンの金利から得られた収入を認識し、繰り延べ金融費用を認めているが、一九九六年度ではその項の言い回しが違う。その違いを知りたい』というものでした。私はもう椅子から転げ落ちそうになってしまいました。こうした注記を読んでから二年後の財務諸表を見て、その項の言い回しが若干変わっていることに気づく人など、いったい何人いるでしょうか。実際には、言い回しがちょっと違うだけで、何ら違いはないのですが、そんなことを彼が取り上げたことに驚きました。すごい頭脳、すごい記憶力です」

買収条件は、ウォルフとバフェットとの取り決めにより一切開示されていない。しかし、バフェットがNFMやR・C・ウィリーと同様の条件でスター・ファニチャーを買い取ったのであれば、当期の年間売上高から見積もった価格で会社の八〇％から九〇％の株を取得したに違いない。というのも、通常は収益性を維持するために経営陣にインセンティブを与える意味で経営者家族には一〇％から二〇％の株をそのまま保有してもらうからだ。

バークシャーに会社を売却した人たちが事実上みなそうであるように、ウォルフが売却して良かったと思っている理由の一つは、バフェットが無干渉経営方式を採用していることだ。「ウォーレンがうちの店に来たとき……私たちは従業員に買収発表をしたのですが、そのとき、『バークシャーの本社から何人うちに派遣されて来るのか』といった質問が出ました。それに対するウォーレンの説明はこんな具合でした。『私のところには社員が一一人しかいません。これには受付係と秘書も含まれています。だから、人を送り込むような余裕はありません！』」

「ウォーレンに買収されたときも今も、経営者としての責任はまったく変わっていません」とウォルフは言う。「会社の機構面には変化があったかもしれませんが、私たち自身の頭の中では実際には何も変化していないのです[5]」

こうしたことが会社を引き続き成長させる要因になったとウォルフは見ている。「ウォーレンは私たちの事業については一切口出ししませんから、経営陣もバークシャーの下で働いているといった感覚がありません。スター・ファニチャー・カンパニーのために働いているつもりでいます。まさにこの会社

資料請求カード

ご購読ありがとうございました。本書をご購読いただいたお礼に、投資に役立つ資料（投資ソフト・書籍カタログ・セミナー・投資レポート見本誌etc）をお送りします。ご希望の方は郵送かFAXでこのカードをお送り下さい。

●どこで、本書をお知りになりましたか？

1,新聞・雑誌（紙名・誌名　　　　　　　　　　　　　　　　　）
2,TV・ラジオで　3,ポスター・チラシを見て　4,書店で実物を見て　5,人（　　　）にすすめられて　6,小社の案内（a.ホームページ b.他の書籍の案内　c.DM）　7,その他（　　　　　　　　　　　　　　）

●本書についてのご感想をお書き下さい。

電子メール(info@panrolling.com)でもお送り下さい。ホームページで書評として採用させていただく方には、図書カード500円分をさしあげます。

ご購入書籍名

ご購入書店様名　　　　書店様所在地

フリガナ
お名前　　　　性別　男・女
　　　　　　　年齢

住所　〒

電話番号

電子メール

資料請求はいますぐこちらから!!

FAX 03-5386-7393
E-Mail info@panrolling.com

のことだけに専念しているわけです。ですから、ゼネラル・リーやデイリー・クイーンの現状やその他のことなど気にもなりません。経営陣の頭の中は日々スター・ファニチャーをより良い会社にすることでいっぱいなのです」

とはいえ、いくらか変わったこともある、と彼は認めている。「やり方が変わったものがあります。もっとも、バークシャーに買収されていなくても、やっていること自体は同じだったと思いますが。日々変わっていかないと、世の中に追いつけませんから」と彼は言う。ともあれ、何をやっていようと、すべてうまくいっているようだ。「ウォーレンから一九九七年に買収されたときは、年商一億ドルを達成したばかりでしたが、二〇〇〇年には二億ドルにもうすぐ手が届くところまできました。ちょうど三年間で倍ぐらいになったわけです」

スター・ファニチャーが成長し、売上高が一〇〇万ドルに達するまでに一世代、五〇年がかかっている。そしてウォルフとトゥーミンが二代目として引き継いでから約三五年。債務超過状態だった会社は一〇〇倍成長し、年商一億ドルを超えるまでになったが、バークシャーの傘下に入ってからは、わずか三年で売上高が約二倍の二億ドルになったのである。

しかしウォルフは、バークシャーの家具部門の一部になったからといって、それほど大きな影響があったとは思っていない。「情報交換をすることはありますし、他の三社——ネブラスカ・ファニチャー・マート、R・C・ウィリー、ジョーダンズ・ファニチャー——には絶大な敬意を払っていますから、問題が起こったときなどは、すぐにだれかに電話をして、こういうときはどうしているか、と相談することもあります。この手の知識はいつでも共有するようにしていますが、それ以外のことでは、さほど相乗効果は見られません」。実際、最大の相乗効果は家具部門内部よりも、むしろ外部で起こっていると彼は言う。「お宅たちがまとまって、〇〇してくれたら、〇〇しましょう、といったことを言ってくるメーカーがいくつかあります。これは結構効率的でいいことですが、効果はせいぜいこれぐらいでしょうか」

「まあ、ウォーレンも相乗効果は期待しないとはっきり言っていますし」とウォルフは指摘する。「例えば、『四社にCFO（最高財務責任者）が一人ずついる必要はないだろう。統括してしまって、一番優秀なのを一人選んで、あとの三人はクビにしたらどうか』と、ウォーレン以外のみんなが言ったとしても、ウォーレンはそうしたことをほのめかすことさえしないでしょう。それどころか、その逆のことを言っています。『経営の行き届いた独立系の家具会社をせっかく四社買ったのに、それを台無しにしないでください。これまでどおり自分の会社の経営を続けてもらえればそれでいいんです。皆さん方がお互いに会ったり、親しくしたりすることに異論はありませんが、どうか私に免じて、相乗効果など狙わないでください』と」

バフェットを褒めることとなると、ウォルフは冗舌になる。ボスについて最高だと思っていることは次のようなことだという。「ウォーレン・バフェットは自分が十分に信頼したうえで獲得した相手に対しては、心底信頼して自由にやらせてくれる人です。例えば、あなたに何かやりたいことがあって、それについてウォーレンが実現可能だと認めたなら、どんなことでも資金を調達してくれます」

「バフェットの下で仕事をすることについて最高だと思えることは何か」と尋ねると、ただ単に「ウォーレン」という答えが返ってきた。「もう少し具体的に」とお願いすると、彼はこう付け加えた。「もうお分かりだと思いますが、彼に何か質問をして、ぶっきらぼうな答えが返ってくることはまずありません。きっと堅実なアドバイスをもらえるはずです」

バフェットもメルビン・ウォルフと仕事ができるようになって同様に喜んでいる。一九九八年一月三一日にアルファルファ・クラブのディナーにウォルフを招待していることからもそれがよく分かる。普通なら、新しく傘下に入る経営者をビル・ゲイツやジャック・ウェルチとともにオーガスタ・ナショナル・ゴルフクラブに誘うのだが、ウォルフはゴルフをやらない。このため、バフェットは軍関係や政財界、法曹界のリーダーたちを交えた席でディナーをごちそうしたのである。

もっとも、こうしたイベントに招待されることは、言うまでもなく、バフェットと仕事をする一つのメリットにすぎない。ウォルフにとっては、メリットはほかにもある。その一つは互いの経営哲学が似ていることだ。例えば、スター・ファニチャーの将来的な計画については、買収を通してではなく、社内から成長を生み出すことをウォルフは望んでいる。一方、バフェットがバークシャーを成長させた一因として他企業の買収が挙げられることはウォルフも認めてはいるものの、こう指摘している。「移植できないものが一つあります。企業文化です。うちのような会社はどこを探してもほかにはありません。……ですから、よその会社をわざわざ買い取って、そこの文化を私たちものに変えようなどとは思いません。むしろ内なる力によって会社を成長させることを望みます。ですから、ほかのだれかの会社を改造する必要などありません」。これはバフェットの方針の一つでもあると彼は信じている。「だからこそ、ウォーレンは会社を買収しても、そこの企業文化を変えようとはしないのだと思います」

ウォルフは、彼や経営陣たちがスター・ファニチャーで築き上げてきた文化こそ、成功のカギを握る重要な要素だと考えている。しかし、文化を維持していくのは並大抵のことではない。彼は何も見ずに次のような話をしてくれた。「新入社員を採用すると、うちではまず社是について話し合うことからオリエンテーションを始めます。うちの社是は『仲間への思いやりを大切に、一致協力して顧客第一のサービスを心がけ、他社とは一味違う弊社流の高価値を提供する』。これを分解すると、まず『仲間への思いやり』とは、お互いのこと、そしてお客様のことを大事にするという意味です。そうしてこそ、私たちが私たちであるゆえんであり、それが弊社の文化なのです。そして『一致協力』。うちではお互いに縄張り意識を持たないように、一つのチームとして協力して仕事をするようにしています。『顧客第一のサービス』とは、私たちの個人的ニーズよりもまずお客様へのサービスを優先させることが私たちの務めだということです。『他社とは一味違う弊社流』とは、殻を破るような独創的な手法を常に探していく、昨年やったことをただ踏襲するようなことはしない、だれでもやっているようなことはまねしない、ということです。最後に『高価値を提供する』というのは、うちで販売しているものなら絶対に価値の高い商品であると、お客様に信じていただけるようなものを提供する、ということです」

こうした使命を果たすべく、スター・ファニチャーが試みていることは、「水平的に統合された会社になること」とウォルフは言う。「うちでは自社家具の生産は行っていませんが、それ以外はすべて内部で処理しています。たいていの会社は配送やアフターサービスや会計処理を外部の受託業者に外注していますが、うちでは配送もアフターサービスもクレジットの処理も宣伝広告もみな自分たちでやっています。ですから、すべてが自分たちの管理下にあります。社内ですべての処理を済ませれば、いつでもコントロール可能というわけです」。スター・ファニチャーの社長マーク・シュライバーもこう語っている。「顧客管理を人任せにしてしまったら即、販売やアフターサービスの管理もできなくなる、というのがわれわれの持論です。だから投資するんです。そしてメーカーとの関係を深め、最終的には顧客管理をきちんとできるようにしていきたいと思っています」。その結果、「何らかの不都合が生じても、だれにも責任転嫁するわけにはいきません。その責任は、ほかでもない私たち自身にあるからです」とウォルフが付け加えた(6)。

メルビン・ウォルフが情熱を注ぐ対象は、やはり仕事である。もっとも、「家具屋にならなかったら、どんな職業に就いていたか」と聞いたところ、ちょっと意外な答えが返ってきた。彼はきっぱりとこう言い切ったのである。「まず間違いなく、弁護士になっていました。そして、あまり儲かる分野ではないかもしれませんが、おそらく刑事弁護士かなんかになっていたと思います。事務所に座って遺産相続の書類を作成するよりも、法廷でのスリルとか、その手のものに興味がありましたから」――と言いながらも、仕事上、一番やりがいのある業務はマーチャンダイジング（商品計画）だという。「恋人みたいなものです。計画を立ち上げてから完了するまで――つまり、適正な商品を選び、適正に仕入れて搬入・陳列し、広告を打って客を呼び込み、適正な価格を設定して販売し、その状況をこの目で確認する。これがすべてうまくいったときは、それこそ給料日の気分です。私にとって心が満たされるのはこんなときなんです。……それから、成績表、つまり財務諸表を見るのが好きです。結果が良いと、やる気がわいてくるんです」

「特にどのようなスキルが好結果につながったのか」と聞いてみた。いわく、「どう答えたらいいのか、よく分かりませんが、分析的思考にたけていることだと思います。どんな問題にも取り組めるだけの分析力があり、自分の手に負えることかどうかを見極め、いつアドバイスを請うべきか、そのアドバイスはどこへ行けば得られるか、といったことを心得ていることだと思います。これが私の〝能力の輪〟です――すべてに対して万能であろうとは思いません」。ただし、一番目立つ特徴は何かと聞かれても、自分ではよく分からないという。「ほかの人に聞いていただいたほうがいいかと思いますが」と言う彼に、「奥様はどうおっしゃっていますか」と尋ねたところ、「うちの妻サイビアはこうしたことについては、けっして本当のことは言いません。いつも褒めてはくれますが、私の欠点をいちいちあげつらうようなことはしないんです」とのこと。当然と言えば当然だが、彼はそんな妻のことを「これまで手に入れたなかで最高のお買い得品」と評している。

ウォルフの成功のもとが何であれ、少なくともここで明らかになったことは、こうして成功することの意義と個人的に金を得ることとは無関係ということだ。「お金のために仕事をしているのではありません」と彼は言う。「もはや、うちの会社は単なる私の会社ではないこと、そして私自身や家族のために稼ぐつもりで働いているのではない、ということを肝に銘じておかなければなりませんし、実際、食べていくために働いているわけではありませんから。ウォーレン・バフェットの会社の株と自社株を交換したときから、これまでとは違う責任、つまりバークシャーの株主への責任を背負っているわけです。もっとも、利益面から見て、うちの会社のバークシャーへの貢献度は微々たるものだということは分かっていますし、なぜそんなにヘトヘトになるまで働くのかと聞かれることもあります。でも、最終結果が出ることによって、いったん動機づけられた人間は自律的に動機づけられるものなのです。これはもう変えようがありません」

そこで、「あなたにとって成功とは何か」と質問したところ、予想どおりの答えが返ってきた。「成功の成績表というのは幸福かどうかで評価するのではないかと思います。私は自分で幸せ者だと思っていますし、満たされていると思っています。素晴らしい女性と素晴らしい関係を築いていますし、友人もたくさんいます。これまでやってきた仕事にもとても満足しています。私にとっては、こうしたことが成功の定義だと言えます」

ウォルフはバークシャーの——ほとんどとは言えないが——一部の経営陣とは違い、仕事から離れて旅に出る時間をしっかりとつくっている。「海外旅行をずいぶんしている」そうだが、これにはアフリカに写真を撮りに二度、遠征旅行したのも含まれている。「でも、ほかにも観光してみたいところがあるんです。シンガポールやクアラルンプール辺りにはまだ行ったことがないので、早く行ってみたいと思っています」

とはいえ、慈善事業にどっぷりと浸かっているところは他の経営者たちと同じである。「家族財団を設立したんです。教育、宗教、健康、芸術、恵まれない人々、そして〝その他全部〟というカテゴリーの六つの分野で活動を行っています。だれにどのくらい寄付したらいいのか、推薦してもらうために諮問機関を設けてありますが、最終判断は私たちがします。もっとも、推薦されたものをお断りしたことは一度もありません。諮問機関を設けたのは、私たちが死んだときに彼らにあとを頼むためなんです」

将来に備えて家族財団を用意したように、ウォルフは会社でも自分が経営から退く日に備えて準備をしている。もっとも、六九歳の今、まだ引退は考えていない。「引退時期は自分の願望よりも健康次第」

と彼は言う。「自分でやれるうちは積極的に何らかの役割を担っていくつもりでいます。今は取締役会の会長とCEOを兼務していますが、いずれはCEO職を退いて、会長としてほかの人たちを扇動していきたいと思っています。というわけで、自分が引退する日のことはまだ思い浮かびません」

将来的にウォルフ家のほかの世代が経営に当たることはないと彼は見ている。シャーリーの子どもは二人とも店でバリバリ働いていて、一人は教育部長、もう一人は経営情報システム（MIS）の副社長を務めているが、どちらも「会社経営」には興味がない。ウォルフいわく、「ウォルフ家で私のあとに続く人間はほかにはだれもいません。うちの息子もしばらくは店で働いていましたが、気に入らなかったようですし、私のほうもあえて指導しようとはしませんでした。家では仕事の話は一切しないようにしていましたし。オフィスを出たら、頭を切り替えたいと思っていましたから、特に家族に影響するようなことでもないかぎり、会社の話はしたくなかったので」

会社の将来については、「市況がどうなろうと——最大にならなくてもいいから——最高の家具屋でありたい」というのが希望。目下、そのためにできることは何でもやるようにしている。その一方で、家具業界においては大きな変化が訪れると見ている。「統合再編の動きがかなり出てくると思います。それに、ますます海外生産に頼るようになるでしょうから、アメリカの国内メーカーの生産能力に相当のプレッシャーがかかると思います。輸入比率が高まれば、小売サイドだけでなく、メーカーサイドでも再編が進むことになるでしょう。適者生存といったところでしょうか。……変化を柔軟にとらえ、上手に適応していける会社が生き残っていくと思います。変化に抵抗しているようでは退場を余儀なくされるでしょう」

とはいえ、統合が進んだところで、業界に「カテゴリーキラー」（＝百貨店などの特定の商品部門を駆逐してしまうような低価格路線の大型専門店）が出現するとは思っていない。「家具業界では第二のホーム・デポ（全米最大の倉庫型ホームセンターチェーン）やバーンズ＆ノーブル（全米最大の大型書店チェーン）のような成功企業が出てくるとは思えません。というのも、こうした企業が扱っているものはノーブランド商品だからです。例えば、ハンマーを売るのにコツなどそんなにいりません。でも、ソファを売るにはさまざまな角度から物を見ないといけないんです。お客様ごとにソファに期待するものや、どのような保証を求めているかが違うからです。『これ届けてもらえますか？　家の中まで運んでくれます？　何時に来ます？　おいくらですか？　ローンは組めますか？　どのくらい長持ちしますか？』――こういったことがほかにも山ほどあるのです。私たちの商売は非常に個別的な取引ですから、うまくやっていけるかどうかはマネジメントにかかっています。つまり経営陣次第というわけです。仕入れについては、ホーム・デポなどと同じように大量にまとめて入れますが、配送は一つずつ。しかも、販売するたびに、違うお客様のところに届けないといけません。彼らにはこうしたことは無理です」

ウォルフは、家具のネット販売が業界に多大な影響を及ぼすとは見ていないが、それも同じ理由からだ。「インターネットを通じて家具の販売を試みたネット企業は、巨額の損失を出し、ほとんどが破綻しています。それにインターネットは［家具の］直販には向いていません。ネットで差別化を図るには、あらゆる要素が欠けているからです。家具を売るには消費者一人ひとりへの配慮が求められますが、インターネットではそれは不可能です。まず第一に、消費者は店頭にある家具をその目で確かめる必要があります。ネット上でその写真を見ただけで、三〇〇〇ドルもする家具を購入することなどできるわけがありません。その家具がどんな感じのものなのか、分かりませんから。それに、仮に購入したとしても、それが届いたときに、あれこれと不都合が出てきたりするものです。結局、思っていたものと違うから返品しようということになり、それが膨大な量に上ることになります。うちには家具の品質管理を行い、磨きをかけてベストな状態でお客様のご家庭までお届けする、それ専門の部門がありますが、ネットではこうしたことはできません。少なくとも今は不可能です。先のことは分かりませんが、今はネットではうまくいかないのです」

しかしテクノロジーを別の形で利用すれば、業界にとって重要なツールになり得るとウォルフは見ている。「家具ビジネスでは利ざやがあまりにも薄いため、利益率を引き上げるにはコストを思い切って削減するしかありません。現行水準で利益を上げていくのはかなり厳しいものがあるからです。そこで、この戦いに勝つためには、配送コストをできるかぎり低く抑えるようにしていかなければなりません。そのためには先端技術を取り入れていく必要があります。ハイテクによっていったんコストを引き下げることができれば、値下げも可能となり、市場シェアがアップして成長につながるというわけです。逆にテクノロジーをおろそかにして、コンピューターでやれることを相変わらず人手に頼っていては、コストは上がる一方となり、戦いには負けてしまいます。これはいたって単純なことです」

そしてこれもまたウォルフの経営哲学をよく表している言葉だが、彼は次のように明確に示している。

「新しいアイデアを柔軟に受け入れること。ただし、経験から学んだことを忘れてはいけません」

バークシャー・ハサウェイの将来については、「引き続き個別の事業会社を買収しながら、多角的に内部から成長していく会社であってほしい」と思ってはいるが、実際には「保険会社としての色彩をますます強めていく」と彼は見ている。もっとも、バフェットが会社のためにマスタープランを用意しているとは思っていない。ウォルフいわく、「資金コストをかけずに投資収益を上げていくには〝フロート〟（滞留資金）を生み出していく必要がありますから、バフェットのもくろんでいる目標を達成するためにも損害保険会社を築き上げていくことになると思います。将来的にそうした資金を調達するために、そうする必要があるなら、それを実行に移していくことになるでしょう。でも、有利な投資に回すよりもフロートの額が上回った時点で、会社づくりのペースは減速していくことになると思います」

バークシャーは今日でも良い投資対象だと思うと言いながらも、「一〇年前に比べれば、それほど良いわけではない」と彼は思っている。ただし、どこかのだれかさんたちとは違い、ウォーレン・バフェットの腕が落ちたせいだとか、バリュー投資がもはや通用しなくなったせいだとは考えていない。「悪口を言う人たちはビジネススクールを出たばかりの人たちだと思いますが、ウォーレンがハイテク株を買わないのはハイテク業界を理解できないからだと思い込んでいるようです。的外れなのは彼らであって、ウォーレンではありません」

バークシャーがこれからも成功していけるかどうかが気がかりなのは、バフェットの引退問題が気になっているからかもしれない。「第二のウォーレン・バフェットは出ないと思います」と言う彼は、ウォーレンから後継者へと代替わりすることが心配の種だと白状している。「でも、気持ちの整理はつけましたから、持ち株が値下がりしても私は大丈夫です。大幅に下落して利益がかなり吹っ飛んでも、おそらく取得原価を割ることはないと思いますから、覚悟はできています」。とはいえ、「最初は相当に売りたたかれるかもしれない」と彼は言っているが、「すぐに落ち着き、大きく値を戻す」と見ている。

当面は、これまで四〇年間やってきたことを引き続きやっていくつもりでいるが、一つだけ違ったことをやりたいそうだ。「私はあまり感謝の気持ちを表わしたことがないんです」と彼は言う。「功績に報いることよりも、問題を処理することばかりに気をとられていましたから。問題のありかを見つけては、それを制する経営をしていたので、社員がいかに素晴らしいか、褒めることをあまりしてきませんでした。これが私の至らないところだと自覚しているのですが」。たぶん、自分自身に対して釈明しようとしているのだろう。彼はこう付け加えた。「仕事上、どの面を見ても、完璧に満足できているとは言えません。もっとも、これは目標に達していないという意味ではありません。実際、目標を超えている場合もありますから。ただ、私が常々口にしていることは、『何を次の目標とするか？　私たちはここからどこへ向かうつもりなのか？』ということなんです。けっして現状に満足しないこと。改善の余地はいつでもあるわけですから」

ビジネスの基本方針――メルビン・ウォルフ

★企業文化を育てる。新入社員のオリエンテーションはまず各人の使命について話し合うことから始める。

★一致協力して仕事をするのが基本。一人ひとりが縄張り意識を持つようでは会社の成長の妨げになる。

★従業員のニーズよりも顧客サービスのほうが重要。

第一四章

ショッピングのエンターテイナー──エリオット＆バリー・テートルマン（ジョーダンズ・ファニチャー）

エリオットとバリーのテートルマン兄弟は何をするのもたいていいっしょだ。ジョーダンズ・ファニチャーの店の経営も、テレビのＣＭづくりも、このインタビューに応じるのもいっしょ。社長とＣＥＯの肩書きさえも二人で分け合っている。

兄弟は販促活動優先型のメディア通。兄のエリオットがまとめ役としてリーダーシップをとり、天才クリエーターであるバリーがＣＭと媒体購買部門を担当している。二人とも思慮深く、もてなしの心を忘れない、根っからのセールスマンである。ソフトタッチの売り込みを専門とし、販売にしろ、販促活動にしろ、好機は絶対に逃さない。思考も行動も型破り。今回に限ってインタビューがすべて戸外で行われたのも、そのせいかもしれない。それにオフレコにすべきことも何もなく、兄弟へのインタビューは、彼らのトレードマークとなっているテレビのＣＭ撮影中に行われた。

ニューイングランド（＝米国北東部の六州）にお住まいの方なら、ボストン・レッドソックスのテッド・ウィリアムズやボストン・ブルーインズのボビー・オー、ボストン・セルティックスのラリー・バードをおそらくご存じだろう。それぞれ順に野球（ＭＬＢ）、アイスホッケー（ＮＨＬ）、バスケットボール（ＮＢＡ）のプロチームで活躍していた名選手だ。そしてニューイングランドに住んでいるなら、エリオットとバリーのテートルマン兄弟をまず間違いなく知っているはずだ。小売業界のなかでもとりわけユニークな実業家。そんな彼らの顔と名前は、スポーツ界のヒーローやメディアの大スター、ボストン地区の政治家たちと肩を並べるくらい有名なのだから。

ボストン市民はまるでエリオットとバリーを自分たちの知り合いであるかのように思っている。というのも、地元のテレビコマーシャルではもうおなじみの家具屋であるからだ。地元の人たちは「エリオット&バリー・ショー」の次回作を今か今かと待っている。ニュースであれ文化であれ、この二人にかかったら、何でもすぐにパロディー化されてしまう。「牛乳、買った?」という広告がはやれば、「家具、買った?」というCMを撮ってオンエアしてしまうのである。

二〇〇〇年夏、シドニーオリンピックの開幕までもうすぐというころ、テートルマン兄弟は長い付き合いのディレクターとともに制作したCMを撮影していた。場面は陸上男子一〇〇メートル。いかにも他のランナーと競争するかのような真剣な表情で、兄弟がスタート位置に就く。さらにリアルに見せようと、胸にはゼッケン、額には霧吹きをかける(汗のつもり!)。そしてスタート合図の銃声が鳴り響き、他の競争者たちは猛然と駆け出す。で、エリオットとバリーは?というと、お互いの顔を見合わせ、走る代わりに、決然とソファに座るのであった!

ニューイングランドの居住者たちが家具を買いに行くところ。それがジョーダンズ・ファニチャーである。なかにはただ単に子どもを遊ばせるためにジョーダンズに来る人もいる。顧客サービスコーナーでは、老いも若きもビーズや本物そっくりに動く乗り物、赤い消防車型のベビーカーに出迎えられ、お土産にキャンデーをもらえる。店には「子ども連れのお客様」のために大きくスペースをとった家族用の駐車場が完備され、寝具売り場では、顧客満足をひたすら追求した結果、客がマットレスの上に横になると自動的にスポットライトが薄暗くなるようにできている。

家具小売業者が成功できるかどうかは、十分な資本、適切な立地条件、豊富な品ぞろえ、的確なプレゼンテーション、経験豊富な人材、効果的な宣伝活動にかかっている。エリオットとバリーはただ単に成功を収めただけではない。誠実とは思われていなかった業界に誠実さをもたらしたのである。

たいていのビジネスマンは本能的に顧客を大切に扱うことを心得ているが、テートルマン兄弟の場合は、さらにもう一歩踏み込んでいる――つまり、従業員を「お客様扱い」する。顧客だけでなく、従業員や仕入先のなかにも「熱狂的なファン」をつくることを心がけているのである。

ウォーレン・バフェットはテートルマン兄弟の会社を「これまで見たなかで最も驚異的かつ独創的な会社」と称している。(1) ボストン郊外のネーティックにあるジョーダンズの店の外には鮮やかな深紅色の駐車場があるが、これくらいはまだほんの序の口である。丘のてっぺんに建つおよそ一万一一五〇平方メートルもある店舗の回転ドアを抜けると、そこはウォールユニットやカウチ、エンドテーブルなどが所狭しと並べられた売り場、ではない。むしろニューオーリンズのフレンチ・クォーター（＝観光名所となっている旧市街）のバーボン・ストリートに立っている気分になる。

頭上にそびえるは、巨大な二体の宮廷道化師（それがまたなんとテートルマン兄弟にうり二つ！）。その右手にはミシシッピ川のクルーズ船「S・S・スプラッシュ・ジョーダン号」が置かれ、デッキ上でディキシーランドジャズバンドの生演奏をやっている。そのすぐ前方には、フレンチ・クォーターならではの欄干に伝統的な鉄レース細工を施したホテルをはじめ、劇場、法律事務所、画廊、そしてマダム・オフィーリア・パルスの黒魔術館があり、いずれもそこを抜けると、店の家具部門のどれかに通じるようになっている。どの建物にも最先端のアニマトロニクス（＝電子工学によりナチュラルな動きをするロボット製作技術）を利用した人形がいて、訪れた人々を円形広間や「ブルースの館」へといざなってくれる。ここでは一時間おきにライトがほの暗くなり、ニューオーリンズで撮影されたミュージックビデオなど、九分間のマルチメディアショーが見られる。目玉はブルース・ブラザーズ（＝二人のコメディアンが一九七七年にテレビ番組用に冗談で結成したバンド）に扮したエリオットとバリーだ。(2)

もっとも、この現代版「ブルース・ブラザーズ」

はニューオーリンズの出身ではない。ニューイングランド出身者としては二代目となる彼らはマサチューセッツ州ニュートンで産声を上げた。エリオットは一九四六年、バリーは一九五〇年生まれだ。ただし、家具業者としてはテートルマン一族の三代目に当たる。

創業したのはロシアから亡命してきた祖父サミュエル・A・テートルマン。一九一八年のことだった。ニューハンプシャー州マンチェスターで靴職人をしていたサミュエル・テートルマンは仕事のかたわら、トラックの荷台に中古の家具を載せて売り回っていたが、一九二六年、義理の兄弟とともにマサチューセッツ州ボストン郊外にあるウォルサムに店を開いた。グレイズ・ファニチャーという店名で営業していたが、二年後、パートナーたちと仲違いし、テートルマンは自分自身の店をウォルサムにオープンさせた。それがジョーダンズ・ファニチャーである。

「なぜそのような名前になったのか」と聞いたところ、「祖父が帽子のなかにいくつもの名前を入れ、たまたま引き当てたのが〝ジョーダンズ〟だったんです」とエリオットが教えてくれた。

一九三〇年代にサミュエルの息子エドワード、つまりエリオットとバリーの父が入社。一九五〇年代にはエリオットとバリーも週末や夏休みに店を手伝うようになっていた。「僕たちが子どものころ、ウォルサムの店では三世代がいっしょに働いていました。昼メシはよくみんなそろって外で食べていたんですけど、とても楽しかった」とエリオットは回想している(3)。もちろん、当時の店は、「今とは全然違います。従業員も、たしか一〇人ぐらいだったし。でも、今も昔も変わっていない点が一つあります。当時も従業員を大切にしていましたし、客には正直に、人には公平に接していました。これが父や祖父の流儀なんです」

一九七〇年代初頭、それまで片手間で学生をやっていたエリオットは、ボストン大学を中退し、ジョーダンズの仕事に専念することにした。一方、一九七二年にすでにボストン大学を卒業していた弟のバリーは、上の兄ミルトンに倣い、広告業界に入ろうかと考えていた。ところが、父からこう言われてしまう。「自分自身のために働ける環境にあるのに、なぜわざわざ他人の下で働くのか？　広告の仕事がしたい？　なら、うちの店があるだろう。おまえが必要とするときのために親はいるんだ」[4]。祖父はとっくに引退していたが、父もそろそろ引退を考えていた。こうして一九七三年、兄弟二人で店を継ぐことになったのである。

「父は経営の仕方と仕事に生活を乗っ取られない方法を教えてくれました」と兄弟は言う。「父には敵がいませんでしたし、そもそも良心がひどくとがめるようなことは一切しない人でした。正直でまっすぐで、常に仕事よりも家族を大切にしていました」とエリオットは言う。[5]そして、「僕らにずっと店にいてほしいと父が望んでいるのであれば、きっと経営も任せてくれるに違いない」とエリオットは確信していたという。「父には、僕たちがやりたいようにやらせてくれるだけの器量がありましたし、幸い、僕らにもそうするだけの力がありましたから」[6]

兄弟が立てた目標のうち、一つは新しい宣伝方法を見つけることだった。バリーによれば、ミルトンがアイデアを出してくれたのだという。それは、エリオットとバリーがラジオで自らスポット広告を流す、というものだった。「ミルトンはニューヨークでコピーライターをしていたんです」とバリーは回想する。「それで、たしかバーニーズの宣伝だったと思いますが、そのキャンペーンで、僕らみたいな二人組がラジオであれこれやりとりしているのを聞いて、同じようなことをやってみたらどうだろう、と思ったそうです。僕は在学中、演劇を専攻していましたから、すっかりその気になっていましたが、エリオットのほうはどうだったか分かりません。でも、エリオットもやる気になってくれて、三人でかなり時間をかけて面白い脚本をつくりました」[7]

脚本ができあがったところで、地元紙に広告を出すのはやめ、広告予算を全額ラジオのスポット広告につぎ込むことにした。時は一九七〇年代の半ば。ウォーターベッドのCMを目にした彼らは、「飛躍的な大発見」をすることになった。当時は、「ウォーターベッドを販売しているのはウォーターベッド屋だけ」で、エリオットによれば、そのベッド屋はベッドを売ることしかしていなかった。「なら、うちでもベッドを扱って、そのベッドに見合った寝室用セットを抱き合わせで販売したらどうか、ということになったんです」。そこで、水を注入したマットレスを木枠にはめ込み、それにマッチしたドレッサーやナイトテーブル、その他の小物をセットにして販売してみたのである。「こんなことをやっているのはアメリカでは僕らの店だけでした。おかげで地図に載せてもらえるようになったんです。事業が上昇気流に乗ったのは、このウォーターベッドのおかげです。僕らが毛色の違ったモノを用意したからこそ、人はほしがったのです」とエリオットは言う。道は間違っていないと確信した彼らは、トラック何台分かの寝室用セットを発注し、ラジオCMの補完として、ボストン・グローブ紙に見開き広告を打った。すると、すでに引退し、フロリダで余生を送っていた祖父から電話がかかってきた。「おまえたちが売っているのは、ありゃ何だ？　水がいっぱい入ったビニール袋か？」と。なるほど、まさにそのとおりのモノを販売していたわけだが、それはワンセット六〇〇ドルで、一日二五セットも売れていたのである。(8)

兄弟が主演しているCMは効き目抜群だったが、のちにエリオットはこう白状している。「初めのころはかなりハデにやっていました。超特価セールのCMなんですが、大声を出したり、キーキー声を張り上げたりしていましたから。しかも、『ジョーダン・マーシュ［百貨店］とお間違えのないように』なんて言ってから始めていましたから、これじゃあ、だれも信じてくれなかったのではないでしょうか。ラジオでは異彩を放っていましたが、CMのせいでかえって低俗な店だと思われてしまいました。で、もっとトーンを落とすことにしたんです(9)」

ウォーターベッドが山ほど売れたおかげで、広告をちょっぴり控えめにするだけの余裕も生まれた。それまでは低価格のみを売りにしていたが、次からはウォーターベッドで寝る利点を前面に出すようにしたのである。のちにエリオットは記者にこう語っている。「でも、同業他社はみな値段のことばかり話題にしていました。そこで、『どこよりも安い、これしかない値段』というのを提供することにしたんです。これで二五年間やってきました。『値段は変えない、特売は一切しない』ということにしています。というのも、正札の付け替えにますます時間がかかり、その正札のためにさらに金がかかることに気づいたからです。これはおかしいと。正直ベースじゃない、というのは従業員だっていい気はしません。今週は八九九ドルだったのに、来週は七九九ドルにするなんてことできますか？　こんなのはどう見ても筋が通りません(10)」

ラジオのCMがとても好調だったため、二人はテレビにも挑戦することにした――といっても、不安がいくらかなかったわけではない。ラジオ用のCMをどこまでうまくテレビ用に切り替えられるか、未知数だったからだ。それに、これから顧客になるかもしれない不特定多数の人たちが耳で二人の声を聞くだけでなく、その目で二人の姿を見ることになる。CMを流せば、二人は有名人になってしまう。とすれば、プライバシーが侵されるかもしれない。そんな心配があったのである。しかし、案ずるより産むがやすし。テレビのCMは、ラジオよりも、とは言えないまでも、ラジオと同じくらいの効果があったし、兄弟は有名にはなったが、テートルマン家のプライバシーはちゃんと守られているからだ(11)。

実際、CMが奏功し、二五年後の一九九九年にはジョーダンズの従業員数は一五人から一二〇〇人に、店舗数は一店舗から四店舗――マサチューセッツ州のウォルサムとエイボンとネーティックに各一店舗とニューハンプシャー州ナシュアに一店舗――に増えたのである。そして、もっと重要なのは、一平方フィート（約〇・〇九平方メートル）当たりの家具の売上高が全米で一位となり――全国平均は一五〇ドルだが、ジョーダンズの平均は一〇〇〇ドルで――年商がおよそ二億五〇〇〇万ドルに達したことだ。

その結果、ジョーダンズはニューイングランド中に住む大勢の顧客から注目を浴びるようになったばかりか、ネブラスカ州オマハに住む好みのやかましい買収好きの紳士の目にも留まるようになったのである。ブラムキン一族のネブラスカ・ファニチャー・マート、ビル・チャイルドのR・C・ウィリー（ユタ州）、メルビン・ウォルフのスター・ファニチャー（テキサス州）といった複数世代にわたって家族経営されてきた家具小売業者をすでに三社取得していたウォーレン・バフェットは、買収にさらに乗り気になっていた。例によって、バフェットは家具業者三社に、ほかに推薦できるような業者はいないかと尋ねている。一九九九年、彼はバークシャーの株主に向けてこう書いている。「彼らから同じ答えをもらいました。ニューイングランドのテートルマン兄弟と、彼らが経営しているジョーダンズ・ファニチャーが傑出していると[12]」

当時、兄弟は特に店の買い手を探していたわけではなかったが、ニューヨークで行われた名誉棄損防止組合のディナーで友人のアーブ・ブラムキンから、「バフェットに会う気はないか」と聞かれたバリーは「ある」と答えている。いわく、「店を売るつもりで会おうと思ったわけじゃないんです。ただ単に彼と会ってみたかっただけなんですが[13]」

一九九九年八月、ジレットの取締役会に出席するため、ボストンに行く予定を立てていたバフェットは、テートルマン兄弟と会う約束を取り付けた。そのときのことをエリオットが次のように語っている。「彼をネーティックの店に案内したら、すごく気に入ってもらえました[14]」。実際、店にも兄弟にもほれ込んだバフェットは、「会社を私に売ってもらえませんか」と、その場で彼らに聞いてしまったくらいだ。株式公開の誘いはすでにいくつかもらっていたが、兄弟はすべて断っていた。株を手放したら、店の支配権まで失うことになりかねないからだ。しかしバフェットの経営哲学によれば、買収された企業の経営陣はそのまま変わらず一切干渉されずに日々の業務が行えるという。それにもう一つ、バフェットの申し出が魅力的に映った理由があった。家業を営む多くのオーナーたちと同じく、彼らも相続のことが気がかりだったからだ。両者とも子どもが二人いるが、どちらも大学に在学中か、最近卒業したばかりで、今のところ、家業に興味を示しているのはエリオットの息子ジョッシュしかいない。バリーがこう指摘している。「公平にしたいとは思いますが、どうするのが公平なのか。一人が入社を希望しても、ほかの子がそうでない場合はどうするか。彼らが結婚して、その配偶者たちがいろいろ口を出してきたら、どうなるのか。というわけで、思ったんです。会社を売却してしまえば、家族間の問題は起こらないんじゃないかと(15)」

約一カ月間じっくり検討した兄弟は、売却について話し合う用意があることをバフェットに伝えた。エリオットいわく、「お互いにひざを交えて、長時間、話をした結果、財務データをいくつか送ってほしいと言われました。売る意思がはっきりと固まっていたわけではありませんが、とりあえずデータを送って、どんな返事が返ってくるか、様子を見ることにしました。二日後、デスクの上にフェデックスの急送便が届いていました。オファーです。一ページ目には、信じ難いほど素晴らしい店をお持ちだとか、こんな店は今まで見たことがない……といったことが書いてありましたが、僕らが今後もずっと店の経営を続けていくつもりがあるのかどうか確認したい、とありました。で、経営を続けていく意思があるなら、オファーに関するページをめくってほしい、と」。今度は、エリオットに代わってバリーが口を開いた。「これからもずっと仕事をしていくつもりだ、とは言いませんでしたが、目先のことについては何の計画も立てていない、ということはちゃんと伝えました。それから、彼を見捨てるようなまねだけは絶対にしない、そうしたことはしたくないから、と約束しました」

例によって、バフェットは兄弟に対して会計監査を要求するようなことは一切しなかった。エリオットによれば、「うちの弁護士たちはボストンでは名の知られた人たちだったんですが、彼らも出番がありませんでした」とのこと。のちにバリーが記者に語っているとおり、これは「ビジネスにおける新しいコンセプト」であり、これこそ「信頼と呼ぶべきもの」なのである(16)。

テートルマン兄弟とバフェットは相互の信頼関係に基づいて合意に達し、一〇月中旬に合併が発表された。売却条件の詳細については公にされていないが、二億二五〇〇万ドルから二億五〇〇〇万ドルがキャッシュで支払われ、経営陣には、おそらく会社の存続と収益力を確保するために一五％から二〇％の所有権がそのまま残されたに違いない。いずれにせよ、この取引には両サイドとも非常に満足していた。テートルマン兄弟は自分たちで良かれと思うやり方で会社経営を続けていくことが保証され、それと同時に、家族間のつまらない争いを将来的に避けられることが確実となった。もちろん、バフェットとともに仕事をしていくことでメリットがあるのは言うまでもない。「ウォーレンも彼の会社も彼のやり方も、僕らとはウマが合うんです」と当時、エリオットが語っている。[17]

とはいえ、テートルマン兄弟がこの取引に応じたのは、もう一つ別の理由があったからだ。たしかに、もう少し待ったほうが、もっと高くで売却できたかもしれないことは百も承知だった。しかしエリオットはこう説明している。「こういうことは欲張るようなことではありませんし、これで望みがほぼかなうことはバリーも僕も分かっていましたから。でも人間というのは、『あといくらほしい？　それはなぜ？』と自問するようになるものなんです。今やっている仕事は好きだし、それに挑戦することも、そこから得られる興奮も好きです。でも、それは金をもっとたくさんほしいから、というわけではありません。今もこの仕事をしていますが――というか、いまだに商いの交渉をしたり、相変わらずあれこれと忙しく駆け回ったりしているんですが――僕らにとっては、金は実際にはそれほど重要ではありませんから。もともと金のために商売を始めたわけではありません。でも、この取引を決めたおかげで、家族にとっては、ばかでかい保障を手に入れたことになりました。僕らにとって本当に重要なのは、まさにこの保障だったんです」

兄弟にとって同様に重要だったのは、合併の影響による従業員の不安を和らげることだった。二人は会社売却について従業員に説明するときも、いかにもテートルマン兄弟らしいやり方で行っている。売却を公表する数日前の一〇月七日木曜日、バリーとエリオットはスース博士（＝食わず嫌いの子が最後は「緑色の卵とハム」を大好きになってしまう『グリーン・エッグス・アンド・ハム（Green Eggs and Ham）』などの代表作がある、子どもに大人気の絵本作家）の絵本に登場するキャラクターに扮して四店舗全部を訪れ、次の日曜日の朝には従業員全員をボストンのコプリー・ホテルに招待し、朝食に「緑色の卵とハム」をごちそうしている。そしてこの朝食を食べながら、売却の件を発表。これまでと何も変わらないことを従業員に約束した[18]。

もっとも、このとき、発表したことはもう一つあった。合併を祝して、従業員全員にボーナスを支給することにしたのだ。その金額は「勤続時間」に応じて一時間当たり五〇セントというものだった。一年間勤務した場合の平均ボーナスはおよそ一〇〇〇ドルとなり、なかには四万ドル近く受け取る従業員もいた。ほんの「おしるし」のつもりが、一〇〇〇万ドルもの出費となったが、「みんなには日ごろえらくお世話になっていますから」とエリオットは語っていた[19]。

テートルマン兄弟と同様、ウォーレン・バフェットもこの取引に満足していた。「この会社は宝石のような会社です」とは合併発表時に彼が語った言葉である[20]。そして、この件についてなぜそう思ったのか、アニュアルレポートのなかでバークシャーの株主に対して次のように説明している。「兄弟が二人で経営しているジョーダンズは、地元で圧倒的優位な地位を築き、マサチューセッツ州ばかりか、ニューハンプシャー州でも最大の家具小売業者に成長しました。テートルマン兄弟はただ単に家具を販売し、店の経営をしているだけではありません。客をもてなし、思いっきり楽しませてくれます。これこそ、『ショッパーテインメント』［＝ショッピング＋エンターテインメント］と称すべきものです。ジョーダンの経営哲学のカギとも言えるユニークなところは、顧客の家族『全員』を顧客とみなしていることです。子どもの相手をしてあげれば、親が買い物をしてくれたりするものです。店を訪れた家族は、型破りに厳選された商品を見て回る間に、素晴らしい時間を過ごすことができるのですから、営業成績も型破りになるというわけです」。兄弟のことについては、

「バリーもエリオットもイキな人たちです。バークシャーの他の家具業者とよく似ています」と語っている。そして最後にバフェットは、テートルマン兄弟が従業員に支給したボーナスのことに触れ、その金は「テートルマン兄弟のポケットマネーであって、バークシャーから出したものではありません」と株主たちに報告し、こう付け加えた。「バリーもエリオットも小切手を切りながら胸がドキドキしたそうです[21]」

テートルマン兄弟もまたバークシャーの家具部門の一部となれたことを喜んでいた。当時、バリーがこんなことを言っている。「これで全米最大の家具小売グループの一員となりました。他の姉妹店の分を合わせれば、年間売上高は一〇億ドルぐらいになるでしょう。プロジェクトを統括して協力してやっていけたらと思います[22]」

なぜ彼は四社が協力し合えると思ったのだろうか。それはお互いが驚くほどよく似ていたからだ。エリオットは言う。「みんなで僕らの店に集まって大規模な会合を開いたことがあります。先代たちも全員集合したので、総勢七五人ぐらいになりました。で、各社から一人ずつ代表が立ち上がって、会社の歴史を簡単に紹介したんです。もうお分かりだと思いますが、家業を始めたいきさつやその成長過程、ビジネスに対する見方など、信じられないくらい、みんなよく似ていました。その後、部屋中を巡りながら、職歴や所属部署、勤続年数の話をみんなでしました。勤続年数は二〇年、一五年、二五年、一二年とかでしたが、こんなことは今日では考えられません。普通は、だれもが転職を繰り返していますから。でも、ここにいるグループの人たちはみな一つの会社にずっといたわけです。これはすごいことです」

家具部門の一員となれたことで実益もあった。「これまで僕らは自分たちの殻の中にずっと閉じこもっていましたが、一つ面白いことに気づきました。ネコの皮をむくのにもやり方はいくつもあるということです。人は常に自分のやり方が一番良いとか正しいとか思ってしまうものですが、腰を落ち着けて、みんなのこれまでのやり方を検討してみると、僕らとは違うやり方をしても、うんと成功できる、ということが分かりました。ほかの家具業者の人たちはみなそうしたことを実際に共有し合っていたんです。これは目からウロコが落ちるような体験でした」とバリーは言う。

実際的にメリットが大きいのではないかと二人が思っていることが一つある。まだ何も固まってはいないが、グループによる共同買付機構を創設することだ。「どこのメーカーも僕らがバークシャーの一部であることを知っています。そして、スター・ファニチャー、R・C・ウィリー、ネブラスカ・ファニチャー・マートについてもそうです。そこで、僕らも加わったことだし、ここで特定の商品をみんなで仕入れるようにすれば、かなりいけるのではないかと思います。今はまだそれぞれが完全に独立していますから、ジョーダンで扱っている商品の大部分は、ネブラスカとも、スターとも、RCとも全然違います」とバリーは言う。そして、次のようなことも指摘していた。「一社ずつでもみな相当の購買力を有していますから、メーカーを思い切りたたいてダメにしないようにしたいと思っています。僕らにとっては、できるだけうまい取引をし、配送など、もろもろのこともうまくやりおおせることが何より大事ですが、メーカー側も生き残っていかなければなりません。そこのところはちゃんと頭に入れておくようにしています」

テートルマン兄弟の呼びかけで四社の経営者が物理的に一堂に会したことで、一定の相乗効果が出ている。「僕らは新参者ですし、他の店もグループとして活動したことはこれまで一度もありませんでした。集まってミーティングをしたことさえなかったそうです」とエリオットは言う。「で、僕らがグループに入ったとき思ったことは、互いに助け合えることが何かあるのではないか、それなら集まるだけの理由がある、ということでした。それで、会合を開くことにしたんです。でも、最初はとても違和感がありました。というのも、これまでは何をやるにしても守りの姿勢をとり、すべて自分たちの胸の内にしまっていましたから。でも、それをほかのみんなの前でオープンにしたわけです。そして、最終的にはそれを足がかりにしてともに協力し合えるようになりました。今ではお互いに信頼関係ができあがっています。実に素晴らしいことです。それに僕らは信頼し合っているだけではないんです。……お互いに心底気が合う。だから、うまくいくんです」

ウォーレン・バフェット自身はバークシャー・ハサウェイの企業間で相乗効果を上げようとはしていないものの、「ファミリー」のメンバーたちがそうした努力をしていることに、どうやら反対はしていないようだ。実際、テートルマン兄弟が話に聞いていたことと彼ら自身が実際に体験して分かったことによれば、彼らのボスは店の経営について、とやかく口出しする気はないらしい。「ウォーレンの素晴らしいところは、彼の傘下に入っても、まったく何も変わらないこと」とエリオットは言う。「小切手を受け取った翌日、僕ら二人で彼に電話をしたんです。『ウォーレン、これで無事完了ですね。僕らに何かお望みのことはありますか？　電話は毎日入れたほうがいいでしょうか？　それとも一週間に一回か、月に一回でいいんでしょうか？　僕らはどうすればいいのでしょう？』。彼の答えはこうでした。『何かご希望はありますか？　電話については、毎日かけたければ、毎日かけていただいてもいいし、嫌なら、かけなくてもかまいません。これまでどおりのことをやっていただければ、それで十分です』」

バリーは言う。「ウォーレンのことを偉大な実業家と言う人はたくさんいますし、もちろんそのとおりだと僕も思いますが、ウォーレンの最大の強みは、人を分析する目、人を評価する目を持っていることです。会った人が本当はどんな人なのか、彼には分かるんです。彼の場合、自分が気に入った、信頼のおける人たちといっしょに仕事をしていきたいと思っているせいか、人の性格を見抜く力が抜群にあるんです。こんなことを言うのは、別に、僕らを拾ってくれたから、というわけではなく、長年にわたり逸材を大勢発掘しているからなんです」。エリオットが付け加えた。「彼には人を動かす力がすごくあるんです。それにとても堅実な人です。彼といると、なんか安心できるし、自分が特別になった気がするんです。下で働く者一人ひとりが最高の気分でいられ、自分たちは特別で重要な存在なんだと思える

――そんなふうに仕向けるのも経営の才です。ウォーレンは僕ら一人ひとりにそうした思いを抱かせてくれるんです。これこそ彼の偉大な才能の一つです」

「ウォーレンのすごいところはまだあるんです」とバリーは続けた。「それは彼を恐れる人がだれもいないこと。本当にだれからでも好かれる人です。そして友達になってくれる。ほとんど理想の父親像といったところです。だれでもそう感じていると思います。ウォーレンから電話がかかってきても、『こりゃ大変だ、業務チェックだ』とはだれも思いません。むしろ、『やったあ、ウォーレンからだ』という感じです。そして、いつも何かおかしなことを言っては、笑わせてくれる。楽しませてくれるんです。本当に友達同士って感じなんです。彼に電話を入れる頻度はこちらの気分次第でいいことになっていますが、それでも、彼はちゃんと親身になって答えてくれます」。エリオットも口を開いた。「彼は賢い友人です。どんなことでも知っているし。何週間か前、僕らが今取り組んでいるあることについて電話をしたんですが、そのことについて彼があんなに詳しいとは、信じられませんでした。この件について数字とか、その他のいろいろなことを話し合おうと思って、いきなり彼に電話をしても、『それ、単にリースしてもらえないの？　向こうは売りたくないわけなんでしょ？』という答えが返ってくるんです。で、思わず言ってしまいました。『ウォーレン、あなたには分からないことって何かないんですか？』と」

「ウォーレンを心から尊敬しています」とバリーは言う。「それは巨万の富を築き上げたからではありません。富を築くことを成功と見る人たちもいますが、僕はそうは思いません。億万長者でも不幸のどん底にいる人はいくらでもいます。でも、ウォーレンは自分の人生を生きたいように生きている。これはとてもベーシックで、とてもシンプルなことです。彼は何であれ気取ったところがなく、金に支配されることもありません。いまだに六年前に買った同じ車を運転し、長年住み慣れた家に住んでいます。それでも、毎日起床したら会社に向かうのが楽しみなんです。みんなといっしょに仕事をするのが楽しいからです。彼の場合、なんとか生き残れるだけの金、勘定を払うのがやっとの金しかなくても、成功者と言えるでしょう。なにしろ、毎日、何をやるにも楽しくて仕方がないわけですから。こうしたことこそ、真の成功と言えるのだと思います」

このようにバフェットの経営スタイルを称賛している二人だが、実は少々手の込んだことをするきらいがある――もっとも、いい意味で、であるが。例えば、一九九九年一月のある夜、一二〇〇人の従業員がそれぞれ家に帰ると、なにやら妙な郵便物が届いていた。小包に入っていたのはフリースのジャケット。そして、そのボタンには「Ｊチーム、一九九九年五月一〇日？」の文字。「Ｊチーム」とは、テートルマン兄弟がジョーダンズの従業員を総称するときの言い方である。果たして翌日、従業員が出社してみると、店の壁には「五月一〇日？」のポスターが――。のちにエリオットが説明してくれたところによると、このとき、「うわさが立ち始めた」のは言うまでもない。「株式を公開するんじゃないか、いや、新店舗の起工式の日ではないか……。で、どうなったかと言うと、みんながあれこれとおしゃべりするようになった」そうだ。

数週間後、従業員が会社に来ると、今度はデスクの上に「フォーチュンクッキー」（＝本来は、おみくじ入りのクッキー）が置いてあった。ところが、そのなかには、おみくじの代わりに、「五月一〇日？」と書かれた紙切れが入っていた。それから一カ月後、従業員には週給とともにジグソーパズルが一ピースずつ配られるようになった。そして三週間後、やっとパズルが完成し、メッセージが読めるようになると、そこにはこうあった。「Ｊチームの皆さん、ぜひぜひ聞いてやってください！　二月二五日木曜、朝九時スタート、ＫＩＳＳ一〇八ＦＭ放送『マティ・イン・ザ・モーニング』に、あのエリオット&バリーが登場します。例の一九九九年五月一〇日の件について、さらに詳しい情報をお届けしますので、どうぞお聞き逃しのなきよう！」[23]

当日の朝は当然のことながら、従業員の多くがマティ・シーゲルのラジオショー――ボストンでは一番人気のラジオ番組――に耳を傾けた。ホスト役がテートルマン兄弟に、五月一〇日にはいったい何があるのかと質問したところ、その日は四店舗とも店休日にするのだという。それも、ジョーダンズの従業員一二〇〇人全員をジェット機四機のファーストクラスに分乗させて朝六時半にローガン空港をたち、バミューダ島で一日、羽を伸ばしてもらおうというのである。「これがわが素晴らしき従業員に対して『ありがとう』の気持ちを伝える僕ら流のやり方なんです。彼らにはそれだけの価値がありますから」とエリオットは語っている[24]。

島で過ごした日、従業員にはごちそうが振る舞われ、バンドの生演奏やゲーム、ショッピング、ウォータースポーツをみんなで堪能。最終便でボストンに戻ったのは夜の八時だった。この遠出のコストは七五万ドルにもなったが、それだけの価値はあったと兄弟は考えている。「従業員に自らの重要性を感じてもらうためです。実際、従業員は大事ですから。なにしろ、家具の販売をしたり、入り口でお客様をお迎えしたり、私道の掃除をしたりしているのは、今は僕じゃありません。彼らがいなかったら、僕なんか無きに等しいわけですから」とエリオットは言う[25]。

たしかに、こうした旅行は尋常ではないことぐらい承知している彼だが、当時、記者にこう語っている。「普通のことをやっていたら、普通の反応しか返ってきません。特別なことをするからこそ、特別な反応が返ってくるのです」[26]。そうした考え方をする雇用者の間では何ら驚くようなことではないが、その後、エリオットが新規採用の販売員に、どうしてうちの店で働きたいと思ったのかと尋ねたところ、その男はこう答えている。「御社の従業員はみんなニコニコしている。なぜだろう?と思ったからです[27]」

従業員がハッピーだと客もハッピーになれることをテートルマン兄弟は心得ているのである。実際、彼らは従業員も顧客の一人だと思って接しているのだそうだ。「僕らが思うに、まず従業員を店の熱狂的ファンにできなければ――」とエリオットが言うと、そのあとをバリーが続けた。「従業員がファンでないのに、どうして顧客を熱狂的ファンになどできますか？」」。エリオットはこう信じている。「従業員が気持ちよく仕事をし、相応の報酬と評価を得ていると感じていれば、自ずとその表情に笑顔があふれてくるものです。そんな従業員のいる店に入ったら、どうなると思います？　その笑顔がお客様にも伝染するんですよ」

二人は従業員との個人的なふれあいをできるかぎり欠かさないようにしている。例えば、ネーティック店の販売員エド・ワイズが最近、記者にこんなことを語っている。「妻の出産後、会社に復帰したら、エリオットから『息子さん元気？　確かジョシュアって名前つけたんだよな？』って言われました(28)」

従業員にいつもハッピーでいてもらうために、彼らが試みていることはほかにもある。それは何事も常に「全員参加型」で臨むことだ。「どんなことでも、一つのチームとしてアプローチするようにしています」とバリーは言う。「それから、役員や幹部専用の駐車場は一切設けないようにしています。僕らもみんな同じチームの一員であることに変わりありませんから。人の上に人をつくらず。だれでも同等に尊重されるべきなんです。フロアの掃除係だろうが、店長だろうが、そんなことは関係ありません」。エリオットがさらに付け加えた。「もしだれか一人がちゃんとやらなかったら、最終的には店の利益が落ち込むかもしれない、ということを各人に自覚してほしいと思っています。例えば、駐車場の掃除係が掃除をやめてしまったら、やがてものすごく汚くなって、だれも店に近づけなくなるでしょう。だから、僕らのところではどの人も重要だし、どの人もみな対等なんです」

その一方で、二人はショッピングの実態をきっちりモニターしている。販売のたびに、あとで店のだれかが顧客一人ひとりに連絡を取り、お買い物時の状況をさまざまな角度からアンケート調査するのである。例えば、販売員はどの程度役に立ったか、配送員は梱包を全部解いてから帰ったか、といった質問をする。しかし、これだけではない。従業員がどのくらい楽しく仕事をしているか、どのくらい陽気に振る舞っているか、といったことにも二人は気をつけている。会社の慣例として各販売員の「日報」をマネジャーに念入りにチェックさせていることについて、エリオットが次のように話している。「肝心なのは、どれだけ書いてあるか、ということではなく、接客がどれだけうまいか、どれだけ楽しくやっているか、ということです。だから報告書の書き方がいくら上手でも、日々の成績が芳しくないとか、買い物客に喜んでもらえない、といったことでは、将来的にお荷物になってしまいます。店にいらした方が全員、ほかの人たちにこの店を推薦してくれるようでなければいけないのです。これが秘訣です」。エリオットはそう語ったあとに、ほとんど付け足しのようにこう言った。「いや、秘訣でも何でもありません。これが常識というものです」[29]

エリオットは言う。「目標は、もう僕らのものと言えるぐらい、消費者の心をつかんで、一人残らず熱狂的ファンにしてしまうこと。ファンを増やせば増やすほど、消費者を顧客として手中に収めていくことができます。これは金で買えるものではありません。僕らの店で買い物をしてご満足いただけたとしたら、それは、僕らのサービスを堪能し、その楽しさを味わい、大切にされていると感じ、正直ベースの店であることをご理解いただいたということ――とすれば、ライバル店はかなり厳しい状況に立たされることになります。店の評判は何よりも大事なものです。だからこそ、その評判を落とさないように懸命に働き、そのために必要なことはどんなことでも、どれだけコストがかかっても、やるようにしています」。テートルマン兄弟がその評判を維持していくために実行していることとしては、ミルクやクッキーの無料配布、ライブ音楽、映画、ロボットショー、雨の日には傘を提供、顧客のニーズを判定するための店内無料相談サービスなどがある。「ちょっとしたことですが、これが結構モノをいうんです」とバリーは言う[30]。

「ともかく奇想天外なことを考えないと――」とエリオットが言うと、バリーが続けた。「普通とは違ったことをするんです。例えば、交差点の四つ角にガソリンスタンドが四軒あるとします。そのうち一軒は客の名前を覚えているだけでなく、スポーツ記事を読んでいる人を覚えていて、その人にタダでスポーツ記事のコピーをあげたりする。そのうえ、タダでコーヒーや手づくりクッキーを振る舞う――」。と、そこへエリオットが割り込んだ。「で、あなたなら、どのガソリンスタンドを利用します？　当然、クッキーやコーヒーを出してくれるところ、ですよね。僕らがジョーダンズでやろうとしていることも、これと同じ発想なんです。みんな、お決まりの仕事にどっぷりと漬かりすぎている。型破りなことをやるヤツがもっと出てこないと。といっても、発想を転換するというのは、そんなに生易しいことではありませんが」[31]。バリーによると、二人の究極の目標は、みんなが「楽しい時間を過ごすと同時に家具も買ってくれること」。そして「この二つが互いに両立するような環境をつくっていこうと努力している」のだそうだ[32]。

「僕らは個性を売りにしている」とエリオットは言う。「そして、もてなしの心と高価値を提供することによって商売をしている。これを言い換えると、人様に感動を与えることで家具を売っているわけです。例えば、僕らの店で家具を買って車に乗せようとしているお客様がいらしたら、僕らはどうするか。まず、ごあいさつしてから、車の窓をきれいに洗浄し、何か召し上がりたいものはありませんかと尋ねます。僕らがイスを車のトランクに入れ、しっかり縛って固定させている間、お客様には車から降りていただきます。すると、そこにはホットドッグと冷たいお飲み物を出す、ちょっとした軽食スタンドがあったりするわけです。『スッゴーイ！　ちょっとイス一つ買っただけなのに、窓まで洗ってくれて、ホットドッグまで食べさせてもらえるなんて……』なんてことをその場でお客様が口にしているのを何度も見てきました。それから、あとでお客様のお宅に電話をして、万事不都合がないかどうか伺うのですが、そのとき、こんなことを言われたりする。『家具を車に乗せようとしていたときの、あのホットドッグには、ウッソーと思った』と。ステキな店から出てきたばかりの彼らは、素晴らしいショーを見て、素晴らしい店員に接し、素晴らしい価値ある商品を手にしたのに、結局、何に感動したかというと、ホットドッグなんです。でも、これが人の感情というものです」

とはいえ、感動を売りにしている兄弟も、会社の経営にはけっして感情的なことは持ち込まないようにしている。個々の力を引き出すため、二人は経営責任を分担している。社長のエリオットは管理部門と業務部門のすべてを監督し、肩書き上、ＣＥＯ（最高経営責任者）となっているバリーはマーケティングとＰＲ（広報宣伝活動）――彼に言わせると、「オモシロ部門」――に専念している。バリーによれば、このやり方でやるのがうまくいくそうだ。いわく、「一人ずつだと、僕らは役立たずですが、二人力を合わせると、仕事をちゃんと成し遂げられるんです。お互い思考回路が似ているんです。エリオットが突拍子もないことを言いだすとき、僕もちょうど同じことを考えていたりする。ほとんど何でも意見が合うから、いつもこんな感じでやってこられたんです」。常に最終決定を下すのはエリオットだが、それにバリーも満足している。と、こんなふうに二人はいつでもうまくまとまる。実際、「もし僕が会社を経営していたら、何もかも完全にめちゃくちゃになっていたと思います」とバリーは白状している。[33]

兄弟のオフィスはすぐそばにあり、一人の秘書を二人で共有している。なのに、この二人、実は性格はまるで違う。その違いはエイボン店のオフィスを見れば一目瞭然である。エリオットのオフィスはいかにも仕事オンリーという感じ。変わったものがあるとすれば、せいぜい万華鏡のコレクションと実物大のバイクのオモチャ「ハーレー・ダビッドソン」が置いてあるくらいだ。一方、バリーのオフィスは彼のオモシロ感覚が分かるものが山とある。デスクの上にはテレビアニメ『シンプソン一家』のチェスセット、ビートルズの厚手の切り抜き、喜劇俳優ディック・バンダイクやテレビコメディー『メアリー・タイラー・ムーア・ショー』のメンバーの写真などなど。そして、一方の壁は家族の写真で埋まっている。妻スーザン、息子と娘、そして愛犬チャーリーの写真に加え、一九九七年にマーサズビンヤード島に夫婦で建てた別荘の写真もあった。オフィスに写真はなかったが、エリオットもニューハンプシャー州ウイニペソーキ湖にセカンドハウスを構えている。エリオットの妻ジューンは学校教師で、息子二人はそれぞれバリーの子どもと同い年である。[34]

ジューン・テートルマンは、数年前に夫と義理の弟が会社を売却して約二億五〇〇〇万ドルもの大金を手に入れたというのに、いまだにマサチューセッツ州サドベリーのイーフレイム・カーティス中等学校で七学年と八学年の保健の授業を受け持っている。毎年、夏には夫と二人でスペシャルキャンプを主催し、そのための資金提供も行っている。キャンプにはＨＩＶ（エイズウイルス）に感染している五歳から一六歳の子ども約七五人が参加しているが、キャンプを始めたのは一九九九年。家族総出による努力のたまものである。息子のジョッシュとマイケルがキャンプのカウンセラーを務め、いとこや友人たちも毎夏、手伝いに来てくれる。ただし、エイズウイルスに感染していると、いまだにある種のレッテルを貼られてしまうため、キャンプ名もキャンプ地も公表されていない。とはいえ、彼らにとってこのキャンプは非常に意義のあることなのだ。一九九九年、ジューン・テートルマンは記者に次のように語っている。「『あなた方が子どもたちにしてあげていることはとても素晴らしいことだ……』といったことを皆さんから言われますが、子どもたちのおかげで素晴らしい体験をさせてもらっているのは、むしろ私のほうです。だから、次のキャンプが待ち遠しくてたまりません」[35]

テートルマン家にとってキャンプが有意義な理由はほかにもある。エリオットが説明してくれた。

「キャンプを始めたのは、上の兄をエイズで亡くしたのがきっかけで、キャンプのアイデアが思い浮かんだからです。バリーも僕も子ども好きですし、このキャンプで僕らが相手をしている子どもたちは、自分たちには何の落ち度もないのに、コカイン依存症の母親と刑務所暮らしの父親の間に生を受け、なかには父親がまったくいない子もいます。僕らのやろうとしていることは、この子たちに楽しい一週間をプレゼントすることなんです」

何かを提供すること——特に自らを献身的にささ

げること――は非常に重要なことだとエリオットは思っている。「献金することと時間をささげることは、意味合いが違います。小切手を切ること以上に手間暇をかけることが大切なんです。大金持ちはなぜ一〇〇万ドルの小切手を切るのでしょうか？　小切手を切ったからといって、彼らにとっては、どうってことないからです。そのために買い物を控えたりするわけでもない。彼らは相変わらず家を六軒とヨットやその他のすべてを手にしています。ライフスタイルに何の影響も出ないのです。小切手を切ることはとても素晴らしいことですが、そのために何かをあきらめたり、手放したりしたわけではないのです。自分の時間をささげること――何かをするために一週間、一カ月、あるいは一日でもいいから、自分の時間をささげることこそ、まさしく大事なことなのです。こうして初めて何かをささげたことになるのですから」

テートルマン兄弟には仕事以外にも、また別の形で自らをささげているものがある。例えば、「毎週、違った高校を訪問しては、型破りな発想や一風変わったやり方をすることをテーマに子どもたちに話をしています。子どもたちと話をしたり、彼らの興奮した顔を見たりするのが好きなんです。先日、僕らと三年前に会ったという子どもから手紙をもらいました。僕らに会い、変わった考え方をしたり、変わったことをしたりすることについて話を聞いたその子は、木製のコンピューターを発明して、大儲けしたそうです」とバリー。これにエリオットが付け加えた。「大学進学に興味のなかったその子が僕らの話に耳を傾けたのは、成功したかったからなんです。こうしたことを生かして、型にはまらない考え方をしてほしいと思っています。そこで、自分たちなら何ができるか、自問してもらうようにしています。その結果、その子が思いついたのは、会社の重役連中はデスクの上に大きなプラスチックボックスがあるのは好まないのではないか、ということでした。そこでその子はコンピューターをとても美しい木製ケースに入れてみたんです。しかも、それを僕らのおかげだと言ってくれたんです。『おじさんたちが刺激を与えてくれたからこそ、このアイデアが生まれたんです』と。もう大満足でした」

こうした種をまくこと――将来的に芽が出るような種をまくこと――はテートルマン兄弟にとってとても大切なことだが、こうしたことは会社の将来にも当てはまることだ。にもかかわらず、彼らがまだ種をまいていない重要な分野が少なくとも一つある――テクノロジーだ。バリーいわく、「みんな僕らのことを浮かれ者扱いしていますが、インターネットに関してはまだ手つかずなんです。その気はあるのですが、浮かれ騒ぎが落ち着くのを待っているところです」。エリオットも同調した。「たしかにインターネットは業界にとっても僕らの店にとっても重要な役割を担うことになると思いますが、今はまだスタートする段階ではありません。これまでは販売に焦点を当ててきましたが、ネットではうまくいかないことは明らかだと思います。特定商品の取扱手数料やサービス料はかなり高くつくため、ネットでグローバルかつ効率的に売っていくのは難しいうえ、返品率も相当なものになってしまうからです。家にいながらにして商品を購入できても、サイズが合わない、色が違うなど、なんだかんだと問題が出てきます。店においでいただいて、座り心地や手触りなどを確認していただいても、問題は四六時中、起こります。家に置いてみると、気に入らなかったりするものなんです。ですから、感じもつかめず、触りもしないで、ただ写真を見ただけで購入すると、『あ～もう、こんなに高さがあるとは思わなかった……窓までかぶっちゃうじゃないか……おい、これ持って帰ってくれ！』ということになります」。エリオットはさらに続けた。「ただ、インターネットの利用方法はほかにもたくさんあります。例えば、家で商品の到着をお待ちの客様が、いつごろ届くのか、配送トラックが今どこを走っているかをネットで確認できるようにする、といったことです」

もっとも、環境に順応し変化していかなければいけないことは彼らも承知している。エリオットは言う。「家具業界に関して昔を振り返るのであれば、全米中の職業別電話帳を取り寄せて、そう、一〇年前のやつを見てみれば、どれだけ多くの店が廃業したかが分かります。つまり、いかに大変なビジネスか、ということです。大規模店であれば、かなりの不動産投資が必要になります。宣伝も販売も商品計画も流行も大量の労働力も必要です。しかも、これらをすべて集約していくのは至難のわざです。だから、敗退していく店があまりにも多いのです。成功している企業に目を向けると、いずれもこうしたあらゆることを乗り切ってきたところです。そしてこうした企業、つまり、あらゆることを克服して成功していけるだけの賢明な企業は、自分たちの本業をきちんとわきまえているものです」

「現在そして将来、どこが最大のライバルになるか」と聞いてみた。エリオットいわく、「目下の最大のライバルはおそらく同業他社ではなく、各種の消費財メーカーです。車やコンピューターなどは、ある意味、家具よりも刺激的な商品ですから。僕らが扱っているのも消費財ですが、高額の家を購入してしまったら、家具に使う金はもう残っていないものです。でも、あの大画面テレビやデジタルテレビなら購入する。あるいは、レーザーディスクプレーヤーなら人はほしがるんです。こうした商品はいずれも新しいソファよりも人をワクワクさせるような魅力がある。つまり、目下の最大のライバルはこうした商品なんです。だから、これらと戦うためにも、僕らの商品をもっとワクワクするものに変えていくように努力しているところです。こうした戦いは将来的にもずっと続くと思います」

バークシャー・ハサウェイの将来については、エリオットもバリーもさほど心配していないようだ。現在さかんに議論されているウォーレン・バフェットの後継者問題については、「彼は非常に賢い。だから、後継者について何も決めていないということは考えられません。何らかの理由で、みんなには知らせたくないんだと思いますが、きっとそれなりの理由があるに違いありません」とバリーは言う。「信じるしかないでしょう」とエリオットが付け加えた。バフェット亡きあと、バークシャーやジョーダンズの経営スタイルが変わってしまうかどうかについても、二人は心配していない。エリオットいわく、「僕は一つの経営手法しか知りません。バークシャーを牛耳るのがだれであれ、僕のやり方が問題になるようなら、僕は出ていきます。突然、やり方を変えさせられて、納得のいかないことをやらされるのであれば、そんなことはしたくありませんから」

ジョーダンズの将来に関する話題のなかで、ジョーダンズがマサチューセッツ州とニューハンプシャー州ですでに最大の家具小売業者となっていることに触れると、エリオットが口を開いた。「そうしたことは重要ではありません。僕らが目指しているのは、最高の会社になることであって、最大になることではありません。これは何より重要なことです。世界中を掌握しようとは思っていませんし、僕らの課題は、何をするにも他者とは違うやり方をすること、従業員の笑顔を見ること、そしてお客様の笑顔を見ることなんですから」。実際、会社が成功しているかどうかを評価するときのエリオット流の尺度は「笑顔」だそうだ。「それから、最終損益よりも、むしろヤル気を評価尺度にしておけば、とにかく結果は出ます。というか、実際、結果はちゃんとついてくるものです」

ビジネスの基本方針——テートルマン兄弟

★従業員に対しても、顧客と同じように接する。従業員が仕事にほれ込んでいれば、その気持ちは顧客にも伝わる。

★顧客のあらゆる関心事にこたえる。サービス、品質、商品計画も大切だが、顧客に楽しんでもらうことも大切。音楽、食事、雨の日の傘をはじめ、各種のサービスを提供していれば、顧客はきっとまた来てくれる。

★創造力を生かす。従業員を特定の義務を果たすことだけに縛り付けてはいけない。チームのプロジェクトに全従業員を参加させる。より大きなグループで団結して頑張るとなれば、たいていは、それまで以上に良い仕事をするようになるものだ。

★家族経営のビジネスにおいては、感情的なことで親族関係にキズがつく。自分の能力と技量、兄弟姉妹の能力と技量をきちんと見極め、経営責任を分担する。

第五部

バークシャー傘下のCEO継承者
——専門経営者たち

第一五章

再建屋――スタン・リプシー（バファロー・ニューズ）

スタン・リプシーの新聞社オマハ・サンとバファロー・ニューズはいずれもバークシャーが初期のころに買収した企業である。このため、リプシーはバフェット傘下のCEOとしては一番の古株であり、真のインサイダーと言える。オマハ出身でバフェットの古くからの友人でもある彼は、バークシャー・ハサウェイがゼネラル・リーを買収するまではバークシャーの役員（副社長）をしていた。彼が役員になった当初のバークシャーの資産は五〇〇〇万ドル、年間利益は五〇〇万ドルにすぎなかったが、バフェットのおかげで、この三〇年の間に資産、純資産、利益、株価、そしてリプシーの個人資産までが一〇年ごとに一ケタずつ増えている。

CEOとしてよりも、バークシャーの株主として儲けた金のほうが多いリプシーだが、オマハ・サンをバークシャーに売却していなければ、バークシャーの株主になることなどなかったかもしれない。

ウォーレン・バフェットは常にしっかりとした経営陣のいる企業だけを選び抜いて買収し、完全子会社の管理は一部所有企業とまったく同じように行う、という原則を貫くようにしてきた。しかし、バファロー・ニューズの場合、このいずれにも該当しない。バフェットが長年実践してきた買収哲学とは――すなわち、建て直しの必要のある企業は買わない。依頼を受けたときだけ、あるいは企業がトラブルに陥っているときだけは手を貸すが、あとは干渉せず経営陣に任せる――といったものだが、この哲学に反してバークシャーから経営陣を送り込み、企業の再建に挑んだ、その格好の例がスタンフォード・リプシーとバファロー・ニューズのケースなのである。

バファロー・ホッケー競技場と新しくできた野球場に挟まれてバファロー・ニューズのビルがあり、そこにスタン・リプシーのオフィスがある。一見したところ、会社もビルも一九七七年にバークシャーが三二五〇万ドルで買収したときのまま。バファローの町と同様、その外観は全然変わっていない。しかし、その他のものはほぼすべて、つまり、発行している新聞、オーナー、競争相手、売り上げなど、何もかもが当時とは違っている。

バファロー・ニューズ紙の社主スタン・リプシーはウォーレン・バフェットの昔からの友人であり、仕事仲間である。ウォーレンの妻スージーやバフェット傘下のCEOチャック・ハギンズと同様、大のジャズファンでもある。駐車場の案内係や警備員、バファロー・ニューズの社員の間では、単に「スタン」で通っている彼はディナーパーティーに好んで招待されるようなタイプ。若々しくて愛想がよく、気さくで話し上手な人だ。

スタンはバファロー市長と言ってもいいくらい第二の故郷に貢献している。バファローの話をし、大切に思っているさまは、まるで誇り高き建国の父のようでもある。町で年一回開催されるジャズフェスティバルのスポンサーを個人的に務め、バークシャーの株主として年一回、寄付を行っている。

オフィスに入ると、デスクの背後に、バファロー・ニューズ紙の歴史的に重要なトップ記事が二枚、額にかけてあった。「マッキンレー大統領、撃たれる」と「人類、月を歩く」がその見出しだ。もう一つの額には、オマハ・サン紙の第一面の記事とピュリツァー賞を受賞した「ボーイズタウン」（＝少年の町）に関する調査記事が飾ってある。「少年の町」はオマハにあるが、ハリウッドを介して有名になったところだ（訳者注　「少年の町」は「赤い羽根共同募金」を日本で普及させたフラナガン神父が一九一七年に創設した孤児のための教護院で、ここを題材にした物語が映画化されアカデミー賞を受賞している）。それから、壁の中央にはコロンビア大学ジャーナリズム大学院からもらったピュリツァー賞のコピーが額に入れて飾ってあったが、まるで大学の卒業証書のように見えた。

スタン・リプシーの存在は、バークシャーも買収後に必要とあれば、経営陣を送り込むことができる、というあかしである。定着した経営陣のいない企業を買収するのは、バフェットの好みではない。とはいえ、スタンを起用したのは大正解だった。最初の五年間は赤字続きだったが、その後は、累計で七億五〇〇〇万ドルを超す税引き前利益を計上している。

一九九〇年春、ミシシッピ州ジャクソンを本拠とする投資顧問業兼ファイナンシャルプランニングの会社社長ティム・メドレーは、バークシャー・ハサウェイの年次株主総会に出席するため、ネブラスカ州オマハにやってきた。そこで総会前夜、バークシャーの子会社の一つ、ボーシャイムズ宝石店で催されたパーティーで、スタンという名の金髪の優男と出会い、意気投合。その夜、メドレーはほかの株主たちにこう言った。「皆さん方がここの大物連中と話し込んでいる間、スタンというなかなか〝いいヤツ〟と話をしたんだが、バファロー・ニューズに勤めているんだそうだ」。メドレーの目には、どうやら「スタン」は新聞社の販売員と映ったようだ。というのも、メドレーのホテルの部屋に、あした新聞をお届けしましょうかとスタンが申し出ていたからだ。ところが、そのときメドレーは株主たちからある事実を知らされることになる。自分が話をした相手は、実はスタンフォード・リプシーというピュリツァー賞を受賞した新聞社社主であることを――。翌朝、メドレーがホテルの部屋のドアを開けると、外には約束どおりバファロー・ニューズ紙が二部。もちろん、配達したのは新聞社の社主である[(1)]。

リプシーがバファロー・ニューズの社主になってから、かれこれ二〇年になるが、自身のことを語ってほしいとお願いしても、大企業を経営する実業家としての顔については語ってくれなかった。彼に言わせれば、自分はむしろ「新聞人」だという。「新聞は私にとって宗教みたいなものです。新聞にこの身をささげているのですから」という彼は、新聞社とは社会で非常に重要な公共機関であり、いろいろな意味で宗教と同列で同等の力を発揮できる機関だと信じている。その福音伝道者のような熱意からして、新聞社一族の出のように思われるが、そうではない。リプシーが生まれたのは一九二七年。父はオマハで肉の卸売商を営んでいた。

スタン・リプシーはオマハで育ち、一九四五年に高校を卒業。ミシガン大学で経済学を専攻するが、ここで大学の日刊紙のカメラマンおよび卒業アルバムの写真編集者として、初めてジャーナリズムに触れることになる。卒業前の一九四八年、二〇歳のころ、カリフォルニアで隠居生活を送ろうと考えていた父から、「オマハで家業を継ぐ気があるのか」と聞かれた。「そう言われても、自分でも何がやりたいのか、分からなかったことが悩みの種でした」とリプシーは語る。父は、店を継ぐことを断った息子に対して、親元で何かやりたい仕事を始めてくれることを望んでいた。リプシーは父といっしょにロサンゼルスに行くことにしたが、ウエストコーストで二年暮らしても、まだ自分の道を決めきれずにいた。結局、オマハに戻った彼は週刊紙の仕事をするようになった――これがオマハ・サン紙である。「ここで働くことにしたのは、自分のやりたいことが分からなかったので、とりあえず小さな新聞社で仕事をすれば、あらゆる業種についての知識が得られるだろうから、そのうち、どの道に進むか決められるだろうと、そう思ったからなんです」。ところが、いざふたを開けてみると、新聞の仕事を好きになってしまったのである。

しかし、新聞社で仕事を始めていくらもたたないうちに朝鮮戦争に従軍するため、空軍の予備役として召集されることになった。ネブラスカ州フォートクルックのオファット空軍基地に配属され、戦略空軍司令部（ＳＡＣ）向けの基地新聞の編集者となったが、自分の適性を見いだしていた彼は、戦後は新聞社に戻り、カメラマンから記者、編集者へと昇格し、最終的には社主、そして大株主となった。

一九六五年、同じくオマハ出身のウォーレン・バフェットから新聞社を売却しないかという話を持ちかけられるが、そのときは売る気などまるでなかった。しかし四年もたつと、売ってもいいかと、だんだん思うようになっていた。「その当時は、ウォーレンのことはそんなによく知りませんでした」とリプシーは言う。それよりも別のオファー――サンにはオファーがたくさん来ていたが、そのうちの一つ――を真剣に検討しているところだった。「でも、ウォーレンのことを調べてみると、彼には新聞社にふさわしい資質があることが分かったんです。買収するだけの力があるだけでなく、新聞のことをよく理解していましたから。それなら、確かな人の手にサンをゆだねてみようかと。ウォーレンを一目見てすぐに気に入りましたが、まさか、こんなに深い付き合いになるとは思ってもみませんでした」

一方、バフェットと新聞とのつきあいは、ワシントンDCにいた一〇代のころにまでさかのぼる。父ハワードが下院議員だったとき、高校生だったバフェットは首都圏で新聞配達をしていた。バイトで自ら稼いだ金は一万ドル。このとき蓄えた虎の子がのちにバークシャー・ハサウェイに化けるのである。ネブラスカ大学にいたころは、リンカーン・ジャーナル紙の販売責任者もしている。(2) フォーチュン誌の編集主任で、バフェットが年一回書く、かの有名な『株主の皆様へ』の編集もしているバフェットの友人キャロル・J・ルーミスは、「ウォーレンがもし投資家にならなかったとしたら、おそらくジャーナリズムの世界に入っていたと思う」と語っている。(3) 新聞社のオーナーになりたいバフェットにとって、スタン・リプシーからサンを買い取れば、その夢がかなうのである。

バフェットに新聞社を売却したことは「自分がこれまでに下した決断のなかで最高の決断」とリプシーは考えている。会社と引き換えにキャッシュを手にしたばかりか、共同経営者に加えてもらえることになったのである。それにもっと重要なのは、「ウォーレン・バフェットという友人を得たこと。そして管理職の管理法を学んだこと」だという。「だれもが思っているとおり、たいていの企業のオーナーや経営幹部は、自社を売却したあと、あれこれと理由をつけられて最終的には捨てられることになります。でも、ウォーレンの場合はこうしたことはまずありません。彼は経営陣を送り込まなければならないような状況を嫌いますから、たとえ買いたくなるような企業があっても、経営陣がいいかげんなら買わないんです」。リプシーはサン紙の社主としてとどまり、お互いの関係も上々だった。一九七二年には「少年の町」の財務面を暴露した調査記事によりピュリツァー賞を受賞。この分野では週刊紙初の名誉ある賞を獲得した。

「ウォーレンは常に新聞を愛してきましたし、メディアを一つのビジネスとしてだけでなく、社会において非常に価値あるものとして理解しています。ビジネスとしての新聞に焦点を当てる人が多いなかで――ウォーレンがそうではないと言うつもりはありませんが――彼は単なるビジネスを越えた次元で新聞を見ているのです。全米のたいていのオーナーよりも多くのもの、そして金をかけた以上のものを新聞から得ているのです」とリプシーは言う。業界に興味を抱き、業界を理解した結果、バフェットは他の新聞社や出版社の株も大量に買い付けるようになった。そのなかには、ワシントン・ポスト・カンパニー、ガーネット、タイム・インクなどがある。それでも、彼は新しい可能性を絶えず探し求めていた。そんな一九七六年、バファロー・イブニング・ニューズ紙が売りに出されていることを聞きつけたバフェット。興味が頭をもたげた。

イブニング・ニューズが創刊したのは一八八〇年。保守的な共和党寄りの新聞だった。長年にわたりバトラー一族がオーナーを務め、ケイト・ロビンソン・バトラー（ミセス・エドワード・H・バトラー・ジュニア）が、亡くなる一九七四年まで経営に当たっていた。バトラー夫人の死後、一九五三年から同紙に携わっていたヘンリー・Z・アーバンが社主兼社長に就任したが、一九七六年にはバトラー家の遺産を売却することになり、買い手を募集していたのである。この案件を担当していた新聞ブローカー、ビンセント・マノーはワシントン・ポスト紙とシカゴ・トリビューン紙に対して四〇〇〇万ドルでイブニング・ニューズを売却する案を提示し、両紙は真剣に検討に入っていた。イブニング・ニューズのような夕刊は廃れつつあったが、同紙は評判が良く、バファローの町の大半を占める肉体労働者たちに支持されていたからだ。

ところが、買い手が気をつけなければならない障害がいくつかあった。①広告主が一番関心を持つのは日曜版であり、これが一番の収益源となるのに、日曜版を発行していなかった、②バファローという町自体、寂れて寒々とした古い工業都市で、場所的にマイナスイメージがある、③別個の労働組合が一三もあり、いずれも組合員に極端に有利な労働契約を結んでいたため、従業員は国内の新聞業者のなかで一番の高給取りとなっていた、④前年の利益は一七〇万ドルしかなかったにもかかわらず、四〇〇〇万ドルという提示価格は高すぎる――というわけで、ポストもトリビューンも結局、買収を見送ることになった。(4)

その後、マノーは価格を下げて三五〇〇万ドルにしたが、買い手はだれも現れなかった。そんなとき、ワシントン・ポストの取締役をしていたウォーレン・バフェットが売却の話を知り、マノーのもとへ電話をかけてきたのである。バフェットはこの件に関していくぶん違う見方をしていた。同紙は地域社会にしっかりと根付いており、一日の発行部数がライバル朝刊紙バファロー・クーリエ・エクスプレスの倍あること、平日版ではどの大都市よりも世帯普及率が高いことに彼は気づいていた。特にバファローでは人口の移動があまりないことも分かっていたため、現状よりももっと利益を上げられるだけの力はあるはずだと見ていたのである。(5)そして最終的には、リプシーも語っているとおり、「ウォーレンはいつも主要紙のオーナーになりたがっていた」のが決定打となった。

一九七七年一月のとある土曜日の午後、コネティカット州ウエストンのマノーの家で簡単な交渉が行われ、バフェットはバファロー・イブニング・ニューズを三二五〇万ドルで取得。その当時、バフェットが決めた案件のなかでは最大の買収となった（ただし、実際は、当時バークシャー・ハサウェイの支配下にあり、その後、バークシャーに吸収合併されたブルー・チップ・スタンプス社が取得したことになっている）。やらなければならないことがあるのは分かっていた。バフェットは買収が完了するとすぐ、機構改革に取り組んだ。まず、同紙編集長のマリー・B・ライトを日曜版の編集者として起用し、早速企画に取りかかるように指示した。これはクーリエ・エクスプレスの日曜版に対抗するためだ。これまでイブニング・ニューズが日曜版を出さなかったのは、バトラー家とクーリエ・エクスプレスを所有しているコナー家との取り決めによるものだとうわさされていたが、バフェットがイブニング・ニューズを買収した当時、クーリエ・エクスプレスはほとんど利益が上がらず、日曜版によってやっと生き延びているような状態だった。イブニング・ニューズの平日版の発行部数は二六万八〇〇〇部、クーリエは一二万三〇〇〇部だったが、クーリエの日曜版は二七万部も発行されていたのである(6)。

ライバル紙がもし日曜版など出したら、主要な収益源を横取りされることになる。そのことに気づいたクーリエ・エクスプレスのオーナーたちは訴えを起こすことを決断し、一九七七年一一月、イブニング・ニューズ日曜版創刊予定日の二週間前にシャーマン反トラスト法違反として訴訟を起こした。その申し立てによれば、イブニング・ニューズは販促期間中、六日分の購読料で一週間分を配布し、日曜版だけの場合はわずか三〇セントにするという計画を立てているが（クーリエ・エクスプレスの日曜版は五〇セント）、これは商慣行上不当であり、その狙いは競合他社を排除しようとするものだ、というのである。もっとも、法律上、クーリエ・エクスプレスはバフェットの商慣行が不当であるということだけでなく、独占をもくろんでいることも証明しなくてはならない。

一九七七年一一月四日、バファローの連邦裁判所にて訴訟に関する審理が始まった。裁判官はチャールズ・L・ブリーアント・ジュニア。審理は五日間にわたって行われた。バフェットは自ら証人台に立ち、自分の行為と意図を張り切って弁護したが、係争中は日曜版の発行計画を制限するようにとの命令が下された。「今では［バファローには］新聞は二紙しかない。もし［イブニング・ニューズの］計画が予定どおり進められたら、おそらく残るのは一紙だけになるだろう」というのが裁判官の見解だった。日曜版の発行許可は下りたものの、販促活動や販売には厳しい制限が設けられることになった。当然のことながら、クーリエ・エクスプレスは第一面全面を使ってこの差し止め命令の記事を大々的に報じた。その結果、バフェットと会社にとっては、すでに悪評が立っていたところに恥の上塗りとなり、せっかくの努力も水の泡となったのである。(7)

こうして二紙は全面戦争に突入することになった。最終的に勝ち残れるのは一紙しかないであろうことは両者とも分かりすぎるほど分かっていた。どうしても助っ人が必要だと判断したバフェットは、友人のスタン・リプシーの元を訪れた。「ウォーレンからバファローに引っ越してほしいと頼まれ、絶対に嫌だと答えたんですが、『一カ月に一週間だけバファローに出向くというのはどうだろう？　それならいいと思うが』と言われてしまい、それなら、と承諾しました」とリプシーは言う。こうしてリプシーは、バトラー家の遺産管理人から指名を受けて社主となっていたヘンリー・Z・アーバンの相談役として日曜版強化のために一肌脱ぐことになったのである。とはいえ、ブリーアント判事の命令により制限を課されていたため、苦戦を強いられることになる。

一九七八年度を通して日曜版の販売部数を見てみると、クーリエ・エクスプレスがイブニング・ニューズを毎号一〇万部以上、上回っており、その年の年末までにバフェットの会社が出した損失は二九〇万ドルに上った。

バフェットが同紙を買い取ってから二年が経過した一九七九年四月、ニューヨークの連邦最高裁判所でブリーアント判事の命令を覆す、次のような判決が出た。「あらゆる記録の裏付けにより、ミスター・バフェットがイブニング・ニューズ日曜版の発行を欲しただけでなく、実際に発行を意図したことは認められるが、それにより競争が生じ、その結果、クーリエ・エクスプレスにどのような影響が出るかということまでは考えが及ばなかったものと見られる。よって、本件は反トラスト法（独占禁止法）が狙いとする自由競争を促進するものであって、阻害するものではない(8)」。判決が下されたことによって訴訟は終了したが、イブニング・ニューズの問題が解決したわけではなかった。二カ月後、クーリエ・エクスプレスは、コールズ家が所有するミネアポリス・スター&トリビューン・カンパニーに買収された。つまり、戦いはまだまだ続くということだった。一九七九年、イブニング・ニューズの損失額は四六〇万ドルにまで膨らんでいた。

一九八〇年の初頭、スタンはウォーレンの家を訪ねた（二人は会社で会うのと同じくらい、家でも会っていたのである）。「いよいよ私自身が変わらなければいけない時期に来たと判断したんです。三〇年間勤めたオマハ・サンを辞めるときは、オマハを離れるつもりでいました。バファローに行くか、サンフランシスコに行くか、迷いました。そんなもの、決めるのは簡単だと、たいていの人は思うでしょうが、イブニング・ニューズとクーリエ・エクスプレスの戦いにすっかりはまっていましたし、二年以上も行ったり来たりしているうちに、バファローという町には大事なものや本当にいい人たちがたくさんいることに気づいたんです。

私の頭の中ではウォーレンは一応ボスですが、私たちの関係は親友兼パートナーみたいなものでしたから、友人としての彼の意見をどうしても聞きたかったんです。ウォーレンは、私がバファローに移ることを強く望んでいたようでしたが、けっして強制はしませんでした。最終的には、私自身がバファローに行ったほうがいいと判断し、今、ここにこうしているわけです。ウォーレンとの付き合いを続けていきたかったことが少なからぬ理由ですが、それだけではなく、使命感と社会における新聞の重要性を意識していました」

「それで、バファローに引っ越してきたわけです」とリプシーは回想する。「それからは、日曜版を成功させるために、そしてイブニング・ニューズが生き残っていくために、やるべきことをやっていきました。新聞の編集面はいつもうまくいっていましたが、その他の面は予定どおりにはいっていませんでした。しかも私の行く手をふさぐ壁が社内にあって、それにぶち当たっていました。ただ、これについてはウォーレンが素早く解決してくれました。私をイブニング・ニューズの副会長兼ＣＯＯ（最高執行責任者）にしてくれたんです。一九八一年一月のことでした」

一九八二年初頭、相変わらずイブニング・ニューズの日曜版はクーリエ・エクスプレスの後塵を拝していたが、その差は今や七万部に縮まり、販売部数は伸びていた。赤字の膨らむペースも落ちてはいたが、赤字続きであることに変わりはなかった。もっとも、クーリエ・エクスプレスのほうは年間にその二倍の三〇〇万ドルもの赤字を計上。オーナーたちもとうとう根負けし、廃刊を発表したのである。

廃刊前、クーリエ・エクスプレスは売りに出された。唯一現れた買い手はあのルパート・マードック（＝オーストラリア出身のメディア王）。どこから見ても恐ろしい競争相手だ。スタンとマリーは急きょワシントンに飛び、ワシントン・ポストの取締役会に出席していたウォーレンと作戦を練った。

クーリエ・エクスプレスが廃刊するなら、数日以内に準備をして、これまでとはまったく違う朝刊を出していかないといけない。それにはニュースのコンテンツ、制作、発送の準備も必要である。と同時に、ルパート・マードックならやりそうな効率的な販売促進戦略に対抗するためにも、人員削減を含め、あらゆる経費を三分の一削減する方法を考え出さなければならなかった。

クーリエ・エクスプレスが廃刊するとすぐにバファロー・イブニング・ニューズはバファロー・ニューズに名称を変更し、朝刊を発行。ライバルがいなくなって半年もたたないうちに日曜版の発行部数は三六万部となり、ライバルの記録を更新。一年後にはヘンリー・Z・アーバンが社主を降り、スタン・リプシーがあとを引き継いだ。クーリエ・エクスプレスとの戦いでバークシャーが支払ったコストは一二〇〇万ドル。結果、総投資額は四四五〇万ドルとなったが、バファロー・ニューズが町で唯一の新聞となった今、利益はうなぎ登りに上がった。一九八三年、ライバルが消えた最初の年の利益は一九〇〇万ドル。一九八〇年代末には年間で四五〇〇万ドルを超す利益を計上。七年間で買収額と損失額の元を取り、その後はずっと利益を上げ続けている。

クーリエ・エクスプレスが廃刊となったとき、スタンとウォーレンは広告料について長時間話し合った。それまではクーリエの広告料（分類広告は無料）に対抗するために、採算の合わないレベルまでレートを引き下げていたからだ。ウォーレンは売れ行きの面から、このレートを毎年徐々に引き上げることを考えていた（普通の新聞社の方針とは大違いである）。しかし今や広告料を一気に引き上げる必要があった。普及率が高く、配布先が都心部に近接しているため、広告主にとっては、これほど良い媒体はない。おそらく、全米一かもしれない。というわけで、値上げしても大丈夫、ということで意見が一致。話し合いの結果、連続して値上げするよりも、一気に上げたほうがよいという結論に達した。こうして広告料を引き上げたことが将来的にバファロー・ニューズの利益に大きく寄与することになった。

「ウォーレンはこのバファローで私に素晴らしい機会を与えてくれました」とリプシーは語る。「彼は私がここに来ることを私以上に望んでいましたが、実は私自身、人間は自ら成長し続けていかなければならないと常々思っていましたから、絶えずその努力をするようにしていました。ですから、そういった意味で、バファローに来たことがそのための大舞台を提供してくれることになったわけです。大きな新聞、大きな町、大きな課題、多くの問題を抱えた町。ここでは実りの多い仕事をすることができたと感じています」

その一つは、新聞社の財務面だけでなく、新聞自体に抜本的な改革を行ってきたことだ。リプシー自身はニュース編集室の日常業務には首を突っ込まないが、編集者にはいろいろな提案をしている。例えば、今日ではこれまで以上にローカルニュースの比重を大きくしている。社説編集者ジェラルド・I・ゴールドバーグによれば、かつては「相当重大なローカルニュースがあれば第一面に載せていたが、今は全国の良いニュースがあれば第一面に割り込ませる」といった感じだそうだ。[9] ほかには新聞の「ニュースホール」——広告以外の記事が紙面を埋めている割合——の大きさも変わった。バフェットが買収する前は、ニュースホールは約三五％で業界平均並みだったが、バフェットはこれを拡大して最低でも五〇％にしたほうが利益になると考えていた。一九八九年度の会長あいさつ『株主の皆様へ』で次のように説明している。「……ニュースホールの割合が高いこと自体は利益を大幅に減らすことになりますが、ニュースホールを大きくして賢く利用すれば、幅広い読者層を引き付けることになり、普及率が上がることになります。普及率が高まれば、社会全体に広告が浸透することになるため、小売業者にとって新聞は特に貴重なものとなります……」(10)

バファロー・ニューズの普及率は群を抜くものとなった。バファロー地区の世帯普及率は平日版が五六％、日曜版は七五％に達し、全米上位五〇紙のなかで最高の普及率を誇っている。二〇世紀末には発行部数がいくらか減少したものの（バファローの人口減少が一因）、着実に利益を上げ続けてきた。三二・八％という営業利益率の高さは国内で株式公開している新聞社ではトップクラスで、バークシャーのグループ企業のなかでも売り上げベースの収益性は断トツトップである。(11) ちなみに二〇〇〇年には五二〇〇万ドルの税引き前利益を上げている。

さらに驚かされるのは、わずか三〇〇〇万ドルの資産に対して年間五二〇〇万ドルの利益を上げていることだ。他と比べてみると、ニューヨーク・タイムズ紙や、バークシャーが一部保有しているワシントン・ポスト紙は資産に対して一〇％の利益しか上げていないが、業界平均となると、これがわずか六％しかないのである。これはひとえにリプシーの直接関与型の経営スタイルと、彼とウォーレンが不要経費とみなしたものに対してリプシーが絶えず目を光らせていたおかげである。さらに、バファロー・ニューズはこれまでに七億五〇〇〇万ドルの税引き前利益をバークシャーにもたらしている。この金が企業買収を続けていく資金源となって、うまく回転しているわけだが、ここにバークシャーの資本配分マシンの秘密が隠されているのである。バークシャー帝国にとって、バファロー・ニューズ買収後、最初の六年間で出した多大な損失額を考慮しても、二三年間のリターンは年率一八％近くになるのである。

このように新聞は大いに儲かってはいたが――というより、おそらくそのせいで――かえって批判を浴びることになった。原因はいくつかあるが、例えば、バファローの人口の約三分の一は黒人であるにもかかわらず、黒人層を対象とした報道が十分になされていないという批判が出ていた。元編集者のマリー・ライトが黒人社会にも十分かつ適切に対応していると主張したが、一八七人の編集スタッフのうち黒人の正社員はわずか八人しかいなかった。

社内の人間からも非難の声は上がっていた。深刻な人員不足に陥っていたからだ。バファロー新聞組合が数年前に実施した調査によると、発行部数および市場が同規模の九紙のなかでバファロー・ニューズの社員数は平均の三分の二ぐらいしかいないことが分かったのである。ライトは同規模の新聞社より社員数が少ないことについては否定しなかったが、次のように答えている。「だからこそやりがいがあるのです。記事やシリーズものを書くのに時間がかかることぐらい、記者ならちゃんと心得ているものです」。この発言を支持する記者もいたが、よそより人数が少ないから、十分に掘り下げた報道ができないのだと主張する記者もいた。(12)

現在編集を担当しているのはマーガレット・サリバン。一九九九年にリプシーが全米中を探し回って見つけてきた編集者だ。彼女はスタッフの多様化を図り、優先事項とするローカルニュースをもっと積極的に報道するように推し進めている。現在の編集スタッフは正社員とパートを含めて二〇一人。うち、マイノリティー（少数民族）は一二％、二四人となっている。「うちでカバーしている地域社会の人口構成をスタッフに反映させることはとても重要」と言うサリバンは、同紙初のアフリカ系アメリカ人を編集室の管理職に任命し、新しく設けた論説欄を黒人女性に担当させている。

バファロー・ニューズの報道は業界で数々の賞を獲得してきた。一九九六年にはピュリツァー賞に次ぐ賞とされる、誉れ高きジョージ・ポーク賞を受賞。二〇〇一年にはニューヨーク・タイムズ紙やロングアイランドのニューズデー紙ら競合を押さえてニューヨーク州のパブリッシャーズ賞をほとんど総なめにした。また、恐るべき天才政治漫画家トム・トールズもピュリツァー賞を受賞。同紙の誇りである。

バファロー・ニューズを「アメリカで最高の地方紙」として認められるような新聞にすること——こ

れが編集者と社主が決めた共通の目標だとサリバンは言う。リプシーについては、「この仕事のビジネス面だけでなく、ジャーナリズムとしての部分を非常によく理解している人。いつでも近づきやすくて、とても聡明で博識」と評している。

新聞への批判はほかにも出ている。原因は同紙が独占企業になってしまったことだ。例えば、ライバルがいなくなった今、「競争に勝つために」という駆り立てられるものがなくなってきているのである。元編集者も認めているとおり、「かつては編集室中が常に競争心に燃えるように躍起になってベストを尽くしたものだが……その競争心がしだいに消えうせてきたのは間違いない」という[13]。

町で唯一の新聞になったとき、こうした問題が起こり得ることは、バフェットも気づいていた。一九八四年だからかなり前のことだが、バークシャーの株主に向けてこう語っている。「ビジネスの世界で上の上をいく企業のなかでも、特に独占力を有する新聞は飛び抜けた経済力を持つものです。オーナーたちは当然のごとく、その収益性の素晴らしさは、何よりも自分たちが素晴らしい新聞をつくっているからだと思いたがるものです。こうした理屈は居心地の良いものですが、不快な現実の前では通用しません。一流紙が見事な収益を上げる一方で、三流紙がそれと同程度かそれ以上の収益を上げる――こうしたことは、その新聞が一流だろうが三流だろうが、その地域社会で独占体制を築いているかぎり、あり得ることです……いったん支配力を手にしてしまうと、新聞の良し悪しを決めるのは市場ではなく、新聞自身なのです。つまり、良くても悪くても、新聞社は繁栄するということです[14]」。（ただし、一九八四年のこの意見はその後、劇的に変わる。二〇〇〇年のバークシャー・ハサウェイの年次総会では、インターネットの脅威を理由に、新聞に対してかなり否定的なコメントをしている）。

バッファロー・ニューズの財務面・編集面についてバフェットが不満を感じていた、といったことを指摘した人はこれまでだれもいないが、仮にバフェットが不満を抱き、それをだれかのせいにしようとしていたとしても、スタン・リプシーのせいにすることはないだろう。バフェットとリプシーは長年の友人であり、バフェットはスタンについては良いことしか発言していないからだ。例えば、リプシーがバファロー・ニューズの社主を引き継いだとき、バフェットは株主に向けてこう記している。「スタンは……一九六九年からバークシャー・ハサウェイのために仕事をしています。彼は編集上のことから販売に関することまで新聞事業の土台となるものすべてに自らかかわってきました。私たちにはこれ以上うまくやることはできないでしょう[15]」

リプシーら経営陣はバファロー・ニューズの業務部門と連絡を密にしているため、他社ならほとんどどこでもやっているはずのことをやっていない。それは予算を立てることだ。「各部長には相当の権限を渡してあります。それぞれの部門の運営は彼らが行い、お互いによく連絡を取り合うようにしています。平均的な新聞社の社主に、どのくらい予算管理に時間をかけるかと質問すると、莫大な時間をかけているようです……が、これは時と場合によっては、非生産的なことです。こうした無駄な時間はすべて節約し、有効活用するようにしています」とリプシーは言う。

その二年後、バフェットがこんなことを書いている。「スタンと私たちは一七年間いっしょにやってきましたが、取り組む責務の重さが増すたびに、彼のたぐいまれなる商才が明らかになってきました[16]」。彼一九八九年には株主にこう語っている。「スタンの経営手腕のおかげで、同じ状況にある並の経営者の管理下にあるよりも、少なくとも五ポイントは利益率が高くなっていると思います。驚くべき功績です。こうした功績が残せるのは、ビジネスの一つ一つの基礎を知り尽くし――その一つ一つに注意を払う――有能な経営者だけにできることです……スタンと私は二〇年以上にわたり苦楽をともにし、いっしょに仕事をしてきましたが、彼以上のパートナーを見つけることはできないでしょう[17]」

リプシーも同様に――というよりも、それ以上にボスのことを褒め上げている。バフェットとともに仕事をしていて本当に良かったと思うことについて聞いてみた。リプシーいわく、「彼は本当に道義心に厚く、正直で、人と話をするときは、その人のことを考えながら話してくれる、とても気さくな人です……この最後に言ったことはものすごく重要なことで、例えば、仕事上のトラブルとか個人的な悩みとかを抱えているとき、友人として彼に電話ができる――こんなときこそ良かったと思えるときです……とは言っても、ボスはボスですが。もう何年も前、ウォーレンがサンを買収したとき、彼からこんなことを聞かれました。何か問題が起こったとき、お互いの意見が合わなかったら、どうするかと。私はこう答えました。『ともかく私のやり方に納得してもらえるように説得に努めると思います。それでも納得してもらえなければ、ボスはあなたですから、あなたに従います』。彼はこの答えがえらく気に入ったようです。もっとも、意見が合わないなんてことはいまだかつてありませんが。いっしょに仕事をするようになって三〇年以上になりますが、もめたことは一度もありません。それどころか、ウォーレンから言われて、これまでで一番うれしかった言葉は、『スタン、二人そろってよく同じ間違いをしたよな』という言葉でした」

ボスと彼自身の違いについて尋ねると、リプシーはこう答えた。「ウォーレンと私を同一線上に並べないでください。ウォーレンのほうがはるかに頭が良いのですから。彼の右に出る者などいません。私よりもいろいろなことに考えが及ぶし、情報量の多さとその記憶力の良さは卓抜です」

バフェットについてリプシーが特に驚嘆している面を一つ挙げてもらった。「複雑な状況をきちんと咀嚼して単純化してしまえることです。ビジネス上の問題を抱えている何人もの人たちにウォーレンのところへ相談に行くように言いましたが、みんなはるばるオマハまで行って帰ってくると、こう言うんです。彼がややこしい問題をすごく簡単にしてくれたと。それまで弁護士や会計士、銀行などを交えて問題に取り組んできた彼らがオマハに飛んで、ものの数分で、何をすべきか、はっきりと分かったというのです。それで恐れおののいて、あっけにとられたような目をして帰ってくる。彼があまりにも物事を易しくしてしまうからです」

ボスを褒めるとき、リプシーが真っ先に口にしたのは、「道義心に厚くて、正直」ということだったが、「良き企業経営者になるためにはどのような要素が必要だと思うか」と尋ねたときの最初の答えは、やはり「誠実さ」だった。さらに彼はこう続けた。「集中力、絶えず学び続ける姿勢、戦略的な考え方、意志の疎通を図る力、良き人材を採用するための心得、将来的な動向を正確にとらえる力、そして相談できる素晴らしい仲間がいることとです。ウォーレンはそうした仲間の五〇％分に匹敵します。相談できる相手はほかにもいるのですが、電話で彼と話をすること自体がとても有益なんです」

また、経営者は社員とどう接すべきかという話をしているときも、リプシーはボスの名を引き合いに出した。「自分が社員ならこうしてほしいと思うような対応を心がけるべきだと思っています。実際、ウォーレンがそうですから。ともかく大事な人たちのために努力を惜しまず、どうすれば一人ひとりを幸せにできるか、創造力を働かせて懸命に考えることです。ただし、ある種の基本ルールを定めたら、それについては正直であるべきです。ここで私が経験してきたような困難に立ち向かうときも、そのルールをかたくなに守ること。やってもうまくはいかないこともあるというのは分かっているわけですから。もし自分の手には負えないと分かったなら、そのときは、それをちゃんとありのまま報告するべきです」

とはいえ、彼は先発者になることはそれほど重視していない。「私はいつも他者が道を切り開いていくのを見ているのが好きなんです。後発でも、かまいません。社員によく言うんですが、時には何もしないことが一番賢明な決断である場合もあるからです。先発者が確実に利益を得られるような機会でもないかぎり、パイオニアになりたいとは思いませんし、なることもないでしょう。ただし、しっかりと観察させてもらいますが。私の場合、特にウエブ上で先発者の動きをチェックしていますが、ウエブも移り変わりが激しいので、自分で下調べをして、的確な判断を下していく必要があります」。リプシー自身が指摘しているように、バファロー・ニューズのインターネットに対する姿勢はまさに「先発者になる気はない」という典型例と言える。

「インターネットを学ぶために猛勉強しないとなりませんでした」というリプシーは、「それどころか、私なんぞは新聞について学ぶために、いまだに働いていますが」と冗談めかして言った。バファロー・ニューズのウエブ版バファロー・ドット・コムがやっとサイトを立ち上げたのは一九九九年九月のことだが、現在、そのすぐあとを追う競合他社よりも訪問者数は四倍に上る。「もうこれ以上はインターネットを避けては通れないと感じたとき、ともかくあれこれと勉強し、資料を読みあさり、話し合いました。それから社長のウォーレン・コールビルにサイトを立ち上げたい旨を伝え、彼をボストンやカンザスシティーやメイン州のポートランドに派遣しました。これは、私自身が納得のいった新聞のポータルサイト（＝ネットユーザーが最初に見る「入り口」となるサイト）がどのように運営されているのか、実地に見てきてもらうためです。そのあと、うちではどのような形でやっていくかを決めていきました。先発者ではないので、多大な資金を節約できたと思いますし、長期にわたって重荷となるような構造上の致命的欠陥を是正することもできました。ただ、バファロー・ドット・コム自体はまだとても小さな会社で、常勤の社員は七人しかいませんから、ほとんどの業務は外部に委託しています」

リプシーは概してパイオニアになることを好まないようだが、仕事上で一番エキサイトするのは「イニシアチブをとるとき」だそうだ。「何かを創始すること、つまり、アイデアを思いついて、それをうまく実行に移していくことは、単に良い数字を出すことよりも大切だと思っています」とのこと。実際、成功に関することについて話を聞いたとき、彼は何かを始めるという観点から成功の話をした。「私にとって、成功を測る尺度はバファロー・ニューズのために何ができたか、そしてバファローで何をしたか、ということです。新聞社の社主というのは地元社会のために戦う擁護者にならないといけないんです。例えば、私たちのところでは深刻な経済問題や雇用問題を抱えていますが、こんなときは、何か強みとなる資産や取り柄はないか、チェックするんです。私は町中を見て回りました。その結果、実に素晴らしい年代物の建築物があることを発見したんです。それで今、いろいろなことに取り組んでいますが、その一つがフランク・ロイド・ライト（＝東京の旧帝国ホテルなどを設計した建築家）の第一級家屋の修復です。ライトが設計を依頼されたプレーリースタイルの住居（いわゆる草原住宅）は六棟しかないんですが、そのうちの一棟なんです。修復完了後には建物見学ツアーの人たちを町に呼び込めるようになりました。こうしたお客さんは普通の観光客よりもお金をたくさん使ってくれるんです」。修復を無事終えたことを彼が誇りにしているのは明らかだったが、ニューヨーク州知事のジョージ・パタキから、町の建築遺産のために尽力したことをたたえる賞をもらったことについて話すときは照れ臭そうにしていた（なにしろ、前年の受賞者はあのローレンス・ロックフェラーである）。とはいえ、これはリプシーがバファロー・ニューズの社主になってから受け取った唯一のうれしい賞なのである。

仕事以外でリプシーが特に興味を持っているのは写真だ。「写真はいいですよ。特に物事がうまくいっていないときなどはそうです。写真を撮っているときは、完全にわれを忘れて夢中になれますから。ウォーレンとブリッジみたいなものです。ウォーレンにとってブリッジがそうであるように、私も写真のことだけで頭がいっぱいになるんです。だから、ウォーレンがいかにブリッジに価値を置いているかがよく分かります」

「スポーツもあれこれやっていますが、どれも下手くそ」というリプシーは、「大のジャズファン」でもある。「実は、ウォーレンが各株主の意向に沿ってバークシャー経由で寄付をしてくれるんですが、私もそのシステムを利用して、バファローのアートギャラリーで毎年開催される七件の無料ジャズコンサートに寄付をしています」。リプシーはもう二〇年ぐらい前からこうした寄付を行っている。「これ以外にも読まなければならないものや読みたいものなど、興味のあることがたくさんあって、ほかのことをやる時間がなかなかとれないんです」

最近、彼は時間をかけてカリフォルニア州パームスプリングズに家を購入した。「バファローの冬はずっと曇っていてどんよりとしているんです。だから、太陽の光に当たると本当に気持ちがいい。冬の間はずっとバファローとカリフォルニアを行ったり来たりしていますが、向こうにいることが結構多いので、ちゃんとしたオフィスを立ち上げました。電話やフェデックス、インターネット、ファクスを介してあまりにも簡単にやりとりができるので驚いています。もう一五年も連れ添っているバーバラ・ウルバンツィクという素晴らしい秘書もいます。ファクスの使い方を習ったという話をウォーレンにしたら、『なるほど、ファクスは私よりもずっといろんなことができるからね』と言っていました」

最近、冬用の家にオフィスを設けたことからして、リプシーは――本書執筆中の現在七三歳になるのだが――引退することはほとんど考えていないようだ。「引退に備えて何かしないといけない時期がいずれ来ると思いますが、今はまだです」とのこと。とはいえ、後継者選びはすでに済ませている。その人の名は明かしてはくれなかったが、「勘が良くて……私がものすごくよく知っている人で……会社にかなり長く勤務していた人」だそうだ。

当分はバファロー・ニューズの経営をこのまま続けていくつもりでいるが、新しいテクノロジーが将来的に問題となることはリプシーも自覚している。「脅威となることはまず間違いありません。新聞関係者と話をすると、まず話題となるのが、発行部数が落ちてきているという話です。これはほとんど社会的な現象です。新聞を毎日読まないと気がすまないという人がいる一方で、新聞なんかまったくいらない――どころか、テレビのニュースなんかも見なくていいと思っている人が何百万人もいるのです。そうした人たちは新聞などなくてもちゃんとやっていけるのです。今日の私たちの社会では、多くの場合、男も女も働いていますから、みんな時間が足りなくて、世の中を渡っていくだけでも大変なんです。だからほかのたくさんのことをするだけの余裕がないのです」。もっとも、彼が指摘しているように、「調査によれば、インターネットにより多くの視聴者を取られているのはテレビであって、新聞ではない」のだそうだ。

　しかし、プラス面もある。「幸運だと思えることもあります。その一つは……人々がバファローにずっと住み続けていることです。町に人を呼び込むのは難しいことですが、一度来た人は町を好きになる。そしてここから離れなくなるんです。新聞にとっては、こうした人たちが良いお客様になり、そうした新聞が良い新聞なんです」とバファロー・ニューズのことについても語ってくれた。「常に良いものを編集してお届けしてきましたが、指導的役割を担うようになってからは、地域社会の構造、すなわち、人々が依然として同じ家、同じ地域に住んでいるという事実を考慮するようにしています。それはバファローという町への関心が高まってきているからです。以前、うちの会社に勤めていた人からこう言われたことがあります。『私は今住んでいるところから三ブロック離れたところで生まれましたが、それ以上、遠くには行ったことがありません』と。みんながみんなそうだとは言いませんが、まさにそのような地域に私たちは住んでいるわけです」

　バファロー・ニューズの将来については結構気にしているリプシーも、バークシャー・ハサウェイの将来についてはそれほど気にしていない。「ウォーレンが特別なマスタープランを用意しているかどうかは知りませんが、頭の中には、これからやっていくこと、やらないことについて、コースやパラメーターを設定したマトリックスがあるのではないかと思っています。これからも検討に値する企業がなくなることはないでしょうから、企業を物色することが彼の何よりの楽しみになると思います」。バフェットから後継者への引き継ぎがうまくいくかどうか、そして、バフェット亡きあとのバークシャーの将来はどうなるのか、といったことについても、リプシーは特に気にしていない。「ウォーレンが引き継ぎ準備をしていることは知っていますし、彼ほどうまくやりおおせる人間はいないでしょうから。それにウォーレン引退後のことについて、人々は危機感を持ちすぎだと思います。たしかに彼の特異性や記録あるいは業績などには疑問を差し挟む余地はありませんが、バークシャーは必ず生き残っていくと思います。ウォーレンを信頼していますし、だれが何をするか、彼はとことん考え抜いているはずです。バークシャーは堅実な会社ですから、私は何も心配していません」

いつの日か、バークシャーの株価が一株一〇万ドルに達し、バファロー・ニューズをはじめ、全米中の日刊紙の株式市況欄にもう一つ特別記事を付け加えなくてはならなくなるときがくるかもしれない。そんな日を思い浮かべるだけで笑みがこぼれるスタンだった（訳者注　二〇〇三年八月末現在、クラスA株／BRKaの終値は七万五七七五ドル）。

ビジネスの基本方針――スタン・リプシー

★新しいテクノロジーにあわてて飛びつかないこと。何かをスタートさせる心構えができたら、きちんと下調べをしてから、社員に必要な研修を受けさせるようにする。

★管理職に対しては率先して協力の手を差し伸べる。

★ルールを決めることはよいことだが、従業員にきちんとそれを説明し、ルールからそれないようにする。

★管理職を信頼し、権限を委譲する。各管理職がそれぞれの部門を効率的に運営していれば、経営陣が予算を決める必要はなくなるものだ。

第一六章 忠臣――チャック・ハギンズ（シーズ・キャンディーズ）

シーズ・キャンディーズはその店と経営者双方において特に興味をそそられる会社である。スタッフたちから「ミスター・ハギンズ」と呼ばれている彼は、常に一従業員としての姿勢を崩さない。それに創業者一族でもなければ、会社を直接所有しているわけでもない。したがって、五〇年後のバークシャーの経営陣がどのようになっているか、そのモデルとも言えるのが彼なのである。

通常の会社なら定年をすでに一〇年過ぎている年だが、チャック・ハギンズには衰えの兆しはない。なにしろ、彼をつかまえたのは、ちょうどサウスサンフランシスコ工場がストライキ中のときだったが、再婚したばかりの彼は新婚旅行に出かけようとしていたのだから（チャック・ハギンズはバフェット傘下の存命中のCEOのなかでは唯一、直接会わずに電話でインタビューをしたCEOである。勤続年数は五〇年を超え、CEO歴も一番長いため、あらかじめ二〇〇強の質問を渡して検討してもらい、答えたい質問を選んでもらった）。

菓子業界では有名なミスター・ハギンズだが、ジャズシンガーおよびドラマーとしての才能もある。ルイ・アームストロングによって広まった、歌詞の代わりに意味のない音節を口ずさむユニークな歌い方を「スキャット」というが、このスキャットを歌うときの彼はなかなかカッコイイのである。

ウォーレン・バフェットはシーズ・キャンディーズのことをよく「パーフェクトなビジネス」と表現する。同社はバークシャーが初期のころに買収した完全子会社の一つで、副会長のチャーリー・マンガーに感化されたバフェットがそのクオリティーに対して初めてプレミアムを支払ってまで買い付けた投資案件であり、複数世代にわたる家族経営の会社としては、バークシャー・ファミリーのなかに最初に加わった会社でもある。また、バークシャーの所有企業のなかでは、初の価格決定力を備えた消費財分野のフランチャイズビジネスで、一九二九年の株式大暴落時に一ポンド（約四五四グラム）五〇セントだったものを現在では一ポンド一二ドルに値上げしている。このとき、シーズ・キャンディーズを買収していなかったら、その約二〇年後にコカ・コーラを大量に買い付けるようなことはなかったかもしれない。優秀な経営陣、持続可能な競争優位性、類似の代替品が少ない、顧客を失わずに値上げができる価格決定力、高収益体質、設備投資があまりいらない、並外れて高い資本収益率など、条件のそろったシーズ・キャンディーズは、ビジネス・経営・投資を学ぶどの学生にとっても、パーフェクトなビジネスなのである。そして、いろいろな意味で、昔も今も家族経営の会社であることに変わりはない。

収益力があって負債がない、確固たるフランチャイズとブランドネーム、複数世代にわたり家業としての企業価値を堅持、長期にわたり経営陣が定着、追加資本を投下しなくても成長できる企業、そして何よりもシーズ・キャンディーズの成功に決定的な役割を果たしてきたチャック・ハギンズの経営手腕――シーズ・キャンディーズはバフェットが求める基準をすべて満たしているのである。

サウスサンフランシスコを本拠とするシーズ・キャンディーズの社長兼CEOチャールズ・N・ハギンズは、自分の誤りを指摘されても気にしない人だ。長期にわたり社長を務めてきた彼は、折りを見ては、「店で販売している一〇〇種類のチョコレートのうち、特に人気のないものがあれば、教えてほしい」と店長たちに頼んでいる。こうした不人気商品は販売を打ち切って新商品と入れ替えるためだ。そんな一九八〇年代末のこと。店長らの投票によってほぼ満場一致で、「マーシュミント」（＝ミントジェリーとマシュマロがミックスされたグリーンのチョコレート）を廃止することになった。この手のことは顧客と毎日接している人たちが一番よく知っているはずだと、ハギンズも思い込んでいたため、販売リストからマーシュミントを外すように命じた。

ところが、その直後から苦情が出始めたのである。このの手間のかかる手づくりチョコレートの販売をやめてから六週間の間に、ハギンズの元に届いた手紙は五〇〇通。それには、あなたの下した判断は間違いだと、はっきりと書かれてあった。シーズの基準から見れば、そのチョコレートはあまり売れていなかったため、販売を再開するのは気が進まなかったが、マーシュミントの愛好家たちがあまりにも熱心だったため、そうした忠誠心のある顧客をなんとかつなぎとめておきたいとハギンズは思った。「苦情は一つのチャンスと思え」を信条とする彼はこの機会をうまく利用する方法を探り――発見した。苦情の手紙を寄せてきた人全員にギフト券を贈り、新規に結成した「マーシュミントクラブ」への加入を呼びかけたのである。クラブの会員になると、会員券と襟章と会報がもらえ、大好物のチョコレートを特別に注文できることになっていた。以来、会員数は増え続け、一九九〇年代半ばには一万六〇〇〇人に膨れ上がっている(1)。

こうした何千人にも上るチョコレート愛好家たちは自分たちの苦情に対してチャック・ハギンズが斬新なアイデアでこたえてくれたことに驚いたのではないかと思う。しかし彼を知る人たちの目には、彼はまさしく戦略家タイプに映っていた。このマーシュミントクラブは、チャック・ハギンズが五〇年以上にわたってシーズ・キャンディーズで見せてきた多彩な才能のなかでも指導力と独創性を発揮した代表例と言える（**訳者注**　英語の「キャンデー」という言葉にはキャンデーだけでなく、チョコレートの意味も含まれる）。

実際、ハギンズの血のなかには何かを創造するだけの能力と創造したいという願望があるのかもしれない。両親の先祖はいずれも一八八〇年代初頭にオレゴン州ポートランドにおいて新たなコミュニティーをつくるのに尽力した開拓者である。ハギンズの両親はその後、カナダのブリティッシュコロンビア州バンクーバーに移り住み、一九二五年にハギンズが生まれた。カナダで子ども時代を一時期過ごした彼は、一九三五年、家族とともにアメリカに戻った。

第二次世界大戦中は落下傘部隊に配属され、その後、一九四七年、オハイオ州デイトンにてマリアン・カー（本人は「マイム」と呼ばれるのが好きらしい）と結婚。オハイオ州ガンビアにあるケニヨン・カレッジのキャンパスに移り、英語を専攻。一九四九年、卒業と同時に二人はサンフランシスコに引っ越し、ハギンズはセールスマンとして職を得た。

「でも、仕事が好きになれなくて、一九五〇年の終わりごろから職探しを始めました。スタンフォード大学の就職部長ディック・ブラックを通して地元企業への紹介をいくつかお願いしたのですが、大学の就職斡旋リストに載っていた企業の一つがシーズ・キャンディーズだったんです。そこで、面接を受け、当時CEOだったローレンス・シーに採用してもらいました」

シーズ・キャンディーズはカリフォルニアではすでに老舗で通っていた。カナダ人のチャールズ・A・シーと未亡人となった母メアリーが一九二一年にパサデナで始めた店は当初、小さなバンガローだった（このバンガローは現在、州の歴史的建造物となっている）。ミセス・シーの五〇のレシピを基にチョコレートをつくり、「昔懐かしい」「ホームメード」の品質の高さと一貫性によって評判を築き、顧客を魅了。メアリー・シーと森の小さな家の写真を箱にプリントすることで、この基本コンセプトの強化を図った。[(2)] 第一号店を開いてから一年もたたないうちに、ロサンゼルスに二店出店し、一九二〇年代を通じて商売は繁盛した。冒険的な試みがあまりにも大当たりしたおかげで、大恐慌時にも生き延びることができた。価格とボリュームを落としても、品質を落とさなかったからこそ、営業を続けていけたのである。一九三五年にはチャールズの息子ローレンスも店に加わり、カリフォルニア州北部への進出を決め、一九三八年、初のサンフランシスコ店をポークストリートに建設。一九四九年にチャールズ・シーが亡くなり、ローレンスがCEOを引き継いだときには、店舗数は七八店、従業員数は二〇〇〇人を超えるまでになっていた。[(3)]

チャック・ハギンズは一九五一年にローレンス・シーから雇われたときのことを今も覚えている。上司はサンフランシスコ店のゼネラルマネジャー、エド・ペックだった。「一通りの仕事を少しずつつかじりましたが、包装作業について不満を抱いていたエドから、包装部門の管理をする気はないかと聞かれました。大学での専攻は英語ですし、その手の作業を管理するだけの技量は私にはありません、と答えました。つまり、包装とは何かということぐらいは分かっていましたが、その程度の知識しかありませんでしたし、彼は人をいちいち監視するタイプで、部下の自由裁量や創造性をあまり認めてくれない人だとの評判を耳にしていたからです。

そこで、私はこう言いました。『条件を一つのんでいただければ、やらせていただきたいと思います。入社したての人間がこんなことを言うのは生意気だと思われるかもしれませんが、一切干渉せずに私に仕事を一任していただけるのであれば、やらせてください。邪魔さえしなければ、商品や成績、統計などのチェックをされるのはかまいませんが、ともかく私を信頼して任せてください』。エドは承諾してくれました。そこで、包装作業を監督していたアンナ・リゾーの元へ行き、彼女の言い分を聞いてから私なりに判断して、作業を改善し、管理・統制していく方法を思いつきました。これらのアイデアを実行に移してみると、ちゃんとうまくいきました。エド・ペックが喜んでくれたのは言うまでもありませんが、彼はローレンス・シーにこの件を大いに売り込んでくれ、ローレンスも非常に喜んでくれました。この一件があってから、ローレンスが私のことを気にかけてくれるようになり、シー家の人たちも私を家族の一員として見てくれるようになりました。私は少しずつ昇進し、責任範囲もだんだん広がっていきました」

メアリー・シーの二人の孫――ローレンス・シーとその弟チャールズ・B・シー（＝通称ハリー）――の指導の下、一九五〇年代から六〇年代にかけて店は引き続き繁盛した。これは、抜け目なく不動産計画を立てていたことが奏功したと言える。その戦略の一つは、可能なかぎり店を中心街の大通りの日陰になる側に出すことだった。というのも、暑いときはみな日陰を歩こうとするからだ。さらに重要なのは、ショッピングモールの将来性に二人が気づいていたことだ。一九五〇年代、土地開発業者がモールをつくり始めたとき、店を一等地に建設できるように、こうした業者といち早く手を結んでいたのである。(4) 実際、今日に至るまで、シーズのアウトレット店はほとんどがモールのなかに出店している。

一九六九年、ローレンスが五七歳で他界。兄の死後、CEOを引き継いでいたハリーは、その二年後、会社経営に興味を失い、もうやめようと決意した。五〇年にわたりシーズを所有し経営してきたとはいえ、あとを継ぐ家族がいない以上、会社を売りに出すことにしたのである。いくつかの企業が買収に興味を示してきた。当時、執行副社長をしていたチャック・ハギンズはハリー・シーから依頼され、会社と買い手との連絡窓口になっていたが、そんなときにウォーレン・バフェットと初めて出会ったのである。

ハギンズは言う。「電話をもらい、ロサンゼルスのホテルの一室で会うことになりました。一九七一年の感謝祭のすぐあとのことです。部屋に入ると、ハリー・シーとウォーレン、それにチャーリー［＝マンガー］とリック・ゲーリン［＝マンガーの友人でパートナー。バークシャーの昔からの株主］がいました。私にはチャーリーやリックどころか、ウォーレンのことさえ、どこのだれなのか見当もつきませんでした。たぶんハリーもそうだったのではないかと思います。それから彼らは買収についての話をし、最終的にはウォーレンがこう言いました。『さてハリー、シーズを買いたいとは思いますが、いったいだれが経営に当たることになるのか、それをまず教えてください。こちらでは経営はしませんので』と。すると、ハリーは部屋を見回しました。でも、シーズ側の人間でその場にいたのは私だけです。で、彼はこう言いました。『えーっと、それならチャックがやります』とね」。ハギンズは笑いながら言った。「彼はただただ会社を売りたかったのだと思います。まあ、答える前に少しは考えたかもしれませんが。私にしてみれば、ナイト爵に叙せられたようなものです。それで、ウォーレンはこう答えました。『それならOKです。では、話を進める前にチャックといっしょに話をさせてください』。というわけで、翌日また会うことになりました。

ハリーは私に対して、ああしろ、こう言え、といった指図はまったく何もしませんでした。ですから、私が何をしたかというと、会社を買収すれば遅かれ早かれどうせ分かることだからと思い、まずいことをすべて洗いざらい彼らに話したのです。おいしい話ばかりではないと彼らが思えば、買収の話などなかったかもしれないわけですから、マイナス面も暴露しておいたほうがいいと思ったからです。三時間ぐらいともに過ごしましたが、私はずっとこの姿勢を貫きました。ウォーレンが質問し、私が答え始めると、チャーリーが割り込んでまったく違う質問をする。リックはその様子を時折観察しながら、ただ目を白黒させている。とまあ、こんな感じでした。

でも私が感心したのは、ウォーレンの一連の質問がなかなか鋭かったことです。当時は、彼のことは何も知りませんでしたし、どんな仕事をしているかも知りませんでした。たしか、彼とチャーリーは小さな投資会社を持っているようなことを言っていたかと思いますが、そんなことは私にとってはどうでもいいことでしたし、彼らが何をもくろんでいるのかも定かではありませんでした。でも、いざ肝心な話になると、ウォーレンもチャーリーも会社のことについて製造・販売業の現場経験者でないと普通はできないような質問をしてきたんです。これには二つの効果がありました。第一に、私自身がこれでだいぶ安心したこと。第二に、この人たちは本当に天才らしいということが分かったことです。彼らはどう見ても、これ以上ないというくらい違っていましたが、二人ともとても頭が良く、抜け目なく、必ず的を射た質問をするんです。大いに尊敬の念を感じましたね。この二人には――そしてリックにも。

正直言って、彼らが買収に興味を示しているのは、単に会社の立て直しをして、ほかのだれかに売却するためなのではないかと、そんな思いがふと頭をよぎりました。でも詳しい情報の持ち合わせもなく、彼らが過去に転売したことがあるのかどうかも知りませんでしたから、判断のしようがありませんでした。ともかく彼らが何をしようが、私が人質であることには変わりないわけですから、そうした考えはふっ切ることにしました。ただ、彼らの真意が分かるようなヒントはありませんでした。彼らが私にいろいろなことを要求してきたからです。まず、シー家の倫理観が失われないようにしてほしいと言われました。それから、『今やっていることをそのまま続けてください。ブランドネームを神聖なものとし、サービスやその他のこと以外にも、ブランド価値を高められることがあればどんなことでもやるようにしてください。経営はあなたにお任せします。これまでずっと会社にいらしたわけですから、何が良いことかはご存じだと思います。ともかく会社をより良くすることと視野を広げていくことに努めてください』と言われました。これで彼らが長期的に会社とかかわっていくつもりであることが分かり、彼らに好感を持ちました。その真意についても信頼できると思えたので、私も役員として全力で最善を尽くそうと心に決めたわけです」

チャック・ハギンズがベストを尽くしたことが実際、功を奏した。一九七二年にバフェットがシーズ・キャンディーズを買収したときの価格は二五〇〇万ドル――これは当時、同社の利益の六倍、純資産価値の三倍に相当したが、ハギンズの管理下で現在は税引き前で年間に七五〇〇万ドルの利益を上げている。つまり、買収額の三倍ということだ(5)。売り上げも伸び、一九七二年には三一〇〇万ドルだったのが一九九九年には三億六〇〇〇万ドルになっている。さらに、この長年の間にシーズがバークシャー・ハサウェイのために稼ぎ出した税引き前利益の九億ドルで、R・C・ウィリー・ホーム・ファーニシングスとエグゼクティブ・ジェット（バークシャーのなかで一番の成長部門）を買い取ることができたのである。今日、シーズの価値を評価するとすれば、同業のトッツィーロール・インダストリーズ（NYSE上場、銘柄コードTR／大手キャンデーメーカー。主力品はチョコレート味の棒状ソフトキャンデー「トッツィーロール」）の時価総額が売り上げの五倍、利益の三〇倍なので、シーズの場合、その市場価値は控えめに見積もっても一五億ドルにはなるのではないかと推定される。ということは、投資リターンは年率一八％近くになる。シーズ・キャンディーズはこの二八年間で当初の資本金七〇〇万ドルに対して九億ドルを超す税引き前利益を上げているが、新たに設備投資に回した留保利益はわずか七一〇〇万ドル。つまり、ハギンズのチョコレートショップはその資本に対して毎年一〇〇％元を取っていることになるのである。それも、ほとんど信じ難いことに、ハギンズはシーズが買収されてから二〇年以上もの間、バークシャーの小さな本社があるオマハに一度も足を踏み入れることなく、これだけの業績を達成したのである。

最近、バフェットはチャック・ハギンズとシーズ・キャンディーズの利益についてこう書いている。

「彼［＝ハギンズ］が四六歳でシーズを引き継いだとき、その税引き前利益は一〇〇万ドル単位で換算すると彼の年齢のおよそ一〇％［＝四・六百万ドル］に相当していました。そして七四歳となった今、利益が伸びたおかげで、その割合は一〇〇％［＝七四百万ドル］に達しています。この数学的関係――これを「ハギンズの法則」と呼ぶことにしましょう――を発見して以来、チャーリーも私もチャックの誕生日のことを頭に思い浮かべるだけで目がくらむようになりました(6)」

たいていの企業がそうであるように、シーズ・キャンディーズも山あり谷ありだった。お菓子の売上げは経済情勢だけでなく、ほかの事象の影響も受ける。例えば、一九九〇年の湾岸戦争のときは、シーズの大半の店が入っているショッピングモールにおいて人の往来が減少。一九八〇年代末に出店攻勢をかけたコロラド州、ミズーリ州、テキサス州では予想以上に商売は厳しく、即刻撤退する羽目になった（ちなみにシーズの店舗の八〇％はカリフォルニア州にある）。結局、一九九〇年代初頭には、かなりの利益を上げたとはいえ、二一八店舗のうち、利益の落ち始めた一二店舗を閉めることになった。

従来型の店頭販売を行っている菓子屋のご多分に漏れず、シーズの商売も季節変動が大きい。クリスマス、バレンタインデー、イースター（復活祭）、母の日、父の日のように特定の目的をもってチョコレートを買う場合を除けば、あとは衝動買いに任せるしかない。商売の約半分は一一月と一二月に集中し、そこから利益の九〇％を稼ぎ出している。「ほかにはイースターやバレンタインデーの時期にも相当の売り上げがありますが、あとはほとんど立ち泳ぎをしている状態です」とバフェットがバークシャーの株主に向けて一九八四年度の『株主の皆様へ』で説明しているように、年末休みの売り上げが命運を分けることになる。(7) 年間を通じて売り上げにバラツキがあるため、従業員数も変化に富むことになる。平常時はだいたい二〇〇〇人体制だが、書き入れ時には増員し、六七〇〇人となる。

現在、一一の州に自社所有の二〇〇店舗、空港にライセンシー店、ミッドウエスト地域とイーストコーストに直轄の「ホリデーギフトセンター」がある。毎年、三〇〇〇万ポンド（約一万三六二〇トン）を超すチョコレートを売り上げているが、CEOならだれでもそうであるように、チャック・ハギンズも競合他社のことが気になっている。一九二〇年代に創業したときも一九五〇年代にも、バートンズ、ファニー・メイ、ラッセル・ストーバー、ファニー・ファーマーなど、ライバルがたくさんいたが、そのほとんどはかなり前に廃業したか、店頭販売をやめている。それでもなお、ハギンズは強力なライバルが目の前に立ちはだかっていることを過剰に意識している。「現在そして将来的にも最大のライバルとなるのはゴダイバだと思います（**訳者注**　日本では「ゴディバ」で通っているが、アメリカでは「ゴダイバ」と発音する。ベルギーの高級チョコレートメーカー、ゴディバとアメリカのキャンベル・スープが業務提携し、一九六九年に米国ゴダイバ社を設立。その後、七四年にキャンベルがベルギー社の全株式を取得）。店舗数をどんどん増やし、アメリカ国内だけでなく世界中に進出しています。アメリカだけでもその販売地域は一五〇を超え、そのほとんどは百貨店で販売されていますが、素晴らしい業績で確固たる地位を築いています。たいていの人はメード・イン・ヨーロッパだと思っているようですが、実際に製造しているのはペンシルベニア州レディングにあるキャンベル・スープの菓子・ベーカリー部門ペパリッジ・ファームなんです」。とはいえ、シーズがその品質の高さと昔ながらのサービス、手ごろな価格──一ポンド当たりの値段はゴディバの半値──を堅持していけば、生き残っていけるばかりか、隆盛を極めることも可能だとハギンズは信じている。(8)

シーズが成功している理由の一つはバークシャー・ハサウェイの傘下に入ったことだが、いくら好業績を上げ続けているとはいえ、バークシャー全体から見れば、その役割が年々小さくなっていることに彼は気づいている。「バークシャーの組織全体との関係について言えば、この三〇年の間にウォーレンとチャーリーがずいぶんいろいろなことをやって、多くの企業を［バークシャーの］傘下に収め、業態がかなり変わってしまいましたから、私どもはもう取るに足らない存在になったと言えます」

取るに足らない存在であろうとなかろうと、「バークシャー傘下の企業経営者の一人として何か特典があると思うか」と尋ねると、彼ははっきりと「イエス」と答えた。「特典といえば、ウォーレンと直接コンタクトできることです。つまり、彼に電話できることです。その場に彼がいれば、電話に出てもらえますし、いなくても、メッセージを残しておけば、たいてい一時間以内に電話が鳴ります。そう、ウォーレンからです。彼とはいつでも連絡がつきますが、こうしたことは普通なら考えられないことです。ですから、私自身、雇われの身だとか、会社において彼の要望にこたえる者、といった感覚はありません。むしろ友人とか腹心の友といった感じです。彼は最初からずっと私をパートナーとして対等に扱ってくれましたから」。そして、長年いっしょに仕事をしているが、その他の基本的なことについても、まったく何ら変わりがないとハギンズは言う。「ただし、変わったものといえば、世の中が変わりました。移り変わるチャンスとテクノロジーに私どもが果たして追いついていけるのかどうか。ウォーレンはこうした問題において、まさにかけがえのない貴重な存在なのです。彼は自分が直接かかわっているかどうかに関係なく、あらゆる企業の成功と失敗の事例を調べて、そこから学ぶべき教訓をいつも教えてくれるのです」

ハギンズはさらに続けた。「彼の記憶力は抜群です。忘れるということがありません。例えば、私が今いきなり彼に電話してこう言ったとします。『一九七七年にサンフランシスコで起きた全米トラック運転手組合のトラブルのこと、覚えてます？　あのとき、どう処理しましたっけ？』。すると、彼は何も見ずに、すぐさまあれこれと答えてくれます。それも、何かを調べるとか、何かを送ってくれと頼むことはしません。それで、『あのときはうまくいきましたが、また問題がぶり返していて。それも予想外の展開なんです。私はこれこれこうすべきだと思うのですが……』と、私の意見を言ってから、『どう思います？』と聞くのですが、彼はけっして『こうしろ』とは言いません。一切命令はしない人ですから。その代わり、一例を挙げるとか、『これについて考えてみたことは？』とか『こうしてみたらどうだろう？』と言ってから、『で、どう思う？』とくるので、私も『それなら良さそうですね。やってみて、またご報告します』と、まあ、いつもこんな感じになります。ありがたいことです。こんなふうに相談して答えてもらえることなど普通はないでしょうから」

当然のことながら、バフェットのほうもシーズ・キャンディーズの社長を非常に高く評価している。例えば、ハギンズが経営に当たるようになって一〇年以上が過ぎた一九八三年、バフェットはバークシャーの株主に向けて、シーズの今後の成長性については絶対的な自信を持っていると語っている。「なぜこれほどまでに自信がもてるのかというと、それは長年にわたりチャック・ハギンズの経営手腕をこの目で見てきたからです。買収したその日から経営を任せていますが、まさに並外れた功績を残してくれています……」[9]。その翌年にはこう書いている。「シーズの成功はたぐいまれな商品とたぐいまれな経営者チャック・ハギンズとの組み合わせによって生まれたものです」[10]。そして、その翌年にもこう記している。「シーズにはチャック・ハギンズがいます。買収したその日に経営を任せることに決めたのですが、彼を選んだことは、これまでに経営上、下した決断のなかでも最高の決断の一つです[11]」

バフェットはチャック・ハギンズの投資プロセスと経営哲学についてさらに次のような洞察を加えている。「シーズの独自商品には〝個性〟がありますが、これを生み出しているのはチョコレートのうまみと値ごろ感、そして流通過程のトータル管理と店の従業員による極上のサービスです。チャックは顧客満足を自らの成功の尺度としていますが、こうした彼の姿勢が組織全体に浸透しているのです。大手の小売業者でこうした顧客志向を維持できているところはあまりありません。シーズにおいてこうした精神が失われずに息づいているのは、ひとえにチャックの功績によるものです[12]」

一九八八年、バフェットがいかにハギンズを気に入っているか、これ以上は無理というくらい直接的に表現している。「チャーリーと私はシーズを買収してから、およそ五分でチャック・ハギンズに経営を任せることに決めましたが、彼のこれまでの功績を振り返ってみると、決めるのになぜこんなに時間を要したのかと不思議に思われるかもしれません[13]」

そしてCEOの報酬についていえば、経営陣にばかげたストックオプション（株式購入権）を付与したり、弁護士が何ページにもわたる雇用契約の交渉をしたりする時代において、バフェットとハギンズはまたしても新たな先例をつくっている。「買収が完了し、報酬に関して取り決めたときにチャックと握手を交わしましたが――これにかかった時間は五分ぐらいで、書面での契約は一切していませんが――いまだにそのときの条件はそのまま変更されていません[14]」。ちなみに、バフェットがこれを書いたのはシーズの買収から二〇年後のことだ。

一九九〇年代、ハイテク投資が盛んな時代において、シーズは消費財分野でのフランチャイズの重要性と事業内容が「変わらないこと」の大切さを示す一例となった。バフェットやバークシャーにとって、シーズに投資したことがコカ・コーラやジレットへの大量投資を検討することにつながったのである。投資で成功する秘訣は、消費財分野のフランチャイズ事業を基盤に持続的な競争優位性を有しているところに投資すること。というのも、消費者がチョコレートを買って食べる動機は五〇年前と変わっていないし、五〇年後もきっと変わらないと思われるからだ。

他の菓子屋が破綻していくなかで、シーズの生き残りをかけてハギンズが早くからこだわりを見せてきた経営哲学が二つある。

一．顧客サービスおよび商品の品質の向上を常に追求していくことに全部門、全社員が一丸となって全力を尽くす。

二．材料やサービスの質を落としてまで利益を優先するようなまねは絶対にしてはならない。

ハギンズ自身の経営スタイルに多大な影響を与えたのはバフェットだという。「私の場合、自分の経営手法は実践のなかで築き上げていったようなものですが、人の助けもありました。上司や同僚からもそれぞれの対処法を学びましたが、だれよりもウォーレンや彼の事例から得るものがたくさんありました」。経営者として成功していくには、自制心や創造力、忍耐力に加え、学びたいという意思や好奇心、絶えず知識を吸収していく探究心が絶対に必要だとハギンズは考えている。

バフェットのブリッジ仲間で二度ワールドチャンピオンに輝いたシャロン・オズバーグが、カードゲームで一番重要なのは「問題解決能力」だと語っているが、これが何よりも大事だとハギンズは言う。「経営者たる者、自分の持てる時間の大半を問題の解決に充てるべきだ、というのが私の信念であり、実際そうしています。私はどんな問題でも何らかの解決法があるものだと思っています。問題に取り組んでいるときにちょうど解決法が見つかるとはかぎりませんが、試行錯誤しているうちに、あるいは単なる幸運により、どんな問題でもいずれは解決法が見つかるものです」

逆に、シーズではほとんど問題とならないのが人材探しである。家業としてのシーズの歴史を守るうえで、同社では多くの他の企業とは対照的に、家族を採用することが許されているばかりか、実際、奨励されているからだ。人材を探すうえで家族の推薦が貴重な情報源となるのである。ハギンズのすでに成人している子どもたちは四人とも次々にシーズに入社し、今も息子一人と娘二人、義理の娘一人が勤めている。マーケティング担当副社長のディック・バン・ドーレンによると、多くの事業部に労組はあるものの、「縁故採用が盛んに行われている」そうだ。実際、彼の妻も娘も息子もシーズで働いている。(15)

もっとも、縁故採用は上級管理職に限ったことではない。三世代にわたってシーズに採用されている家族もいるし、二〇年以上、会社に勤めている従業員もたくさんいる。そのほとんどが女性で、実際、ハギンズによれば、多くの女性がその人生の大半をシーズで過ごし、臨機応変に仕事をしているという。学生時代はパート、子どもができるまではフルタイム、子どもが就学すると再びパートとして社に戻り、子どもが成人するとフルタイムに変わる（管理職に登用される人も多い）。「そして六〇代か七〇代になると一応引退はするものの、引き続き季節従業員として休日に仕事をする人が結構いる」とのこと。(16)秋と冬は室内でお菓子の製造・包装作業を行い、カリフォルニアでは収穫期に当たる春と夏は一転して屋外で働く。こうした季節要因がシーズでうまく機能しているのである。同様に、メキシコ人やヒスパニック系の移民労働者も季節従業員としては安定した存在なのである。

こうして「仕事に一生をかけた人たち」に会社で働いてもらうことで、連続性と企業文化を維持しながら、品質と顧客満足に重点を置くことができるのである。ハギンズは言う。「長きにわたって廃れず変わらない大切なもの。それを象徴しているのが私どもです。今日、この時代において、こうしたことこそが非常に値打ちがあるものなのです」(17)

シーズの本分とは何か、説明をお願いしたところ、彼はこう答えた。「それは顧客志向であること。そのためにどんなものが必要となろうが、どれほどコストがかかろうが、お客様に喜んでもらうようにすることです。お客様に喜んでいただくこと。これが私どもにできる一番大事なことであり、成功するために絶対的に必要不可欠なことなのです。できるかぎり最高のものをつくるように心がけていますが、それでも時には失敗することもあります。うっかりミスもあれば、注意力が足りないために起こるミスもありますが、これではお客様を満足させることはできません。ミスが起こったときは必ず過ちをきちんと認め、それを改善するには何ができるかを自問し、解決するまで思いつくかぎりのことをするようにしています」

「それ」が何であれ、ハギンズにとっては解決することが最重要課題なのである。そして、そのためには家に仕事を持ち帰ることもしばしばだという。「家では頭を使う仕事をずいぶんやっています。問題を解決したり戦略を練ったりするうえで知恵を絞り出したいときはいつも寝る直前に考えるようにしています。すると、突発的に何かが思い浮かんで、夜中の二時とか三時に目が覚めて、『分かったぞ！答えが出た！』とひらめくことが結構あるんです。そうしたら、すぐにメモを取ってから、また寝るんです」

とはいえ、仕事関係の問題を解決するために社外で費やす時間はほんのわずかにすぎない。彼にはもう一つ大事な関心事がある。それはジャズだ。「私はこれでもミュージシャンで、ドラマーをやっています。オールドジャズなら何でも歌います。もう三年もジャズバンドをやっています。よく続いたものです。最近、大親友のトム・フォードが亡くなりましたが、彼はピアニストでした。二人でちょっとしたアイデアを思いつき、それを自分たちで『T・フォード＆ザ・モデルA』と名づけていましたが、その後、トムが天狗になりそうだったので、『T・フォード』をカットして、単に『ザ・モデルA』と呼ぶことにしたことがあります」（**訳者注**　ちなみにフォード初の量産車が「モデルA」）。

バンドはサンフランシスコにある複数企業のCEOたちで構成され、最近は政治的なイベントおよび慈善事業の一環として演奏活動を行っている。その収益金はすべて地元の音楽学校や恵まれない子どもたちのための援助団体に寄付している。ジャズが趣味であることからして、別段驚くことでもないが、ハギンズは新店舗がオープンするときもトラディショナルジャズバンドの演奏を披露しているし、何年か前にはシーズの宣伝キャンペーン用として、ジム

・カラム・ジャズバンドに作曲および録音を依頼したこともある。

しかし彼の余暇の趣味はジャズだけではない。「オペラや交響楽団、美術など、クリエーティブなものにいろいろ興味があります。ベイエリアは各種の文化を堪能するのに絶好の場所です。ほかには山も好きですし、釣りもテニスも好きです」。妻のマリアンは一九九五年に他界。四人の子どもは成人して結婚し、彼には孫が九人いる。どの子も彼と共通の趣味を持っている。新妻のドナ・エワルドとは二〇〇〇年一〇月に結婚。知り合ったのはその約三年前。彼女が好きなことも彼と同じようなことだそうだ。最近、結婚したことについては、「結婚しているほうが私には良さそうです。自分には独身生活は向かない」とのこと。

どうやら引退するのも自分には向いていないと思っているようだ。現在、七六歳の彼は経営者としてはバークシャーでは最年長ではないが、勤続年数では最長記録を持つ。にもかかわらず、近い将来、引退する予定はまったくない。「楽しみながら仕事をしている」という彼はこう語る。「今やっている仕事はやりがいがあるし、変化に富んでいて、最高です。それこそ、私が『マジで面白い』と称しているものです。それに私にとって仕事はこのうえなく特別なものですから、ボケたりせずに健康でいられて、ウォーレンとチャーリーが黙って許してくれるかぎり現役でいたいと思っています」

そして、ハギンズがわざわざ指摘しているとおり、ボスのほうも自分自身引退する気もなければ、傘下の経営者がやむを得ず引退するようなことがあるとは予想もしていない。ハギンズは、一九九八年に亡くなったネブラスカ・ファニチャー・マートのCEOローズ・ブラムキンのことに触れた。「ミセスBが九〇歳になったとき、ウォーレンはこう宣言しました。経営者の定年は、それがいくつになろうと、ミセスBが引退したときの年齢にする、と。結局、定年は彼女が一〇四歳になるまで毎年更新されていきましたが、私はこれをまじめに受け止めていますす」

「経営幹部を強制的に六五歳で引退させるのは、

企業の経営管理面においてマイナスではないか」と真剣に考えている彼は、「ボヘミアンクラブの会員」なのだそうだ。これはサンフランシスコにある高級メンズクラブで、その会員名簿にはアメリカの財界の大御所たちが、全員とまではいかないが、その名を連ねている。「高齢の友人がたくさんいるんです。知り合いには九〇代が多く、元企業経営者だったり、人生において興味深いことを成し遂げたりしてきた人たちですが、今も変わらずクリエーティブな考え方をされる方々ばかりです。もちろん、仕事の重圧にも気を配らなければなりません。年をとるほど、そうせざるを得なくなりますが、多くの高齢者たちがもつ知性や経験、頭脳は、どんな企業にとっても本当に貴重な財産になり得ると思います。ウォーレンについてすごいと思うのは、その点をよく理解していることです。これはとても素晴らしいことですが、こうした考え方をする人はめったにいません」

強制的に退職させられることはないだろうと確信しているハギンズは、シーズ・キャンディーズの将来について引き続き計画を練っている。今後も品質と顧客サービスにこだわりをもって力を入れていく所存だ。「もちろん、何事にもやはりチェックは欠かせません。すべて完璧ということはあり得ませんし、常に改善の余地はあるわけですから」と彼は指摘する。[18]

改善できるところがあるとすれば、その一つはネット販売のやり方だという。彼はイノベーションを大事にしているが、新技術が提供する可能性をうまく生かしていくことについては後れを取っていた。シーズの役員デーブ・ハーベイによると、チャック・ハギンズよりも、むしろウォーレン・バフェットのほうがこの件を問題視していたという。いわく、「ハギンズのところにバフェットから電話があり、インターネットに乗り遅れないようにと言われたそうです[19]」

シーズがやっとウエブサイトを立ち上げたのは一九九八年六月のことだが、その年はまだ三万一〇〇〇ポンド（約一四トン）をなんとか売り上げている状態だった。一九九九年、ネット販売を始めてから丸一年が経過し、ネット経由の販売数量は一七万四〇〇〇ポンド（約七九トン）、売上高は二一〇万ドルに達し、通信販売による売り上げの一三％に匹敵するようになった。そして二〇〇〇年には、およそ四〇〇万ドル（通信販売の二三％）がウエブサイトを介した商いとなった。将来的にはネット販売が収益に占める割合はかなり大きくなるとハギンズは見込んでいる。というのも、ネットなら世界中の顧客がアクセスでき、簡単に注文できるからだ。

チャック・ハギンズは未来に期待を寄せる一方で、七五年以上にわたってシーズ・キャンディーズを支えてきた哲学を守り続けている。そのモットーは「妥協なき高品質」。いたって単純明快である。商品の箱の中には一つ一つ次のようなメッセージが添えられている。これは五〇年以上も前から変わっていない。

昔ながらの品質をこつこつと守り続けて八〇有余年。毎年、文字どおり何百万人にも上るシーズ・キャンディーズの愛好家の皆様方のご期待に沿えるようにしてまいりました。

当社の哲学はきわめてシンプル。品質については絶対的なこだわりをもって臨んでおります。可能なかぎり最高の材料だけを仕入れ、アメリカでどこよりもおいしい、すてきなお菓子をとりそろえてお届けするようにしております。シーズのお店はいずれも輝くような白さが映えるお店ばかり。ここで最高級の顧客サービスをご提供しております。

この現代において、けっして珍しくはないとはいえ、これでは時代遅れのように思われるかもしれません。でも、そこがいいのです。と同時に、私どもは常に改善に努めておりますが、それもこれも皆様方に幸せになっていただきたいという信念があるからなのです！

ビジネスの基本方針――チャック・ハギンズ

★縁故採用は悪いことではない。私の子どもたちも店で働いているが、同様に、従業員から経営陣まで職種に関係なく複数世代がともに仕事をしている。二〇年、三〇年と勤めてもらうことは会社にとってもメリットになることだ。

★経営者はその持てる時間の大半を問題の解決に充てるべきである。会社にいようが、家にいようが、時間を捻出して解決法を見いださなければならない。

★定年制には賛成できない。健康で仕事への興味があるかぎり、その職場に残るべきだ。年長者の知性と経験は途方もない財産となり得るのだから。

★問題がどれほどばかげていようと、顧客を満足させることが重要である。歳月を経ても変わらずにあるものに顧客が価値を見いだせば、何度でも店に足を運んでもらえるだろう。

第一七章　経営のプロ――ラルフ・シャイ（スコット・フェッツァー・カンパニーズ）

信じられないことだが、バークシャーの投資先のなかで一番有名なコカ・コーラよりも、ほとんど無名のスコット・フェッツァーのほうが投資効率が良いのである。公開企業の株を一部買い付けるよりも、企業を丸ごと買い取って所有したほうがいいことを何よりも証明しているのがラルフ・シャイの多角化企業（カービー・バキューム、ワールド・ブック・エンサイクロペディアなど）なのかもしれない。

一五年前に二億三〇〇〇万ドル（純額ベース）で買収されて以来、スコット・フェッツァーは累計で一〇億ドルを超す税引き前利益を上げてきた。これは偶然にも、バークシャーのコカ・コーラに対する純投資額にほぼ匹敵する。つまり、バークシャーはスコット・フェッツァーから得た利益によってコカ・コーラ株を買い、ひいてはコカ・コーラの筆頭株主になることができたというわけだ。そのうえ、スコット・フェッツァーの評価額（年間利益の二〇倍）も一五倍ぐらいに膨らみ、三〇億ドルに達している。そして何よりも重要なのは、コカ・コーラとは違い、年間に稼ぎ出す約一億五〇〇〇万ドルの税引き前利益が他の一〇〇％子会社のために再配分されていることだ。これだけ稼いでいながら、スコット・フェッツァーの資本金はわずか三億ドル。したがって、年間の資本収益率は五〇％となる。

一方、バークシャーが一〇年前に一〇億ドル投資したコカ・コーラの時価評価額は現在、九〇億ドルに成長し、その年間収益率はおよそ二四％。コークはバークシャーに一億六〇〇〇万ドルの「ルックスルー利益」（目には見えるが手に入らない利益）をもたらしたことになってはいるが、コカ・コーラ株の値上がり益を確定し、その実質的な収益力を実現益に変えたければ、株を売却したうえに税金を支払わなければならない。しかしスコット・フェッツァーなら、株主価値全体を最大化するために、オーナーがその税引き前利益を一〇〇％利用できるので、より優れた投資先と言えるのである。なお、コークからは一億六〇〇〇万ドルの利益とは別に、一億三六〇〇万ドルの年間配当金が入ることも忘れてはならない。バフェットはコークの大株主で取締役も務めている。このため、相当の影響力を持ってはいるが、その役得は一〇〇％支配できるスコット・フェッツァーの場合とは比べ物にならないほど小さい。一三億ドル投資して三億ドルの利益（ただし、実際に手元に入る配当金はそのわずか四五％）を得るよりも、二億三〇〇〇万ドル投資して年間に一億五〇〇〇万ドルの利益を得るほうがいい。バークシャーの投資額に対して、コカ・コーラもちゃんと二三％のリターンをもたらしてはいるものの、スコット・フェッツァーのリターンは六五％にもなるのである。

スコット・フェッツァーの本社はオハイオ州クリーブランド郊外ウエストレークの工業団地内にある。構内の一室には同社所有のメーカー二二社の製品が展示してある。従業員数は七五〇〇人。利益の大半はカービー・バキューム（掃除機）、ワールド・ブック・エンサイクロペディア（百科事典）、キャンベル・ハウスフェルド（エアコンプレッサー）が稼ぎ出している。

社長兼COO（最高執行責任者）のケン・スメルスバーガーが各企業の所在地や製品、その将来性について実に熱心に話をしてくれた。ケンが部屋中を歩き回って案内してくれるさまは、自社製品というよりも自分の孫の作品がそこに展示してあるかのようだった。私はほとんど知らなかったが、ちょうど会ったばかりの彼こそが実はラルフ・シャイの後継者で次期CEOとなる人だったのである。

ラルフ・シャイとは三時間以上もかけて、会社のことや経営手法について話をしたが、インタビュー終了後まもなくして彼は引退してしまった。とはいえ、ミスター・シャイの企業経営者としての信条や経験を語ってもらったおかげで、ウォーレン・バフエットが好む業態や経営者像がますます鮮明になった。

ラルフとのインタビュー中に印象に残ったのは、バフェット傘下のCEOたちがいかによく似ているか、ということだった。特にフライトセーフティーのアル・ユールチーがすぐに思い浮かんだが、ラルフと彼はまったく面識もないのに、二人とも共通点がたくさんあった。まず、①両者とも通常の定年をはるかに超えている（シャイは七六歳、ユールチーは八四歳）、②両者ともバフェットよりも先にビジネス機のメリットを見いだしていた、③安全というものに大量に投資している、④自らの事業を教育事業の一つとしてとらえている、⑤グローバルな視点を持っている、⑥後継者をきちんと育成している、⑦三〇代、四〇代の人たちよりもエネルギッシュ、⑧世界的に有名な保健機関の会長を務めている（シャイはクリーブランド・クリニック、ユールチーはオービス・インターナショナルの会長）――といった具合である。

リタイアする、というのはバークシャー・ハサウェイ傘下の経営者としては非常に珍しいケースである。なのに、ラルフ・シャイは二一世紀の始まりとともに、なんとリタイアしてしまったのである――それも、〝まだ〟七六歳であるにもかかわらず。この件については、二〇〇〇年度の会長あいさつ『株主の皆様へ』においてウォーレン・バフェットが次のように説明している。「一九八五年にスコット・フェッツァーを買収したことで、素晴らしい企業を手に入れただけでなく、真に傑出したCEOラルフ・シャイの手を借りられるようになりました。当時のラルフは六一歳。普通の企業なら、本人の能力よりもカレンダーにばかり気を取られて、ラルフの才能を数年しか活用できなかったと思います。しかしバークシャーでは、ラルフは二〇〇〇年末に引退するまでの一五年間、スコット・フェッツァーの経営に当たってきました。同社は彼のリーダーシップの下、私たちが支払った二億三〇〇〇万ドルの買収額（純額ベース）に対して一〇億三〇〇〇万ドルの利益をバークシャーにもたらしてくれました。おかげでこの金を使って、またほかの企業を買収することができました。バークシャーの現在価値を高めるうえで、ラルフが貢献してくれた額を合計すると、何十億ドルにも上ります。ラルフは経営者として、バークシャーで栄誉の殿堂入りを果たしました」――と、バフェットはそれ以上のことは語っていないが、「栄誉の殿堂入り」を果たした経営者たちというのは飛び切りのエリート集団なのである。(1)

一九二四年七月二四日、オハイオ州ブルックリンに生まれたラルフ・シャイの旅はここから始まる。母はハンガリー、父はオーストリアの出身。シャイの「起業家」としてのスタートはかなり早い。隣近所を訪問しては、雑誌やポテトチップなどを売り歩いていた。「ボトルを回収しては換金したり、他人の家の芝刈りをしたり、いつもいろいろなことをしていました」と彼は回想する。(2)

一九四二年六月、クリーブランドのウエスト工業高校を卒業。一九四三年三月に徴兵されたが、今思えば、これが彼の人生のなかで最大の幸運を呼び込んだ重要な出来事の一つとなった。「鉄道の駅に行き、そこで徴兵手続きを〝適当に〟済ませることになっていました。私がいた列は〝歩兵〟用の列でしたが、私自身は常々エンジニアになりたいと思っていたので、そこにいた徴兵官に、エンジニアになりたい場合はどこへ行けばよいのかと質問してみました。ずいぶん妙なことを聞くやつだと思われたようですが、それでも、どの列に並べばよいか教えてくれました。その結果、本当に陸軍工兵隊に入れてもらえることになったのです。それから、ジョン・K・アディソン大佐指揮下の第二四九戦闘工兵大隊に配属されました。大佐からは、人に関すること、人の心を動かすこと、人を理解する方法などについて、だれよりも多くのことを教わりました。……もっとも、だれよりも、と言っても、母は別格ですが。母はこうしたことについては非常にたけていましたから」

「私たちは三〇〇隻以上の船団を組んでイギリスに行きましたが、幸い、ドイツの潜水艦には出会いませんでした」。そして一九四四年には船でフランスに向かった。ちょうど「Dデー」(＝一九四四年六月六日、第二次世界大戦で連合軍がノルマンディーに上陸した日）の直前で、その冬には「バルジの戦い」に参戦した。その直後のことについて、彼はこう振り返る。「ある朝、大佐から『この軍隊規則を読んでおくように』と言われました。それは復員軍人援護法に関するものでした。『教育をきちんと受けておきなさい。これから学校に行こうとする者が一気にあふれるだろうから、今のうちに大学に申し込んでおいたほうがいいだろう』と言われたので、『何を勉強したらいいのか分かりません』と答えると、『工学の勉強をしなさい』と言われました。でも、ジャーナリズムにも興味があったので、プロの物書きになるための勉強をしたいと言うと、『じゃあ、コロンビア大学に行くといい』と言われたので、コロンビア大学に申し込み、受理されました。ただ、いつから授業に出られるのか、大学側に知らせなくてはならなかったため、『どう答えたらいいでしょうか』と大佐に相談すると、『この戦いはもう終わりだ。九月と書いておきなさい』と言われました」

大佐の言ったとおり、ヨーロッパ戦線は一九四五年五月に終結したが、一二月になるまでアメリカに帰還できなかったため、秋学期の授業を受け損ねてしまった。新学期が始まるまで、あと九カ月もある。待ち切れなかった彼は、その間にジャーナリズムの授業が受けられるところはないかと大学に問い合わせてみた。結果、オハイオ州アセンズのオハイオ大学を紹介され、一九四六年二月、そこに入学。「ところが、オハイオ大学で知り合った教授から、『ジャーナリズムの勉強などするものじゃない。工学の勉強をしてみたらどうだ』と言われ、ジャーナリストがいくら稼ぐのか調べてみた結果、エンジニアになるのもまんざら悪くはないと思い、決断しました」とシャイは語る。しかし工学部で学位を取って大学を出たものの、今度は実業界への道を追求したくなり、ハーバード・ビジネススクールに進学。一九五〇年六月、MBA（経営学修士）を修得して卒業した。

ただし、卒業する前に、もう一つ思いがけない出会いがあった。振り返ってみると、これが人生で一番大事な出来事の一つだったと彼は言う。「キャンパスを歩いているとき、ジョルジュ・ドリオ教授に出会いました。教授はフランス生まれの軍人で、〝ベンチャーキャピタルの父〟と称され、ベンチャーキャピタル上場第一号とされるアメリカン・リサーチ・アンド・デベロップメント（ARD）の創業者でした。教授から、『卒業後はどこで働くつもりなのか』と聞かれ、『フォード・モーターに行くつもりです』と答えると、『はあ？　どこに行くつもりだって？』と言われたので、もう一度繰り返すと、『気は確かなのか？　わざわざ苦労して教育を受けたというのに、フォード・モーターに行く？　今すぐ私のオフィスに来なさい』と言われました。そこで、教授のオフィスに行くと、『まったく、あきれたものだ。君は会社経営をやるべきだ』と言われたので、『会社を買い取るような金はありません』と答えると、『じゃあ販売代理店とかフランチャイズを探しなさい』と言われ、『どうすればいいのか分かりません』と答えると、『なら、手伝ってやる』と言われました。

そこで、私もその線で行くことを考え、可能性として二種類のフランチャイズビジネスを思いつきました。ビールと石炭です。一九五〇年代当時はまだ各家庭に石炭が配達されており、その多くがフランチャイズによるものでした。でも、テレビはまだ登場したばかりで、宣伝費用がかなりかかりそうだったので、ビールのほうを選びました。ビール会社六社に手紙を書いたところ、五社が求人中でした」

クリーブランドに戻った彼は、一年以内に販売代理店をもたせてもらえるという約束の下、見習いとしてレイジー・ブルーイングで働くことになった。しかし仕事に納得がいかず、一〇カ月で退社。販売店をやるには五年はセールスをしなければならないことが分かったからだ。彼いわく、「当時は気づいていませんでしたが、ほかの人たちは賄賂を支払って、販売権を得ていたのです。でも、私はそんなことはしませんでしたから(3)」

その後、ゼネラル・モーターズ（GM）に半年勤めたが、そのときに声をかけてくれたクレバイト・コーポレーションでエンジニアとして働くことにした。ここで活躍の場を見いだし、数々の昇進を経て一七年後、まだ会社にいたシャイは、取締役会から執行副社長に任命され、会社の買い手を探すことになった。

一九六八年、会社をグールド・インスツルメント・システムズ（電子機器メーカー）に売却。シャイの退職条件は当時としては珍しいもので、五〇万ドルのキャッシュに加え、年間一〇万ドルで五年間、顧問契約を結ぶことになった。かなり前からクリーブランド・グラファイト・ブロンズ（のちのクレバイト）の株をオプションで大量に購入していたシャイは、その売却代金を手にベンチャーキャピタリストとしてのスタートを切った。「良いものを買う前に二度もヘマをした」という彼は最終的には、将来性がかなり見込まれるアーダックという会社を買い付けた(4)。

しかし、その成長スピードは期待したほど速くはなかった。一九七四年、シャイはスコット＆フェッツァー（現スコット・フェッツァー）がアーダックを買い取ってくれるかどうか確かめるために連絡を取った。そんなある日、スコット・フェッツァー側と話し合いをしていると、「会長のナイルズ・ハミンクから電話がかかり、『君とランチを食べたい』と言われたんです」とシャイは回想する。「その後、ランチの席でこう言われました。『引退しようと思っているが、COO（最高執行責任者）として推せる、信頼できる人物がいない。君のバックグラウンドを調べさせてもらったが、君に社長とCOOを引き継いでもらいたいのだが』と」

シャイが入社したとき、スコット・フェッツァーにはすでに約六〇年の歴史があった。一九〇六年、発明家のジェームズ・B・カービーが水を利用した初期の掃除機を発明。しかし、本格的に電気掃除機の時代が到来するのは第一次世界大戦後、カービーがスコット＆フェッツァーというクリーブランドの機械工場に入ってからのことだった。ここで共同生産された掃除機は「バキュエット」という手動式のカーペットクリーナーで、最初の五年間で販売台数は一〇〇万台に上った。一九二五年には電気掃除機を発表。同様に成功を収めた。一九五〇年代半ばには同業他社をはるかに上回る、年間約二〇万台の電気掃除機を販売していた。一九六四年、キャッシュが潤沢にあった同社は企業買収を開始。シャイが社長となった一九七〇年代半ばには、スコット&フェッツァーが買収した企業は三〇社を超えた。(5)

とはいえ、多角経営によって相乗効果を狙うような戦略もなく、やみくもに買収を続けていたため、各部門の業種は幅広くバラエティーに富んでいるが、明確なアイデンティティーのない会社になってしまった。「スコット&フェッツァーって、いったい何の会社？」というのがだれもが最初にする質問なのだそうだ。そこで、こうした混乱を緩和するため、一部の企業を売却したり、統合・再編したりして合理化を進めることにしたのである。買収した企業のなかで一番重要なのは、一九七八年にフィールド・エンタープライズから買い取ったワールド・ブック・インク（ワールド・ブック百科事典の制作会社）である。カービー・バキュームとよく似たビジネスモデルをもつワールド・ブックは、消費財の直販訪問販売に特化していた組織にはぴったりだった。

シャイの指導の下、スコット・フェッツァーは繁栄を謳歌していたが、成功したことで、乗っ取り屋の注目を集めるようになっていた。そこで一九八四年四月、シャイは他の企業幹部たちとともにLBO（＝この場合は自社の資産を担保とした借入金による自社株買い）を通じて会社を非公開（非上場会社）にしてしまおうと考え、キャッシュで三億三一〇〇万ドル、すなわち一株五〇ドル（当時の直近値にちょうど五ドル上乗せした値段）で買い付けのオファーを出した。ところが、その二週間後、ウォールストリートで値ザヤ稼ぎをしているアイバン・ボウスキー（その後、インサイダー取引で投獄される）が提示価格を一株六〇ドル、すなわち四億ドルにつり上げてオファーしてきたのである。シャイと他の企業幹部たちはひとまず買いの手を引っ込めたが、取締役会はその後出されたオファーとともにボウスキーからのオファーも突っぱねた。(6) しかしサメというのは海面に漂う血をちゃんとかぎつけるものなのだ。それから一八カ月の間にスコット・フェッツァーを乗っ取ろうとする企業がほかにも何社か現れたのである。シャイと経営陣たちはESOP（従業員持ち株制度）を利用して応戦した。

シャイは当時をこう振り返る。「傘下の多種多様な企業のなかで、気に入らない企業を切り離していくことにしました。不振企業の分まで、こちらで買い付けの手伝いをする必要などありませんから。大手企業がどこもうちを狙わなかったのは、あまりにも種々雑多な子会社や事業部門を持ちすぎていたからなんです。会社の一部を買い取りたいという求婚者はわずかにいましたが、丸ごと買収するだけの潤沢な資金を持ち合わせているところはありませんでした。ボウスキーやマイケル・ミルケン［もう一人の求婚者で、こちらも投獄された］でさえ同じ問題を抱えていました。こうした各部門をどう処理したらいいのか、彼らも分からなかったのです。彼ら自身、当惑し挫折感を味わっていたようでした。でも、私には従業員に対して責任があります。全員をできるかぎり公平に処遇するようにしなければなりません。各企業の従業員数は少ないですが、私たちにとってはとても大切な人たちです。ですから、だれも従業員など必要としていない市場に彼らが突然投げ出されるようなことだけはどうしても避けたいと思いました」

そんなとき、ウォーレン・バフェットが踏み込んできたのである。バフェットはかなり以前からスコット・フェッツァーに興味を持ち、一九八五年一〇月までに同社の株を約五％買い付けていた。シャイとは一度も会ったことはなかったが、チャンス到来と見たバフェットは一〇月一〇日、シャイに次のような手紙を書いている。「二五万株保有しています。常日ごろから御社に好感を抱いていました。非友好的な買収はもくろんでいません。合併の道を模索されているのであれば、お電話をください[7]」

シャイはこう回想する。「ウォーレンのことはまったく知りませんでしたから、初めて問い合わせをもらったあと、ともかく彼のことを調べました。手紙が届いたとき、私はハーバードの同窓会に出かけていたので、月曜の朝、戻ってきたときに初めて秘書からこの手紙を受け取りました。『手紙が届いたのは金曜日の午後です。今すぐ電話を入れたほうがいいと思います』と秘書に言われ、すぐに電話を入れました。『いつなら、いっしょに食事ができますか』とウォーレンから聞かれたので、『そちらのご都合のつき次第』と答えると、『あしたの夜、シカゴでいかがでしょうか』と言われました。その日は月曜でしたから、火曜日の夜に会ったことになります。水曜日には彼が会社の見学に来て、木曜日に買収が成立し、金曜日に公表しました」。なんと一週間足らずで、バークシャー・ハサウェイはスコット・フェッツァーを一株六〇・七七ドル、すなわち三億一五〇〇万ドルで買収してしまったのである。

予想どおり、バフェットはこの取引に非常に満足していた。彼は株主に向けてこう報告している。「同社が一七の企業から得ている売上高はおよそ七億ドル。こうした企業の多くが業界リーダーとなっています。その投下資本利益率は［成績でいえば］優から秀に当たります」。バフェットは次のようなことも語っている。「スコット・フェッツァーの売上高の約四〇％、利益についてはそれ以上の割合を占めるワールド・ブック・インクは、同社では断トツトップの事業部門であり、業界でも群を抜いて主導的な立場を築いています。百科事典の年間の販売数量は、二番手の企業の倍以上もあり、アメリカでは競合する大手四社を合わせたよりも多くの百科事典を売り上げています」。なかでもバフェットが特に指摘しているのは次のようなことだ。「一九八六年度は、スコット・フェッツァーの買収と弊社の保険事業部の大幅な伸びによって［バークシャーの］総収入が二〇億ドルを超えることが見込まれますが、これは一九八五年度の倍以上ということです(8)」

バフェットはまたスコット・フェッツァーの買収例を挙げ、自分がどのような企業や買収案件に興味があるのか、バークシャーの株主に説明している。「スコット・フェッツァーは理解可能で規模が大きく、管理の行き届いた、収益性の高い模範的な企業です。スコット・フェッツァーの例を見れば分かるとおり、弊社の買収姿勢はやや場当たり的なものです。切り札となるような戦略があるわけでもありませんし、社会経済面のトレンドについて洞察を与えてくれるような共同企画者がいるわけでも、発起人や仲介者から提示された数多くの案件を調査するスタッフもいません。その代わり、何か理にかなうものがあればと、ひたすら願い――そして、そうした案件に出会えれば、出動します……[9]」

このあとバフェットは続けて六つの買収基準を記している。これはかの有名な『株主の皆様へ』のなかに今でも毎年掲載されているもので、①大型案件であること、②一貫した収益力があること、③負債が少ないこと、④引き続き現行の経営陣が経営に当たること、⑤単純明快な企業、⑥売却価格の提示――というのがその基準だ。

バフェットはさらにこう書いている。「非友好的な買収はしません。守秘義務については完璧に守ります。興味があるかどうかについての回答は迅速に行い、通常、五分以内で済むことをお約束します。買収には現金払いを希望しますが、弊社と同程度の内在価値を得られるのであれば、株式を発行することも検討します……売却をお考えの方は過去に弊社と取引をした方々と連絡を取り、弊社のことをお調べになることをお勧めします。ふさわしい企業――そしてふさわしい人材――に対しては〝良き家〟を提供させていただきます。しかしその一方で、こちらの基準に達していない案件をよくいただきます。例えば、新規ベンチャーや再建中の企業、競売状態の身売り、そして（ブローカーなどに）依然として人気のある〝お互いに知り合えばきっと何とかなる式〟の案件などですが、これらにはまったく弊社は興味ありません[10]」

バフェットがスコット・フェッツァーを買いたいと思った理由が何であれ、ラルフ・シャイは会社を売却して本当に良かったと思っている。「バークシャーの傘下に入ろうと決めたのは、三つか四つの会社、というのではなく、一つの会社として一丸となって財務上および法律上の戦いを持ちこたえていける可能性が高まると見たからです。これが大きな理由の一つでしたが、決定を下すうえで一番のカギとなったのは、株主にどのような影響が出るのか、株主にとって一番良い形で事を運ぶにはどうしたらいいのか、ということでした。こうしたことから最終決定を下したわけですが、私たちにとってこの選択が一番楽そうに見えたのです。このまま独立系の公開企業として存続するよりも、バークシャーに買収されたほうが株主のためになることは絶対に間違いありませんでしたから」

しかし、新しいボスは長年にわたり社用機を毛嫌いしていたので、これがまず気がかりだった。シャイは、自社所有の飛行機で顧客のところへ行くのがスコット・フェッツァー流のやり方であることを恐る恐るバフェットに伝えた。バフェットはいかにも彼らしくこう答えた。「ジェット機はそのまま所有していてかまいません。御社傘下の各企業についてはすべて合併前と同じように経営に当たってください」。こうしてスコット・フェッツァーの各企業も経営陣もこれまでどおりまったく変わることなく、事業全体も（そして社用ジェットも）そのまま維持されることになった。

合併してからシャイが気づいたことは、バークシャー・ファミリーの一員になったことで、新たにいくつかのメリットが得られたことだ。その一つは、「会社のために以前より多くの時間を費やせるようになったこと」と彼は言う。「公開企業だったころは、年間にざっと二〇〇営業日のうち少なくとも五〇日ぐらいは社外で広報関係者やIR（投資家向け広報）関係者、投資家や運用担当者など、その手の人たちと話をしていたように思います。でも今はこうしたことをしなくなったので、会社を成長させることにもっと意識を集中できるようになりました」。合併当初、こうした負担がなくなれば、事業の多角化にかける時間を増やせるだろうと彼は期待していたが、「実際にはそれほど多角化が進んだわけではありません。しかし、利益を上げることに専念できるようになり、独立していたころよりも、今日のほうが同じ事業から得られる利益は増大しています」とのこと。

また、バフェットの傘下に入ったことで、「苦労して資金調達に走らなくても、何かを手に入れたり、思いどおりに独自のものをつくったりできるようになった」そうだが、「ウォーレンに資金提供を頼んだり、他社からスコット・フェッツァーに資金を回してもらったりはしていません」と彼は強調していた。「私はただスコット・フェッツァーが稼ぎ出した金を自分たちで投資したいところに投資できるようになれればいいと思っています。株式を公開していたころは、何かに投資したいと思っても、いちいち厳しくチェックされていたので、こうしたことはできませんでしたが、バークシャーの下ではこうしたチェックを受けることはありませんから」

シャイいわく、バークシャーと合併したことで、「少しずつ、本当に少しずつですが、これから自分たちの会社はどのような会社になっていくのか、展望が開けてきました。当初は成長しても既存の会社のようになるだけだと思っていましたが、今では違う方向を目指しても成長可能であることが分かってきました。その一つとして単に水平に拡大するのではなく、垂直方向に拡大していくことを視野に入れています。つまり、ただ製品をつくって、それを買い取ってくれるディーラーに売って、転売してもらうのではなく、自社の生産システムと同時に流通システムを整備していくべきだと考えています」

他の事業に進出しなくても、スコット・フェッツアーは相変わらず順風満帆だった。従業員数七五〇〇人、各種の事業部門数は二二。単独でも上位五〇〇社にランクインすると思われる同社の年間売上高はおよそ一〇億ドルで、年間利益は約一億五〇〇〇万ドル。その利益の約八〇％は、①カービー（最大規模の最重要事業）と、スコット・フェッツアーの傘下でカービー製品の保守点検をする完全子会社、②ワールド・ブック・エンサイクロペディア、③キャンベル・ハウスフェルド――の三部門が稼ぎ出している。

買収する前、バフェットとマンガーの興味を一番引いたのがワールド・ブックである。シカゴのハンソン・ベローーズ・カンパニーが一九一七年に初めて出版したワールド・ブック百科事典は、その後マーシャル・フィールド三世に買収され、最終的にはフィールド・エンタープライズ・エデュケーショナル・コーポレーションとなる新会社の主力商品となったが、一九七八年に再び売りに出され、スコット・フェッツアーの傘下に入った。世界中で愛用されているワールド・ブック百科事典は一二〇〇万セット。アメリカやカナダでは一〇世帯に四世帯がこの百科事典セットを持っている。従来型のハードカバーの書籍版は学校を対象に引き続き販売されているが、訪問販売はほとんど行われていない。一九九四年の初頭にはCD（コンパクトディスク）版が発売され、現在ではオンライン版も登場。つい最近、AOLタイム・ワーナーとの提携を発表したばかりだ。インターネットの普及はワールド・ブックの売り上げに大きく響いた。一九九〇年度はスコット・フェッツァー全体の売上高の四〇％を占めていたが、今ではわずか七％にすぎない。年間利益にいたっては、九〇年度の三五〇〇万ドルから、現在は一七〇〇万ドルにまで落ち込んでいる。

同社のもう一つの柱はスコット・フェッツァー・マニュファクチャリングとその主要子会社キャンベル・ハウスフェルドで、エアコンプレッサーやウインチ、エアツール、発電機、塗装機器、圧力洗浄機、溶接機などの動力工具を製造している。もともとの会社はキャンベル・マニュファクチャリングという、点播機やその他の農機具をつくるメーカーだった。一八三六年に設立され、オハイオ州では最も歴史ある企業の一つとして数えられている。その後、ジョーゼフ・ハウスフェルドが会社を興し、「プレッシャー・キング」というエアコンプレッサーを製造。一九二〇年、同社との合併を機にキャンベル・マニュファクチャリングはキャンベル・ハウスフェルドとなり、一九七一年にはスコット・フェッツァーの一部となった。今日、キャンベル・ハウスフェルドの六つの製品ラインがスコット・フェッツァーの売り上げおよび利益のおよそ三分の一を占めている。この部門の目下の課題は、エアコンプレッサーをはじめ、自社ブランドを商品化しているホーム・デポやウォルマートなどの大手小売業者からの圧力に対抗することだ。

スコット・フェッツァーにとって最大の売り上げおよび利益をもたらしてくれるのは、カービーの電気掃除機である。毎年、世界中でおよそ五〇万台の「カービー」が販売されているが、売り上げの約三分の一はアメリカ国外からもたらされている。一応、家庭用の掃除機とされているが、非常にパワフルなため、業務用として使用されることも多い。スコット・フェッツァーでは工場直結のおよそ八三五の代理店に掃除機を売り、その代理店が掃除機を訪問販売する仕組みになっている。しかし一九九〇年代末、この代理店による訪問販売システムが物議を醸すことになった。こうしたことはバークシャーの一企業としてはかなり珍しいケースである。

一九九九年秋、ウォール・ストリート・ジャーナル紙の第一面に、カービーの押し売り的な販売戦術は老人や低所得者層の弱みに付け入るものだとして数人の個人から訴えられたとの記事が掲載された。この記事が出たあと発表されたオマハ・ワールド・ヘラルド紙の記事によれば、ラルフ・シャイがウォーレン・バフェットにアドバイスを求めたことになっている。しかし、シャイに言わせるとこうだ。「彼はこれまでに私に何度も言ってきたことをただ繰り返しただけでした。『ともかく、どのお客様にも公平になるように細心の注意を払って対処してください』と」。それでも、ボスの顔をつぶしてしまったかもしれないと思うと、シャイは申し訳ない気持ちでいっぱいだった。彼はワールド・ヘラルド紙にこう答えている。「『あのミスター・クリーン（＝清廉の士）と言われたウォーレン・バフェットが卑劣なビジネスに関与』といったことがウォール・ストリート・ジャーナル紙の記事に書いてありましたが、これはけっして卑劣なビジネスではありません。本当です」。カービーの販売手法は今日も一九三〇年代とまったく変わっていない。苦情が出る割合も微々たるものだ。ワールド・ヘラルド紙には、バークシャー・ハサウェイ関連でバフェットの元に届く苦情の手紙は年間に一〇〇通ほどだと報じられていたが、そのうちカービーの顧客からのものはわずか一％だという[11]。

カービーの掃除機の一件でボスはどう反応したのだろうか。どうやらシャイは取り越し苦労をしていたようだ。バフェットはシャイの経営者としての功績を褒めることはあっても、けなしたことは一度もない。一九八五年、バークシャーがスコット・フェッツァーを買収したすぐあとに書かれた『株主の皆様へ』を見れば、いかにバフェットがシャイに熱を上げているかがよく分かる。「スコット・フェッツァー同様、そのCEOであるラルフ・シャイに心引かれてから九年になります。……ラルフは経営および資本配分において、ずば抜けた実績を残しています。そんな彼と手を組めるのは喜ばしいことです[12]」。その一年後、スコット・フェッツァーとシャイについて、バフェットは株主にこう語っている。「一年がたち、ますます両者にほれ込んでいます。ラルフは非常に優秀な実業家であり、実に正直なまじめ人間です。広範囲にわたる事業を管理しているにもかかわらず、その多才な能力とエネルギーを仕事につぎ込み、それぞれの業務や商機、問題をきちんと把握しています。そして、ラルフも他の経営者たちと同様、いっしょに仕事をしていて心から楽しいと思える相手です。私たちの幸運はこれからも続くでしょう」と言って、話を結んでいる[13]。

それから八年後、バフェットはなぜシャイの能力をそれほどまでに高く買っているのか、その理由を株主に向けて説明している。「ラルフがなぜ成功したのか。別に込み入った理由があるわけではありません。『投資において並外れた成績を上げるために、並外れたことをする必要はない』——これはベン・グレアムが四五年前に私に教えてくれたことですが、晩年になり、この言葉が実は企業経営にも当てはまることに気づき、驚いています。経営者がなすべきことは、基本的なことをきちんと処理し、わき道へそれないことです。これはまさしくラルフの流儀そのものです。彼は的確な目標を定め、いったん着手したことは絶対におろそかにしません。ラルフは個人的にもいっしょに楽しく仕事ができる人間です。彼は問題については率直に物を言い、自信に満ちていますが、けっしてうぬぼれたりしません[14]」。そして前述したとおり、バフェットはシャイが引退するとき、その貢献度を評価し、こう語っている。「ラルフは経営者として、バークシャーで栄誉の殿堂入りを果たしました[15]」

当然のことながら、ラルフ・シャイも同様にボスのことを褒めちぎっている。「彼のことで一番感心しているのは、相変わらず問題を素早く把握し、その解決法を見いだす能力があることです。それにそばにいると、本当に偉大だと思える男です。穏やかでありながら、人にインスピレーションを与えてくれる。そして、平等感をつくり出してくれるところは素晴らしいと思います。知的能力や貧富の差がいくらあっても、みな平等であるという考えや意識をもたせてくれるのです」。バークシャー傘下の他の経営者の多くがそうであったように、彼もまたバフェットと初めて会ったときに驚いたことが二つあったという。「第一に、今と同じように気さくで近づきやすかったこと。第二に、私たちのビジネスについて非常によく理解していたことです」

とはいえ、バフェットの経営スタイルこそ最も称賛すべきものだという。「だいたい一週間おきに彼とは話をしています。これは報告しておきたいことがあるからです。彼は的確なアドバイスをしてくれますが、自分のやり方を押し付けるようなことはけっして言いません。そして私のほうも、何々してもいいでしょうか、といちいち聞くことはありません。そうしたことを彼が望まないからです。これは彼の一番良いところです。つまり、こちらがやりたいようにと経営をさせてくれる。自由をたくさんくれるのです。ですから、こちらとしても彼に責任を転嫁するわけにはいきません。仮に、『自分でやろうと思ったとおりにやりなさい』と言われたとして、それがうまくいかなかった場合、だれのほうに目がいくかというと、それはただ一人。自分自身の責任ですから。今どき、このように自由にやらせてくれる人は、そんなにいないと思います」。傘下の経営者に権限を委譲してくれることで、「本当はオーナーでなくても、オーナーであるかのように思わせてくれるのです。こうしたことはなかなかできることではありません」とシャイは言う。「自分の仕事については、まるで自分が大株主で、この会社を所有しているかのようなつもりで、やりたいことをやらせてもらっています。ですから、個人的にとれる以上のリスクはとらないようにしています。逆に、現在やっていることよりも改善の余地のあることについては、常に積極的に推し進めるようにしています」

スコット・フェッツァーがバークシャーの一部になって以来、シャイはバフェットから影響を受けたという。「私たちが気を配らなければならない事柄についての考え方、特にお客様との関係について影響を受けました。ウォーレンの影響で、これまで以上にお客様の側に立つ時間を多く割くようになりました。そして、CEOであるだけでなく、一投資家としての立場に立って、お客様とつながりを持つようにしています。お客様との関係がうまくいっていなければ、いずれ問題を抱えることになりますから。これはウォーレンの考え方ですが――もちろん、これに疑問の余地はありませんが――実にユニークな考え方です」

自分自身の経営スタイルに関しては、コミュニケーションを一つの道具として非常に重視している。「かなりの時間をかけてコミュニケーションの仕方を学んでいます。そこで一つ気づいたことは、私が人に自分の意思を伝えるとき、高圧的になる傾向があるということでした。『なぜ、こうしなかった？どうしてあんな間違いをする？』という具合だったのです。でも、このようにあからさまに客観的に詰問調で言うのではなく、もっと控えめに主観的に気持ちを伝えたほうがよいことが分かりました。このような形でコミュニケーションを図ったほうが、はるかに相手のためになりますし、相手ももっと自主的になれる。自分たちで考えよう、という気になってもらえるのです」。実際、シャイは「自分が社員をやる気にさせて成功に導くことができたかどうか」を自らの成功の尺度としている。「自分が良き師、良き相談役となって社員を導き、これまでならやらなかったかもしれないことを社員がやり遂げられたときに、その功績をだれかが認めてくれたり、社員がお礼に来てくれたりすると、とてもうれしくなる」のだそうだ。

言うまでもなく、シャイは起業家精神の絶大なる信奉者だ。一〇年前にクリーブランド・エンタープライズ誌にこう書いている。「起業家を駆り立てるものは、自分の運命を自分でコントロールしたい、他者よりも何かをうまくやりたい、という思いです。……起業機会というのは、単に金を稼いだり、高価値の優良品によって顧客満足を創造したりするだけのことではありません。起業機会とは、人々の生活が変化し、これまで想像もしなかったようなチャレ

ンジ対象や目標に気づかされるなかで見えてくるものなのです」(16)

そこで、「もし別の会社を興していたとしたら、それはどのような会社になっていたか」と聞いてみた。シャイいわく、「起業家や起業家精神にあふれた経営者によって運営されてきた事業で、さらに小さな部門に分けられるような企業に投資する会社です。ただし、所有権の問題は、他者に譲渡できるもののなかで一番重要な問題になると思います。どんなに小さな企業であっても、その企業を所有しているオーナーと、大企業の専門経営者ではまさに雲泥の差がありますから」

そこで、彼自身が〝所有している〟大企業（＝スコット・フェッツァー）の将来については、こう語っている。「教育などの、弊社ですでに手がけている分野で多角化を図りたいと思っています。単なる情報の発信源になるだけでなく、それを超えるようなものになれればいいと思いますし、教育のプロセスにもっと深くかかわっていければと思います。例えば、子どもたちがもっと効果的に読み方を覚えたり、もっと早く計算を覚えたりできるようにお手伝いをしていく、といったことです。対話型の新しいテクノロジーによって、子どもへの教授法にも多くの可能性が生まれると思います。これまでは先生が一クラス三〇人の児童――それも、能力や興味、熟達度がそれぞれ異なる児童――の前に立って、なんとか教え込もうとしていましたが、それはしょせん不可能なことです。それぞれの子に合わせて教授法もオーダーメード型にする必要があります。私はここに多くのビジネスチャンスがあると見ています」

とはいえ、こうした機会はどこにあるのか、どうやって見分けるのだろうか。「弊社では市場に焦点を合わせていますから、今後、市場がどのような局面を迎えるのか、絶えず評価を試みています。自分たちが今現在いる市場を見ることだけが目的にならないようにして見ています。常に次の市場機会を狙い、いち早く参入するにはどうしたらいいか、絶えず考えています」。彼はスコット・フェッツァーの教育事業部の例を再度取り上げて、こう言った。「例えば、ワールド・ブック。今後も教育の質を向上させていかなければなりませんが、インターネットを介すなどして伝達システムを変えていくとか、教材内容を変更することによって果たして向上できるのかどうか、解明していかなければなりません。いずれにせよ、何らかの変化はあるでしょうから、どのような変化が見られるのか、見極めるために最善を尽くしたいと思っています」

シャイによれば、こうした変化の一つは新しいテクノロジーによってもたらされるという。新しいテクノロジーによる影響はカービーにとっては微々たるもの、キャンベル・ハウスフェルドにとっても若干影響がある程度、と見てはいるものの、テクノロジーによって情報の収集および普及の様相が変わるため、ワールド・ブックについては引き続き深刻な影響が出ることはシャイも承知していた。「例えば一〇年後、ワールド・ブックの最大のライバルはどこになりそうか」と尋ねたところ、シャイはこう答えた。「具体的には分かりませんが、今日の百科事典業界とは無縁の企業だと思います。事典業界は二つの大変革を経験しています。一つは、いかに情報をまとめて要約するか、もう一つは、人が理解できるように、いかに情報を繰り返すか、といった点で変化しています。ワールド・ブックではどこよりもうまくやっていますが、これからは競争に参入しようとする人たちがもっとたくさん出てくると思います。そして一つ明らかなことは、そうした人たちはエレクトロニクス業界に属しているということです」

今現在、ワールド・ブックとスコット・フェッツァーの各企業の将来は、新しくCEOに指名された永年勤続者ケン・スメルスバーガー（勤続年数二八年、六四歳）の手にゆだねられている。このように明確な後継プランがきちんと実行されている、というのはいかにもシャイらしい、職業意識と指導力がうかがえる一例である。バークシャーの他の子会社においても、将来的に経営者が交替するときはこれが手本となるだろう。スメルスバーガーは徐々に地位を上げ、生産管理部長、業務担当副社長、事業部門の社長、企業グループの副社長、財務管理担当上席副社長、社長兼COO（最高執行責任者）を経て、今日に至っている。自分の後継者をラルフ・シャイほど周到に育ててきたCEOはそうはいまい。ラルフによれば、今日のスコット・フェッツァーを経営していくのにスメルスバーガー以上に適任だと思える人はほかにいなかったのだそうだ。シャイが適任者の人選を行い、各部署でその人に必要な一通りの経験を積ませ、適切な時機を見計らって自分は引退する、という過程がここに反映されているのである。

バークシャー・ハサウェイの将来については、シャイはこう語っている。「仮に会社を分離する必要が生じたとしても、分裂状態にならないように分離することは可能ですから、なんとかグループとしてまとまっていてほしいと思います。バークシャーの将来については以前、ウォーレンと話し合ったことがあります。私の意見はほかの人たちとは違うと思われるかもしれませんが、ウォーレンがいなくなってしまったら、彼と同じようにバークシャーを経営していける人などだれもいないと思います。株主の皆様方がとても心配されているのは承知していますし、それももっともなことだと思っています。というのも、ウォーレンが後継者としてだれを指名しようと、だれもウォーレン・バフェットにはなり得ないわけですから。ウォーレンはかなり特異な存在ですから、彼のような人間はそうそう見つかるものではありません。彼流のやり方で気持ちよく経営ができる人、人を動かす力のある人はそう多くはいません。彼は人にやる気を起こさせて、成功したい、業績を上げたい、と思わせてくれるような人なのです。それも、自分たちのためだけでなく、ウォーレンが喜んで誇りに思ってくれる。そういうことが分かっているからこそ、こちらとしても彼を喜ばせたいと思って頑張るわけです。こんな気持ちになることはめったにありません」

ビジネスの基本方針――ラルフ・シャイ

★社員とどうコミュニケーションを図るか、ということは非常に大事なことである。単にやるべきことを指示するだけの経営者になるのではなく、社員とともに語り合い、社員が関心を持っていることに耳を傾けるような経営者にならなくてはならない。社員が何かをやり遂げようという気になるように刺激を与えることが肝要。

★起業家精神は人を動かすだけの威力がある。大企業であっても管理職に対して、ある程度のオーナー感覚を持たせるようにすれば、起業家のように各自の部署を発展させ、成長させていけるようになるものだ。

★テクノロジーを成長および多角化に役立つものとしてとらえる。テクノロジーが発達したおかげで、まったく予想もできないような多くの機会が生まれる可能性がある。こうした機会を見いだすためにも、拒むことなく門戸を広げていかなければならない。

第一八章

白羽の矢――スーザン・ジャックス（ボーシャイムズ・ファイン・ジュエリー）

スーザン・ジャックスは現在、バフェット傘下のCEOのなかでは唯一の女性で、フルタイムで仕事を三つ掛け持ちしている――つまり、ボーシャイムズ・ファイン・ジュエリー（宝石店）のCEO、妻、そして二人の幼児を抱える母親である。ローズ・ブラムキンと同じく、外国生まれ（アフリカのジンバブエ出身）で、大学には行っていない。スーザンも会社とともにバークシャーの傘下に入ったが、他のCEOたちとは違い、バフェットの指名を受けて社内から抜擢された、ボーシャイムズ初の一族以外のCEOである。

二階の会議室に通され、席に着くと、そこからは年一回バークシャーの株主を招待する場となっているショッピングモールが見渡せる。スーザンは政治的指導者のような優雅さと魅力を持ち、機転が利くが、常にセールスをする人間であることに変わりはない。「財布をしっかりと懐にしまっておくこと」とは、バフェットの言葉だが、これは正しかった。スーザン・ジャックスに魅了されてしまったら最後、ボーシャイムズで永遠に宝石を買い続ける羽目になるのだから。

一九九七年度の『株主の皆様へ』のなかで会長のウォーレン・バフェットはこう書いている。ボーシャイムズ・ファイン・ジュエリーの社長兼CEOのスーザン・ジャックスは、「オーナーの望みどおりの経営者である」と。[1] スーザンはバークシャーのCEOのなかでも異例ずくめの代表格である。ネブラスカ・ファニチャー・マートのローズ・ブラムキンが亡くなった今、バークシャーの経営陣のなかでは唯一の女性となり、しかも最年少。社長になったときは、まだ三四歳だった。そのうえ、ウォーレン・バフェットから指名を受けて、一族以外でCEOになった人間は今のところ三人しかいないが――あとの二人は、バファロー・ニューズの社主スタン・リプシーと、フェッチハイマーのCEOブラッド・キンスラーだが――そのうちの一人なのである。また、ジャックスの店を年間売上高で評価すると、バークシャーで一番規模の小さい会社となる。他のCEOたちとは違い、彼女はバークシャーの傘下に入る前も金持ちではなかったが――自社株を一切保有していなかったため――会社を売却したあとも、金持ちにはなっていない。とまあ、異例ずくめの彼女だが、バークシャーの継承モデルがうまくいった成功例でもある。

ジャックスはバークシャーの経営陣のなかだけでなく、業界においても異質な存在である。ユダヤ系の中年男性でほとんど占められている業界のなかで彼女はこう語っている。「初めてこの地位に就いたとき、口を突いて出たジョークの一つはこう――私は若い。女性。異教徒。つまりユダヤ人じゃないってこと。だから、空振り三振よって」。もっとも、ストライクを三つとられたぐらいで、めげるようなジャックスではない。「人というのは、その能力で評価されるものだと思います」とは彼女の弁である。バフェットから熱烈な賛辞を受け、オマハを本拠とする宝石店が引き続き繁盛しているところを見ると、彼女の能力は相当なもの、ということだ。

一九五九年、アフリカの、当時はローデシアと呼ばれていたところ――現在のジンバブエ――で生まれたジャックスは三人姉妹の二番目で、イギリス人とオーストラリア人の両親は製材業を営んでいた。多くの女の子がそうであるように、彼女も宝石類が大好きだった。姉妹は金曜日の午後に一週間分のお小遣いをもらっていた。ジャックスは当時をこう振り返っている。「私たちはよく安物のかわいい指輪を売っているお店に入り浸っていました。五セントとか一〇セントのものですが、毎週金曜日になると、指輪を一つずつ買っていました。今思うと、昔から宝石類が大好きだったんですね……」[2]

しかし高校を卒業したものの、何をやりたいのか、はっきりしていなかった。「大学で何を勉強したらいいのか分からなかったので、進学したいとは思いませんでした。でも大学に行かないのなら、いざというときにいつでも秘書になれるように、せめて秘書コースぐらいは出ておきなさいと母から言われ、一年間秘書コースに通いました。初めて得た職はスコティッシュ・ジュエラーズでの準秘書の仕事でした」。同社はイギリスの植民地のなかでは最大の宝石商だった。しかしローデシアの植民地はちょうどジンバブエとして独立国家になるための過渡期にあり、混乱状態にあったため、彼女が勤めだしてまもなく、三姉妹は両親の勧めで一年間イギリスへ行くことになった。

スーザンが戻ってきたとき、スコティッシュ・ジュエラーズでは二つのポジションが用意されていた――一つは秘書業務、もう一つはマーケティング業務だった。「マーケティング部門に行って少し違うことをしてみようかと思ったのですが、業務知識がほとんどないことにはたと気づき、業界に入るのなら、宝石学の教育を受けなければ、と思い立ちました」と彼女は言う。スコティッシュ・ジュエラーズの同僚のなかには、カリフォルニア州サンタモニカにある米国宝石学会（GIA）の通信講座を受けている人が何人かいた。そこで、ジャックスはアメリカに渡り、GIAの六カ月コースを受講することにした。一九八〇年、GIAよりディプロマ（修了証書）を授与された彼女はアフリカの故郷へ帰るつもりでいたが、USジェモロジカル・サービスのラボ（宝石鑑別機関）で働きながら、英国宝石学協会の認定宝石学資格（FGA）を取得するための勉強を始めた。一九八二年、ジャックスは抜群の成績で資格試験に合格し、最優秀賞を獲得。その年の後半、GIAでともに学んだ友人のアラン・フリードマンが偶然にもネブラスカ州オマハにあるボーシャイムズ・ジュエリーを経営しているオーナー一族の一人だったことから、入社を勧められた。

ボーシャイムズ宝石店は一八七〇年、ルイス・ボーシャイムがオマハで創業。およそ七五年にわたりボーシャイム一族が経営してきたが、一九四八年、ルイス・フリードマンと妻のレベッカが店を買い取ったのである。そして同年、ルイスの息子イザドー（通称アイク）がボーシャイムズに加わり、小さな家族経営の店から世界をまたにかけた一流宝石店へと大転換を図ることになった。アイクは一九七三年に父から会社を買い取り、販売員としてジャックスが入社した一九八二年九月には、アイクとその息子アランおよび義理の息子マービン・コーンが店を牛耳っていた（なお、レベッカ・フリードマンはバークシャー・ハサウェイ傘下のネブラスカ・ファニチャー・マートの創業者ローズ・ブラムキンの妹だが、ブラムキンがバフェットにフリードマンの店を紹介したわけではなく、バフェットが自分自身でこの店を見つけたのである）。

「アイク・フリードマンは非凡な人でした」とジャックスは言う。「コンピューターのような頭脳の持ち主で……人を覚えるとき、その人の身につけている宝石や以前買ったもので見分けるんです。それも、だれが何を持っているか、一人ひとり正確に覚えていました。ネゴシエーターとしても、バイヤーとしても、セールスマンとしても信じられないくらいすごい人でした(3)」

彼女も語っているとおり、彼の下で働くことが、一から学ぶ学習体験となった。「売り場での第一日目、私はアイクのところへ行き、こう言いました。『ご存じかと思いますが、私には販売経験がありませんので、最初の一週間ぐらいは、ほかの方々の仕事を拝見させていただきながら経験を積み、仕事の流れを覚えていきたいと思います』。ところが、アイクはこう言いました。『なるほど。では、あちらに行ってもらうことにしましょう。ちょうど今、ドアから入ってこようとされているお客様がいらっしゃいますから、応対をお願いできますか』と。そこで、私はその紳士の相手をすることになりました。まったく何の研修も受けず、何の紹介もなく、頭の中は空っぽの状態だというのに……。結局、私はケースから二九五ドルのブローチを取り出して、その人に売りました。帳簿に記入して代金を請求し、ギフト用にラッピングし、品物を手渡すと、紳士は帰っていきました。するとアイクがやってきました。

『何か買ってもらえましたか』と聞かれたので、買ってもらえたと答えると、『あなた、値段を聞きに来ませんでしたよね』と言われてしまいました。『値段を聞かなければならないことなど知りませんでしたから』と答えると、『ああ、そうでしたね。ケースに入っている商品については、絶対に正札の値段で売らないようにしてください。いいですね、必ず私のところに値段を聞きに来てください』と言われました。あの紳士には気の毒なことをしてしまいました。当時、ボーシャイムズで小売価格のまま購入された唯一のお客様だったのではないかと思います」

ジャックスが入社した当時、ボーシャイムズはすでにオマハの中心街では目印的な存在となっていた。売り場面積はおよそ七〇〇平方メートル、従業員数は三五人だった。四年後の一九八六年には事業を拡張することになり、オマハのドッジ・ストリートから外れた小さな囲い地にある郊外型モール、リージェンシー・コートに約二五〇〇平方メートルのスペースを確保。同年、スーザン・ジャックスは「ジュエリー・マーチャンダイズ・マネジャー兼バイヤー」に昇進。かなり過酷な重責を担うことになった。最初は責任ある仕事を任されて喜んでいた彼女も、何年かするうちに長時間労働に嫌気が差し、教育する側に回ることを考え始めていた。カリフォルニアにある宝石学会から誘いを受けていたからだ。しかしオーナー一族から慰留され、労働条件を緩和してもらえることになった。

それにオマハに残る理由がもう一つあった。一九八七年、クリスマス商戦のころ、ジーン・ダンという男が店に採用された。オマハでも名の知られた夫妻の息子（一〇人兄弟の一人）で、いくつもの職を転々としていたが、高級家具の製作会社を買い取ろうとしていたときに、スーザンと出会った。彼女いわく、「彼、私とデートするために、宝石学でせっかく芽が出かけていたキャリアをやむを得ず捨てたんだって、ジョークを言うんです。もし同じ職場にいたら、私はきっと彼とはデートなどしなかったでしょうから」(4)。結局、ジャックスはオマハにとどまり、一九九〇年にジーン・ダンと結婚した。

一方、ボーシャイムズでも変化が起きていた。一九八八年のクリスマスシーズン。ウォーレン・バフェットが指輪を買いに店にやって来たのである。それまでにも何度も店で買い物をしていた彼は、従業員にも経営陣にもよく知られた存在だった。バフェットが店内を見ている間、アイク・フリードマンの義理の息子ドナルド・エールがこんな指令を出していた。「ウォーレンに売るのは指輪じゃない。店を売れ！」(5)

新年早々、バフェットからフリードマン家に電話がかかってきた。本当に店を売る気があるのかどうか、問い合わせてきたのである。ジャックスは言う。「ウォーレンがボーシャイムズを気に入った理由はいくつかあると思います。まず、宝石店というのは幸せを運ぶビジネスであること。幸せそうな方々のお相手をし、特別な記念日のためにお手伝いをさせていただくわけですから。それから、うちの店が繁盛していたこと。評判がとても良かったので、それがウォーレンにとって魅力だったのだと思います。それでも、おそらくウォーレンの興味を一番引いたのはアイク・フリードマンでしょう。アイクはダイナモみたいですから――つまり、ものすごく馬力のある人なんです。業界でも伝説的人物で、今でもアイクを知る人やアイクと仕事をしたことのある人に会うたびに、アイクのことが話題になるくらいですから。ウォーレンがうちの店を買った理由として、アイクという人間がいたから、というのは確かだと思います。まず間違いありません」

アイク・フリードマンは〝本当に〟店を売る気になっていた。そこで一九八九年二月、フリードマンとドナルド・エール、そしてウォーレン・バフェットの三人が顔を合わせることになった。エールによれば、「話の核心的な部分は一〇分間だけで、ウォーレンから五つ質問が出され、アイクが売却価格を提示した」とのこと。バフェットがした質問は、売上高・粗利益・経費・棚卸資産はどのくらいかということと、経営陣が辞めずにちゃんといてくれるのかどうか、ということだった。フリードマンは帳簿も見ずに最初の四つの質問に答え、五つ目の質問には、きっぱりとイエスと答えた。当時のことをエールは次のように振り返っている。「その後、われわれ三人はバフェットのオフィスで会い、アイクとウォーレンが握手をして、売却が成立しました。合意後、バフェットからこう言われました。『では、きょうのことはすっかり忘れて、これまでどおりのことをそのまま続けていってください』と。将来の成長性のことなど話にも出ませんでしたし、意思決定の仕方や拡張計画の立て方、利益の上げ方など、やり方を変えるように、といった話も一切ありませんでした。彼がまず明らかにしたことは、この取引によって短期利益を狙うつもりはない、ということでした」。ウォーレン・バフェットが小切手を切って、ボーシャイムズの株式の八〇％を買い取り、残りの二〇％は家族がそのまま保有することになった。買収額は公表されていないが、ボーシャイムズはこうしてバークシャー・ハサウェイの傘下に入った宝石店第一号となったのである。ただし、これで「最初で最後」というわけではなかった。

フリードマンもバフェットもこの取引には大いに満足していた。カジノのオーナーがギャンブル場の出入り口に最高級の宝飾品を飾るのと同じように、今やバークシャーもオマハで年次総会が催される週末に町の内外から来る株主や株主仲間からいる金を巻き上げる手段」を一つ手に入れたことになったのである。このボーシャイムズ宝石店でのイベントはオマハでは二番目に盛大なイベントとなっている。バフェットがボーシャイムズを手放すことはけっしてないだろう。規模的には小さな会社だが、投資的には結構戦略的な案件と言え、数年で買収額の元を取ったのではないかと思われる。

一九八九年度の会長あいさつにおいて、バフェットはバークシャーの株主に向けてこう語っている。「ボーシャイムズがバークシャーに加わってから一年になりますが、何もかも期待していたとおりでした。今や売り上げが大幅に伸び、四年前に店を現在の場所に移転したころの二倍をはるかに上回っています。……アイク・フリードマンはボーシャイムズの天才的経営者で――私は本気でそう思っています――彼の歩みは常に一定スピードで、それも〝早送り〟で進んでいます」。この話にさらに熱が入り、バフェットはこう続けている。「アイク・フリードマンは優秀な実業家で偉大な興行師であるばかりか、人格者です。会計検査もせずに店を買収しましたが、良いことずくめで驚いています。『宝石のことを知らないのなら、その宝石商について知れ』と昔からよく言われますが、店を丸ごと買うときも、小さなダイヤを一つ買うときも、なるほどと納得のいく言葉です[6]」

バフェットがなぜこれほどまでにフリードマンを気に入っているのか、その理由を株主に対してさらに説明している。「私もその一員となっている、ある非公式のグループがあり、二年ごとに集まっては楽しく打ち興じたり、いくつかの問題を探求したりしているのですが、昨年九月にサンタフェのビショップスロッジで会が催されたとき、アイクと彼の奥さんのローズと息子のアランを招き、宝石や宝石業界のことを私たちにも教えてもらえるようにお願いしました。アイクは私たちを驚かせようと、オマハから二〇〇万ドル近くもする超高級品をもってきました。さすがの私もいささか心配になり――なにしろ、ビショップスロッジはフォートノックス〔＝米連邦金塊貯蔵所のある軍用地〕とは違いますから――プレゼンテーション前夜のオープニングパーティーのとき、その旨をアイクに伝えました。アイクは私をわきへ連れ出し、こう言いました。『あの金庫、分かります？　きょうの昼にダイヤル錠を取り替えておいたので、今ではホテルの支配人でさえ番号が分からないようになっているんです』。私がほっとしていると、アイクはさらにこう続けました。『あそこに大男が二人いるでしょ。尻に拳銃を入れているんです。彼らが金庫を一晩中見張ることになっています』。そこでパーティー会場に戻ろうとした私にアイクがぴたりと身を寄せてきて耳打ちしました。『それにまだあるんです、ウォーレン。例の宝石、あの金庫には入っていないんです[7]』」

フリードマンは少々変わり者でもあったようだが、意志強固な実業家でもあった。買収されてから二年間、ボーシャイムズは相変わらず好業績を上げていた。ところが一九九一年九月、フリードマンは何の後継プランも立てないまま急逝してしまった。ジャックスは言う。「ウォーレン・バフェットはボーシャイムズを買収したと同時にアイク・フリードマンを買ったつもりでいたのです。それなのに、二年後にアイクが肺がんで倒れてしまい、こんな痛ましいことになるなんて。まったく思いもよらないことでした。店を買い取ったとき、きっとウォーレンはアイクがあと二〇年は現役で経営に当たってくれるだろうと思っていたはずですから、後継者のたぐいを探す必要性はなかったわけです」

そのうえ、事はさらに複雑になっていた。アイクの死後、社長になっていたかもしれない息子のアラン・フリードマンが会社を去り、自分自身で事業を始め、オマハに一号店、カリフォルニア州ビバリーヒルズに二号店を開いていたため、アイクの義理の息子ドナルド・エールが社長になったものの、こうしたもろもろの事情によって上席副社長のポストが空いてしまっていたのだ。そこで、スーザン・ジャックスがこのポストに納まることになったのである。

ジャックスは店での責任がさらに重くなったことで再び喜んでいたが、その一四カ月後に第一子を出産し、新たな問題が浮上することになった――子どもといっしょにいたい。でも仕事はやはり続けたい――とジレンマに陥ることになったのである。しかし最終的には夫の手を借り、意を決して職場に復帰した。数年後、彼女は記者にこう語っている。「会社を辞めるという話は聞きたくない、とジーンが言ってくれたんです。私が成功したのは夫の支えがあったからです。彼は女性が仕事で成功することに対して非常に協力的で、すごく優しくサポートしてくれるんです」。仕事と私生活をきちんと両立させている彼女は、他の女性従業員の役割モデルとなっている。「私どもの経営陣には若い女性が結構いるんです」とスーザン・ジャックスは言う。「それに、家族というのは非常に重要な核となるものなんです。だから、家庭生活や家族生活が円満で、必要な時間をそうしたものにちゃんと充てていれば、……そして、働く意思がしっかりしているなら、仕事の能率はかえって上がるものだと思います。仕事をしていることでいくらか後ろめたい思いをすることもありますが、幸い、私の場合は、家にべったりいると良

き母親になれそうにないことを悟りましたので」(8)

一九九四年初頭、今度はボスのドナルド・エールが仕事と家庭の両立で悩みを抱えることになった。妻のジャニスががんになったのである。そのことについて、当時エールは次のように語っている。「私には家族に対する責任と仕事に対する責任がありますが、もう両立させることは不可能な状態になってきました。そこで、私としては家族への責任を優先させたいと思います」。こう語った彼は、ボーシャイムズの社長を降りる覚悟を決めていた。「これは私の一存で決めたことです。ウォーレンは私の気持ちをよく理解してくれ、私の決断を支持してくれました」(9)

バフェットがどれほど理解し、支持してくれたにせよ、宝石店を経営していく人間をだれか選ばなければならないことに変わりはなかった。このため、バフェットがいろいろと奔走し、オフィスにボーシャイムズの重役たちを招いてはミーティングを行ったりしていた――とスーザン・ジャックスは当時、そう思い込んでいた。

ジャックスは次のように回想する。「ドナルドが辞意を表明し、そのあとすぐ午前一〇時ごろ、ウォーレンから電話がありました。たしか、『きょうの午後、お会いしたいのですが、こちらのオフィスまで来られますか』といったようなことを言われたと思います。もちろん、私たちはみなドナルドが辞めることについては知っていましたから、私はてっきりウォーレンが重役全員と会うつもりなのだと思っていました。それで、おそらく現状をただ把握したいのだろうと思い、喜んでお伺いします、と答えました。でもそのあとで、その日はお気に入りのスーツを着ていなかったことに気づいたんです。お分かりだと思いますが、せっかくウォーレンと会うのなら、いかにもプロ、というような格好をしていたかったのです」

当時、彼女と夫は店から車で三〇分くらいのところにある農場で暮らしていたが、オフィスのすぐ近くにも小さなアパートを持っていた。「それで、夫に電話を入れ、私はこう言いました。『ウォーレンからオフィスに来るように言われたの。だから家に帰って着替えなきゃならないんだけど、ねえジーン、靴は農場でスーツはアパートなの』。すると夫はこう言ってくれました。『じゃあ、君はスーツを取りに行けばいい。僕が一走り農場まで行って靴を取ってくるから』と。ジーンは靴を取りに行くため、州間ハイウェイを猛スピードで飛ばしました。でも警察につかまってしまったのです。で、夫は警察にこう言ったそうです。『絶対に信じてもらえないかもしれないけど、うちの妻がきょうの午後、ウォーレン・バフェットとミーティングの約束をしているんだ。それで僕は妻の靴を取りに行かなきゃならないんだ』と。すると警察はこう言ったそうです。『ほう、そりゃすごい。そんなことがきょうあるとは初耳だ』と。結局、警察は警告だけしてジーンを見逃してくれたんです」

こうしてジャックスはスーツをビシッと決めて、バフェットに会いに行った。話し始めてまもなく彼女は気づいた。バフェットがジャックスを呼んだのは、ただ現状報告を聞くためではなかった。ボーシャイムズの社長を引き継いでほしかったからなのだ。「もうびっくり仰天してしまいました」と彼女は言う。「まったく不意打ちを食らわされた状態でした。『挑戦はしてみますが、あまりうまくいかないようでしたら、元の仕事に戻していただけますでしょうか』と言うと、『スーザン、時には少々困難を伴うこともあるでしょうが、だれでもトライすることはできますから』と言われました。そして彼もトライしたのです。私に途方もない機会を与えてくれたわけですから。そして幸いにも、うまくいきました」。

だが、ここで話が終わるわけではない。後日談がまだあるのだ。「私が社長に就任したことが発表された日、うれしいお祝いの電話がありました。ジーンの車を州間ハイウェイで止めたあの警察官からでした。あのとき本当にミーティングがあったのだと分かって、彼もきっと喜んでくれたんだと思います」

ジャックスは一九九四年一月に社長に就任して以来、ボーシャイムズの伝統を懸命に守り続けている。アイク・フリードマンと同じように、彼女も常に売り場に顔を出すようにし、メインフロアにあるオフィスにはいつでも人が自由に出入りできるようにしてある。顧客を大切にするフリードマン流の哲学を引き続き実践しているのである。こうして伝統を守り抜いているからこそ、連続して大幅増収増益が達成でき、これが事業拡大および人員増につながったのである。一九九七年、ボーシャイムズのCEOジャックスは全米宝石業界において殿堂入りを果たし、女性としては三人目の受賞者となった。

ジャックスが入社した一九八二年、同社の売り場面積はおよそ七〇〇平方メートルで、従業員は三五人だったが、二〇〇〇年には売り場面積はおよそ一八六〇平方メートルに拡大し、従業員も三七五人となった。ジャックスが社長となって以来、売り上げも倍増した。一店舗だけの売上高で見れば、ボーシャイムズは今やニューヨークのティファニー（一億三〇〇〇万ドル）に次ぐ規模となっている。もっとも、これだけ変化するにはそれなりに失ったものもあったと彼女は認めている。「これまでとは違うという、お客様からのご批判をたびたびちょうだいしました。家族的な文化を維持しようとみんなで努力してまいりましたし、経営陣をはじめ、私どもの大多数は買収される前からフリードマン家と近しく仕事をしてきた者ばかりなのですが、やはり経営トップがオーナーで、店が単なる家業であったときとは、どうしても異なってしまいます。大きな組織の一部となれば、これまでとは違う役割を演じなければならなくなりますから。いくらアイク流のやり方にのっとって経営に当たっていても、店の、企業としての側面では変化を余儀なくされたものもあります」

にもかかわらず、バークシャーに買収されたことは、店にとって本当にプラスになったと彼女は確信している。仮にバークシャーの一部にならなかったとしても、「ボーシャイムズはやはり繁盛していただろうし、引き続き業界リーダーであっただろう」と彼女は信じているが、「バークシャーの傘下に入ったことで顧客層が途方もなく広がった」という。顧客層拡大の一因としては、毎年五月に開催されるバークシャーの株主総会に店として参画していることが挙げられる。通常、ボーシャイムズでは日曜は店休日となっているが、年次総会の期間中（母の日の前の週末）は株主のために店を開けているのである。これによって、およそ一万五〇〇〇人もの忠誠心あるバークシャーの株主がボーシャイムズの顧客となった。年間でこの週末三日間の売り上げを超えるのはクリスマスセールのときだけだそうだ。

年次株主総会では、ジャックスもバークシャー傘下の他の経営者たちと顔を合わせる機会ができる。例えば、シーズ・キャンディーズのCEOチャック・ハギンズは彼女の店で結婚指輪を購入しているが、「このように他の経営者たちともっと交流できれば有益なのに」と彼女は思っている。オマハではボーシャイムズのご近所となるブラムキン家にはすでにいろいろとお世話になっている。「彼らにはすっかり頼り切っています。お互いに同じ環境下で小売業を営んでいるので、販売員へ支払う歩合のことから人材面の問題やマーケティングのことまで頻繁に話をしています。……ただ、他の会社とも、一部でいいですから、もっとお互いに話し合って自由にアイデアを出し合ったり、問題を解決したりできるような時間が持てればと思いますし――現在、持てるように計画しているところです」。その一例として、彼女はエグゼクティブ・ジェットを引き合いに出した。ニュージャージー州ウッドブリッジを本拠とする同社は、企業や起業家、スポーツ界のスーパースターや著名人、富裕な個人客などを相手にジェット機を分割所有方式で販売している会社だが、「彼らといっしょに組めば、おそらく店にもメリットになると思います。というのも、顧客層が一部共通しているからです」と彼女は言う。

しかし、相乗効果を狙うのであれば、バークシャー傘下の宝石店――ボーシャイムズと、カンザスシティー本拠のヘルツバーグ・ダイヤモンド、シアトルを本拠とするベン・ブリッジ・ジュエラーズの三社間でかなりの効果が見込めるとジャックスは考えている。「可能性はいくらでもあります。仕入れやクレジットカード業務、信用の拡大などで相乗効果がありますし、ほかには在庫チェックや在庫管理、報酬面、鑑定面、店舗の改修、業界関連の問題もあります。共同で取り組めることが山ほどあると思いますから、各店の強化を図るためにも、互いの能力を〝フル活用〟できればと思っています」

ある意味では、このジュエリーグループもライバル同士ではあるが――例えば、ヘルツバーグ・ダイヤモンドはオマハに四店舗あるが――可能であれば、いろいろと協力し合えるくらい、お互いに信頼し合っているとジャックスは言う。「たしかに、ヘルツバーグがバークシャーに買収される前は、彼らに対して今とは違う感情を抱いていました。完全にライバルとして見ていましたから。でも、彼らがバークシャーの一部となってからは、まったく違った考え方をするようになりました。例えば、私どもの店で買いたくないというお客様がいらっしゃれば、ヘルツバーグで買うように勧める、というように。お互いに相手に売り上げを譲るつもりはありませんが、推薦するのであれば、よその店よりもまず姉妹店を推薦するようにしています。これなら、少なくともバークシャーの別の店から買っていただくことになりますから」

ウォーレン・バフェットの下で仕事をするというのは、「ものすごく光栄なこと」とジャックスは言う。「彼はとっても特別な人なんです。思いやりがあって温かくて、私が今まで会ったなかで、おそらく一番異彩を放つ人だと思います。でも、けっして上から物を言う人ではありません。人が理解できないような難しいことはけっして言わないんです。それでいて、自分のすることについては、どんなことについても驚くほどよく知り尽くしています。それに、下で仕事をする者にとっては本当に素晴らしい人です。いつでも気さくに相手をしてくれるし、相談する必要があるときなど、どんなときでも快く応じてくれるんです」

彼女自身とボスとの違いについて尋ねると、英国なまりでウイットに富んだ答えがすぐに返ってきた。「ウォーレンは買うのが好き。私は売るのが大好き」

「バークシャーは特に宝石業界においては最高の買い手」となるため、バフェットに事業を売却できれば、と思っている同業者たちから彼女の元によく連絡が入るという。「買収に関しては私の管轄外ですから、そうした人たちにはいつもウォーレンのところへ行かせるようにしています」とのことだが、時には、「こうした案件についてウォーレンに助言を求めたり相談したりしている」のだそうだ。宝石業界にはほかにもバークシャー・ファミリーの一員になりそうなところがあると彼女は見ている。「宝石店のなかには、例えばベン・ブリッジのように、家族のメンバーが大勢、事業にかかわっていたり、家長が亡くなった場合のことを心配したりしている家族経営の店がものすごくたくさんあるんです。ですから、自分の店がウォーレン・バフェットの眼鏡にかなったと言えることは、ものすごく光栄なことで、誇りにできるとてもありがたいことなんです」

　こうした発言からして当然と言えば当然だが、ジャックスは自分の仕事人生においてバフェットからの影響が最も大きかったという。「だれかの下で働けば、絶えず上からの影響をいくらか受けることになりますが、ウォーレンからは、行動するうえで実際に配慮すべきことについて前向きになれるような影響を受けました。自分自身を信じること、自信を持つこと、常に自分で正しいと思ったことを実行していくこと、などについても感化を受けました。彼はいつもこう言います。『翌日の新聞の第一面を読んで、けっして恥ずかしくならないような行いをしてください』と。ですから、何をやるにしても、この言葉をまず念頭に置いて行動するようにしています。自分自身の生き方としては、常に自分に正直であること、周囲の人たち全員に対して正直であること、そして自分のミスをきちんと認めることが大事だと思います」。実際、ジャックスは、「正直、誠実、信用こそがビジネスにおいて命運を分ける重要な要素」だと見ている。いわく「こうした要素が一つでも欠けているようでは、商売は長続きしません」とのこと。

　仕事で成功するにはもう一つ重要な要素があるという。それは人とうまくやっていける能力である。「私はたいていだれとでもうまくやっていけるタチですが、人扱いがきちんとでき、相手の立場になって話を聞くことができ、問題をちゃんと処理することができれば、敬意を払ってもらえるようになり、それが成功への大きなチャンスにつながるのではないかと思います」。と同時に、チームの他のメンバーが何かに貢献したなら、すぐにそれを認め、感謝の気持ちを表すようにしているという。「私は、私とは違う分野の才能を持つ人たちに囲まれています。とても素晴らしいチームです。かなり若いチームですが、本当によくやっていると思います」。それから最後に、本分を全うする能力も重要な要素だという。「自分自身が日常やるべきことをけっして見失わないこと。お客様により良い体験をしていただくために、改善の努力を常に怠らないことがとても大切です」

ボーシャイムズの現状については、こう語っている。「私どもには実際には三つの部門があります。宝石と時計とギフト商品を扱っていますが、それぞれまったく別個のビジネスです。シェア的にはおよそ八〇％が宝石で、あとの二つはだいたい一〇％ずつです。でも、全体的な理念はいずれもまったく同じです。つまり、お客様に一〇〇％満足していただけるようにすることとです。従業員には、お客様がドアから入っていらしたときから大切におもてなしするようにと、かなりうるさく言っています。私どもを認めていただける機会を多くしたいですから、どのお客様にもきちんと応対し、てきぱきとこたえるように心がけています。ただし、なかには店内をただ見て回りたいだけで、店員につきまとわれるのを好まないお客様もいらっしゃるので、応対に出ると、かえってイライラされるケースもありますが、ともかくお客様への配慮を欠くようなことだけは、けっしてないようにしたいと思っています。こうしたことをおろそかにすれば、取引先を失うことになりますから」

こうした理念を貫き通すことで、ボーシャイムズは素晴らしい評判を勝ち得ているが、こうしたことこそ、競争優位に立つのに重要な要素の一つだとジャックスは考えている。もっとも、競争上の優位性はほかにもある。「専門知識を持つ人材が山ほどいる」のも、その一つだという。「例えば、私どもの店ではスタッフのなかにGG［＝グラジュエイト・ジェモロジスト／宝石学のスペシャリストとしてGIAから授与される国際的に通用する称号の取得者］が一五人もいますが、たいていの店では一人いればラッキーといったところです。それに私どもではたいていのことは社内で処理しています。自社所有の工房があるため、修理も自前で行っていますし、ギフト商品もここに一カ所にまとめて保管しています」

店舗のある場所自体も競争優位となる一因である。「オマハにあるので、営業費用を最小限に抑えることができます」とジャックスは言う。これについては、数年前にバフェットもバークシャーの株主に向けて次のように説明している。「……店の営業費用は売上高のおよそ一八％ですが、同業他社はたいてい四〇％前後です。……ウォルマートの場合、この営業経費率が一五％しかなく、高コスト体質のライバルにはとうていまねできない値段で販売しているため、市場シェアがどんどん伸びているわけです。ちょうどボーシャイムズも、このウォルマートと同じなのです。ダイヤパー［＝おむつ］でうまくいくことはダイヤモンドでもうまくいくのです。値段が安いからこそ、膨大な売り上げが達成でき、そのおかげで途方もなく豊富な品ぞろえが可能となり、その在庫量は普通の宝石店の一〇倍以上に上ります(10)」。

ボーシャイムズでは常時一〇万点ほどの商品を販売している。これらをジャックスが要約すると、「どこよりも豊富な品ぞろえで、最高のプロによる最高の顧客サービスをベストプライスで提供しています」と、こうなる。

面白いことに、これだけボーシャイムズの仕事に打ち込んでいながら、「情熱を傾けているものは何か」と問うと、ジャックスはためらうことなく、こう答えた。「家族。それと仕事。といっても、いつも家族のほうを優先させています。結局のところ、どんなにつらいことがあっても、最後までいっしょにいるのは家族だと思いますから。それに、ボーシャイムズにこれからもずっと長くいることになるとは思いますが、自分が亡くなるその日まで、いるかどうかは分かりませんので。……店を出て家に帰ったら、ドアをしっかりと閉めるようにしています。つまり、仕事を家庭に持ち込まないようにしています。家に帰ったら、仕事どころではありませんし、完全に別の生活が待っていますから。仕事も家族も全部、というのは家族に対してフェアではありません。ですから、帰宅途中の車のなかで、自分の生活の一つのパートから次のパートに移るんです」。この二つのパートのバランスをとるのは生易しいことではないと彼女は言う。「最大の課題は、協力的な妻兼二人の子の母親としての私生活と、ボーシャイムズの発展と成功を担う日常業務との両立を図ることです。ワーキングマザーとなったことに関しては、私としてはベストの選択だったと心から思っています。ただ、宝石の買い付けとか、さまざまな協会や組合の役員会に出席するときなど、どうしても出張しなければならないことがたまにあり、家で家族と過ごす時間が削られてしまうのはつらいことですが(11)」

こうした葛藤を解消する必要があるとはいえ、ジャックスは、女だからといって自分のキャリアに何らかの影響があったとは思っていない。「女性だと差別的に扱われると本気で信じている人たちがいますが、私はそう思ったことは一度もありません。私が社長になったとき、まだ三四歳でしたから、年齢的なことがちょっとした問題になったとは思いますが、女性だということが問題になったとは聞いていません」。それどころか、彼女はこう思っている。「むしろ、私が女性であったからこそ、これだけのチャンスが転がり込んできたと思っています。ですから、女に生まれて本当に幸運だったと思っています。そのおかげで扉が開いたわけですから。ただ……こういうと、私が変化を起こしたかのようですが、必ずしもそうではありません。変化が向こうからやってきたんです。私はちょうど良いときに、ちょうど良い場所にいただけです。たまたま最初に来た波にうまく乗れただけなんです」

一九九九年、ジャックスはＷＪＡ（ウィメンズ・ジュエリー・アソシエーション）から優秀な小売業者に贈られる名誉ある賞を受賞した。宝石業界では女性経営者の数がここ数年で大幅に増えてきているが、フォーチュン五〇〇社では女性の経営者は今のところ二人しかいないため、まだまだ改善の余地があると彼女は見ている。「宝石業界ではかつてのような極端な男性優位はもうありませんから、若い女性たちがかなり勇気づけられているのではないかと思います。それに、この組織のなかで私がこうして昇進してCEOに就任したことで、多くの人たちに多くの希望を与えていると思います。これはスタッフにいつも言っていることですが、私がこの場に永久にいるわけではありません。実際、例えば、ギフトのラッピングを担当している女の子が、いずれは私のやっているような仕事をしたいと言ってくれたら、どんなに素晴らしいかと思います。こんな言葉が聞けたら、もう最高です。同様に、私が宝石業界の会議でスピーチをしたあとに、若い女性が私のところにやってきて、『とても刺激になりました。おかげでやる気が出てきました』と言ってくれたら最高だと思います。こうしたことがあると、本当にうれしいです」。そんなジャックスは自分の務めをしっかりと果たし、役員のなかに女性を投入している。ボーシャイムズでは、七人いる業務執行役員のうち、二人が男性で、あとの五人は女性である――これは業界全体にとっても、将来的に良い兆候と言えるだろう。

ジャックスはこれまでお世話になった業界や地域社会に恩返しをすることを信条としている。現在はGIA（米国宝石学会）の理事をはじめ、JA（アメリカ宝石商組合）の書記やJVC（宝石商監視委員会）のメンバーになっている。地元ではオマハ商業会議所やクレイトン大学、ALA（アメリカ肺協会）の役員やネブラスカ大学メディカルセンターの諮問委員会の委員をしている。また一九九五年からはYPO（青年社長会）ネブラスカ支部の会員にもなっている。

宝石業界の将来については、特殊なニーズを満たしている以上、かなり明るいとジャックスは見ている。「販売しているのは、言うまでもなくジュエリーですが、実際にはラブロマンスにかかわるビジネスです。ジュエリーは人々の人生のなかで、うんと特別な日を祝うためのちょっとした記念の品なのです。若い男性が婚約指輪を買い求めに来るとき、彼が買おうとしているのはダイヤモンドと金属の台ではなく、彼が一生をともに過ごしたいと願う大切な女性への愛情を象徴するものなんです。ですから、この仕事は幸せなひとときにかかわるビジネスなんです。そして、そうした幸せなひとときが世の中からなくなるということはけっしてありません。もちろん、私どもの商売は可処分所得によってかなり左右されますから、景気の良いときは絶好調の波に乗りますが、景気後退期やその他の閑散期には好調とは言えなくなります。でも、そんなときでも、商売がなくなるわけではありません。お金があまりないからといって、人は幸せになる機会を逃したりはしません。ただ、使うお金をちょっと減らすだけです。ですから、宝石業界の将来についてはかなり強気で見ています。前途にはいくらでもビジネスチャンスはありますから」

ジャックスはボーシャイムズ自体についてもバラ色の未来を描いている。「売り上げはこの数年間で飛躍的に伸びています。それは私どもの本分——最上のサービス、最良の価格、豊富な品ぞろえ——をきちんと守ってきたからです。だからこそ、口コミでどんどん取引の輪が広がっているのです。これが一番理想的な形です。つまり、私どもの店でお買い物をして満足されたお客様がご家族やお友達に店を紹介してくださることによって取引が増えていくのが一番だと思います。そして、こうしたことが続くかぎり、私どもも成長し続けていけると思います」。こうした成長は、他社を買収したり支店を増やしたりした結果としてではなく、むしろ内的にもたらされるものだとジャックスは見ている。「私どもの店は一店舗だけですので、今の経費率をそのまま維持していけることが最大の強みなんです。ですから、三五〇〜四五〇平方メートル程度の店をどこかにわざわざ出店しようとは思いません。そんなことをしたら、大多数のライバル店とまったく同じになってしまいます。私どもは店の規模——そして品ぞろえ——によって他社との差別化を図っているのですから」

同様に、ネット販売が商売のなかで大きな部分を占めることはないと彼女は見ている。「マウスをクリックするだけでは、愛情や恋愛感情まで届けることはなかなかできません。ネット上でクリックして購入した婚約指輪を贈られて感動するような女性はそんなにはいないと思います。指輪を買うにはそれ相応の感情の高まりがあるわけですから、それをコンピューターで再現するなど、どだい不可能なことです」。しかしその一方で、ボーシャイムズでは新しいテクノロジーをうまく活用しているとジャックスは言う。「これまで以上に販売先が大幅に拡大したのはテクノロジーのおかげだと思います。多くの人にとってインターネットがますます日常的なツールになり、コンピューターを購入する家庭が増え、その快適性に慣れる人が増えるにしたがって、インターネットは優れた通信媒体となり、これが最終的には売り上げ増につながっていくと思います。二〇〇〇年末にボーシャイムズのホームページにブライダル登録メニューを追加しましたが、おかげさまでネット販売が急増し、既存・新規を問わず、お客様の訪問件数が増えるようになりました」

インターネットによって新たなライバルが出現することは承知のうえで、彼女はこう考えている。「最終的に最大のライバルとなるのは、大手のチェーン店で、私どもと同じように店頭販売とネット販売の両方を手がけているところだと思います。長期的にはネットだけでは成功しないと思います。一定の利幅を確保することが難しいうえに、市場を拡大するために費用がかかって赤字体質になるので長続きはしないと思います。それに一、二年前に会社を立ち上げたときに調達できた投資資金がその後も調達できるとは思えないからです。投資銀行というのはそれなりのリターンを期待しますから、赤字の垂れ流しをいつまでも許してはくれません」

彼女自身の将来については、当面は会社にいるつもりであり、引退計画についても「ずっと先のこと」だそうだ。「なにしろ、目の前にはまだまだ山のように仕事をしていくことがありますから」とのこと。それでも、バフェットに要請されて、すでに後継者候補を指名してある。「でも、私ぐらいの年齢では、あと二〇年は本人が現場にいるでしょうから、後継者を育てるといっても、なかなか難しいものがあります。いくらなんでも、二〇年間もナンバー2でいることに甘んじる人などいないでしょうから」とジャックスは言う。

宝石業界やボーシャイムズについてバラ色の未来

を描いているように、ジャックスはバークシャー・ハサウェイの将来についても非常に楽観的に見ている。「バフェット亡きあと、バークシャーはどうなると思うか」と尋ねたところ、彼女は迷わずこう答えた。「順風満帆。彼もそうなることを保証していますし、実際、保証するために彼は懸命に努力しています。自分がいなくなってもバークシャーには変わってほしくない、このまま成長し続けていってほしいと望んでいるはずです。そして、そのとおりになると私は思います。というのも、この人たちならそれが実現できると彼が見込んだ人たちを抜け目なく選んでいるからです。できるかぎり引き継ぎがスムーズにいくように、だれを選ぶか、その人たちには何が必要か、彼はものすごく時間をかけて考えているはずです。ですから、将来のことについて、私はまったく心配していません」

　そもそもスーザン・ジャックスは物事をあまり悲観的に見るタイプの人間ではない。実際、彼女自身、自分の一番の長所は楽天的なところだと思っている。

「前向きな姿勢は伝染するんです」と彼女は言う。「家庭でも職場でも私は前向きに振る舞うようにしています。笑顔を振りまくのにコストはかかりませんし、明るくあいさつすることは何よりも大切なことですから。私は自分自身の姿勢や周りの人たちの姿勢次第で人生は大きく変わるものだと思っています。仮にだれかがあなたに対して不平不満ばかりこぼしていたとします。それに対してあなたはどう反応するでしょうか。きっと陽気で快活な人を相手にするのとはまったく違った反応を示すはずです。逆にあなたがほかのだれかに不平不満ばかりこぼしていたら、相手はやはり陽気で快活な人に対するものとはまったく違った反応を示すでしょう。前向きな姿勢でいることは大事なことだと思います。だから、いつも前向きでいられるように、私は日夜努力しています」

ビジネスの基本方針――スーザン・ジャックス

★自分のミスをきちんと認める。
★正直で信頼されるに足る高潔な人間になる。

★みんなとうまくやっていけるように努力する。前向きな姿勢は周囲の人たちにも影響する。
★素晴らしいチームを組んでいっしょに仕事をする。
★本分を守る。どうしたらお客様に一〇〇%満足していただけるか、絶えず考える。

第一九章　小売業者のかがみ――ジェフ・コメント（ヘルツバーグ・ダイヤモンド）

ヘルツバーグ・ダイヤモンドのオフィスは改装されたJCペニー（百貨店チェーン）のビル内にある。場所はミズーリ州ノースカンザスシティー。ミズーリ川を渡ってすぐの旧市街にある。いかにも小売業者にふさわしく、オフィスに隣接したところに宝石店がある。

ジェフ・コメントのそばにいると、すぐにほっとした気分になれる。予想どおり、彼も仕事に情熱を燃やしてはいるが、同様に自分の信仰、家族、セーリング、スポーツカー、葉巻をこよなく愛している。今回のCEOは経営陣および経営上の秘密をいくつか明かしてくれた。第一に、ネット販売で三〇〇ドル以上の商品を売るのは難しいことが判明。そのおかげでバークシャー傘下の小売業者の周囲にはさらに「大きな堀」が築かれることになった。第二に、各企業には明確な後継プランがある。ちょうど株主にとってバークシャーの「株主指定慈善プログラム」が慈善や贈与、遺産について考えるきっかけとなるように、各最高責任者は年に一回、CEOの後継者候補の名前を記入してバークシャーに郵送することで、自社の将来的な経営組織について思いをはせることになるのである。これはバフェットが各子会社の経営者に年一回あるいは数年ごとに後継者候補の氏名を書いて極秘に郵送するように要請しているからだが、バフェット自身も同様に経営者としてこの務めを果たしている。バフェットは自分が死んだときに開封するようにと、ある文書を残している。それは次のように始まる――「私は昨日、息を引き取りました。バークシャー・ハサウェイのCEOとして、〇〇［＝氏名］に私のあとを継いでもらえるように、ここに推薦します」。第三に、バフェット傘下のCEOはほぼ全員が地域社会や慈善プログラムに積極的に参加している。第四に、事業に対する創業者の熱い思いを理解し再現していくことは難事業である。第五に、ヘルツバーグやバークシャー傘下の企業と競争するなら、強固なインフラが必要。それには人材と時間と資本が不可欠である。ヘルツバーグ・ダイヤモンドには持続的な競争優位性と強力な収益力があるが、バークシャーに買収されたあと、いくつか失策を犯したことをジェフ・コメントは認めている。幸いにして業績を回復させることができ、今では主力宝石店の一つとして、一店舗当たりの平均売り上げにおいて最高記録を達成している。

ミズーリ州ノースカンザスシティーにあるヘルツバーグ・ダイヤモンドの会長兼CEOジェフリー・W・コメントは、今の地位に就くことになったいきさつをうれしそうに話してくれた。彼は一九九五年、会長兼CEOで主要株主だったバーネット・C・ヘルツバーグ・ジュニアがウォーレン・バフェットに会社を売却するまでは、同社の社長兼COO（最高執行責任者）だった。「バーネットは引退したがっていましたから、私が会社に残り、経営に当たることに同意しました。売却手続きが完了したあと、私はウォーレンにこう尋ねました。『ところで、私は自分のことをどう呼んだらいいのでしょうか。まだ話し合っていませんが』。すると、ウォーレンからこう言われたんです。『ご自分の仕事にふさわしいものであれば、お好きなようにどうぞ』と。そこで、私は自分で自分に会長兼CEOの肩書きを与えたわけです。そして今、会社に社長はいるのかと人から聞かれたときは、こう答えるようにしています。『いいえ、いません。前任者の出来があまり良くなかったので、ポストは空いたままなんです』」

肩書きが何であれ、ジェフ・コメント自身は自分のことを根っからのセールスマンだと主張する。「会社では会長兼CEOと呼ばれ、ウォーレンも私のことを会長兼CEOと呼びますが、実際のところは、一セールスマンです。本当にセールスが好きなんです。それに店での役割もそうですし――なにしろ、より多くのダイヤモンドを売るために、ありとあらゆることをやっていますから」。セールスにぞっこん入れ込んでいることからして、別に驚くことではないが、コメントにはセールスこそ自分のやりたい仕事だという自覚が常にあったようだ。

一九四三年、インディアナ州フォートウェインで生まれた彼は一九六六年、インディアナ大学でマーケティングの学士号を修得。当時をこう振り返っている。「大学を出て最初に就職したのはフォード・モーター・カンパニーでした。私は地域担当の営業マンで、会社と販売代理店との仲介役をしていました。でも、成績はパッとしませんでした。いわゆるセールスとは職務内容が違っていたからです。会社と代理店の間をただ行ったり来たりしているだけでしたから。それに、自分としては、自分の情熱をもって物を売ることのできるようなところで働きたいと心から思っていましたので」

結局、セールスとは無関係の職場はこのフォードが最後となった。「小売業界に進もうと決め、フロリダに行き、タンパのマース・ブラザーズという百貨店で働くことにしました。会社側は管理職研修プログラムを受けさせるつもりでいましたが、私の入社が遅かったため、スタートに間に合いませんでした。『では、半年間、売り場に出てもらい、プログラムが一巡したら、次のクラスに入るように』と言われ、入社して最初のクリスマスにメンズアクセサリーの売り場を担当することになりました。クリスマスの期間中、社のだれよりも多くのネクタイを売ってやろうと、しゃかりきになって頑張ったところ、本当にだれよりも多くのネクタイを売ってしまったのです。こうしたことがあってからは、小売業こそ自分にぴったりの職場だと思うようになりました」

マース・ブラザーズでの仕事を皮切りに、一九七一年にはマイアミの百貨店バーディンズ、一九七四年には同じくマイアミの百貨店ジョーダン・マーシュに移籍し、ますます責任ある仕事を任されるようになった。そして一九七九年、フィラデルフィアの老舗百貨店ジョン・ワナメーカーに上席副社長として入り、一九八三年には執行副社長に昇進。一九八四年に社長兼COO（最高執行責任者）となったが、一九八八年、バーネット・ヘルツバーグ・ジュニアにスカウトされて家業のヘルツバーグ宝石店の社長を引き継ぐことになり、カンザスシティーに移った。

ヘルツバーグ・ダイヤモンドは一九一五年、バーネットの祖父モリス・ヘルツバーグがカンザス州カンザスシティーに創業した、まったくの家族経営の店だった。のちに孫のバーネットは次のように語っている。「最初の年、大家から家賃を月額二五ドルから二九ドルに値上げさせてもらえるなら、五〇〇ドルかけて店先の修理をしてやるという話が祖父にありました。家族でさんざん考え抜いた末、この申し出を受けることに決めましたが、当初からこの小さな店が抱える問題は家族の問題として処理されていました。家賃が四ドルも値上げされるような深刻なものは、何時間もかけて話し合われ、家族全員の意見が考慮されたものです」。モリスの末息子のバーネットが一九四五年に父のあとを継いで社長となり、一九六三年には今度はバーネットの息子バーネット・ジュニアが父のあとを継ぎ、社長となった[1]。

当初、間口がおよそ三・五メートルしかなかったヘルツバーグの店は、ジェフ・コメントが社長に就任した一九八八年には中西部一帯に七〇もの店舗を展開していた。そして、ヘルツバーグとコメントのリーダーシップの下、店は毎年拡大を続け、一九九四年には二三州に一三四店舗を構え、年間売上高は二億八二〇〇万ドルに達していた。しかし、そのころには六〇歳となっていたバーネット・ヘルツバーグは自分の全財産を、たとえそれが自分の家族のかごとはいえ、一つのかごにすべて入れておくことにだんだん不安を感じるようになっていた（訳者注　「全部の卵を一つのかごに入れるな」という分散投資を勧めることわざがある）。と同時に、地域社会のさまざまな非営利プロジェクトにますます関心を寄せるようになっていた。そこで、会社を売却するか、株式を公開するか、といったいくつかの選択肢を検討し、モルガン・スタンレーと組んで目論見書を作成することになった。もはや日常的に会社の経営を担っていくつもりはなかったが、何をするにしても、社員や社風、そして顧客サービスを核とする企業理念に悪影響を与えることだけはどうしても避けたかった。それに加え、自分の会社をカンザスシティーにそのままの形で残しておきたかったし、当面は成長し続けていけるような状態にしておきたかったのである。(2)

その年の春も相変わらず問題の解決策を模索していたヘルツバーグは、仕事の打ち合わせのため、ニューヨークに出張することになった。ウォーレン・バフェットが登場したのはまさにこのときである。この件についてバフェットは株主に向けて次のように語っている。「一九九四年五月、［バークシャーの］年次総会の一週間後ぐらいのことです。ニューヨークの五番街と五八丁目の交差点を渡っていると き、女性に呼び止められ、年次総会に出席してとても楽しかった、といったことを言われました。その数秒後、それを聞きつけてやってきた男性からまた同じことを言われましたが、その人こそ、バーネット・ヘルツバーグ・ジュニアだったのです。彼はバークシャーの株を四株保有しており、年次総会にも出席していました。数分間話をしましたが、バーネットはバークシャーが興味を持つような店を持っているると言っていました。人からこうした話を聞かされるときは、たいていはレモネードスタンド程度のものだったりするのですが――あっという間に第二のマイクロソフトになる可能性ももちろんあるわけですから――バーネットには、一応詳細を送ってほしいとだけ伝えました。私自身としては、この話はもうこれで終わりだと思っていました(3)」

ところが、終わりではなかったのである。ヘルツバーグは店を売りたくて自分からわざわざ話を持ち掛けたくせに、どういうわけか、バフェットから頼まれたデータを送るのは気が進まなかった。のちに彼はこう回想している。「私は人に時刻を教える前に相手の社会保障番号（＝本来は年金支給のための番号だが、有力な身分証明の番号として利用される）を知りたがるようなタイプの人間なんです。でも最終的には、自分にこう言い聞かせました。『おまえはバカか。送るものはとっとと送っちまえ』と(4)」

バフェットは届いたデータをチェックしたあと、興味がある旨をヘルツバーグに伝えた。ヘルツバーグはその後、こう語っている。「ミスター・バフェットから最初にもらった返事には、『御社はバークシャー・ハサウェイにかなりよく似ています』とありました。私にとっては最高の褒め言葉でした」[5]。バフェットは話し合うために、ヘルツバーグをオマハに招待している。これについてはジェフ・コメントが次のように振り返っている。「月曜日の朝、バーネットと私は用意しておいたモルガン・スタンレー作成の資料をすべて抱えて、飛行機でオマハに向かいました。ところが、ウォーレンから『目論見書等には興味ありません。モルガン・スタンレーといっしょに仕事をするつもりもありません』と言われてしまいました。それからウォーレンはバーネットに向かって、なぜ店を売りたいのかと尋ねました。バーネットが一〇分か一五分くらい話をすると、『なるほど。あなたはもう引退して、仕事とは別の人生を歩むおつもりなわけですね』とウォーレンは言い、今度は私のほうを向いて、こう言いました。『事業の話を聞かせてください。それと、なぜ私が店を買うべきなのか、説明してください』と。そこで、こちらとしては相手に時間を取らせてはいけないと気を遣い、『手短に話すのと、詳しいのと、どちらがよろしいでしょうか』といったお決まりの質問をしたのですが、ウォーレンはバーネットを見てからこう言いました。『店と引き換えに大金が必要のようですから、できるだけ詳しく話してください』。そこで、一時間半ぐらい話をし、彼から出された一二の質問に答え、一通りのことが終わると、彼は再びバーネットに向かってこう言いました。『二、三日以内に電話で御社の評価額についてご返事させていただきます』――とまあ、実に簡単なものでした」

バフェットから本当に数日以内にヘルツバーグのところへ電話がかかってきた。ヘルツバーグがのちにこう回想している。「ウォーレン・バフェットとの交渉は基本的には交渉ではありません。彼から買収の話を聞かされ、それで買収成立となるわけですから」[6]。ヘルツバーグは株式交換にだけ応じるつもりでいた――つまり、店の売却代金をキャッシュで受け取りたくなかったのである。そして最終的には彼もバフェットも価格面で意見が一致し（買収額についてはいっさい公表されていない）、ジェフ・コメントが経営責任を引き継ぐことでも合意に達し、バフェットにとって大いに満足する結果となった。

その後、バフェットはバークシャーの株主にこう語っている。「買収額については、合意を得るのに時間がかかりましたが、私の心の中には何の迷いもありませんでした。第一に、ヘルツバーグ宝石店は私たちが買いたいと思っていたタイプの店でしたし、第二に、ジェフが私たち好みの経営者だったからです。実際、ジェフが経営者としていてくれなかったら、この店を買うことはなかったと思います。良き経営陣のいない小売店を買うのは、エレベーターのないエッフェル塔を買うようなものです」。そしてバフェットはこう付け加えた。「バーネットはそうしなければならない義務があったわけでもないのに、自分が得た売却代金の大部分を多くの社員と分け合ったのです。こうした寛大な振る舞いをする人が相手なら、買い手としても公正な扱いを受けるものと思います」[7]

ヘルツバーグも同様にこの取引に満足していた。「ウォーレン・バフェットは最初から、われわれにとっては夢のような人でした。まったく途方もない夢ですが」と彼は語っている。[8]「三世代にわたって事業を続けてこられたうえに、バークシャー・ハサウェイの傘下に入って引き続き成長し繁栄していけることは本当に喜ばしいことです。こうしてオーナーが交代することで、ヘルツバーグ宝石店の社員のためにも、バークシャー・ハサウェイの株主のためにも、われわれの家族のためにも、そして何よりも大切な店のお客様のためにも、利益になると信じています」[9]

同様にジェフ・コメントも会社をバークシャーに売却できたことで満足していたし、今も満足している。売却しても会社にはほとんど何の影響も出なかったからだ。「実際に変化があったことと言えば、買収された翌日に変化があったことぐらいです。ウォーレンから電話がかかってきて、『きょう、何をしなければならないと思いますか？』と聞かれたので、『何でしょうか』と問うと、『銀行さんとの関係はすべて解消してください。これからは私が御社の銀行になりますから』と言われました。私はこの手のことに関してはかなりプロですが、思わずほくそ笑んでしまいました。というのも、これまでずっと［銀行は］私が必要としているものを貸し渋っていたからです。でも、この銀行の件以外は、バークシャー・ハサウェイからは何も要求されませんでしたので、実際には店には何の変化もありませんでした。たしかに戦略的に方針を若干変更したりはしましたが、それは買収されなくても、通常どおりの成り行きで起こり得たことです。それに、いずれもわれわれ自身が引き金を引いたことであって、バークシャーから仕向けられたことではありません。あとは何も変わったことはありませんでした」

仮にバフェットが傘下の各企業にいちいちおせっかいを焼きたがるような会長だったとしても、ヘルツバーグ・ダイヤモンドに関しては、ほとんど出番はなかったに違いない。というのも、バフェットが口を挟みたくなるようなことは一度しかなかったからだ。コメントいわく、「一九九五年はとても良い年でした。そしてその年に買収されたわけです。でも、買収されて丸一年がたったころ、ジリ貧状態に突入することになりました。一九九六年には業績が悪化してしまったのです。これには理由が山ほどありました。まず、店を広げすぎたこと。人員を増やしすぎたこと。そして、破綻していたゼール［宝石店チェーン］がバランスシートをきれいにして再建を果たし、再びライバルとして返り咲いてきたこと。それからシグネットがスターリング［＝同業他社］に資金を大量に投入したこと。そして……」と彼は付け加えた。「私が油断していたことです」

「そこで、私はウォーレンに電話をして、一二月期の数字とその年の見通しを報告し、芳しくないことを伝えました。『で、どうするおつもりですか』と聞かれたので、『三〇日ください』と私は言いました――私がもらえるのはそんなところだろうと思ったからです――『それから、オマハにお伺いして、これからのことをお話しさせていただきたいと思います』と言いました。それで、彼のところに話しに行きました――［買収後に］オマハでウォーレンに会ったのはこの一回きりですが――私はインフラ面での改革をはじめ、いくつかの改革を断行するつもりだと伝えました。このとき、承認を得ようとは思っていませんでしたから、ただ、やろうとしていることだけを報告しました。彼からは一九九七年度の見通しと、いつごろ買収当時の業績に戻るのか、その回復予定時期を聞かれました。私は一九九七年には安定し、九八年には大幅に黒字転換できると思うと答えました。そしてそのとおり、九七年に安定し、九八年に大幅黒字転換を果たしました。以来、業績は好調で、二〇〇〇年度には八六年の歴史のなかで最高益を記録しました」

同社の店舗数は毎年増加の一途をたどっている。現在、ヘルツバーグ・ダイヤモンドは三八州に二三六店舗を構え、全米第五位の宝石店チェーンとなっている。「でも、もっとすごいのは一店舗当たりの平均売上高です。うちは業界トップで、二二〇万ドル近くもあるんです。ライバル店の多くは一〇〇万ドルから一五〇万ドルぐらいで、一五〇万ドル前後に達しそうなところはいくつかありますが、それでも、うちが大差で勝っています」

一店舗当たりの平均売上高がなぜこれほどまでに高いのか。ヘルツバーグだけの秘密がある。それはまずロケーションに一等地を選び抜いていることだ。高級ショッピングモールのデベロッパー・リストのなかで「A」とある場所を選び、先行投資を多めにして、グレードアップした最高級店を建設する。そして店内にはきちんと訓練を受けた人員を配置し、品ぞろえを豊富にし、商品構成を強力なブランドで固めるのである。

こうしたことをすべて考慮すると、ヘルツバーグの二〇〇一年度の年間売上高は五億ドルを超すものと思われ、年間の税引き前利益は五〇〇〇万ドルと推定される。これだと、ヘルツバーグがバークシャーに買収されてからの売上高増加率は四〇%を上回ることになる。

ヘルツバーグの店舗の大半はショッピングモール内にあるが、およそ二〇%は独立型の店舗で、コメントはこうした店を「フリー・スタンダー」と称している。

コメントは店が成功した一番の理由として、ヘルツバーグ・ダイヤモンド自体がいち早く従来型の宝石店とは違う方針を打ち出し、それに沿って行動するようになったことを挙げている。「宝石業界は商品、つまり宝石のことばかりにとらわれる傾向があって、……小売業というものをあまりよく理解していませんでした。つまり、宝石店を宝石店としてではなく、宝石を扱う小売業として見なければならないことを理解していなかったのです。どう見るかで雲泥の差があるものです。うちは今まさに小売業者となっていますが、だからといって、商品のことを理解していないというわけではありません。ここで言いたいことは、商品をいかにして届けるかといった、小売りの原則はあらゆる点において商品そのものと同じくらい重要であることをうちではちゃんと理解している、ということなのです」

ジェフ・コメントによると、こうした原則の一番目は、店の雰囲気に関することだという。「店内に入ってきたお客様が快適に過ごせるようなデザインにすること。うちでは高級宝飾品分野では最も見栄えの良い店をつくっていますし、モール内でうちよりも見栄えの良い店はほかにはありません。二番目は品ぞろえ計画に関することです。種類と価格の面で一通りの商品を取りそろえておくこと。そして、お客様がショーケースを見たときに、つい引き付けられるような、思わず手にとって買いたくなるようなディスプレーにしておくことです。以前はミドル層をターゲットにしていたので、今でも高級宝飾品を一つ九九ドルで買えますが、最近ではミドル層に加え、アッパーミドルも広く含めるようにしています。うちではお客様をよく知り、お客様に合わせて忠実に対応するようにしています。

三番目は徹底して顧客サービスに傾注することです。うちにはそれだけに専念するチームがあります――お客様のお世話をしたいという人、接客に情熱を燃やしている人の集まりになっています。どこのライバル店よりも、品行方正で商品知識の豊富な人ばかりです。実際、こうした素晴らしい人材集団が当店のかなめとなっているのです。美しい店をつくることはだれにでもできます。商品の買い付けもだれにでもできます。当店のカタログやラジオ広告をまねすることもだれにでもできます。でも、社員をコピーすることだけはできません。忠誠心ある人材集団を築き上げるには何年も何年もかかるのですから」。そして最後に彼はこう締めくくった。「それから、ブランディングやマーケティングはどうあるべきなのか、きちんと理解しておかなければなりません。これらは店の雰囲気や品ぞろえ、顧客サービスなどの要素とつながっているわけですから。でも宝石業界では、こうした考え方をすることはありませんでした。他の専門小売店――例えば、ギャップやリミテッド［いずれもアパレル専門店］などは何年も前からこうした考え方を取り入れて好業績を上げています。にもかかわらず、高級宝飾品業界ではそうした考え方をする人はいませんでしたから、当店が先駆けとなれたわけです。他店よりも先に始動したことで、有利なスタートを切れたのです。おかげで、かなりの市場シェアを確保し、九〇年代を通してシェアを維持することができました」

ヘルツバーグに入社してからの功績を挙げてほしいとお願いすると、予想どおり、彼はまずこう答えた。「店が宝石店というよりも小売店としての色彩を強め、軸足が変わったことです。これは自分でもとても誇りにしていることです」。そして二番目に重要な功績は、「社員のプロ意識が劇的に向上したこと」だそうだ。「私が入ったときは、店舗数は約七〇店で社員数は約八〇〇人でした。それが今では二三六店舗、三〇〇〇人になっています。しかし規模的に三倍になっても、社員の情熱はとどまるところを知りませんでした。プロ意識は失われなかったのです」。三番目に重要な功績についてはこう語っている。「光栄にも、バークシャー・ハサウェイに投資している皆さんのために利益を分配できることです。当店はかなり収益性が高く、宝飾品分野での税引き前利益率では上位一〇%に入っています」

業績好調であることからして、ジェフ・コメントとボスとの良好な関係がさらに深まったのはまず間違いないだろう。ただし、この二人の関係は、バフェットと傘下の他の経営者たちとの関係とは若干異なりを見せる。というのも、コメントはヘルツバーグ・ダイヤモンドのオーナーではなく、雇われの身だったからだ。バフェットは通常、会社のオーナーか経営者が残留し、今後も経営に当たるという了解の下で会社を買い取ることにしている。しかし今回の例では、オーナーは実際には経営をせず、ジェフ・コメントが経営していたため、買収後はコメントが引き続き経営に当たることになった。

したがって、買収の筋書きがいつもとはやや異なるが、バフェットはあらかじめ了解していたので、彼にとってもコメントにとっても何ら問題とはなっていないようだ。コメントいわく、「バーネットは正直者なので、会社側にも買い手側にも現状を公表していました。もちろん、ウォーレンにも打ち明けていましたし、彼はよくこう言っていました。『私は主要オーナーですが、実際に経営を行っているのは、そして経営を行ってきたのはジェフなんです。それにジェフはだれよりも店のことを熟知していますから、社員はみな私ではなく、彼にリーダーシップを取ってもらうことを期待しています。つまり、ドアには今も私の名前がかけてあり、今後もそうかもしれませんが、実際に経営責任を担っているのはジェフなんです』と」

コメントは言う。「バーネットがこんな具合に正直だったからこそ、ウォーレンは私のことも同様に信頼してくれたんだと思います。つまり、自分の純資産の大半を私のような者に託してくれたバーネットという人間がいたということが、ウォーレンには大いに意味があったのです。彼はおそらく、会社を売却したオーナーと同様に私を拾ってもよいと判断したのだと思います。それでも彼は私に会社を経営する気があるのかどうか、ちゃんと聞いてくれました。そのとき、私はこう答えました。『私はこの会社が好きです。うちの会社にいる人たちが好きなんです。私は会社にこの身をささげていますから、できるだけ立派な会社にしたいと思っています。バークシャーの子会社になることは、会社にとってこのうえなく素晴らしいことですし、あなたの下でなら楽しく仕事ができると思います』」

他のＣＥＯたちと同様、コメントもバフェットの下で働くことに心底喜びを見いだしている。ボスの

「内輪の会」に参加した感想を尋ねたところ、彼はこう答えた。「安心しました。これは単に大丈夫だという誤った感覚ではなく、会社のため、社員のため、投資家のために自分でもやれば何とかなるといった安心感のようなものです。そして政治的なことで心配しなくてもいいということです。大きな組織でこうした仕事をするのはかなり骨の折れることですが、ウォーレンといっしょにいて私が感じたような安心感を私も人に与えられるように見習いたいと思います」。そして、こう付け加えた。「ウォーレンも私もまったく違うタイプの人間ですが、お互いに心から信頼し合い、尊敬し合っています。傘下の経営者たちもみんなこんな感じだと思います。本当に信頼し切っているのです。外部の人にはこうした相性の良さは分からないでしょうが、こうした相思相愛の関係こそ、今日、多くの企業で失われているものではないかと思います。機能的で戦術的に正しくても、仕事への情熱や愛社精神がまったく欠けてしまっているのです。バークシャーではそうしたことはありません。

彼は彼なりにこうした企業の現状にいら立ちを覚えていたのでしょう。ウォーレンは天才だと思います。なかには自分が天才であることをコンピュータのように冷たく機械的な形で示す人もいますが、ウォーレンは信じられないくらい思いやりがあって温かく、人懐こい人なんです。うちの店長たちの多くが彼と一度も顔を合わせたことがなかったので、二年前、彼を幹部会に招き、夕食に招待したことがあります。こうしたことはめったにあることではありません。われわれは『ウォーレンとの夕べ』と称しています。こちらからは二五〇人が参加しました。小さなステージを設け、小テーブルにカバーをかけてカードゲーム用のテーブルにして、チェリーコークを二本とマイクをテーブル上に配し、古ぼけた木製のイスを一つ用意しました。それはちょうど店が倒産したばかり、といった感じに見えました。ウォーレンはテーブルに着くと、簡単な駄ジャレやジョークをいくつかかましてから、イスに深く腰掛けて、こう言いました。『何でも聞いてください。前々から私に質問してみたいと思っていたことなどありますか』と」

　コメントは話を続けた。「ご存じのとおり、ウォーレンはけっして投資に関するアドバイスはしません。でも、離婚して子どもが二人いる三〇歳の女性店長が『私はここでこういう仕事をしていますが、何かアドバスをいただけませんでしょうか』とお願いしたところ、『私はそうしたことはしません。でもあなたは例外です』と彼は言い、分散投資に関することや、三〇歳ならもう少し積極的に、四〇歳、五〇歳ならもう少し保守的になるように、といったことや、株式市場についても話してくれました。いわく、『相場の上げ下げを恐れないこと。売ったり買ったりしてはいけません。この手のことにとらわれないようにしてください。新聞は毎日見ないこと。ろうばいしないことです』。一〇分ぐらいして話し終わると、彼はこう言いました。『以上、無料相談でした。これはあなただけですからね』と。目の前に二五〇人の聴衆がいることを除けば、それはちょうど父親が娘に話しかけるような感じでした。まさにお金では買えない貴重な時間でした。二時間後、ウォーレンに疲れが見えてきたので、お開きにしましたが、店長たちはすっかり彼にほれ込んだようでした。世間の人は知らないでしょうが、これがウォーレン・バフェットなんです」

　彼自身とバフェットとの関係に関するかぎり、ジェフ・コメントはかなり謙虚である。バフェットが傘下の経営者たちからバークシャー・ファミリーとしてふさわしい同業他社を推薦してもらうことで自身の「能力の輪」を広げていることはよく知られており、実際、シアトルを本拠とするベン・ブリッジ・ジュエラーズを最近、買収しているにもかかわらず、その案件については自分の手柄ではないとコメントは主張している。「ベン・ブリッジの件ではそんなに大したことはしていません。あれはベン・ブリッジの皆さん方の功績です」と彼は強硬に言い張ってはいるが、「バフェットに情報を提供した」ということは認めている。「二人で二、三度話をしました。そして電話を切るたびに、受話器を置きながら、こう口にしたものです。『ああ、夢のようだ。自分があのウォーレン・バフェットにアドバイスをするなんて』と。ウォーレンから推薦を頼まれたことはありませんが、前々からベン・ブリッジは素晴らしい人たちがたくさんいる店だといった話を彼にしていました。彼らは市場で見事なニッチを築いていましたから。それからしばらくしてウォーレンとバークシャーの株主総会で会ったとき、ウォーレンは私をわきに連れ出し、私の体に腕を回してきて、こう言いました。『ブリッジの買収が完了することを知らせたくてね。一、二週間以内に発表する予定だから』と」

ジェフ・コメントは自分がウォーレン・バフェットに何らかの影響を与えたことについては、明らかに触れたくないというそぶりを見せたが、バフェットから影響を受けたことについては快く話してくれた。経営スタイルや信条、哲学を編み出すうえでは、影響は受けていないものの、バフェットによってそれらが強化されたのだという。「ウォーレンがヘルツバーグ・ダイヤモンドを買収した理由の一つは、われわれ二人の相性が非常に良かったことだと思います。彼も私もいろいろな哲学的な問題について似たような考え方をしますし、お互いを好意的に評価し、尊敬し合っています。そのおかげで多くの基本的な価値観が彼によって強化されたと思っています」

仕事のやり方の面で影響を受けた人たちについて尋ねると、彼はまず母親の名を挙げた。「人生のなかで私が一番影響を受けたのは母からです。母にはセールスの才がありました。母はセールスに加え、バイヤーもしていましたが、カリスマ性のある魅力的な個性の持ち主でした」

こうした人たちからの影響ではぐくまれた経営スタイルは、「事業の方向づけをすることによって導いていくもの」だそうだ。「これが一番です」と彼は言う。「それにはまず自分たちの使命に忠実であること。良きCEOになりたければ、そうすべきだと思います。自らの職務を人任せにしてはいけません。ただし、人に仕事を任せるときは、その戦略に打ってつけの優秀な人材集団を自分の周囲に配置し、彼らがそれを実行できるだけの機会を与えることです。時にはそうした戦略的な事柄から私がちょっと離れすぎていると思われるときもありますが、うちにはそうした任務を果たすうえで戦術的に特に秀でた素晴らしい副社長が七人もいて、立派な業績を上げてくれています。それに、私が余計な干渉をせず、彼らに一任しているからこそ、彼らも各自の担当部門をきちんと運営していけるのです」。もっとも、彼が絶えず気をつけて目を光らせているものが一つある。それは数量的なデータである。「どこに商売の種があるか、どの店が急激に伸びているか、あるいはひどく低迷しているか、問題を抱えている商品分野はどれか、きちんと頭に入れています。そして、なぜそうした店あるいは分野が低迷しているのか、そうした問題を改善するためには何をなすべきか、ということについても、おおむね把握しています」

経営者として成功するのに特に重要となる要素について聞いてみた。「何よりもまず——これはいつもそうですが、特に最近の世の中では——人柄です。私なら『人柄』と書いて、アンダーラインを三本引いて、さらに強調しますね。これについてはウォーレンもまったく同感のようです。彼は傘下の経営者たちにいつもこう言っています。『売り上げが減っても、取引を逃してもかまいませんが、人柄と誠実さをおろそかにしたらもうおしまいです』と。彼の言うことはまさにそのとおりです。そして、この点においては私自身が会社で先頭に立たなければなりませんから、何をやるにしても、人柄についての役割モデルとなるように心がけています」。二番目に重要なのは、「強い使命感を持っていること。そして使命を理解し、各人の役に合わせて振り付けをすること」だそうだ。「私自身、かなり使命感に燃えています。ですから、周囲の人たちには、『ジェフがあんなに燃えているのなら、自分もあいつについていこう』と心ひそかに思ってもらえればと思っています。そして最後にもう一つ重要なのは、会社を成功させるためにやるべきことをきちんとやれるように絶えず自分を駆り立てていくことです。例えば、私の場合は、今利用できるテクノロジーをもっとうまく活用できるように、テクノロジーにもうちょっと深くかかわって、もっと多くのことを学んでいく、ということです」

もちろん、自分の仕事に必要な能力をすでに持っていると自負している分野もある。「私は勘がいいんです。このビジネスは専門小売店のどこのニッチに入るか、といったことについて勘が働くんです。この三〇年ぐらいの間に身につけたことですが、直観というのは、だれにでも生まれつきあるものです。自分が狙っているビジネスに関連したビジネスチャンスがあっても、手を出す気にはなれないというときがあります。例えば、海外に進出する機会です。以前、日本のとあるグループから五年間でヘルツバーグの店を五〇店、出店しないかと持ち掛けられたことがあります。私は断りましたが、その後、競合他社のうち一社が日本に進出して痛い目に遭っています」

さらに彼は話を続けた。「私には起業家精神があります。ですから、会社にはこれまでとは違うことでもいつも進んでやらせています。ただし、それと同時に、本業に専念させ、だれが顧客なのか、どうやって顧客と一体化したブランドをつくっていくのか、といったことをけっして忘れないようにさせています」。最後になったが、彼が自分の能力のなかで一番だと思っているものは、「グループの人たちをまとめ上げてリードしながらも、彼らが自らショーを興行しているような気分になれるように仕向ける能力」だそうだ。「進路を誤っても、飛行機の高度を一万フィートまで下げられることが分かっていれば、それより上で十分遠くまで飛べるわけです。でも、部下が私に四万フィートで飛んでほしいと望んでいるなら、私は四万フィートで飛ぶでしょう。そしてこれが結構うまくいくのです。ただし、こうしたことを可能にするには、自分の周りにそれ相応の人材を集めておかなければなりません」

もっとも、コメントがリーダーとなっているのは、何もヘルツバーグ・ダイヤモンドにおいてだけではない。地域社会でもリーダー役を務め、大カンザスシティー商業会議所や大カンザスシティー市議会、ハート・オブ・アメリカ（アメリカの中心／カンザスシティーの意）、ユナイテッド・ウェイ（全米合同募金・社会福祉協議会連合）、ウィリアム・ジュウェル・カレッジなどの数多くの地域団体に深くかかわっている。「どれもみな好きです。いずれもよくやっていますし、市にとって、ためになることばかりです」と彼は言っているが、彼にとって一番大事な団体は、彼が一九九五年に創設した「サンタズギフト」という慈善プログラムである。

サンタズギフトでは毎年クリスマスの二週間前にサンタクロースを小児病院に派遣し、ヘルツバーグ・ダイヤモンドのマスコットとなっている、かわいいクマのぬいぐるみを子どもたち一人ひとりにプレゼントしている。コメント自身もサンタの格好をしてアメリカの子どもたちを訪れているが、二〇〇〇年にはダラスとシカゴ、フィラデルフィア、カンザスシティーの九つの小児病院を訪問。この慈善プログラムは世界各地に広がり、サンタの数は四〇人を超え、およそ一万五〇〇〇人の子どもたちに、サンタといっしょに撮ったインスタント写真とクマさんをプレゼントしている。この二年間の主な共同出資者にはゼネラル・エレクトリック（GE）やフェデックスも入っている。コメントいわく、「こうしたプログラムはだれにとっても得るものがあるんです。会社にとっても顧客にとっても社員にとっても取引先にとってもプラスになります。そして実にさまざまな形で参加者の命に触れることになります」[10]

こうした慈善活動での経験を彼は『ジョナサン・スルー・サンタズ・アイズ（Jonathan Through Santa's Eyes）』という本につづり自費出版しているが、この本はコメントが一九九七年にシカゴのルーテル総合病院を訪れたときに、ジョナサンという一一歳の子どもからインスピレーションを得て書いたものだ。コメントはこう回想する。「ジョナサンはエイズのため、死のふちにありました。看護婦さんの話では余命わずか一カ月。サンタとおしゃべりをしたがるかどうかは分からないと言われましたが、私は彼の病室へ行ってみました。すると、車イスの少年は目をキラキラ輝かせて、背筋をピンと伸ばしました。部屋には最初、大勢の人がいました。お母さん、看護婦さん、児童相談員、広報関係者、カメラマン……。ジョナサンはもう口を利くことができませんでした。声帯がだめになっていたからです。でも、私が話しかけたとき、声にならない声と手振りで何かを伝えようとしました。部屋にいた人たちは思わず泣き崩れ、一人、そしてまた一人と部屋を出て行きました。そして一五分ぐらいたったでしょうか。もうジョナサンと私だけになっていました。それは素晴らしいひとときでした。少年はしゃべることはできませんでしたが、彼なりのやり方でサンタにこう言いました。『き・て・く・れ・て・う・れ・し・か・っ・た。ほ・ん・と・う・に・う・れ・し・か・っ・た』と。胸にぐっとこみ上げてくるものがありました。……まさに励まされたのは私のほうだったのです」

本の売り上げはエリザベス・グレーザー小児エイズ財団に寄付されたが、この本を出版したことも、サンタズギフトのプログラムにかかわっていることも、コメント自身の信仰のなせるわざなのである（**訳者注**　なお、二〇〇二年九月に三冊目の著書『サンタズギフト（Santa's Gift）』がジョン・ワイリー＆サンズから刊行され、バフェットが序文を書いているが、この収益金も同財団に寄付されることになっている）。

「私はキリスト教徒ですから」と彼は言う。「仕事上はキリスト教の教えについて話すことはあまりありませんが、信仰はまさに私がこういう人間になりたいと願う目標の光となるものだと思っています」。コメントが前作『ミッション・イン・ザ・マーケットプレース（Mission in the Marketplace）』を自費出版したのも、やはりこうした信仰があったからなのである。「当時、私の人生は過渡期にありました。フィラデルフィアのジョン・ワナメーカー（＝母の日にプレゼントを贈ることを普及させた百貨店王ジョン・ワナメーカーが創業した全米最古の百貨店）で社長をしていましたが、破綻し、ワシントンの百貨店ウッドワード＆ロスロップに吸収されたんです。このとき、フィラデルフィアで八年か九年かけて築き上げてきた多くのものを自分の手でばらばらに引き裂くことになりました。それは難事業でした。でも信仰のおかげでいくらか楽になりました。こうした経験から生まれたこの本は、いかにして信仰に生き、実業家としての成功をどう維持していくか、そして、より素晴らしい実業家になるために信仰がどう役立つのか、といったことを何とかして伝えたいと思って書いた努力の結晶なんです」

彼は一九九七年、こうした信仰の一側面として誠実さが大切であることをカンザスシティー・スター紙の記者に語っている。「旧約聖書や新約聖書の主要な教えの一つに、人に対するときは真っ正直に、というのがあります。これは、ばかがつくくらいに、という意味ではなく、信念と品格のあるリーダーであれ、ということです。信念と品格をもって事業経営に当たれば、冷酷非情な者をはるかに追い越せるはずです(11)」

もっとも、彼がいつもそう思っていたわけではない。「私も二〇代の半ばごろは、無鉄砲で大酒飲みのとんでもない若造でした。そんなある日、メソジスト教会に行き、このくらいの小さなカードに必要事項を記入しました。なぜそんなことをしたのかは、聞かないでください。本当は人から訪問されるのはあまり好きではなかったのです。でも、その教会の牧師さんは元海軍の従軍牧師で、男からもほれられるようなタイプの男でした。そして、ある木曜日の夜一一時、だれかがうちのドアをノックしました。私はビールを飲みながら葉巻を吸っていました。ドアを開けると、教会の牧師でした。半年ぐらいの間、ほぼ毎週木曜の夜、彼はうちにやってきては、私とビールを飲みました。こうして彼とは親友になりましたが、私がキリスト教徒として信仰の道を見いだしたのは彼の影響なんです。そして信仰に目覚めてからというもの、私の人生の進路もがらりと変わりました。価値観が変わり始め、自分の人生をどう生きるか、ということを考えるようになりました。そんなとき、妻のマーサと出会いました。価値観がとてもよく似ていたんです。あの牧師さんの存在がなかったら、マーサはきっと私とは会ってくれなかったと思います。彼女が昔のジェフを好きになるはずありませんから」。当然のことながら、ジェフ・コメントは信仰を見いだしたことと妻とめぐり合ったことの二つを人生のハイライトとして考えている。

私生活においては妻の影響が一番大きいと彼は言う。「妻は最大の批評家であり、もちろん、一世一代の恋人でもあります。結婚して三〇年になりますが、今日の私が今こうしてあるのは、妻の助力に負うところがかなりあります。妻は真のパートナーなんです」。二人には共有しているものがたくさんある。まず、成人した子どもが二人――ライアンとクリスティンがいるが、コメントにはほかにも関心を寄せていることがいろいろある。アンティークスポーツカーのコレクションやセーリングである。

一九九九年、彼は長年夢に描いてきたことを一つ実行する機会を得た。彼はカンザスシティー・スター紙の記者にこう語っている。「シチズン時計のCEOから電話がかかってきたんです。『セーリングがお好きでしたよね』と。彼は冗談めかしてこう言いました。『アメリカズカップ［＝国際ヨットレース］に出場したことありますか？』と。で、私は、『まさか。レベルがまるで違いますから』と答えました」。しかし、レベルはどうあれ、コメントはその後、申し込んだのである。そして第一次予選において、シチズン時計もスポンサーとなっているデニス・コナー率いる艇に「一七人目」として乗せてもらえることになったのである（**訳者注**　クルーは一六人か一七人で、「一七人目」とはオーナーに与えられる名誉席のこと）[12]。コメントがすぐに指摘したように、こうした機会はめったにあることではない。普通ならまずあり得ないことなのである。

五七歳の今、彼には引退する気はまったくない。ヘルツバーグ・ダイヤモンドにずっと居座ることを固く心に決めている。いくつもの企業からスカウトの声がかかってはいるが、彼はこう言う。「よそで働く気はさらさらありません。理由は三つあります。第一に、バークシャー・ハサウェイに対する義務と責任があります。バークシャーとウォーレンはうちの店を買収したときに多額の投資をしていますから。それにバークシャーに店を売却したときの当事者である以上、バークシャーには責任を感じていますので。第二に、当店で働いている三〇〇〇人の社員に対する責任と義務があります。こうしたことをおろそかにするわけにはいきません。私が何か決定を下すたびに、社員の生活に影響が出るわけですから。それに彼らから信頼されて、会社を託されている身ですし……と言うと、ちょっと古くさいと思われるかもしれませんが、私にとってはとても大事なことなんです。そして最後に、ただただ仕事が楽しいからです。それに貢献しているという気分になれますし。ですから、だれかから電話がかかってきて、『ABC社で仕事をしませんか？　年商五〇億ドルの会社でトップクラスの待遇が受けられますよ』と言われたら、『ほう。私もトップクラスにいるんですけどね』と答えるようにしています」

その〝トップクラス〟の企業の将来については、ここ最近と同じようなペースで成長していくと彼は見ている。ただし、大型買収によって成長を狙うつもりはない。「これまでにも買収について検討したことはありますし、何度も調査をしてみましたが、うちにとっては世界一まずいことではないかと思っています。小さな店を二〇店舗買い付ける程度のことならできるかもしれませんが、うちにはサービスの文化があり、このサービスこそが一店舗当たりの平均売り上げを高める最大要因となっている以上、一〇〇店舗もあるようなチェーン店をわざわざ買収したりしたら、かえってうちがダメになってしまいます」。ちなみに、直近の一店舗当たりの平均売上高はおよそ二二〇万ドルだそうだ。「本当の目標は二五〇万ドルです。この目標を目指す一方で、毎年一〇％ずつ店舗を増やしていければと思っています。つまり、年に二〇店か二五店ずつのペースで出店を続け、一店舗当たりの売り上げも引き続き伸ばしていくつもりでいます。こうした新店舗の一つ一つがいずれ小さな宝石となり、パーフェクトなショッピングモールでパーフェクトな店になっていく。それがわれわれの店なんです。われわれ流、われわれの商品、われわれの社員。これがわれわれのやり方なんです」

この商売においてはインターネットの役割はそれほど大きくはないと彼は見ている。「うちにも誇れるようなすてきなウエブサイトがあります。そのおかげでお客様に会社のことや宝飾品のことを知っていただき、店にも足を運んでいただけるようになったのは確かです。うちにはネット店もありますが、ネット店の売り上げで食べていかなければならなくなったとしたら、そのときはもうおしまいだと思っています。ウエブサイトを訪れたお客様の九五％が最寄り店の場所を知りたくてクリックしているのが現状ですから。一般に、ネット販売で三〇〇ドルを超える商品を売るのは至難のわざです。ですから、ネット販売での定価を平均すると、店頭よりもはるかに低価格になっています。それに人はダイヤモンドを見るのが好きです。ダイヤに一〇〇〇ドル、二〇〇〇ドルを費やすつもりであれば、どのようなダイヤか、その目で確かめる必要があります。ダイヤはそれぞれみな違いますから。うちではウエブサイトをブランディング戦略の一環として考えています。一日の訪問者数はどんどん増えていますが、ネット自体での商売を増やそうとは思っていません」

もっとも、全米で四三〇億ドル規模となる宝石小売業界の見通しについては、[13]かなり強気で見ている。「ベビーブーマー世代（団塊の世代）が台頭し、大量の資金、大量の富が移動するようになりました。財産がたまってくるにつれ、みなミューチュアルファンド（投資信託）に金を寝せておくことに飽き飽きし、アメリカをはじめ、世界中で宝石類が大量に買われるようになってきています。宝石業界は今、素晴らしき一〇年のスタート地点にいると思います」。ライバルたちについても、コメントは特に気にしていないようだ。「最大のライバルとなるのは、やはり全国展開の小売業者だと思いますが、うちでは今後も差別化を図っていくつもりでいます。自分たちの本分をきちんとわきまえていることが強さにつながると思います」

バークシャー・ハサウェイの将来については、次のように語っている。「個人的には、ウォーレンがいくつかのインフラをまとめなくてはならなくなる日が来ると思っています。つまり、一般企業のインフラと比べれば、まだまだ取るに足らないものですが、これほどの大規模グループとなった今、ある程度、集約するのが道理だと思います。それにバークシャーにわずかなインフラしかなくて、ウォーレンと毎週おしゃべりすることができなくなったとしても、この世の終わり、というわけではありませんし。私が彼とのひとときを楽しんでいるのと同じように、うちの社員やバークシャーの株主にもプラスになることが何か必要です。いずれにせよ、改革の必要はありますます。何も変わらずに、永久にやっていけるはずはありませんから。

ウォーレン・バフェットが引退するときのことを思うと心配になるかと、人からよく聞かれますが、私は心配していません。ウォーレン・バフェット傘下の企業経営者たちのなかには知識人が山ほどいますし、彼の引退後あるいは死後、バークシャーを確かな人の手にゆだねるために必要なことは彼がきちんとしているはずです。こうしたことは長年の信頼関係の問題です。私は彼を信じています。後継プランについて話し合ったことはありますが、インフラは今後どのような形になるのか、だれがキーパーソンとなるのか、といった話は彼の口からは出ませんでした。込み入ったことには触れませんでしたが、彼は非常に見識のある人ですから、その場では取り上げないようにしていたのだと思います」

バフェット亡きあと、さまざまな変化が起こるかもしれないことについても、彼は心配していない。

「それほど大きな変化があるとは思っていませんし、バークシャーが劇的に変わることはないと思います。ウォーレンが一人でやっていたのとは違い、二、三人の人間がバークシャーの経営に当たることになると思いますが、そうした要職に就く人たちがバークシャー流の経営方式を引き継ぐことになれば、会社も安泰だと思います。それに、バークシャー・ハサウェイ傘下の各企業経営者たちはこれまでどおりのやり方で経営を続けていくことになるはずですから」

ただし、ジェフ・コメントにも心配の種が一つある。自分の遺産である。「世界一の宝石商になろうといった野望はありませんが、人々が見習いたくなるような遺産、私も子どもたちも妻も誇りにできるような遺産を残したいと思っています」。二〇〇〇年に彼はジュエラーズ・チャリティー・ファンド（宝石商慈善基金）の集まりにおいて次のように語っている。「私にとっては人生が『遺産』のようなものです。うちの子たちによく言うことなんですが、人生で大切なことは、『この世をより良くするために何を成し遂げたか』ということです。自分の一生

において どんな遺産を残したいかと考えてみたとき、自分で決めた優先順位は正しいか、改めて確認することになります。私の場合は、まず信仰、そして家族、それからこれまでの人生で出会った人々に対して自分がどう接するか、ということです[14]」

ビジネスの基本方針――ジェフ・コメント

★社員やお客様にとっての役割モデルになる。
★仕事に情熱を傾ける。
★本業の強みに専念すれば、商売はうまくいく。当店では、最高のサービス、快適な店、顧客ニーズを満たす品ぞろえを重視している。

第二〇章

新顔――ランディー・ワトソン（ジャスティン・ブランズ）&ハロルド・メルトン（アクメ・ビルディング・ブランズ）

いずれもバークシャー・ファミリーの企業としては新顔であるが、ジャスティン・ブーツもアクメ・ブリックもバフェットがいかにも投資しそうな要素をすべて持ち合わせている昔からある企業だ。

バークシャーのような、ハイテクにはしり込みするコングロマリット（複合企業）がウエスタンブーツの主力ブランドを買い付け、レンガ（＝英語ではブリック）の会社に投資する、というのはまさに「いかにも」といったところだ。なにしろ、だれもがインターネット関連やクリック&モルタルの買収に躍起になっているときに、バフェットとバークシャーはこのブーツ&ブリックとの合併を成立させたのだから（訳者注　「クリック&モルタル」とはインターネットと現実の店舗や物流システムを組み合わせてビジネスを行う企業のことで、ネットとは無縁の従来型の伝統産業を指す「ブリック&モルタル」をもじった言葉。ここでは、それをさらに著者がもじっている）。

バークシャーの靴業界への投資はこれまで不発に終わっているが、ジャスティン・ブランズについては、どうやら前よりもうまくいきそうだ。

ジョン・ジャスティンは具合が悪くてインタビューには応じられなかったため、長年、取締役を務め、このとき会長となっていた友人のジョン・ローチがジョン・ジャスティンのことやジャスティン・インダストリーズ、アクメ・ブリック、ジャスティン・ブーツ、そしてウォーレン・バフェットやバークシャー・ハサウェイのことを話してくれることになった。ローチは彼ならではの独特の視点を持っている。レディオ・シャックの元会長兼ＣＥＯとして、売り手・買い手双方の立場で数多くの合併や買収、提携などの企業取引に参加した経験があるからだ。

長身のテキサス人、南部出身の紳士、典型的なCEO――これがローチである。もしハリウッド（米映画界）がテキサスのハンサムな企業経営者あるいは政治家のキャスティングを考えているとしたら、ジョン・ローチがすんなりと選ばれるかもしれない。

その後、アクメ・ブリックのハロルド・メルトンに次いでジャスティン・ブランズのランディー・ワトソンが登場し、結局、三人にインタビューする形となった。それにしても、ジャスティンブランドの黒のカウボーイブーツを履いたCEOたちに会うのは初めてのことだ。

テキサス州フォートワースを本拠とするジャスティン・インダストリーズは、まったく違う二つの企業グループから成る変わった会社である。基本的に同じ企業体の一部である、ということ以外には両者につながりはない。各グループのなかで最古の会社はいずれも創業してから一〇〇年以上がたっている。歴史の長いほうがジャスティン・ブーツで、ハーマン・J・ジャスティンによって一八七九年、テキサス州スパニッシュフォートに設立。一方、アクメ・ブリックはジョージ・E・ベネットによって一八九一年にフォートワースに設立されたが、一九六八年、この二社は統合されることになる。というのも、当時、アクメ・ブリックを所有していたファースト・ワース・コーポレーションがジャスティン・ブーツの創業者の孫ジョン・S・ジャスティン・ジュニアから会社を買い取ったからだ。その後、一九六九年にジョン・ジャスティンがファースト・ワースの会長となり、一九七二年には社名をジャスティン・インダストリーズに変更。それから二五年の間に、さらに企業を買収し、グループの傘下に収めていくことで会社は拡大していった。

しかし一九九九年四月、八二歳になっていたジャスティンは健康を損ねてしまう。六一年間、家業にいそしんできたものの、日常業務を続けるのは無理だと悟った彼は、会社が売却されることを見越して改造計画を練った。そしてジャスティン引退時には、取締役の一人だったジョン・ローチが取締役会からの指名を受け、執行役員を兼ねない会長として、計画の実行結果を監督することになったのである。現在、六二歳のローチはタンディ・コーポレーション——現在はレディオ・シャック・コーポレーション（＝エレクトロニクス製品のディスカウントショップを全米で展開している会社）——の会長兼CEOだったが、ジャスティンの取締役会から助力を求められ、CEOの地位を捨てたのである。企業再編の経験があり、M&A（合併・買収）を数多くこなしてきたローチは、ジャスティン・インダストリーズにとって、ちょうど良いタイミングで現れた打ってつけの人物だった。

ローチはジョン・ジャスティンについて次のように語っている。「ジョンは長年にわたり素晴らしい業績を上げ、会社を成長させてきました。偉大な才能を持つ、とても誠実な紳士で、自分の会社をとても誇りにしていました。彼はウエスタン業界ではまさにあがめられる存在だったのです。われわれが推進していた計画については、上出来だと思っていたようですが、年齢的に計画を実行していくだけのエネルギーが自分にはないことを悟っていたようです。……計画の中心はジャスティン・インダストリーズ傘下のさまざまな企業を二つの企業に、つまり、靴部門と建築資材部門に集約することでした。お互いにまったく別々の事業としてやっていけるように、というわけです」。その一環として取締役会は一九九九年夏、一九九三年からジャスティン・ブーツに勤務していたランディー・ワトソンを、新しく改称したジャスティン・ブランズのCEOに任命し、一九五八年からアクメ・ブリックに勤務していたハロルド・E・メルトンを、新しく改称したアクメ・ビルディング・ブランズのCEOに任命した。

ローチいわく、「計画は順調に進みました。さまざまな企業を二つのグループに集約し、両者にマネジメント機能を持たせ、それぞれに異なる成長戦略を用意しました。一本立ちしたときに、それぞれが独自にちゃんと成長していかなければならないからです。そして、いずれの企業も無事、増収増益を達成しました。……そして計画を立ててから一年ちょっとたった二〇〇〇年の晩春のころ、靴部門か建築資材部門のいずれかを買いたいという人たちが現れましたが、両方に興味を示す人はいませんでした。そんなある日、電話がかかってきたのですが、それがウォーレン・バフェットからだったのです」

その後、バフェットはバークシャー・ハサウェイの株主にこう説明している。「マーク・ジョーンズという、まったく面識もない人から五月四日にファクスをもらいました。それは無名の企業を買収するグループに加わらないかというお誘いでした。そこで私はファクスで次のような返事を送りました。よほどのことでもないかぎり、他者と組んで投資をすることはありませんが、もし詳細をお送りいただき、その後、買収が成立するようなことがあれば、喜んで手数料をお支払いしたいと思います、と。すると、例の〝なぞの会社〟とはジャスティンです、という返事が届きました(1)」

バフェットがジョン・ローチに連絡を取ったのはこのときである。ローチいわく、「ウォーレンは当社の事業についてよく調べていました。そして両部門ともすごく興味があるようなことを言っていました。その後、どのような形で話を進めたいのか、彼から話があるのをずっと待っていましたが、彼は何も言ってきませんでした。そこで、とうとう私は彼にこう言いました。『ウォーレン、どう話を進めるおつもりですか？　帳簿のチェックをさせるために会計士を何人か派遣されますか？　工場見学や業務チェックはどうされます？』と。すると、彼はこう言いました。『ジョン、バークシャー・ハサウェイの本社はたった一二・八人の社員だけで運営されているのは、ご存じですよね［これは週に四日しか働かない社員が一人いるためである］。ですから、帳簿のチェックや工場見学のために人を送り込むような余裕はありません。もしだれかがそちらに行くとなれば、私自身が行くしかないのです』と。『それは素晴らしいことじゃないですか』――というわけで、早速、彼がこちらに来る日取りを決めました」

ローチは言う。「その当時、ほかの人たちともまだ引き合い中でしたから、ウォーレンが会いに来た日も、某社の会計士たちがジャスティンのオフィス内で念入りに帳簿のチェックをしていました。そこで、ジョン・ジャスティンと私は私のオフィスでウォーレンと会うことにしました」――そのオフィスとはジャスティン・インダストリーズの本社内ではなく、フォートワースの繁華街にあるタンディ・コーポレーションのビル内にあった――「ウォーレンはジョンからうそ偽りのない会社の歴史や家業としての発展過程、合併のいきさつなどについて、うまく話を聞き出していました。もちろん、ジョンのほうも話ができることを喜んでいました。そしてジョンが話し終わると、今度はウォーレンがバークシャー・ハサウェイの話を始めました。そして四五分ぐらいたったころには、ジョンがウォーレンのことをいたく気に入っていることが手に取るように分かりました。その後、ジョンが退出すると、両社（両部門）の経営陣が入ってきて、比較的短いプレゼンテーションを行いました。ウォーレンは、数字については調査済みなので過去の財務データをさらに掘り下げて調べるつもりはないと言っていました。彼が本当に知りたかったのは、両社の競争優位性、市場での位置付け、市場シェア、競合他社はどこか、といったことだったのです」

ローチは言う。「当然のことながら、彼もまた、会社の経営を担っていく人たちがどのような人間なのか、何となくつかもうとしていました。われわれは丸一日いっしょに過ごしましたが、その間ずっと彼は二つのことをしていました。つまり、事業をさらによく知るために情報を収集する一方で、さりげなくバークシャー・ハサウェイの良さを売り込んでいました。そして最後に、会社の評価額はどのくらいか、という話になり、考えられるある程度の価格帯を話し合いました」。そう言ってから、彼はこう白状した。「実は、正直言って、その価格帯は実に興味あるもので、最終的にはかなり高かったことが分かったのですが、私は彼にも猶予を与え、当社に興味を持っていたほかの人たちにも、いくらまでならオファーを出せるか、時間を渡して検討してもらうことにしました。数週間後に定例の取締役会がある予定だったので、それまでにオファーが出そろっている必要があることを関係者全員に伝えたのです。

もちろん、ウォーレンにもほかの人たちにもオファーの提出期限は何日かあったわけですが、彼は数時間で提出してきました。彼はファクスでオファーを送り、届いたかどうか、確認の電話をしてきました。私が『いただきました』と答えると、彼はこう言いました。『まだうちの弁護士には見せていないのですが、これが買収条件です』と。これはなかなかいことだと思いました。というのも、弁護士というのはわざと取引を先延ばしにしたり、複雑にしようしたりすることがあるからです。

われわれは当社の買収に興味ある人全員を取締役会に招き、プレゼンテーションをしてもらいました。ウォーレンは来られなかったので、代わりにマンガー、トールズ、オルソンと、バークシャーのロサンゼルスの法律事務所から社外弁護士のボブ・デナムが出席し、ボブが簡単なプレゼンテーションを行いました。そして午後五時ごろ、われわれはボブに最終的な契約に向けて作業に入りたいと伝えました。それから、契約条件に関して六点ほど盛り込みたいことがあると言うと、『二〇分ぐらいでウォーレンと連絡が取れますから』と彼は言いました。すると本当に約二〇分後、どこかのホテルに到着したウォーレンを電話でつかまえることができました。われわれが挙げたポイントをボブが読み上げると、ウォーレンはこう言ったそうです。『承知しました。それは素晴らしいことです。最初からそうすべきでした』と。こうして数日内に最終的な契約がまとまり、合併成立の発表まで一週間かかりませんでした」

言うまでもなく、売り手・買い手ともにこの契約に非常に満足していた。合併発表時に、ジョン・ローチはこう語っている。「ジョン・ジャスティンも私も、ジャスティン・インダストリーズがアメリカで最も称賛される企業の一つに買収されたことを非常に喜ばしく思っています。ウォーレン・バフェットとバークシャーの経営哲学および経営手法の下では、現行の経営陣に対して、市場での確たる存在感と企業の伝統をさらに強化していくための機会が提供されます。このたび買収されたことは株主や顧客にとっても、従業員や地域社会にとっても、非常に有益なことだと信じています」

バフェットも次のように語っている。「バークシャーには六万人［現在は一〇万人以上］を超える社員がいますが、四〇〇〇平方フィート［約三七〇平方メートル］の本社には一三人の社員しかいません。ですから、傘下の事業会社には通常以上の自主性を持つように奨励しているばかりか、こちらが依存させてもらっています。そういう意味でジャスティンはぴったりの会社だと思います。同社は一流の人たちによって運営されている一流の会社です。抜群の業績をジャスティンにもたらしてきた経営陣がこれまでどおりフォートワースで経営に当たってくれることになっています」[(2)]。発言内容がこんなに明確であるにもかかわらず、その後、ある記者がバフェットに対して、「フォートワースに赴いて業務のチェックをしたり経営に当たったりするのか」と質問している。バフェットの答えはこうだ。「いいえ、私はそういうことはしません。そういうことをするために経営陣がいるのです。ジョン［ジャスティン］からステーキでも食べに来ないかと誘われれば、ステーキを食べに行きますが、会社の経営についてはは経営陣にお任せするつもりです」

売却が完了したとき、ジョン・ジャスティンはお祝いとして、バフェットにダチョウ革のカウボーイブーツを一足贈っている[(3)]。こうして自分の会社を存続させてくれる人の手にゆだねてから七カ月後、ジョン・ジャスティンは静かに息を引き取った。

バフェットがジャスティン・インダストリーズを買った狙いはブーツか、それともレンガか。ジョン・ローチに意見を求めたところ、彼はこう答えた。「ブーツの商売には多分にロマンがありますし、古き良き西部につながると思います。でも会社としての価値は、実際にはレンガや建築資材のビジネスにあります。それほど魅力的とは言えませんが、全体的には大金を生む商売ですから。ウォーレンは買収に当たって、一株二二ドル――つまり、トータルではおよそ六億ドル――支払っていますが、このなかから建築資材部門に帰属するのは、おそらく一株一八ドル［およそ五億ドル］で、残りの四ドル［およそ一億ドル］が靴部門の分になります。でも、ウォーレンがジャスティンに興味を抱いた本当の理由は、両部門ともに強力な競争優位性とかなりの市場シェアを確保していたこと、昔から確立された商標があり、その認知度が高かったこと、そして彼にとって安心できる経営陣がいたことだと思います。それと、ジャスティン・インダストリーズで彼が接した人たちが非常に誠実であることに気づいたからだと思います。こうした誠実さはビジネスの場でいつも見られるとは限りませんから。それにプラスして、うちの社員には勤続年数が非常に長く経験豊富な人が多いので、ウォーレンとしてもその在職期間の長さと豊富な経験を生かしてみたかったのだと思います」

実際、ローチはバフェットについては何から何まで感心していた。「彼が長い年月の間に買収してきた企業の経営陣たちは会社を辞めずに彼の下にずっと居続ける傾向がありますが、これは明らかに完全な自由裁量を与えられているからです。多くの場合、買収側は買収先のことをろくに知りません。にもかかわらず、買収先の経営陣に経営を一任することはめったにありません。買収側が事業の抜本的な改善計画を用意しているケースがほとんどなのです。ウォーレンは買収先が優良企業であることを承知していますだからこそ、その経営責任者に対してこれまでどおりのやり方で経営に当たってもらっているのです」。ローチはこう指摘する。「たしかに彼は例のステーキをしっかりと食べに来ました。こちらにいる間は、二社の経営陣とそれぞれ一時間ぐらいいっしょに過ごしていましたが、いずれも独立した企業であること、そして計画を立てたり実行したりすることや市場での競争優位性を強化していくことは各社の責任であることを彼らにきちんと説明していました。概して言えば、私がこれまで経験したなかで今回の案件は交渉から移行期において一番もめ事の少なかったケースです。でも、これはウォーレンがほかの人たちとはまったく次元が異なっていたからです。これまで取引したなかで彼は異色の存在でしたが、おかげで、アメリカでも指折りの経営者たちと交渉する機会が得られました。それにしても、彼は人とはまったく違った発想をする人です」

バフェットのことを高く評価していることからして、予想はつくが、ローチはバークシャー・ハサウェイやその将来についても同様にプラスの発言をしている。「バークシャーは明らかに素晴らしい見通しを持った価値志向型の企業です。普通とは違い、四半期利益にばかりとらわれずに長期的に価値を創造していく、というのは素晴らしいことです。長期的な価値志向型の哲学が非常に価値あるものであることは疑問を差し挟む余地もありません。これまでのバークシャーを見てみれば、いろいろな形でそれが証明されています。実際、真剣に取り組んでみると、価値こそ価値があるのです。そして最終的には傑出したブランド、傑出した市場シェア、傑出したキャッシュフローが勝つための戦略になっているのです」

ジャスティンの二つの事業はすでに計画的に分社化されていたため、バークシャー・ハサウェイ内ではそれぞれ独立した部門となっているが、それ以外は、合併による変化はほとんど何もなかった。わずかに変わったこととしては、経営幹部が二人――ジャスティン・インダストリーズの社長兼CEOのJ・T・ディケンソンと同上席副社長兼CFO（最高財務責任者）のリチャード・サビッツ――が引退したことが挙げられるが、いずれのポストも同社が二つのグループに分かれた結果、廃止されたのである。それ以外のことについては、ローチが次のように語っている。「バークシャーがわれわれに物事の進め方を指示する、というよりもむしろ、どう進めたいのかとバークシャーに聞くのはわれわれのほうなんです。そしてたいてい答えは決まっています。『そちらで一番良いと思う進め方なら、どんなものでもお好きにどうぞ』と」。計画に従い、ジョン・ローチは合併後しばらくの間は移行期の支援をするために社にとどまっていたが、ジャスティン・インダストリーズが解散してから数カ月後に会社を去り、二部門の経営はジャスティン・ブランズのランディー・ワトソンとアクメ・ビルディング・ブランズのハロルド・メルトンの手に完全にゆだねられることになった。

ワトソンが二〇〇〇年春から経営を任された会社は創業一八七九年。インディアナ州ラフィエット出身の革職人ハーマン・J・ジャスティン（通称ジョー・ジャスティン）がテキサス州スパニッシュフォートで牛飼いたちのためにカスタムメードのブーツをつくり始めたのが最初である。当時は品質の高いブーツを扱っている店はわずかしかなかった。このため、最初の一年だけで一足八・五ドルのブーツが一二〇足も売れたのである。彼はまた顧客が自分で足のサイズを測れるように顧客の元に送れるような測定キットを開発。これで通信販売事業にも乗りだすことになった。こうして満足した顧客たちの口コミでジャスティンの名前が広まるにつれて、事業は拡大していった。一〇年後、仕事場をテキサス州ノコナに移したあとも発展を続け、ついにはいわゆる家業となり、妻と七人の子どもたちのほとんどが事業に加わった。一九〇八年、長男のジョンと次男のアールがパートナーとなり、社名を変更。H・J・ジャスティン＆サンズとなった[4]。

一九一八年、ジョー・ジャスティンが亡くなり、一九二四年に会社は株式会社となった。ジョンとアール、それに弟のエイビスが取締役となり、ジョーの子どもたち全員が会社の株を取得した。一年後、会社を拡大するには、より広いスペースとより多くの人員が必要となり、H・J・ジャスティン＆サンズは約一五〇キロ離れたフォートワースに移転。しかし、ジョーの子どもたちのうちの一人、つまりジョンたちの妹イーニッドだけが引っ越すのを嫌がった。彼女はノコナに残り、ノコナ・ブーツ・カンパニーを創設。イーニッドの会社はその後ジャスティンの主要ライバル会社の一つとなった（訳者注　「ノコナ」は「ジャスティン」「トニーラマ」同様、ウエスタンブーツの有名ブランド）。競合する会社はあったが、第一次世界大戦末期から第二次世界大戦初期までに生産量は三倍になった。一九二〇年代に西部劇が流行し、ウエスタン文化がもてはやされたからだ。世界大恐慌のときでさえ、売り上げにはほとんど影響はなかった。それどころか、あまりにも繁盛していたため、そのころにはすでに経営者となっていたジョンは製品ラインを増やすことに決め、ひざまでの長さの軍靴や編み上げ靴にも手を広げるようになった[5]。

しかし、事業を拡大したものの、採算がとれず、一九四九年に会社は経営難に陥った。当時、三二歳になっていた、ジョンの息子ジョン・ジュニアの頭の中にはある再建策が浮かんでいた。彼は叔父エイビスの株を買い取って支配株主となり、父親から経営権を引き継いだ。ジョン・ジュニアはジャスティンの社長として、即座に工場の近代化を進め、同社初のマネジメントシステムを構築。と同時にマーケティング技術および宣伝技術を駆使し、販路を南西部から全米へと広げた。こうしてジャスティン・ブーツは揺るぎない地位を確立し、そのモットー「西部スタンダート」が知れ渡るようになったのである。(6)

一九六八年、ジョン・ジュニアは、当時D・O・トムリンが経営していたファースト・ワース・コーポレーション（アクメ・ブリックの親会社）に対して、これまでどおり家業として経営を続けさせてもらえることを条件に会社を売却。見返りにファースト・ワース株を取得したため、ジャスティンがファースト・ワースの筆頭株主となった。しかし、トムリンが引き続き社長兼CEOとして経営に当たることに同意したジャスティンは、最初はこの取引に大いに満足していたものの、いろいろな理由で新しいパートナーたちにすぐに幻滅を感じるようになった。こうしてジャスティンは一年もたたないうちに、合併契約を無効にする訴訟を起こしてやる、と脅しをかけるようになっていた。しかし訴訟を起こせば、ずるずると長引き、時間も金もかかる。そう思った彼はファースト・ワースの取締役会に対して、トムリンの代わりに自分を社長兼CEOに指名してくれれば訴訟は起こさないと告げた。その後、ジャスティンはこう語っている。「私はきっぱりとそう言いました。取締役の大半は私の言い分を分かってくれましたし、事の成り行きを心配していました。そこで、彼らはトムリンをクビにし、代わりに私を指名したわけです(7)」

三年後の一九七二年、ジャスティンは社名をジャスティン・インダストリーズに改称。それから二五年をかけて靴部門と建築資材部門の両方を築き上げていくことになったのである。一九八一年、叔母のイーニッドからノコナ・ブーツ・カンパニーを買い取り、一九八五年にはウィスコンシン州のチペワ・

シュー・カンパニーを買収。さらに事業を拡大し、ベルトや帽子、バイカーブーツ（＝オートバイ用のブーツ）も扱うようになり、「ジャスティン・ジーンズ」のライセンスも取得。一九九〇年にはテキサス州エルパソを本拠とするブーツメーカー、トニー・ラマ・カンパニーを買収した(8)。それから一〇年後、ウォーレン・バフェットに会社を売却するころには、ジャスティン・ブーツは全米で四億五〇〇〇万ドル規模となるウエスタンブーツ市場において三五％のシェアを獲得していた。これは現行の基準小売価格では七五％のシェアに迫るものだ。

ジャスティン・ブランズの経営を担うことになったランディー・ワトソンは当時、四一歳。一九九三年に入社してから五年が経過していた。自社株をまったく保有しておらず、会社売却時の交渉にも立ち会っていないが、ワトソンが引き続き経営に当たることに同意したことが、バフェットの気を引いた一つの要因でもあった。バークシャーのトップが彼に好感を抱いたように、ワトソンもバフェットに好感を抱いていた。ワトソンは言う。「会社が売却されるという話を聞いたとき、当然のことながら、社内全体にいくらか不安が広がっていましたし、創業一二〇年にして大きく変わってほしくないという思いもありました。でも、ミスター・バフェットのような実業家にジャスティンを買収してもらえることは、ジョン・ジャスティンや彼が築いた会社に対する最高の賛辞となります。彼は私たちの事業をよく理解していました。つまり、ブランドのことや、会社の歴史や伝統の重要性について理解してくれていました。これまでずっと同族会社として存続してきましたが、会社を売却することによってウエスタン業界に悪影響を与える可能性がありました。でも、バークシャー・ハサウェイに買収されたおかげで、そうした悪影響は出ませんでした――マイナス面が何もないんです」

ワトソンが特に喜んでいることは、「ミスター・バフェットから自主的に経営してくれと言われたこと」だそうだ。「彼からこう言われたんです。『オマハには四〇〇〇平方フィート［約三七〇平方メートル］のスペースがあるだけです。従業員も一二・五人しかいません。ですから、御社の九五〇人が入る空間はありませんので、そのままフォートワースで会社の経営を続けてください。多少にかかわらず、私をお好きなように利用してかまいませんから』と。……今では資本が自由に使えるので、〝堀〟を大きくするのに必要だと思ったことができるんです。これはすごいことです」

バークシャーはジャスティンのほかに、H・H・ブラウンとデクスター・シュー・カンパニーを所有している。「ジャスティンを買収したことで、靴業界におけるバークシャーの市場シェアはさらに拡大しました。一二〇年にわたる歴史と伝統、認知度の高いブランド、そしてブランドエクイティ（＝ブランドの資産的価値）の重要性など、私たちは多くのものをバークシャーの靴部門にもたらしていると思います。これまでずっと靴業界の浮き沈みを見てきましたが、バークシャーの靴部門もいずれはみな自社のキャッシュフローに大きく活を入れられる日が来ると確信しています」とワトソンは言う。

ジャスティンの場合、かなり限定された市場ですでに大きなシェアを獲得していたうえ、それなりに最大のライバルもいるため、シェアを伸ばすのは容易なことではない。ワトソンいわく、「ウエスタン関連の小売業者の場合、すそ野は広がっていませんから、無駄な努力をして新しいブランドづくりに資金を投入するよりも、既存ブランドを取得して、これまでとは違う価格帯に参入していこうと思っています。……今のところは順調で、さらに棚スペースを確保できるようになりました」。ほかにはジャスティンのオリジナルワークブーツの販売も始めた。「ジャスティンのブランドの強みを生かして作業靴にも参入したところです。これまで信頼を築き上げてきたブランドの品質・歴史・伝統を、鋼製先芯あり・先芯なしといった各種のワークブーツに取り入れていますが、非常にうまくいっています」

ジャスティンの将来については、ワトソンは次のように語っている。「やはりウエスタンマーケットの規模と、私たちが売り物としているのは一つのライフスタイル、一つの姿勢であるということに焦点を当てていく必要があると思います。市場が急成長しようと、低迷しようと、変わらないままであろうと、これまでとは違う流通チャネルと価格帯、そして消費者のニーズに見合う製品を提供することで、市場シェアの拡大を目指して頑張っていきたいと思っています」

「バークシャーにまた別の靴関連事業を買収してほしいか」と意見を聞いてみた。ワトソンいわく、「靴部門の商品が多様化するのは素晴らしいことだと思いますが、彼が買収するかどうかは、まったく別問題です。ただ、私たちは一つの会社、一つの戦略の一部として組み込まれていますが、私たち自身は非常に居心地が良いと感じています」

ランディー・ワトソンは現在、四三歳。自身の将来についてはこう語る。「ウエスタン業界に入ったのは一九八〇年ですから、もう二〇年になりますが、このままずっといるつもりでいます。業界とはまさにウマが合うんです。古き良き西部へのあこがれ。握手一つで言質を与えるようなライフスタイルを今も象徴するもの。『若者よ、西部を目指せ』的なアメリカンドリーム――ウエスタン業界には神秘的で独特な趣があるんです。これは他のどのビジネスとも違います。ですから、私にとってお客様というのは本当に特別な存在なんです」

ジャスティン・ブーツに浸透しているウエスタン業界特有の雰囲気は、同社の関連会社アクメ・ブリックの雰囲気とはたしかにまったく違う。これだけ違うと、なぜバークシャーとの合併以来、完全に分社化しても経営にほとんど何の影響も出なかったのか、その理由がよく分かる。現在はアクメ・ビルディング・ブランズと改称されている同社のCEOハロルド・メルトンは言う。「ランディーの部門と私の部門の間にはまったく相乗効果は見られません。ランディーと私は社交の場で互いに顔を合わせることはありますが、それだけです。お互いに本質的にまったく異なるビジネスを手がけているからです。扱っている製品に同種のものはありませんし、流通チャネルも顧客層もまったく違います」。むしろ、そういう意味では、ジャスティン・インダストリーズは合併前からバークシャー・ハサウェイと非常によく似ていたことになる。バークシャーの会長が同社に引かれた理由の一つはこれかもしれない。

ジャスティン・ブランズと同様、アクメ・ビルディング・ブランズも実際には建築資材関連のさまざまな企業――アクメ・ブリック、フェザーライト、アメリカン・タイル・サプライ、テキサス・クオリーズ、グラス・ブロック・グリッド・システム――の集合体である。この部門では一番歴史の古いアクメ・ブリックは一八九一年、ジョージ・E・ベネットによってフォートワースに設立された。一八五二年にオハイオ州スプリングフィールドで生まれたベネットは、一六歳のときに家を出て西へ向かった。最初はミズーリ州セントジョーゼフでジェームズ・マッコードという卸売商の下で働き、一八七四年にはミズーリ州バトラーで自営業を始めた。しかし一八七〇年代の半ばごろ、世の中が不景気となり、事業に失敗したベネットはテキサス州へ移り、ダラスでマコーミック・リーパー・アンド・ハーベスター・カンパニーに就職。セールスマンとなったが、あっという間にセールスマネジャーに昇進した。一八八四年にはマコーミックを辞め、ダラスのトムキンズ・インプリメント・カンパニーのゼネラルマネジャーとなり、それと同時にまた自分自身で商事会社を始めた(9)。

若く野心的だったベネットは常に新しい機会はないかと目を光らせていた。一九世紀末、テキサス州のレンガ産業はまだ産声を上げたばかりだったが、レンガの需要は急激に伸びていた。この趨勢に気づき、業界参入に興味を抱いたベネットは、工場用地に適した場所を探し始めた。そして一八九〇年、パーカー郡ロッククリークでレンガづくりに適した粘土を含む土地を見つけた。早速、その土地を購入し、最初の工場を建設。一年後、アクメ・プレスト・ブリック・カンパニーを設立した。ベネットが予想したとおり、レンガの需要はあまりにも旺盛で、アクメが創業したとたん、さばき切れないほどの注文が殺到。それから二〇年、会社は拡大し成長を続けた。

しかし一九〇七年、ジョージ・ベネットが亡くなり、まだ二〇歳の息子ウォルター・F・ベネットが社長として父のあとを継ぐことになった。だが、息子が継承したのは父親の会社だけではなかった。会社のトラブルまで引き継いでしまったのである。ジョージ・ベネットが死んだ年、金融恐慌が起こり、売り上げが減少。このため、レイオフを実施したところ、従業員がストライキを起こし、状況はさらに悪化。とうとうジョージの息子は店を閉め、会社の買い手を探すことになった。ところが、その後テキサス州ミッドランドで大火事が発生。町全体がほぼ焼失し、建築資材が大量に必要となった。こうしてウォルター・ベネットは再び会社を立ち上げて営業できるようになったのである。(10)

アクメ・ブリックは順風満帆だった。しかし一九二〇年代に入るころには、レンガの需要が落ち込み始めた。これは特にスチールやコンクリートなどの他の資材が使用されるようになったからだ。こうした傾向は一九五〇年代まで続いたが、五〇年代に入ると、特にオフィスビルなどでガラスを大量に使用するようになり、レンガ市場はさらに縮小を余儀なくされた。そして一九六〇年代には、コンクリート、アスベスト、セメント、アルミニウム、スチール、プラスチック、アドービレンガなど、これまで以上にさまざまな資材が使われるようになった。こうして年月を重ねるにつれ、レンガメーカーの大多数は他の企業に吸収されるか、あっさりと廃業することになった。アクメが一八九一年に創業したとき、アメリカにはレンガ工場が五〇〇〇もあり、年間に一〇〇億個のレンガが生産されていたが、一九六八年にはわずか四五〇社ほどとなり、年間の生産量も九〇億個になっていた。(11)

こうした流れに対抗すべく、アクメ・ブリックは当時の社長D・O・トムリンの指導下で、レンガ以外の建材メーカーを次々に買収し始めたのである。買収先にはテキサス州を本拠とする三社——ダラスのコンクリートブロックの会社ノーラン・ブラウン・カンパニー、フォートワースのマクドナルド・ブラザーズ・キャストストーン・カンパニー、ラボックのACFプレキャスト・プロダクツ——のほか、アーカンソー州リトルロックのコンクリート・キャスティング・コーポレーションなどがあった。こうした企業を傘下に収めた以上、会社はもはやレンガだけをつくっている組織ではない。つまり、アクメ

・ブリックの名称を変更したほうが望ましいということになり、その後、ファースト・ワース・コーポレーションに改称されたのである。(12) ファースト・ワースは引き続き買収によって拡大を目指し、一九六八年にはジャスティン・ブーツ・カンパニーを取得。そして前述したように、翌年にはジョン・ジャスティン・ジュニアがD・O・トムリンに代わってファースト・ワースの社長兼CEOとなり、一九七二年に社名をジャスティン・インダストリーズに変更したのである。ジャスティンは両部門をさらに拡張し、一九九九年春にウォーレン・バフェットに会社を売却するころには、同社の年間売上高は五億ドルを上回り――このうち約四分の三が建築資材部門の稼ぎで――年間利益も二八〇〇万ドルを超すまでになっていた。

その後、ハロルド・メルトンが、新しく改称されたアクメ・ビルディング・ブランズの社長兼CEOとなり、ジャスティン・インダストリーズの事業のなかで一番おいしい部分を引き受けることになった。そして、みんなの話によれば、この点が一番ウォーレン・バフェットの気を引いたのだという。しかしメルトンはこう言う。「レンガ事業は歴史的に見て、ジャスティン・インダストリーズで長期にわたって一番収益性の高い部門だったという印象がありますが、当社には靴部門、建築資材部門双方において強力なブランドがいくつかあります。ウォーレン・バフェットは全体の買収額に比して靴部門を相当高く評価していたと思います。建築資材部門に対しては、会社の利益の記録を基にかなり妥当な額を支払ったようですが、レンガ事業の業績を他の建材会社と比べてみた結果、気に入ったのかもしれません」。彼は何も言わなかったが、アクメは全米でも特にレンガの使用量の多い六州において市場シェアの五〇％以上を占めているのである。

アクメの経営権を握れることでバフェットが喜んでいたように、メルトンもバフェットの下で働けることを喜んでいた。「ウォーレン・バフェットがこちらに来ることを初めて知ったときは、買収の話などどうでもいいことでした。ともかく彼がわれわれと話をするために来るというだけで、もう大変なことだったのです。正直言って、彼のような商才を持ち、投資の才を持った偉大な人物が自身の知識を基に当社を見に来るということはすごいことだと思いました。私の友人たちには、ウォーレン・バフェットが話に来てくれることを願っている人や、彼が興味を抱くくらい立派に経営を行っていきたいと思っている人たちがいます。ですから、こうして合併できたことは会社にとって本当に素晴らしい賛辞であり、私をはじめ、全従業員そして元従業員にとっても光栄なことだと思いました」

実際にバフェットと会う機会に恵まれたとき、期待を裏切られるようなことは何一つなかったと、以前ファイナンス科の教授をしていたメルトンは言う。「私はこれまでかなり長い間、会社の内外で会計士や金融関係者といっしょに仕事をしてきましたが、ウォーレンは典型的な数字屋さんにちょっと似ているような気がしました。これは別に非難しているわけではありません。ただ、数字屋さんというのは時に、〝無口で打ち解けない〟性格だったりするものですが、彼にはそうしたところがまったくありませんでした。とても人懐こくて現実的で、非常に話しやすく、それでいて、ほとんど一瞬にして事業を理解してしまうような論理的思考の持ち主でした。彼にとって基本的な事業はとても易しかったのだと思います。というのも、当社の事業のユニークな点や、そうなった過程、今後の計画について話をしていたとき、彼は当社の過去・現在・将来について、いくらもたたないうちにもう把握していたからです。こうしたことは非常に珍しいことです。……実際、当社がもし一〇年後にまだ売れずに残っていたとしても、ウォーレン・バフェット以上の素晴らしい買い手は見つからないと思います。それは、彼の会社への姿勢や社員への姿勢、そしてその経営哲学が基本的にアクメ・ビルディング・ブランズとわが経営陣の経営哲学と同じだからです。ほかの人に買収されるよりも、ウォーレン・バフェットに買収されたほうが、社員一同幸せになれることはまず間違いありません」

バークシャー・ハサウェイ傘下の経営者たちとの会合があれば歓迎するかどうか、聞いてみた。彼いわく、「それは大歓迎ですし、ほかの人たちとも会ってみたいものです。バークシャーのなかではウォーレン・バフェットとマーク・ハンバーグ［＝バークシャーの副社長兼財務部長］しか知りませんので、ミーティングがあれば楽しいと思いますし、それは素晴らしいことです」。ただし、個人的な理由だけでミーティングに魅力を感じているわけではない。ビジネス上の観点からも、他部門の経営者たちと話し合いができれば、かなり有益かもしれないと彼は見ている。「これまでの人生のなかで、ほどよく知性の高い人たちと話をして、私生活や仕事のうえで何も得るものがなかった、ということはただの一度もありませんでした。ですから、バークシャー・ハサウェイの一員となった人たち、つまり、ウォーレン・バフェットによって選ばれた人たちと会って、ともに過ごせる機会があれば、自分にとって必ずためになるものと思っています。彼らが私から多くのものを得られるかどうかは分かりませんが、私のほうは個人的にも経営的にも多くのことを学べると思います」

もっとも、メルトンの場合、経営面においてはすでにかなりの知識があることは明らかである。「どの調査を見ても、アクメ・ブリックは［レンガでは］全米で一番知名度の高いブランドです。南西部の主要レンガマーケットでは新築住宅購入者の七五％がアクメの名前を知っています。これは建設業者だけでなく、消費者についても言えることなのです。これで二番手のブランドの認知度が一五％なら、もう比較になどなりません」。このように知名度がきわめて高いのは、主として宣伝効果によるものだという。「一九七〇年代の半ばごろから広告宣伝活動を始め、それが今も続いていますから、長期間にわたって強力な計画を推し進めてきたことになります」。アクメ・ブリックは最近、スポーツ・イラストレーテッド誌の表紙を飾る特別広告にウォーレン・バフェットを起用し、その商標とともに次のような言葉を掲載している――「レンガはこれまでで最高の投資物件になり得たかもしれません」

とはいえ、別の要因もある。「アクメ・ブリックでは計画的に故意に生産量の約九五％を、実際に金を払って製品を購入する人、実際に製品を使う人に直接販売するようにしています。こうした直接販売の割合は全国的にはおそらく三五％ぐらいだと思いますが、当社では年月をかけて自前の流通システムを構築してきましたから、自社の販売拠点（六州に四〇カ所）と自社の人間を通じて、製品を使用する本人に直接販売しています」

〝いかにして〟会社を経営するかということについては、「経営者は成功するために三つのことをしなければならない」とメルトンは言う。「一番大事なことは、正直さと誠実さがあらゆる意思決定をコントロールするような経営哲学を持つこと。つまり、人事に関する決定であろうと、顧客とのトラブルに関する決定であろうと、その他の決定であろうと、すべての意思決定は正直さと誠実さに基づいてなされるものでなければなりません。二番目は、より良い会社をつくるために、そして会社に付加価値をもたらすために、われわれ全員が一丸となって働いている、という自覚を社員に毎日持たせるようにすること。つまり、自分たちもその一部である――それも、非常に重要な役割を担っているかもしれない――と社員に思わせて、経営者と同じようにこの会社は自分たちのものだという感覚を社員に持たせなくてはいけません。それから三番目に大事なことは、現在進行中の事業の進ちょく状況を把握するために適宜的確に管理すること。つまり、その事業がどんな具合に進んでいるのかが分かるように、絶えずデータを提供してくれる優れたマネジメント情報システムを構築しなければなりません」

自分の努力が実を結んだかどうかは、どうやって判定しているのだろうか。メルトンいわく、「私の場合、成功の尺度がいくつかあります。第一に、雇用が安定していること。これは社員が二八〇〇人いても、家庭的な環境づくりをしているからだと思います。当社では社員を本当に大切にしています。彼らは私のことを知っていますし、私も彼らのことを知っています。それに、彼らの子どもたちや配偶者のこともかなり知っています。もう一つの尺度は、アメリカで最も収益力のあるマルチプラントのレンガ事業を運営していること。つまり、これは私にとっては、社員やお客様に接するうえで実践している哲学と、アクメ・ブランドを確立するときにとった戦略の両方がうまく機能していることを意味します。これが最終利益の増大につながるわけです」

　そこで、最終利益の見通しについて尋ねたところ、メルトンはこう答えた。「全国的にレンガ産業はこの一〇年間で若干成長しました。建設業者が他の資材を使うようになってから、レンガの使用量が減少していましたが、ここ一〇年ぐらいでまた持ち直してきています。現在、全米の組合を通じて「レンガ協議会」と称する販売促進団体が全国にいくつも設立されています。レンガの使用を促進するために業界を挙げて宣伝活動を行うのは、レンガ産業始まって以来のことです。そしてこれが成果を上げています。ですから、業界が積極的に宣伝活動を推進している間は、レンガ産業も持続的に成長していくと見ています」

　メルトンは現在、六四歳。自身の将来については、まだ引退の予定はないという。「ウォーレン・バフェットと初めて会ったとき、彼がした質問の一つがこの引退に関することでした。そこで私は、私を交代させたほうがよいと思われるまでは、ずっとここにいたいと答えました。ですから、今のところ引退するつもりはまったくありません。ただ前進あるのみです。でも万一、私が会社を去ることになったとしても、アクメに大した変化は起こらないと思います。当社ではみな私と同じ哲学を共有しているからです。同じ哲学が社内に深く埋め込まれているんです。アクメ流の哲学を社員に理解させるべく、われわれは現場で条件づけを行ってきました。つまり、社員を教育し、支援し、向上させ、全員で一丸となって働いてきたんです」。自分が辞めても外部から変化がもたらされる心配もないと彼は言う。というのも、「当社の経営哲学は基本的に、私がウォーレン・バフェットの哲学だと思っているものと同じだからです」とのこと。

　「バフェットが引退した場合、どうなるか」という問いには、メルトンはこう答えた。「彼の後継プランについては何も知りませんが、長年にわたって彼が発揮してきた論理的思考と優れた才能からして、入念に後継プランを練り上げているはずだと思います。それに彼の会社にとっても傘下の全企業にとっても、適したプランになっていると思いますから、私はまったく心配していません」

ビジネスの基本方針──ハロルド・メルトン

★経営上のあらゆる意思決定をコントロールするものは正直さと誠実さでなければならない。
★会社に付加価値をもたらし、より良い会社にしていくために仕事をしている、という目標を全社員が共有していなければならない。
★会社の業績や財務状態を絶えずモニターしておくために、優れたマネジメント情報システムやその他の管理システムを構築する。

第六部

結論

第二一章　バフェット傘下のCEO――比較対照編

自信、勇気、意欲、創造性、リスク・リターンのバランスを取る能力――成功している経営者たちを調べてみれば、必ずこうした特性を共通して持っていることに気づくだろう。では、バフェット傘下のCEOたちにはどのような共通点があるのか、そして、どこがどう違うのか、知りたくなるのはまさに当然のことである。

このユニークなグループのメンバーたちは、お互いに面識もなければ、正式に集まったこともないため、対照するには格好の調査対象となる。表面上は、①同じ人間が同じ基準で選んでいる、②買収されたあとも、すべてこれまでどおりのやり方を行っている、③バークシャー傘下の他の企業あるいは他の業種との相乗効果もなく、協力し合う必要もない、④傘下のCEO同士、集まる努力もしていない――といった四つの共通点がある。

では、以下にその他の類似点を挙げてみよう。

1．経営の自主性

各CEOは大きな組織の一部とは思えないようなやり方で自社の経営を行うことを期待されている。親会社にどの程度報告を入れるかは本人次第である。毎月一回、簡単な財務報告をする以外は、報告書を提出したり、ミーティングを行ったり、電話を入れたりすることは要求されていない。また、職務権限を一元化することも余剰人員を削減することも求められていない。各CEOは各自の担当部門以外のことや他の経営者たちのしていることについては、まったく疎く、ほとんど気にもかけていない。事業の継続評価や収益予測、マスコミ関係の対応に時間を取られることもない。

2．組織構成

傘下の企業は完全な水平組織になっており、下部組織も官僚的な機構もない。それぞれが経済的に独立し、外部からあまり干渉されることなく、意思決定が素早くできる構造になっている。いずれも世界中に取引先や情報源を持ち、広範な「能力の輪」を有し、潤沢な資本を利用することができる。

3．独自に成長

バークシャーがCEOたちを育成したり、CEOたちに感化を与えたりしたわけではない。CEOおよび組織ともにすでに望ましい状態にある企業をバフェットが買収したのである。

4．良き師の重要性

たいていのCEOは親から多大な影響を受け、良き師、良き相談相手に恵まれていた。こうした良き師となる人がいなかったなら、指導者の役割は担えなかったに違いない。

5．仕事への愛情

CEOたちは自分たちの仕事にほれ込み、自らが管理し発展させてきた組織に愛情を持っている。だれ一人として会社を辞めて競合他社に移ろうと思った者はいない。ミセス・ブラムキンのような創業者や起業家たちは、死ぬまでずっと好きな仕事をしていくつもりでいる。バークシャーが並外れた成功を収めている真の秘密はここにある――こうした仕事への愛情がバークシャーの将来を揺るぎないものにしていくのである。

6．長期志向

バークシャーを買うのは長期派の株主で、バフェットがつくったユニークな経営者集団はみな健康であるかぎり、経営者としての役割をずっと担っていくつもりでいる。バークシャーは家庭的かつ家族的な志向と何世代にもわたる同族経営・同族所有のメリットを享受している。

7．価値観

　バフェット傘下のCEOたちはいずれもしっかりとした価値観を持ち、心に深く秘めた信念と信条、絶対的な誠実さが行動の動機づけとなっている。成功はお金でも測れるかもしれないが、彼らが価値を置いているのは、ボスとの関係や自社の業績、自社の社員たちである。みな一流の手法で一流の会社を経営することを信条としている。

8．謙虚

　事業で成功し、富を築き、絶頂を極めたにもかかわらず、各CEOは謙虚でつつましく謙遜する傾向がある（たいていのCEOは自分の話など読者受けしないと思っている）。

9．金融業界には懐疑的

　バークシャーに買収される前、公開企業にいたCEOたちは短期志向のアナリストや収益予測、うわさをささやく集団、マスコミ関係、法的要求事項などに嫌悪感を表していた。みな仕事を片づけることだけに専念するほうがいいと口をそろえて言う。しかし、バークシャーでは経営陣も株主も長期的な視点で構えているため、CEOたちは外部の雑音に邪魔されることなく、自社をより良くしていくことだけに集中することができる。

10．適正価格

　各CEOたちはできるかぎり高値で売ろうとするのではなく、「適正」な価格で自社を売却することを望んでいた。その多くは株式市場を通せば、もっと高値で買ってくれる別の相手を見つけることができたはずなのに、バフェット流の独特なスタイルを好み、売り手として満足が得られるほうを選択したのである。実は、「オーナーか経営者が適正価格で売却に応じる」というのは成文化されてはいないが、満たしていなければならない買収基準の一つなのである。買収先の経営陣が残留しない場合、バークシャーはその会社の資産にも顧客基盤にも地勢的な独占体制にも従業員にも自己資本にも圧倒的な市場シェアにも興味を示さない。高値で売りたがるようなオーナーは、自分が築き上げた会社の存続よりも、自分の懐具合のほうが気がかりなのだから、こんな経営者は願い下げ、というわけである。価格にプレミアムが付いても正当化できなければ、売り手も残留しづらくなるだろう。一方、買収されても、独立性が保たれ、会社や従業員や顧客が守られ、資本や現金が手に入り、称賛し尊敬できるボスがいて、経営哲学が単純明快で自分たちと相性が良いなら、それに越したことはない。会社をバークシャーに売却し、バフェットがボスになったことをこれまでで最高のことだと語るCEOは多い。

11．職業観

バフェット傘下のCEOたちはバークシャーを単に自分たちの独立した事業におけるライフサイクル上のもう一つのステージとみなしているようだ。だから、会社を売却したあとも、自分の会社や仕事が変わったとはだれも思っていない。みな長い年月をかけて築き上げてきた事業を「やるべき仕事」としてではなく、「果たすべき使命」として見ている。

12．眠れる理由

CEO全員がほとんど心配事もなく寝ている。外部から圧力をかけられる心配もなければ、会社を売却される恐れもない。本社から細かいことまでいちいち管理されることもなく、社内に政治的な絡みもない。各CEOは各自の財産を維持し、各自で決めた慈善事業に時間を割くことができる。

13．事業を築き上げた年月

買収先のCEOとして理想的なのは、自らの人生をかけて事業を築き上げてきた人たちである。家業として三代続き、圧倒的な市場シェアを獲得している、ハイテクとは無縁の単純な企業であれば、さらに良い。いずれのCEOも絶えず投資を行い、事業の改善に努めているからだ。

14．業務に専念

各CEOは企業の財務面にこだわるよりも、仕事や問題にきちんと取り組むことのほうが重要だと考えている。自分で予算管理を行っていないCEOもいれば、事業の成長や拡大に専念しているCEOもいるが、彼らはみな目先の利益にとらわれず、業務に絶えず目を光らせている。親会社や他の子会社、株式市場や経済情勢、そしてその他の企業のことよりも、社内のことに集中しているのである。

15．事業の継承

各CEOは明確なプランを立てて後継者を指名している。自らが選んだ後継者を確実に受け入れてもらえるように、経営陣を対象に無記名投票を行っているCEOもいれば、インタビューを行ってから数カ月のうちにCEOの役割を他者に譲った人も二人いる。バフェットは年に一回ぐらいの割合で各CEOに手紙を送り、後継者の氏名を毎回更新してもらっている。CEOたちはバフェットあてに（事務所か自宅）に推薦状をつけて極秘に返事を出している。

16．経営者も株主

彼らは自分自身で料理したモノを食べている。つまり、各CEOと大半の経営陣はバークシャーの株主でもある。年次株主総会には自費で出席し、株主の立場に立って意思決定を行っている。自己の純資産の九〇％以上がバークシャー株で占められている経営陣がほとんどで、個人的にも担当部門と経済上の利害関係があり、各自の報酬は本人の業績と直接連動するようになっている。つまり、彼らの報酬は他の子会社や親会社の業績とは無関係なのである。なお、他人に投資アドバイスをするのを好まないCEOが多い。

17．企業市民としての慈善事業

各CEOたちは全員、何らかの慈善事業に自分の時間と資金を提供している。なかでも地域社会・健康・子ども・教育関連の慈善事業が多い。特に小売業者の場合は、各企業が企業市民としての責任を担い、地域社会に参加することを信条としている。

18．経営スタイル

バフェット傘下の各CEOは直接関与型で親しみやすく、柔軟性があり、実際的である。一流のビジネススクールでMBAを修得したCEOも何人かいるが、MBA修得者にありがちな経営管理法を実践している人は一人もいない。たいていのCEOは経営をサイエンスとしてではなくアートとしてとらえている。自ら範を示し、インスピレーションによって導いていくのである。社員は仕事仲間であり、敬意をもって接するようにしている。

19. カントリークラブのメンバー

バークシャーの経営陣の多くは白人男性で大学を出ており、六四歳ぐらいで、経営者としてのキャリアは長い。そしてカントリークラブに所属し、ゴルフをする人が多い。ただし、ゴルフ好き、カントリークラブの会員、有名ビジネススクール出身、といった類似点があるから選ばれたわけではない。これはたまたまそうなっているだけなのである。

20. 特別報酬

ゴルフ好きの新顔経営者の場合、バークシャーの傘下に入ったあと、経営陣の特典としてユニークなご褒美がもらえることになっている――それはオーガスタ・ナショナル・ゴルフクラブでウォーレン・バフェットや仲間の経営者たちとともにゴルフを一ラウンドさせてもらえることだ。特別報酬として、ビル・ゲイツをはじめ、マイクロソフトの経営陣とともにゴルフに招待された人たちもいるが、GEのジャック・ウェルチやABCキャピタル・シティーズのトム・マーフィーら、産業界の大物といっしょにゴルフを楽しんだ人たちが多い。ゴルフをやらない人の場合は、政界のリーダーや財界の大物たちが年一回ワシントンDCに集う晩さん会に招待してもらえる。ちなみにアメリカ大統領もゲストの一人だ。

21. オフィス

小さくて機能的。秘書が席を外しているときは、自ら電話に出るというCEOが多い。机の上はさまざまな企画物や書類の山、読み物などで散らかっているのが普通。ただし、書類がきちんと重ねられ、クリップで留められているなど、机の上の整理整頓が行き届いている経営者が一人だけいたが、その一方で、机の真ん中にホチキスが一つ、至る所に書類の山、壁にはバークシャーの小さな広告が三枚貼ってあるだけ、という経営者もいた。

22. 強み

過去の業績、単純明快なビジネス、評判、誠実さ、資本調達、経営陣の層の厚さと後継者がいること、そしてウォーレン・バフェットと連絡が取れること。

23. 地理的範囲

事業範囲は主として米国内だが、グローバル企業として進化しつつある。

24. 社内昇進組

全員が会社とともに成長している。家業を担う家族の一員としてほかに選択肢がなかった人もいるが、スタン・リプシーを除けば、会社の再建のため、あるいは問題解決のために社外から送り込まれた人は一人もいない。

25. 過剰資本

各CEOは自社の利益を活用して全体として長期的に利益を伸ばしていくか、過剰資本を再配分用に本社に送るか、いずれかの基準を満たさなければならない。さらに社内で借り入れが必要な場合は、同様に厳格な財務基準を満たしたうえで、借入資本に対して社内金利を支払わなければならない。

26. 動機づけ

CEOたちはみなバフェットの傘下に入る前からやる気にあふれ、自らの意思決定によって業績を上げてきた人ばかりだ。いずれも仕事に対する志が高く、ボスや社員、仕入先や顧客や株主を失望させたくないと思っている。動機はもはや経済的な自由を追求することではない。今では、個人的な功績、仕事による満足感、挑戦、楽しみ、達成感、やりがい、自分自身の存在意義などが動機づけとなっている。

27. 引退

バークシャー流の考え方は伝統的な考え方とは違

うが、常識に満ちあふれている。仕事が楽しくて仕方がない経営者がなぜ引退してしまうのだろうか。バークシャーでは、バフェットのおかげで働き続ける目的ができたというCEOが多い。例えば、フランク・ルーニーはこう語る。「ウォーレンの下でなかったら、とっくの昔に引退していただろう。私がまだ現役でいられるのは彼のおかげだ」と。いかにもバフェット傘下のCEOらしく、彼の場合、引退したはずが、仕事をすることになってしまったのである。買収先の経営者に引退しないでくれと懇願し、すでに引退していた経営者にもう一度経営をやってくれと説得する企業は、大手企業のなかでは唯一バークシャーぐらいのものだろう。バークシャーでは引退を勧告される者はだれ一人としていない。それどころか、その逆なのだ。どの経営者も楽しいと思える間は、会社にいてほしいと要請されているのである。バークシャーの定年はネブラスカ・ファニチャー・マートの創業者ミセス・ブラムキン（通称ミセスB）の年齢に合わせて決められたものだ。彼女は亡くなる数日前まで働き、最終的に「引退」したのは一〇四歳のときだった。経営者に対して、通常の定年をはるかに超えても現役でいることを奨励するのは、唯一バークシャー・モデルだけである。

28. 事業の改善

多くのものがどんどん改善されているが、これは改革というよりも進化に近い。経営管理、手法、テクノロジー、システム、マーケティング、生産、工業技術、流通、そして企業に影響を与えるその他のあらゆる分野において、絶えず改善が進んでいる。オーナーとしての視点を持ち、事業に専心している経営者なら、大きな変化の訪れに必ず気づくはずである。

29. 質の高さ

バークシャーでは、経営陣、材料、倫理観、仕入先、顧客、従業員関係など、どのレベルにおいても絶対に妥協しない質の高さを誇っている。

30.　相乗効果

買収や合併といえば、二回に一回は聞かれるおなじみの言葉だが、バークシャーにはこの言葉は存在しない。本社スタッフを増員して余剰人員を生じさせ、本社に強制的に各部門の大改革を断行させ、統合再編によって、より強力な会社をつくっていく、という考え方はバークシャーとは相いれないものだ。というより、まったく逆の企業文化である。バークシャーの場合、買収したからといって、従業員のレイオフを実施することなど、これまで一度もなかったし、これからもおそらくないだろう。

31.　テクノロジー

インターネットやテクノロジーはそれらを重要とするところには導入されるが、それらを重要としないところでは完全に拒絶されている。ジョーダンズ・ファニチャーのテートルマン兄弟は自社のウエブサイトに「工事中」の表示を出したままだが、便利なことが証明されるまでサイトを開発していく気はまったくない（訳者注　今は立派なホームページができている）。バファロー・ニューズのスタン・リプシーも他社がサイトを開発するまで待ってから、バファロー・ドット・コムを買収した。シーズ・キャンディーズのチャック・ハギンズらもやはり、バフェットからウエブサイトを開発したほうがいいと強く言われるまで動かなかった。一方、消費者志向のダイレクト保険会社ＧＥＩＣＯはすでにインターネットに相当な投資を行ってきているが、これからも多額の投資を続けていくだろう。

32.　称賛の的

ＣＥＯたちはみなバフェットに理想のボス像を見いだして、彼を称賛している。ほとんどのＣＥＯが自費で年次総会に出席しているが、特別なバッジをつけるでもなく、一般の聴衆のなかに混じって座っている。全員が月に一回以上、バフェットに詳細な報告を入れ、彼に電話をする格好の口実にしている。全員が彼に相談を求め、パートナーのように接している。

33.「パン屋」であって「肉屋」ではない

他社のCEOたちが大幅人員削減と大幅賃金カットを断行し、傾きかけた企業のリストラで名声を築いている一方で、バフェット傘下の経営者たちは雇用を拡大させてきた。年々、バークシャーが大きくなるにつれ、従業員数も膨れ上がり、今では一〇万人を突破している。たしかにバークシャー本来の繊維業は閉鎖となり、アメリカの靴製造業界も海外の格安品に押されて苦境に陥ってはいるが、それ以外は、バークシャーの一〇〇%子会社で大規模なレイオフやリストラが実施されたことは一度もない。

34. 無限のエネルギー

バークシャーの経営者たちのもう一つの秘密は活力のレベルにある。自分はこの仕事をするために生まれてきたというような場合、しかも、自分の好きな人、信頼している人たちといっしょに仕事をしているような場合は、当然のことながら、仕事への意気込みは相当なものになる。疲れを知らないこの選抜チームよりも良い仕事ができる人など、そうはいるまい。

35. 政治観

たいていのCEOは企業経営者としての政治観を持っている――つまり、政府からの干渉は少なければ少ないほどいいと考えている。「自ら助くる者を助く」のが好きな人がほとんどで、大多数の人は遺産税は高すぎると思い、ボスとは違い、共和党支持者である。そして、ごく少数だが、家族の世話が終わったら、残りの生涯は人助けに精を出し、自分の財産は寄付すべきだと考えているCEOもいる。

36. 最大のぜいたく

バークシャー・ファミリーの一員となるメリットの一つは、ビジネスジェットで移動できることだ。役員全員そしてバフェット傘下の経営者の大多数が(自費で)ネットジェットの分割所有権を購入し、最高に豪華な旅を楽しんでいる。バークシャーから買収されるまではプライベートジェットで旅をする人はほとんどいなかったが、自社株の売却代金でジェット機を分割所有することが可能となったのである。大手企業でその経営陣のために社用ジェット機隊を自前で用意していないのはバークシャーだけかもしれない（なお、もう一つのメリットは本社が小さいこと）。

37．読書家

バフェットや傘下のCEOたちを見ていると、リーダー（leaders／指導者）はリーダー（readers／読書家）であることが分かる。ほとんどのCEOが日常的にかなりの割合を費やす活動として読書を挙げている。みな生まれながらにして知識欲が旺盛なのである。

38．バフェット後のバークシャー

バークシャーにとって大変なことになると見ている人はわずかで、ほとんどの人はウォーレンがいつもどおり、しかるべき手を打つはずだと信じている。引き継ぎについて彼が入念に検討していると、だれもが信じているのである。継承問題については、バークシャーのほうが他のどの企業よりも定義づけがきちんとされている。バフェット引退後も（引退は彼の死後、五年後と定義されている）、経営者たちはみなこれまでどおり自社の経営を行っていくだろうし、経営陣の評価も報酬もこれまでどおりだろう。一部所有企業の株も、完全所有企業の株も引き続き保有されることになるだろうし、みんなが言うように、経営者たちはいつもどおり会社の経営を引き続き行っていくことになるだろう。

39．社外相談役

バークシャーでは社外相談役は必要ない。経営者たちはみな世界的に認められた経験豊富なビジネスコンサルタント（＝バフェット）と電話一本で連絡が取れるからだ。意思決定に関する話し合いはたいてい短い電話だけで済む――どれだけ金額の大きな話であっても、ものの数分で終わることもある。

40．体力と健康

CEOは全員、驚くほど健康で元気である。たいていの人は新陳代謝がかなり良いようで、水分をよく取り、何らかの形で運動をしている。例えば、ウォーキング、朝の日課、エレベーターの代わりに階段を使う、ときどきゴルフをする、といった具合である。だから全員が実年齢よりも若く見える。

41. 持続的な競争優位性

一億ドルから一〇億ドルぐらいの資金提供を受けて、自分の会社と競争しろと言われても、CEOたちは全員その金を返却するに違いない。一人の人間にノウハウやコネや資本がいくらあっても、彼らはみな自社のインフラやバークシャーの評判を非常に重んじているため、競争しようとは思わないのである。

42. マネジメント契約はしていない

バフェット傘下のCEOたちはバークシャーと何の契約も交わしていないが、競合他社に移籍した人は一人もいない。会社を辞めることもバークシャーのライバルになることも、やろうと思えばできるのに、だれもそうした人はいないのである。唯一の契約と言えば、自社の買収を承諾したときの契約だけである。ただし、各経営者たちは、会社にずっととどまること、そして会社の最大の利益のために行動することを約束している。

43. 家族

家族、家業、家族経営、同族株主、そして家――こうしたものとかかわっているのがバークシャーである。理想的な企業は所有と経営が三世代から四世代にわたって続いているものだ。バフェット基金なら、家族の支配力と影響力が何世代にもわたって続くことを保証してくれるだろう。多くの経営者が自社をバークシャーに売却した理由として家族の問題を挙げている。大企業でバークシャー以上に家業のニーズを理解している企業はまずあるまい。

44. 「能力の輪」を広げる

買収を繰り返すたびにバークシャーの「能力の輪」が広がり続けている。新旧のCEOたちが情報源となって、同業他社の買収案件についてアドバイスをしている。各経営者たちが買収先候補のＣＥＯを紹介する人的ネットワークの一端を担い、バークシャー・ファミリーの一員として最もふさわしい経営者を探すための目利き役となっているのである。

45. デューデリジェンス（事前詳細調査）

はたから見ると、ウォーレン・バフェットは買収前に事前詳細調査を行っていないように見える。通常の場合、買い手は投資銀行のレポートを読み、会計士やコンサルタントのチームを派遣し、少なくとも棚卸資産などの監査を行うが、バークシャーはこうしたことは一切行っていない。その代わり、バフェットは五〇年間の経験を生かして物色対象を理解し、それを見極め、数分以内に判断を下す。それから過去三年間の貸借対照表と損益計算書を調べ、適正価格でオファーするのである。

46. 安全余裕率を高める

バフェットはベン・グレアムから、投資には必ず「安全余裕率」（margin of safety）を見込んでおくようにと教わった。バークシャーでは新しいＣＥＯが増えるたびに、「能力の輪」が広がっていくのと同じ理由で、安全余裕率も高まっている。例えば、既存の宝石部門に既存の宝石小売店チェーンを加えることでバフェットの安全余裕率も高まっていく。というのも、バフェットはその業界をよく知っているし、現在いるＣＥＯから適切なアドバイスが得られるからだ。

47. 名誉

バークシャー・ファミリーの一企業に選ばれたということは、買収された側としては最高の栄誉である。バークシャーの子会社の経営者に抜擢された、というのも名誉なことだ。一流の資本家兼投資の達人によって買収されるような企業経営を行ってきたということは、経営陣にとっても従業員にとっても、このうえなく名誉なことだと語る経営者が何人もいた。

48．独特の企業文化

バークシャーの企業文化はユニークである。バフェット傘下のCEOはみなボスがいるような気がしないと答えている。企業を買収しても、買収先の経営陣に経営を一任するという考え方は非常に珍しいものだ。それに、実質的な意味での本社がない。組織図もないし、企業全体あるいは事業部門を統括する副社長もいない。バークシャー・モデルは万人向けではないが、ある特定の企業のオーナーや創業者にとってはまさに魅力的なものだ。つまり、飛び切り最高の人向けのモデルなのである。

49．未公表の買収基準

バークシャーは数値的なデータを見て魅力的なら――つまり、バリュー投資の基準を満たしていれば――その企業を買収する。ただし、傘下の事業部門の経営者から承認が得られなければ、買収しない。買収先候補を選ぶときも、買収先の経営陣の評判を確かめるときも、一番の情報源となるのは、現在バークシャーの傘下にいる経営者たちなのである。

50．照会先

新たに企業を買収するたびに、傘下に新しい人が加わるため、自社の売却を検討している人たちにとっては照会先が増えることになる。つまり、バークシャーに現在いる経営者たちに電話をかけるだけで照会可能となるからだ（経営者たちの多くは本人が直接電話に出てくるし、顧客がいつでも連絡できるように、わざわざ名刺に自宅の電話番号を入れてある人もいる）。

51．買収成立まではあっという間

バークシャーには実に多種多様な業種を買収するだけの決断力と資金量、専門知識があり、たいていの場合、普通の家を売却するよりも時間がかからない。数時間で済まないときでも、数日以内には買収が成立する。その手法はきわめてシンプルである。

52．現状維持

バークシャーが好んで買収するのは、単純で理解しやすい企業である。傘下の企業経営者全員が語っているように、バークシャーに自社を売却したあとも、これまでやっていなかったことは一切やらなくて済む。それどころか、報道陣やアナリストとの会見が不要となり、四半期決算に悩まされることなく長期的な視点で経営ができるようになったおかげで、対外的な頭痛の種がなくなったという。余剰資金の配分についても考える必要がなくなり、オマハに送れば、できるだけ効率的に活用できるように再配分してもらえる。

53．理想的な買い手

通常、売り手側が買い手について検討するとき、キャッシュを持っているのはどこか、事業を引き継いでもらうのにどこが最適か、ということを考える。買い手がどこであろうと気にかけないような売り手にはバフェットは興味を示さない。バークシャーが買収先として好むのは、事業を経営しているオーナーであって、金に興味のあるオーナーではない。

54．経験を重ねるほど良くなる

買収を繰り返すたびに、バークシャーは良くなっていく。マクドナルドがフランチャイズで成功モデルをつくることができたように、バークシャーも過去に買収で成功しているからこそ、将来のために買収モデルをつくることができるのである。

55．相場など気にしない

バークシャーを形成している各子会社はバークシャーの株価には関心がない。重要なのは日常業務であるからだ。市場価格というのは最終的には帳簿価格と内在価値に潜在する変化を適切に反映するものであり、いずれも各企業の個々の利益を集めたものを相応に反映していくのだから。

56．競争上の秘密

競争に役立つ秘密を積極的に話してくれた経営者は一人もいなかったが、わずかながらヒントを漏らしてくれた経営者はいた。ただし、バークシャーの企業文化は一種独特なものがあるため、仮にライバルたちがロッカールームでバークシャーのゲームプランを直接仕入れて頭にたたき込んでも、競争にはならないだろう。

57．コミュニケーション能力に優れている

ＣＥＯたちはみな非常にはっきりと物を言い、自分自身をきちんと表現することができる人たちだ。公開討論やメディアのインタビューでも屈することなく、自分の立場を堅持しているが、各自の事業に心底集中しているため、こうした討論をすることなどは、各自の目標から外れ、意欲をそぐものでしかない。

58．誉れ高き企業

傘下の各経営者がバークシャーに引かれたのは、長年にわたってその基調をなしてきた信念があったからだ。

59．投資の決定は少ないほど良い

個人投資家の場合、投資の決定を多く下すほど悪い方向に向かうが、バークシャーの投資モデルは市場とは正反対である。

60．競争心

バフェット傘下の各ＣＥＯは競争心が旺盛である。みな勝ちたいと思っている――それも大勝ちすることを望んでいる！

第二三章

バフェット傘下のCEO――評価と報酬

最高責任者は傘下の企業経営者を慎重に選んだあと、彼らに動機と評価、報酬を与えなければならない。本書の冒頭部でバフェットのCEO選びについて検討し、そのあとの章ではバフェットの経営手法や動機づけの方法などを各経営者たちに語ってもらったが、本章ではバークシャー流の評価と報酬の決め方について考察していきたい。

一九八八年、バフェットが株主に対して、傘下のCEOと一般のCEOとの違いを次のように説明している。

「私たちが身近で観察してきた彼らの業績は、幸いにして安全な距離から観察してきた、その他大勢のCEOの業績とは鮮やかなコントラストをなしています。その他大勢のCEOたちは明らかに自らの本分を全うしていないときがありますが、それでも、たいていの場合、その地位は保証されています。企業経営に関する究極の皮肉とは、無能なCEOのほうが無能な部下よりも職を確保するのがはるかに楽だということです。

例えば、一分間に最低八〇ワード、タイプが打てることを条件に採用された秘書が、実際には五〇ワードしか打てなければ、すぐにクビになるはずです。この種の職にはそれなりの基準があり、能力が簡単に測定できますから、その基準に達していなければ、もうアウトです。同様に、新人の販売員が一定期間に十分な販売実績を上げられなければ、やはりクビになります。いくら言い訳をしても、注文を取れるわけではありませんから。

ところがCEOの場合、業績を上げなくても、いつまでもその地位に居座るケースがほとんどなのです。その一つの理由は、CEOについては業績の基準がほとんど存在しないからです。基準がある場合でも、あいまいなことが多く、業績不振がはなはだしく繰り返されるような場合でも、基準が撤回されたり、ごまかされたりするものです。ボスが〝管理能力〟という矢を放ったあとから、矢の刺さった場所の周りに、いかにも的中したかのようにあわてて的を描く、そんな企業があまりにも多いのです。

気づいている人はめったにいませんが、ボスと歩兵にはもう一つ重要な違いがあります。それはCEOには本人の業績を評価する直属の上司がいないことです。役立たずの営業部隊を抱える営業部長は、やがて自分自身が苦境に陥ることになります。ですから、人員の採用ミスを早急になくすことが当面の彼の関心事となります。でなければ、自分自身が淘汰されるかもしれないからです。無能な秘書を雇った事務長も同じ運命となります。

CEOのボス役は取締役会ですが、取締役会自体が自らを評価することはめったになく、往々にして業績低迷の言い訳をする場になっています。取締役会が人選ミスを犯し、そうしたミスが永続化されていても、一向におかまいなしなのです。仮にそうしたミスのせいで会社が乗っ取られたとしても、買収が成立すれば、退陣していく取締役たちはおそらく相当の利益を得るでしょう（儲けが大きいほど、転落の痛みは軽くなります）。

結局のところ、取締役会とCEOの関係というのは、なあなあであることが望まれるのです。ですから、取締役会でCEOの業績を批判したところで、社会的にはゲップ程度にしかみなされないのが普通です。逆に、事務長に対して、出来の悪いタイピストを酷評するのをやめさせるような抑制も効かないのです。

こうしたことを言ったからといって、すべてのCEOあるいはすべての取締役会を非難しているわけではありません。たいていの方々は有能で仕事熱心ですし、真に傑出した方々も結構いらっしゃいます。それでも、チャーリーと私が目の当たりにしたような経営上の失策があったおかげで、三社の経営陣とつながりが持てたことを感謝しています。この三社の株を永久保有するつもりでいますが、それは、彼らが自分の会社を愛し、株主の立場で物を考え、いかにも誠実で有能な人たちであるからです[1]」

バークシャーの場合、経営者に対する評価はまず人選段階から始まる。的確な人選を行うためにバフェットは必要なデータを集める。そして、愛社精神のある倫理基準が最も高い経営者を選ぶ。この評価方法は買収後も同じである。

傘下の企業経営者がバークシャーの取締役を選んだり、影響力を行使したりすることはけっしてないため、取締役会は企業を客観的に評価することができる。つまり、もっと大きな株主グループの代表者として、役割をきちんと果たせるということだ。

バークシャーの経営者に対する評価方法はいたってシンプルである。企業およびその最高責任者が買収前に設定した業績指標がＣＥＯの評価基準となるため、評価は自己管理できるからだ。

バフェットはもう一つ別の評価手段を利用している。それはアニュアルレポートと『株主の皆様へ』という会長あいさつである。このなかで彼は傑出した経営者の功績をよくたたえているが、こうしたレポートは世界中の財界関係者やバフェット傘下の他のＣＥＯによって広く読まれることになるため、このなかで取り上げられるということは、ひときわ優れた企業経営者として、まさに誇りとなるものである。

各経営者はバークシャーの年次総会の初めに会社の特注ビデオで紹介され、その功績に対して一万五〇〇〇人もの株主から拍手が送られる。二〇〇〇年には引退したラルフ・シャイがバークシャーの経営者として栄誉の殿堂入りを果たしているが、年に一回、こうして激励し激励されるために、これだけ多くの株主や経営者が一堂に会することは、他の公開企業では考えられないことだ。

報酬としてのストックオプション

経営陣に付与されるストックオプション（株式購入権）は、特に一部のハイテク関連企業では重要な報酬の一つとなっているが、バークシャー・ハサウ

オプションCEO	オーナーCEO
利益は誇張の可能性あり。オプション費用は損益計算書、貸借対照表には記載されず	利益は正しく報告され、CEOへの報酬は全額費用計上される
オプション行使後、株を売却すると、値上がり益に税金がかかる	税金は前払い。長期的に非課税で複利効果が得られる
オプションで損はしないが、最悪の場合、まったく儲からない	株価が下落したときは他の株主と同じ痛みを味わう
株価の変動によって利益が出るようにオプションの行使価格を改定できる	他の株主と同様、持ち株の取得原価は変えられない
株価に合わせてオプションの発行時期と発行額に影響を与えることが可能	短期的に株価に影響を与えるような経営はしない
評価に無頓着。配当を出すより自社株買いを好む	他の株主と利害が一致。株主の立場に立って行動する
オプション行使後は動機づけなし。経営陣の交替につながる	株価上昇に伴い意欲が増す。退陣の可能性は低い
企業の潜在価値と必ずしも連動せず、無リスクで株価上昇に伴い短期間に富を形成	企業の潜在価値に左右され、リスクを負い純資産価値の上昇に伴い長期的に富を形成
会社の金で株を購入	自費で株を購入
短期的な株価の動きに神経質。メディアやアナリストにプラスの予測を要請しがち	対外的なことには興味なし。企業の長期的な業績にのみ集中

注＝バフェット傘下のオーナーCEOはバークシャーの株主であるだけでなく、多くは自社の少数株主でもある

ェイにはストックオプション制度はまったくない。

将来的には、バークシャー全体を統括するバフェットの後継者のために取締役会がストックオプションを導入するかもしれないが、傘下の企業経営者のためにオプションが付与されることはまずないと言っていいだろう。

四九三ページの表を見てほしい。これは大手公開企業によく見られる、オプションを付与されているCEO（以下、オプションCEO）と、バークシャー傘下の自社株を保有しているCEO（以下、オーナーCEO）の違いを示したものだ。

これを見れば、「オーナーCEO」方式のほうが長期派の株主と経営者の利害関係が一致する最適な方法であることが分かるだろう。

別に驚くことではないが、経営陣向けのストックオプションを導入している企業をバフェットが買収した場合、バークシャーではストックオプションを公にして費用認識し、同等の現金報酬と切り替えるようにしている。

『株主の皆様へ』においてバフェットはこう語っている。「たしかに、買収先が報酬制度の一環としてストックオプションを付与しているケースでは、公表されていた費用（これは本当の費用ではありません）はバークシャーに買収されたあとで、〝増える〟ことになります。この場合、買収先の〝利益〟は誇張されていたことになります。会計基準ではオプションの発行費用を無視するのが慣行となっており、それに従っているからですが、私たちに言わせれば、これはとんでもない間違いです。オプションを付与している企業をバークシャーが買収したときは、これまでのオプション制度と経済的に同等の価値を持つ現金報酬制度に即座に切り替えるようにしています。つまり、買収先の真の報酬コストを開示し、しかるべき方法で損金処理するようにしています(2)」

バフェット流CEOの報酬

当然のことながら、バークシャーでは経営陣に対してストックオプションの発行は行わず、ほとんどの経営者はバークシャーの株式を保有している。こうした取り決めは通常、ほんの数分間で成立し、契約書も非競争条項もなく、経営者が生きているかぎり有効となる。みな雇われる側の意志次第ということだ。

報酬についてバフェットが次のように記している。「バークシャーでは報酬についても資本配分と同様に道理にかなったやり方を採用しています。例えば、ラルフ・シャイへの報酬はバークシャーの業績ではなく、スコット・フェッツァーの業績を基に決定します。彼は一事業部門の責任者であって、他部門とは関係ありませんから、これはもう当然のことです。バークシャーの運命に連動する現金賞与やストックオプションをもらっても、ラルフにとってはまったく気まぐれな報酬ということになるからです。例えば、彼がスコット・フェッツァーでホームランを打っても、チャーリーと私がバークシャーでミスを連発すれば、そのたびに彼のせっかくの努力が水の泡となってしまいます。逆に、スコット・フェッツァーの業績が低迷しているときに、バークシャーの他部門が好業績を上げているからといって、なぜラルフにボーナスやオプションによる恩恵を山のように与える必要があるでしょうか。

報酬を決めるに当たり、弊社では〝大きなニンジン〟を提供することをお約束するつもりですが、それは必ずその経営者の管轄部門の業績と直結した形でお渡しすることにしています。また、ある事業に投資した資本が相当な額に上る場合、経営者らが取り入れた増分の資本に対しては高率の代価を請求し、資本を圧縮した場合には相当のプラス評価を下すようにしています。

スコット・フェッツァーでは、こうした〝お金はタダではない〟方式による成果が明らかに現れています。ラルフが追加資金を取り入れて素晴らしいリターンをもたらせば、それ相応に報われることになります。つまり、追加資本を投入してハードルの高くなった代価分を超えるだけの利益を上げれば、彼のボーナスも増えるわけです。しかし、弊社の賞与計算は対称的な仕組みになっているため、追加資本を投入しても低いリターンしかもたらさなければ、その不足分はバークシャーにとっても、ラルフにとっても大きな損失となります。こうした双方向的な取り決めがあるため、自社で有効活用できない資金を全額オマハに送ることでラルフは報いを受ける――それもかなりの報いを受けることになります。

公開企業では今、ほとんどどのような報酬制度であれ、経営陣と株主の利害は一致しているかのように言うのが流行しています。しかし私たちに言わせれば、利害を一致させるということは、良いときも悪いときもパートナーであるということであって、良いときだけを言うのではありません。多くの場合、この〝利害一致〟制度はこの基本的な点で不合格と言え、〝コインの表が出たら私の勝ち、コインの裏が出たら、あなたの負け〟的なずるいやり方です。

利害不一致制度としてよくある典型的なストックオプション契約では、内部留保によって企業の資産がいくら積み上がっても、それに合わせて定期的にオプションの行使価格を引き上げていくことはしていません。たしかにオプションの権利行使期間を一〇年にし、配当性向を低く抑え、複利で運用すれば、現状を維持するだけの努力しかしない経営者でもボロ儲けすることができます。皮肉屋ならきっとこう言うでしょう。株主への配当を低く抑えると、オプション保有者である経営者の利益は増えるわけだ、と。ストックオプション制度の承認を株主に求める議決権行使委任状のなかで、こうした大事なことをきちんと明記してあるものを私はいまだかつて見たことがありません。

ここでどうしても言っておきたいことがあります。ラルフ・シャイとの報酬に関する取り決めはスコット・フェッツァー買収後およそ五分で成立しました。それも弁護士や役員報酬コンサルタントの〝助け〟を借りずに、です。こうした取り決めは非常にシンプルないくつかの考え方を具体的にしたものです――これは、相手が重大な問題を抱えていることを立証しないことには多額の請求書を送付できないコンサルタントたちが好むような条件とは違います（もちろん、一年に一回見直しは必要ですが）。ラルフと私たちが決めたことは、まだ一度も変更されたことはありません。一九八六年当時も今も、二人にとって納得のいくものであることに変わりないからです。同様に、傘下の他部門の経営者たちとの報酬に関する取り決めもシンプルなものです。ただし、合意条件は、当該企業が抱えている経済的な特性や、経営者が自社株を一部保有しているなど、それぞれの状況に合わせて違います。

どのような場合でも、私たちが求めているのは合理性です。たしかに、各人の業績とは無関係に気まぐれな形で報酬が支払われることをありがたいと思う経営者もいるかもしれません。結局のところ、タダでもらえる宝くじを拒否する人などいませんから。とはいえ、こうした取り決めは企業にとっては不経済で、経営者が本分を見失う原因にもなります。そのうえ、親会社が筋の通らない振る舞いをしていると、子会社までがまねをするようになってしまいます。

バークシャーにおいて企業全体の経営責任を担っているのはチャーリーと私だけです。したがって、企業全体の業績を基に報酬を受けることができるのは、必然的に私たち二人だけということになりますが、たとえそうでも、私たちはそうした報酬制度を望んではいません。好きな人たちと楽しく仕事をするために、私たちは慎重に計画を立ててバークシャーを築き、自分たちの事業を練り上げてきました。同様に重要なことは、私たちが専念している仕事には退屈な仕事や嫌な仕事などほとんどないということです。私たちは企業のトップとして物心両面において数々の特典を享受していますが、こうした素晴らしい状況下では、不必要な報酬を得るために、株主を犠牲にしようとは思わないものです。

実際、報酬がまったく支払われなくても、チャーリーも私もこうして楽しく仕事ができることを喜ばしいと思うでしょう。二人ともロナルド・レーガン元大統領の言葉に心底共鳴しているのです――どんなに仕事がつらくても死んだ人はいない、というのはおそらくそのとおりかもしれないが、なぜわざわざそのようなリスクをとる必要があるのかね――と(3)」

第二三章

バフェット傘下のCEO──ビジネスチャンス

バークシャーの時価総額は一〇〇〇億ドル。そんな企業の将来を想像するのは至難のわざである。バークシャーの将来のカギを握るのは、その過去と現在のビジネスモデルである。バークシャーは損害保険会社が主体となっているが、実際はそれをはるかに上回るものだ。公開・非公開を問わず、一企業の傘下に規模や業種の面でこれだけ多種多様な会社が入っているケースはほかにはない。「付録三」を見てほしい。バークシャーはどこの企業よりも多くのSIC（米国標準産業分類）コードに分類される会社をたくさん抱えているのである。

さらに重要なのは、どれほど種々雑多な企業の集まりになっていても、反トラスト法に抵触する恐れがないことだ。というのも、バフェット帝国は各業種のごくごく一部を代表する企業を所有しているにすぎないからだ。

ということは、バークシャーにとっても傘下の各CEOにとっても、さらに多くのビジネスチャンスがあるということだ。バークシャーはこれまで買収先の業種を限定したことはなく、これからも限定しないだろう。つまり、バークシャーにとって拡大の機会は無限にあるのである。

ニューヨーク証券取引所（NYSE）には三〇〇〇社以上の米国企業と外国企業が上場し、その全体の時価総額は一七兆ドルを突破している。バークシャーの時価総額がいくら一〇〇〇億ドルあるといっても、NYSEの〇・六％にすぎない。商機はまだまだある。世界中の公開市場から見れば、そのシェアはたったの〇・二％だ。非公開企業にも手を広げれば、バークシャーが手にしたものは全世界の資本市場のわずか〇・一％である。ということは、バークシャーの将来的な市場機会は世界中に九九・九％もあるということだ。

バークシャーの資本が着実に増加しているように、世界中の資本も増加している。資本主義の基本原則が適者生存である以上、最終的には世界一の資本配分者がより多くの資本を手にすることになるだろう。

ここにバフェット傘下の各CEOにとってのビジネスチャンスを挙げてみよう。

ブラムキン、チャイルド、ウォルフ、テートルマンの店は、ネブラスカ、ユタ、アイダホ、テキサス、マサチューセッツ、ニューハンプシャーの各州において家具の売り上げの大部分を占めているが、四社を合計しても、三七〇億ドル規模となる米国家具市場のわずか二％を占めるにすぎない。家電製品や電子機器、カーペット類の売り上げではブラムキンもチャイルドも地元の州で相当のシェアを獲得しているが、全米で見れば大したシェアではない。この四社にそれぞれの新店舗を加えると、潜在的な売上高は六〇〇〇万ドル増えることになる。ネブラスカ・ファニチャー・マートではカンザスシティーに店をオープンする予定だが、一年以内に売り上げを倍にすると見込まれている。チャイルドがラスベガスに出店した店は、ソルトレークシティーから車で一日以内で行けるところにさらに大きな市場をいくつか抱えている。テートルマン兄弟も近々、マサチューセッツ州の北海岸に進出するつもりでいるが、ニューイングランド（米国北東部の六州）中にさらなる機会が待ち受けている。ウォルフの場合、地元のテキサス州だけでもまだまだ多くの機会がある。

コメントとジャックスの宝石部門は、全米で年間四三〇億ドル規模となる宝石小売市場のわずか一・五％を占めているにすぎないが、コメントがオープンさせたヘルツバーグの新店舗はそれぞれ二二〇万ドルの売り上げを達成している。一方、ボーシャイムズの場合は、低コスト体質、資本基盤、豊富な顧客層、ブランド認知、インターネットの経済性といった要因に加え、一万五〇〇〇人もの忠誠心あふれる裕福な顧客すなわちバークシャーの株主が年次総会に巡礼のごとくやってくる場となっていることから、今後も飛躍的な成長を遂げられるだろう。

ナイスリーとシンプソンのいるGEICOは全米で年間一三五〇億ドル規模となる自動車保険市場のちょうど五％を占めているが、インターネットと折り紙つきのビジネスモデル、巨額の広告予算、莫大な資本調達によって競合他社に勝る業績を上げられるだろう。シンプソンにとって公開市場での投資機会が増大しているのは、彼が設けている時価総額の基準に見合う企業が増えているからだ。しかも、彼の投資先はアメリカの資本市場だけではない。

ジャインのいる再保険事業部の収入保険料は、全米で二八九〇億ドルに上る損害保険市場のごく一部、すなわち二％にすぎない。世界的に見れば、二兆一三〇〇億ドル規模となる保険市場の一％にも満たない。一方、バークシャーのゼネラル・リー事業部は全米最大の再保険会社で、世界中の主要再保険市場にスタッフとオフィスを構えている。

ユールチーの会社では全米でライセンスを持つパイロットのおよそ一〇％が訓練を受けている。つまり、フライトセーフティーでは、パイロットとして生計を立てている小さな地方航空のパイロットおよび企業のお抱えパイロットの大部分と、航空会社や軍・教育関係やプライベート機のパイロットのごく一部に対して訓練を施しているのである。同社は全米最大のフライトシミュレーターのメーカーでもあるが、世界市場ではちょうど二〇％のシェアを獲得している。参入障壁は高く、シミュレーター一基の平均コストは一五〇〇万ドルもする。軍関係のパイロット訓練が減少する一方で、空の旅を楽しむ人は増加傾向にあり、連邦法によって航空会社のパイロットの六〇歳定年制と民間パイロットの年一回の訓練が義務づけられるようになった。そのうえ、プライベートジェット事業が倍に急成長している。こうしたことがフライトセーフティーに明るい未来を約束してくれるだろう。しかも、その最大の取引先は姉妹会社なのだから。

サントゥーリはフラクショナルビジネスジェット機市場を築き上げ、その六〇％のシェアを握っているが、全ビジネスジェットのうち分割所有方式となっているのはまだ三％にすぎない。この事業で勝ち組になれるのは、新型機のサプライチェーンを支配しているところとなるが、これから製造予定の全ビジネスジェットの三分の一を押さえているのがネットジェットなのである。同事業部ではジェット機をすでに四八〇機発注し、さらに一五〇機オプション契約をしている。世界中には個人・法人を問わずフラクショナルオーナーになりそうな裕福な潜在顧客が一五万五〇〇〇人いるという。現在の顧客数はちょうど二〇〇〇人。市場機会は九七％もある。フェデックスが翌日配達を可能にしたように、素晴らしいビジネスモデルと「先発者」の絶大な優位性があれば、ネットジェットにもプライベートジェットで運送業をやっていけるだけの力はあるだろう。この手の投資収益は莫大なものとなるかもしれない。

リプシーがバファローで社主を務めている新聞社は、将来的な成長はあまり見込めず、読者層の減少やインターネットやその他のメディアとの競争によって減収減益が予想されている。バークシャーの新聞部門では、傑出した経営陣のいる日刊紙が魅力的な価格で手に入るなら買収する可能性もあるが、でなければ、バファローかバファロー以外の市場で、違うカテゴリーのメディアに進出する可能性もある。

ハギンズの会社はカリフォルニア州では箱入りチョコレートとキャンデーストア市場で相当のシェアを確保しているが、カリフォルニア州以外での売り上げはまだ微々たるものだ。将来的にチョコレートに取って代わるものが出てくる可能性は低い。というのも、チョコレートの年間消費量はアメリカだけでも、なんと一人当たり一カ月におよそ一ポンド（約四五四グラム）もあるのである！　カリフォルニアでの一カ月のチョコレート消費量は三五〇〇万ポンドで、シーズの売り上げはそのうちのわずか七％である。これは全米で毎年消費される三四億ポンドのチョコレートの一％にすぎない。日本やテキサス州にも出店してみた結果、箱入りチョコレートは長距離輸送にはあまり向いていないことが判明したが、全米中の空港に設置した出来たてチョコの売店と、ショッピングモールに特定の季節にだけ出店した売店が成功している。カリフォルニア以外やアメリカ国外での売り上げ増を狙う方法が見つかれば、莫大な機会につながるし、インターネットがシーズの拡大に寄与するだろう。

シャイ、そして最近CEOとなったスメルスバーガーの会社は、学校および図書館向けの書籍版百科事典の国内市場で八五％のシェアを占め、アップライト（縦型）掃除機は北米市場の五％、家庭用および工業用の小型エアコンプレッサーは北米市場の二九％のシェアを獲得している。パソコンやCD-ROM（コンパクトディスク利用の読み出し専用メモリー）の登場によって書籍版百科事典事業は痛手を受けているが、家庭用教育関連商品についてはまだまだ莫大な機会がある。ワールド・ブックの課題は百科事典的な商品だけでなく、「チューダー・リンク」（同レベルの人を対象とする個別指導システム）や「アーニング・フォー・ラーニング」（学校の影響力を利用して家庭に売り込むプラン）のような他の商品によって一五〇億ドル規模の教育関連市場に食い込むことだ。一方、カービーの掃除機は七〇年間成功してきた同じビジネスモデルで世界を相手に販売を続けている。小型エアコンプレッサーのメーカーについては、業界がコモディティー化され、ホーム・デポやロウズ、ウォルマートなどが自社ブランド商品を製造していることから脅威にさらされているが、ハンディータイプの動力工具や付属品は世界的に需要があり、スコット・フェッツァーに多大な機会を提供している。スコット・フェッツァーの傘下にはほかにも若木サイズの企業が一九社あり、これらも同様に重要である。いずれはカシの巨木に成長し、バフェットやバークシャーの自慢の種になることが期待される。

ワトソンの部門は四億五〇〇〇万ドル規模のウエスタンブーツ業界で大きなシェア（三五％）を獲得している。『アーバン・カウボーイ』（＝一九八〇年制作、ジョン・トラボルタ主演のアメリカ映画）公開時のようなブームが再来するか、気まぐれなウエスタンファッションの流行に変化が起これば、ウエスタンウエアの売り上げも伸びるかもしれない。

メルトンの部門は全米で毎年生産される九〇億個のレンガのうち一〇億個（一一％）を生産している。レンガは何よりも長持ちするし、多くの人にとってマイホームへの投資は何よりも重要なことだ。レンガがなくなることはないし、これからも上質の建築資材であることに変わりはない。特に南部や南西部ではそうだ。資本が潤沢にある親会社とともに、アクメも建材メーカーをさらに買収していくことになるだろう。バークシャーも相変わらず買収を続けており、断熱材や屋根ふき材、カーペットなどのメーカーを一〇〇％子会社としている。

ルーニーの会社では全米で毎年販売されている一二億足の靴のごくごく一部を生産している。「人間がはだしで生まれてくるかぎり、靴メーカーは必要です」と彼は言う。Ｈ・Ｈ・ブラウンでは生産拠点をさらに海外に移し、コスト削減と収益増に努めていくことになるだろう。

バークシャーの年間売上高は四〇〇億ドルを超えているが、これはアメリカの国内総生産（ＧＤＰ）の〇・四％にすぎない。これは全世界の年間購買力のちょうど〇・二％に当たる。これはものすごいことだ。なにしろ、バフェット傘下のＣＥＯにとっては、世界中の年間売り上げの九九・八％がビジネスチャンスとなるのだから。

第二四章

バフェット後のバークシャー

将来的にそう遠くはないある日、バークシャー・ハサウェイでは現行のCEOから次期CEOへとリーダーのバトンタッチが行われることになる。このイベントは、一部の人にとっては、アメリカ資本主義のその後を決定づける一コマとなるだろう。

バフェット後のバークシャーはどのようになるのだろうか。傘下のCEO選びの基準はどうなるのか。バークシャー・ハサウェイの将来はどうなるのだろう——こうした疑問にきちんと答えられるのはウォーレン・バフェットしかいないが、過去を調査し、分析した結果、それなりのシナリオが見えてきた。

だれがバークシャーの次期CEOとなり、新生ビジネス帝国の経営トップになるのか、ごく少数の取締役たちだけが知っていることだろう。バフェットの机の引き出しには封筒が一枚あり、そのなかに後継者の名前が記された手紙が入っている。そう、彼の死後、開封されることになっている手紙だ。

バフェット傘下のCEOたちは全員、それぞれの後継者候補の氏名を手紙に書いて送付しなければいけないことになっている。ここに各CEOたちに年一回送られる、後継者名の記入を求めた覚書の実物があるので紹介しよう。

覚書

バークシャー・ハサウェイの経営者各位（「ザ・オールスターズ」の皆様へ）

二〇〇〇年八月二日

ウォーレン・バフェットより

前回の覚書ではいくつかのルールを設定し、御社の事業継承時に頭に入れておいてほしいことを書きましたが、あれから二年がたちました。この間に片手では数え切れないほどの買収を行ったため、この覚書を初めて目にする方も何人かおられます。

そこで、肝に銘じていただきたいことを以下にいくつか挙げておくことにしました。

一．どれほど金額が大きくても、損失を出すことはかまいません。でも、ほんの小さな評判でも、その評判を落としたらもう終わりです。仕事上の行いはすべて、敵意ある賢明な記者の手によって全国紙の第一面に報道される可能性があります。買収をはじめ、多様な分野におけるバークシャーの業績はその評判の上に成り立っています。ですから、どのようなことであろうと、評判を汚すようなことは一切しないようにしてください。

二．皆さんは事業経営者としてそれぞれ独自のスタイルで第一級のお仕事をされています。ですから、それをそのまま続けていってほしいと思います。現状報告は多くても少なくてもお好きなようにしていただいてかまいませんが、一つだけ注意事項があります。深刻な悪いニュースがもしあるなら、早めに私に報告するようにしてください。

三．以下のことだけは、私に問い合わせてください。退職金に関する変更と多額に及ぶ異例の設備投資については、必ず私のチェックを必要とします。それから、「おいしい買収案件」を探していただくことを奨励しています。傘下の企業で、おいしいごちそうをうまく仕留めたところがいくつかありますが、おかげで弊社の内在価値が高まりました。

四．弊社では略奪団の侵入から事業を守る「堀」を常に広げるように努めています。したがって、ご自身が経営している会社を家族の唯一の資産であるかのように扱ってください。そして向こう五〇年間は経営の義務があり、絶対に売却できないものとお考えください。流通、製造、ブランド戦略、買収などにおいて、あらゆる手法を模索し、長期的に持続可能な競争優位性を構築するようにしてください。

五．バークシャーの買収先候補として見込みのありそうな——つまり、経済状態が良く、有能な経営陣のいる——大企業のオーナーか経営者にばったり会ったなら、必ず私のところに来るように伝えてください。この点、弊社の経営者たちの一部の方々にはいろいろとご協力いただいています。つい最近では、［ゼネラル・リーの］ロン・ファーガソンがUSライアビリティーのボブ・ベリーと私を引き合わせてくれました。

六．ある種の人たち——例えば、貿易会議や大学の卒業式、公開討論など、公式の会合での講演者を探している人たちだけは「絶対に」私のところに送り込まないでください。この手のお誘いについては、私にいちいち問い合わせる必要はありません。すべて断るようにしてください。

七．最後になりましたが、今夜もしあなたが再起不能な状態になったとしたら、明日だれに仕事を引き継げばいいのか、といった後継者についての推薦状を最新のものに改めた手紙を私あてにお送りいただきたいと思います（自宅がよければ、私の自宅あてでもかまいません）。第一候補だけでなく、ほかにも見込みのある候補者がいれば、その方々の長所・短所も簡単にまとめておいてください。これまでは、たいていの方々からこのように手紙の形でお返事をいただいていましたが、なかには口頭で済ませる方もいらっしゃいました。ただ、私としては定期的に更新したものをいただいたほうが助かりますし、事業部門の数が増えていることもあり、今後は私の記憶力を頼りにするのではなく、書面にて皆さんのお考えをお聞かせ願いたいと思います。お送りいただいたものはすべて極秘扱いとなります。もちろん、事業部門によっては、ブラムキン家やテートルマン家、ブリッジ家などのように経営者が複数いるケースもありますから、その場合は、この限りではありませんので、お忘れください。

以上、よろしくお願いします。

この覚書はバークシャーの文化を伝えると同時に、何事につけても経営陣が重要であることを説いている。バフェットの会社では、彼自身のポストも含め、あらゆるポストについて継承事項が明確にされているのである。

投資部門のCEOのバックアップ役については、すでにバフェットがGEICOのルー・シンプソンを指名しているため、目下、注目の的となっているのは業務部門の後継者はだれに決まるのか、ということである。バフェットの仕事はおそらく三分割されるだろう。それは取締役会会長、資本配分部門のCEO、業務部門のCEOの三つである。バフェットの長男ハワードが会長の最有力候補なので、彼が「家業」を維持していくことになるだろう。父親が築いた文化と、複数世代にわたって続いてきた企業のための「家」を守っていくのが彼の第一目標となるに違いない。そして共同CEOの人選を行い、評価と動機づけと報酬を与えていくことも、バークシャーの将来にとって大事なこととなるだろう。

バフェットの後継者はどうやって選ばれるのだろうか。それを知りたければ、資本部門を担うCEOとして、シンプソンがどうして選ばれたのかを分析してみることだ。シンプソンは勤続年数が長く、二〇年以上も勤めている。そして抜擢されて大成功している数少ない運用担当者の一人である。シンプソンの流儀と思考体系はバフェットと似ている。バフェットに高く評価されており、バフェットと緊密に連絡を取り合っている。バークシャーの取締役たちはシンプソンのことをよく知っており、比較や精査のための記録の裏付けが十分にある。経済的に自立し裕福なので、仕事を道楽として楽しんでいる。忠誠心があり、当分引退するつもりはない。

こうした基準からいくと、バフェットが選ぶ業務部門のCEOも、勤続年数が長く、大成功を遂げた、無干渉主義の経営者、ということになるだろう。さらに言えば、毎日とは言わないまでも、バフェットと頻繁に連絡を取り合い、バークシャーの取締役たちとも知り合いで、並外れた業績を上げ、経済的に自立した資産家で、楽しみとして仕事を続けている、引退する気のない人、ということになる。現行の経営陣でこの基準を満たす人は一人しかいない。

ただし、株主にとって確かなことは、業務部門の後継者はシンプソンではないということだ。彼はすでに資本配分部門の後継者として選ばれているからだ。それと、バークシャーの経営コストが増大するというのも確かだろう。CEOの責務を三分割するからといって、現行の一〇万ドルの給与を三万三三三三ドルずつに分け合って働け、というのは無理があるからだ。とはいえ、経営コストが上がる一方で、後継者たちへの責任は軽くなるだろう。仕事を小さく分ければ分けるほど、たいていの仕事は楽になるからだ。責任を分担することはそれなりに結構大変かもしれないが、会長と資本部門・業務部門のCEOたちとの間に尊敬の念があるかぎり、やりがいと楽しみを見いだせるのではないかと思う。前任者の一種独特な特徴をすべて併せ持つ人間を一人探し出す努力をするよりも、三人の経営陣に伝説的人物のあとを継がせたほうが得策である。これはある意味で、監督のほかに、ピッチングコーチとバッティングコーチがいるようなものだ。野球でも三人体制のほうがチームはうまくいくのである。

ここで業務部門の後継者選びに当たり、決め手となるかもしれない要素をいくつか挙げてみることにしよう。

1．社内の人間であること

すでに傘下の経営者として仕事をしている内部の人間がバフェットの後継者となるだろう。バークシャーはあまりにもユニークなので、企業文化を完全に理解していない外部の人間がCEOとして尊敬を集めるのはなかなか難しいからだ。それに、外部からだれかを連れてくるのは、バークシャーやバフェットの流儀ではない。というわけで、ワシントン・ポストのドン・グラハムをはじめ、バークシャーの子会社で働いていないその他の五〇〇万人のCEOたちにはその資格はない。

2. 年齢

後継者はそれなりに若くないといけない。おそらくバフェットより一〇歳ぐらい若い人、つまりまだ六〇歳になっていない人がいいだろう。この基準だけでも、傘下のCEOの半数近くがアウトとなる。若くないうえに、バフェットとあまり年齢差がないからだ。例えば、ユールチーは八四歳、チャイルドは六九歳、ウォルフも六九歳、リプシーは七三歳、ハギンズは七六歳、シャイも七六歳、ルーニーは七九歳、メルトンは六四歳である。

3. 企業文化を理解していること

将来的に会社を成功に導くには、CEOがその企業の文化を理解していなければならない。バークシャーの経営手法を変更したり無効にしたりする試みは、経営者たちの離脱につながり、全体的な企業の内在価値をひどく傷つけることになる。バフェットが常に取締役会の代表となり、長期的に会長を務めていくことになるのはこのためである。ジャックスやコメント、ワトソンのような家族継承者でない専門経営者が後継者候補から外されてしまうのは、こうした理由もあるからだ。会社を創業した家族経営者や起業家たちは無干渉経営方式に心底理解のある人を尊敬する傾向が強い。だから、自主的に経営してきた人たちをMBA式の月並みな手法で管理しようすれば、これまで築き上げてきたものをぶち壊すことになる。これではオーナー経営者たちが早期引退に追い込まれ、辞めた彼らが別のライバル企業を立ち上げることになるかもしれない。

4. 小さな本社

バフェットの後継者は当然のことながら、ごく少数の幹部社員だけがいる会社へ通い、そこで大企業の経営者としての力量を発揮することになるだろう。少数の本社スタッフだけを抱え、業務の巨大中枢部は別の町にある、といえば、適任と言える経営者はただ一人――エグゼクティブ・ジェットのサントゥーリだけである。

5. 勤続年数

業務部門の後継者になるには、完全子会社の経営を少なくとも一〇年はやっていることが望ましいだろう。そのうえ、本人がその会社の創業者か、家業とともに成長してきた人なら、さらに打ってつけとなる。ということは、ジャスティン・ブランズのワトソンのように家族のメンバー以外で最近CEOになったばかりの専門経営者たちは不適格となる。

6. 経済的に自立した資産家でバークシャーの有力株主であること

バフェットと同じように、会社全体をより良くするために働いてくれる人――つまり、株主価値を高めることだけに専念し、その結果、個人的にも潤う、という人がベストである。保有株数が多い人ほど、株主の立場に立った意思決定を行い、株主にとって最大の利益となるような経営を行ってくれるに違いない。となれば、エグゼクティブ・ジェットのサントゥーリ、ネブラスカ・ファニチャー・マートのブラムキン、ジョーダンズ・ファニチャーのテートマン兄弟あたりが適任となる。

7. 取締役たちと親しい経営者

経営者同士はお互いによく知らないので、理想的な後継者あるいは経営者は、他の経営者や取締役全員と面識があって取引をしたことのある人だろう。たいていの経営者や取締役は全員、年次総会に出席するので、オマハを本拠としている人が明らかに好都合となる。株主や経営者、取締役らは、いずれはオマハにある傘下の小売店で買い物をする羽目になるし、来るときにネットジェットを利用することもあるかもしれない。この条件には、ボーシャイムズ宝石店のジャックス、ネブラスカ・ファニチャー・

マートのブラムキン、エグゼクティブ・ジェットのサントゥーリが当てはまるが、傘下の羽振りの良いCEOたちはみなネットジェットを利用しているため、サントゥーリが有利となる。

8．知性

ウォーレン・バフェットのあとを継ぐには、当然のことながら、非常に高い知性が要求される。そのうえ、損害保険業務に関する専門知識を持ち、数字に強ければ、かなり心強い。一流大学の大学院で経営学の学位を修得している経営者は何人かいるが、数学が得意なことで有名なのはサントゥーリと再保険事業部のジャインの二人である。ただし、以前、大学院で数学を教えていたサントゥーリのほうがやや有利かもしれない。

9．単独で一番稼いでいる経営者

厳密に現在だれが一番の稼ぎ頭かというと、後継者は再保険事業部のジャインとなるだろう。

10．一番多くの社員を抱えている経営者

ショー・インダストリーズのボブ・ショーが一番多くの社員を抱えているとはいえ（本書ではプロフィールの紹介をしていない）、バークシャー傘下の全従業員の五人に一人を管理しているのは、GEICOのナイスリーである。

11．マネジメントモデル

GEICOの現行の経営組織こそ、バフェット後のバークシャーが採用することになるモデルである。一人のCEO（シンプソン）が資本管理、もう一人のCEO（ナイスリー）が業務管理を担当している。

12．組織を発展させた人

ゼロから始めて世界的な子会社あるいはバークシャー最大の子会社をつくり、一つの組織を築き上げていく――それが最高の後継者だろう。バフェット傘下のCEOで実際にこれを成し遂げたのは、エグゼクティブ・ジェットのサントゥーリだけである。

13. 金融業界とのつながり

ウォールストリートでの仕事経験と、大成功を収めた投資家たちとの取引経験があれば、将来的にバークシャーの取引にも役立つだろう。ゴールドマン・サックスの元経営幹部で、ニュージャージー州を本拠とし、取引先にやり手の金融関係者がいるとなれば、経営者として抜擢されるのはサントゥーリだろう。それに、他社が支持者を得るのに何百万ドルも費やしている一方で、サントゥーリの部門は恵まれている。金を払ってくれる顧客のなかに世界最高峰の支持者がいてくれるのだから。

14. 日々バフェットと連絡を取り合っている人

OJT（職場訓練）には、バフェットとの日常的な電話でのおしゃべりも含まれる。毎日、彼に報告を入れているのは二人――サントゥーリと再保険事業部のジャインだけである。

15. メディア通

マスコミ関係者とうまく付き合い、メモなしでも――あるいは、事前に質問事項を知らされていなくても――話ができる能力はバフェットとマンガーに高く評価される。この二人は毎年、公衆の面前で六時間もかけて台本なしで質問に答え、その後さらに二時間半もの間、メディアからの痛烈な質問を受け付けているのである。ジャーナリストらの果てしない知的好奇心に対応することが重要な任務である以上、インタビューを断るようなCEOは後継者にはなれない。その点、強みを握っているのはエグゼクティブ・ジェットのサントゥーリとジョーダンズ・ファニチャーのテートルマン兄弟である。社内にPR部長がいて、メディアに出る機会を積極的に探しているCEOは彼らだけである。

16. 革新者

バフェットの後継者になるには、相当に革新的でなければならない。何もないところから自らの業界を築き上げた経営者といえば、サントゥーリだけである。

17. グローバルな視点

バークシャーはアメリカを本拠に事業を展開しているアメリカの会社だが、将来的にはきっとグローバル企業になることだろう。一番グローバルに事業を展開している経営者はリッチ・サントゥーリである。

18. リーダーとしての四つのスキル

バークシャーのCEOになるなら、①コミュニケーション能力、②動機づけを与える能力、③経営者を評価する能力、④報酬を決める能力──の四つの能力がなければならない。この四分野すべてにたけているのはサントゥーリとGEICOのナイスリーである。特にサントゥーリにはリーダーとしての生まれもった魅力と影響力がある。

19. 莫大な資産

億ドル単位の資産と総収入を生み出した経験があれば、業務部門の後継者として有利な位置に就けるだろう。その資格があるのは、ジャインとナイスリーとサントゥーリである。

20. 潜在成長力が一番大きい子会社

ネットジェットはいつの日か、フェデックスのような大企業になって、バークシャー最大の一〇〇%子会社に成長するかもしれない。となれば、当然、サントゥーリが後継者となるだろう。

21. 経営者や取締役たちから信頼されている人

バフェットの後継者になるには、部下や上司から信頼され尊敬されていることが最も重要な要素となる。この条件には経営者全員が当てはまるが、一番自然体なのはサントゥーリである。

22. オーナーとの取引経験がある人

恒常的にオーナーたちと取引がある部門はネットジェットだけである。サントゥーリの会社ではみな顧客のことを「オーナー」と呼んでいる。実際、顧客がジェット機を「所有」していることになるからだ。こうした「オーナー」とばかり取引していれば、実際にバフェットのあとを継いだときも、その経験が役立つだろう。取締役会を相手にするということは、「オーナー」（＝株主）の代表グループを相手にすることだ。株主は株主のために行動するCEOを理想とするが、その株主の大多数から信頼を得ることは、どんな後継者にとっても非常に大事なことである。

23．後継者候補としてチャレンジする気のある人

インタビューをした経営者たちのなかで一人だけ、業務部門の後継者候補となった場合に備えていた経営者がいた。リッチ・サントゥーリは、バフェットから推薦されて取締役会から指名を受けた場合にどうするか、ちゃんと考えていた。彼のプランでは、まず経営者全員に電話をかけ、バフェットの管理下でどのような仕事をしていたかを聞く。そして説明を受けたあとは、彼らに引き続きこれまでどおりにやってもらうように言うのだそうだ――ちょうど、バフェットが買収後にいつもそうしていたように。

バフェットが検討していると思われるあらゆる基準とバークシャーの取締役会が将来的に検討対象としそうな事柄をすべて明らかにしてみた結果、最有力候補はネットジェットの創業者リッチ・サントゥーリということになりそうだ。

しかし、バフェットはなぜ彼の名を公表していないのだろうか。理由はいくつか考えられる。

★バフェットには年齢的にバークシャーを成長・拡大させていくだけの時間がまだある。

★バフェットは健康で頭がしっかりしている間はバークシャーを経営していくつもりでいる。

★平均余命があと一五年あるので、後継者を指名するのはまだ早い。それに、新たにCOO（最高執行責任者）をリクルートするとき、だれがボスだか分かっていれば、相手も安心できる。

★バフェットの後継者が実際に引き継ぐまでには、いろいろなことが起こる可能性がある。

ここ数年の間にバークシャー自体が様変わりし、現在は完全子会社の集合体＋主力損害保険会社とな

っている。バークシャーの方針がまた変わるようであれば、最終的には別の候補者のほうがふさわしいという可能性もある。最後に、あまりあり得ないことだが、バフェット引退時にリッチ・サントゥーリも引退を選ぶ、あるいは単に年齢的に業務を果たせなくなっているか、仕事への興味を失っている可能性もないとは言えない。

結局のところ、バフェット流の文化をきちんと守ってくれる後継者をバフェットが推薦し、バークシャーの取締役会が選ぶことになるだろう。

では、バフェットの後継者はどのような評価を受けるのだろうか。ウォーレン・バフェットによれば、後継者の評価は彼の基準とCEOとしての継続的な業績を基に一〇年から一五年後ぐらいに行うべきだろう、とのことだ。

バークシャー・ハサウェイの将来

バークシャー・ハサウェイの将来はどのようになるのか、多くの株主が知りたがっている。バークシャーは一八八九年、繊維メーカーとして創業したが、この三五年の間に、バフェットの手によって巨大複合企業へと変身。S&P五〇〇には含まれていないが、最有力国内企業に成長した（**訳者注**　時価総額による世界五〇〇社番付では上位二一位にランクインしているが、長期保有の株主が多く流動性がないため株価指数には含まれていない）。バークシャーは公開・非公開を問わず企業を買収することで今一番注目されている買い手でもある。ミューチュアルファンド、投資会社、パートナーシップ、ヘッジファンド、非公開企業、公開企業のどこよりも、多くの人々のために多くの個人資産を築き上げてきたのがバフェットとバークシャーである。しかも、こうしたことをインフラの恩恵を受けずに成し遂げたのである。バークシャーは株式ポートフォリオを管理するのと同じように傘下の企業を管理している。つまり、企業とその経営陣の双方を手に入れ、あとはその経営陣にこれまでどおり引き続き経営を任せ、子会社間の相乗効果は期待しない。そして永久に手放さない予定だ。

バフェット引退後にこの哲学が変わることなどあるだろうか。バークシャーに深く根付いた経営文化はきっとこれからも末永く受け継がれていくことになるだろう。バークシャーは時の試練と「建築責任者」の死にも耐え得るように築かれてきたのだから。

ここでゼネラル・エレクトリック（GE）と比較してみるといいかもしれない。トーマス・エジソンによって設立されたGEは、ジャック・ウェルチの指導下で最強の企業となった。ウェルチのプランはGEの事業を一二のカテゴリーに集約し、その分野で一位か二位を目指し、ダメなら撤退するというものだ。GEではその成長力に弾みを付けるため、毎年一〇〇件近くの買収を成立させているが、買収先の経営陣には「お引き取り」願っている。そして、たいていの買収企業と同じく、相乗効果を狙っている。実際、最近ヨーロッパで起こったGEの反トラスト法問題も、一二の産業で業界リーダーになることに重点を置いていたことが原因かもしれない。

ジャック・ウェルチがGEの経営を引き継いだのは四五歳のときなので、企業文化に影響を与えるだけの十分な時間（二〇年間）があったことになる。一方、バフェットがバークシャーを引き継いだのは三四歳のときだが、アメリカでは通常定年とされる六五歳になったときもその座を降りなかったため、三七年間も経営に当たったうえに、いまだに経営を続けている。このため、在職期間は一流企業のCEOのなかでは最長の部類に入る。

GEのまねをして巨大複合企業としてのインフラを整え、本社を大きくし、副社長の層を厚くしてバークシャーを再構築しようとすれば、バフェットが巧みに築き上げてきたものを破壊することになるだろう。アメリカ最大の保険会社AIGのモデルを採用しても、やはりバークシャーの息の根を完全に止めることになるだろう。

バークシャーではまったく違うビジネスモデルを採用しているため、長期的な戦略計画というものがない。だから、単純に商機が訪れるたびに成長し拡大していくことになるだろう。バークシャーの場合、すでに取得した企業の純資産価値を高めることに専念した結果、成長したのであって、買収行為そのもものによる拡大によって成長したわけではない。これからも企業の一部あるいは全部を好んで買い付けていくことになるだろうが、それは株主にとってどちらにより価値があるかによって決まる。バークシャーの場合、企業の一部を買い付けるよりも、一〇〇％所有することのほうが多いため、株式市場に対する耐性がある。これまでも戦略的な計画など立てたことはないし、これからも立てることはないだろう。バークシャーは繊維業界と靴業界を除けば、優れた価値を見いだせないような買収にはけっして手を出さなかった。常に、株価が下落していく弱気相場を好みとしてきたが、これからも経済見通しが悲観的なときほど好成績を上げていくに違いない。そして、優れた経営を行っている収益力のある企業を適正価格で見つけるたびに拾い集めては拡大していくものと思われる。

これまではアメリカの国内企業だけに注力してきたが、将来的には同じ買収基準を満たす国際企業を買収することで、グローバル企業になっていくだろう。ただし、個人株主に報いるよりも資本を配分したほうが効率的であるかぎり、配当を出すことはないだろう。

ウォーレン・バフェットと妻のスーザンがバークシャー株の三分の一を保有しているが、バフェット後のバークシャーではその株式が「バフェット基金」に移されることになっている。七一歳の男性の平均余命は一五・三年。六九歳の女性は一六・八年だが、ネブラスカの富裕層の場合、さらに平均余命が長いため、両者を平均すると、二〇・七年になる。

というわけで、最終的にはバークシャーがバフェット基金を支えていくことになるだろう。現在の保有株式の評価額は三五〇億ドル。これを年利一〇％で二一年間運用したとすると、二六〇〇億ドルに膨らむことになる。現行法によれば、基金の五％すなわち一三〇億ドル分のバークシャー株が毎年売却あるいは譲渡されることになる。そして、元本割れしなければ、年間の値上がり益か、あるいは（配当があれば）、その配当金から分配金が出るかもしれない。金額的には相当な額だが、年に五％の分配金を売却益から得るとしても、毎年売却する株式はバークシャーの発行済み株式数の一％にすぎない。現行法では、基金の場合、議決権株式の持ち株比率が二〇％を超えてはならないことになっているため、保有しているクラスA株の一部をクラスB株に転換して議決権を放棄すれば、将来的にこの条件を満たすことができるだろう。

バークシャーなら、経営の自主性や現金資産、安定株主志向、忠誠心を確保できることから、今後もバークシャーと手を結びたがる企業は増えるものと思われる。家族や社員、顧客、サプライヤーのために会社が長期的に生き残っていけるかどうか、不安を抱くオーナーあるいは経営者がいるかぎり、バークシャーのような親会社は必要とされるはずである。

特に多大な資産にかかる遺産税がある間は、自らの事業の未来を守りたいと願う起業家たちのために、買い手が存在することになるだろう。

資本を呼び込んで離さないようにするためにコスト削減に取り組んでいる企業なら、バークシャーの子会社になることを選ぶかもしれない。ラルフ・シャイによれば、合併したおかげで資金調達に絡む外部的な問題にかかわる時間が年間に五〇日間も節約でき、その分、CEOとして自社の発展のために時間を使えるようになったという。

資本主義が実績に基づく以上、資本は収益性の最も低いところから最も高いところへと流れることになる。ここでも「黄金律」が当てはまる。つまり、黄金を一番手にした企業がルールを決めるのである。よって、バークシャーの資本配分者の下へ取引が集まることになるだろう。

資本主義における実力主義社会があるかぎり、経営がうまくいっていない企業は、優れた経営を行っている企業に取って代わられることになる。競争の激しい業界では相変わらず適者生存が生き残りの決め手となるに違いない。となれば、バークシャーの事業形態なら引き続き傑出した経営者たちを引き付けて離さないだろう。

さて、バフェット後にも活力あるユニークな年次総会は催されるのだろうか。バークシャーに魅了された株主心理と、持ち株を死ぬまで手放さないバフェットのような株主たちが健在なら、年次総会にはやはり同好の士である投資家たちと集うことを楽しみとする株主たちが集まってくるはずだ。バークシャーの株主たちは自らが株を保有している企業を常に応援していくだろう。バフェット亡きあとも、やはり年に一回集まって、自分たちの企業がより良くなることを望み、その商品を買い、サービスを利用していくに違いない。

バフェット後もバークシャーはその組織、成長機会、原則、経営陣、そして一番大切な安定株主の存在によって末永く生き残っていくだろう。バフェットに魅了された経営陣や株主がいれば、どんな事業でも存続し、成長し、繁栄していけるに違いない。

付録一　インタビューリスト

二〇〇〇年二月七日
ルー・シンプソン（GEICO資本管理部門社長兼CEO）、カリフォルニア州ランチョサンタフェにて

二〇〇〇年四月一三日
アル・ユールチー（フライトセーフティー・インターナショナル創業者・社長兼CEO）、ニューヨーク州フラッシングにて

二〇〇〇年八月三日
トニー・ナイスリー（GEICO保険業務部門社長兼CEO）、ワシントンDCにて

二〇〇〇年八月五日
ラルフ・シャイ（スコット・フェッツァー社長兼CEO）、オハイオ州ウエストレークにて

二〇〇〇年八月八日
スタン・リプシー（バファロー・ニューズ紙社主兼社長）、ニューヨーク州バファローにて

二〇〇〇年八月九日

トニー・ナイスリー（GEICO保険業務部門社長兼CEO）、ワシントンDCにて電話インタビュー

二〇〇〇年八月一四日
アジート・ジャイン（バークシャー・ハサウェイ再保険グループ社長）、コネティカット州スタムフォードにて

二〇〇〇年八月一六日
マルコム・キム・チェイス（バークシャー・ハサウェイ取締役）、ロードアイランド州プロビデンスにて

二〇〇〇年八月一七日
エリオット&バリー・テートルマン（ジョーダンズ・ファニチャー社長&CEO）、マサチューセッツ州ネーティックおよびCM撮影現場の同州ウエストンにて

二〇〇〇年八月一八日
フランク・ルーニー（H・H・ブラウン・シュー・カンパニー会長兼CEO）、マサチューセッツ州ナンタケット島にて

二〇〇〇年八月二五日
スーザン・ジャックス（ボーシャイムズ社長兼CEO）、ネブラスカ州オマハにて

二〇〇〇年八月二七日
アーブ・ブラムキン（ネブラスカ・ファニチャー・マート会長兼ＣＥＯ）、ネブラスカ州オマハにて
二〇〇〇年九月四日
ビル・チャイルド（Ｒ・Ｃ・ウィリー・ホーム・ファーニシングス社長兼ＣＥＯ）、ユタ州ソルトレークシティーにて
二〇〇〇年九月六日
ジョン・ローチ（ジャスティン・インダストリーズ会長）、ハロルド・メルトン（アクメ・ブリック社長兼ＣＥＯ）、ランディー・ワトソン（ジャスティン・ブランズ社長兼ＣＥＯ）、テキサス州フォートワースにて
二〇〇〇年九月七日
メルビン・ウォルフ（スター・ファニチャー社長兼ＣＥＯ）、テキサス州ヒューストンにて
二〇〇〇年九月八日
ジェフ・コメント（ヘルツバーグ・ダイヤモンド会長兼ＣＥＯ）、ミズーリ州ノースカンザスシティーにて
二〇〇〇年九月二一日
ジェフ・コメント（ヘルツバーグ・ダイヤモンド会長兼ＣＥＯ）、ミズーリ州ノースカンザスシティーにて電話インタビュー

二〇〇〇年九月二一日
チャック・ハギンズ（シーズ・キャンディーズ社長兼ＣＥＯ）、カリフォルニア州サウスサンフランシスコにて電話インタビュー

二〇〇〇年一〇月一七日
ドン・グラハム（ワシントン・ポスト会長兼ＣＥＯ）、ワシントンＤＣにて

二〇〇〇年一〇月一八日
リチャード・サントゥーリ（エグゼクティブ・ジェット社長兼ＣＥＯ）、ニュージャージー州ウッドブリッジにて

このリストにはその後、全ＣＥＯたちと交わした数多くの電話インタビューや電子メール、手紙のやりとりは含まれていない。

付録二　バークシャー・ファミリー一覧

会社名	CEO名	ウエブサイト
Berkshire Hathaway Inc. 3555 Farnam St., Ste. 1440, Omaha, NE 68131-3302 Phone: 402-346-1400	Warren Buffett	www.berkshirehathaway.com
Acme Brick American Tile Supply, Featherlite, Glass Block Grid System, Texas Quarries	Harrold Melton	www.acmebuildingbrands.com
Ben Bridge Jewelers	Ed and Jon Bridge	www.benbridge.com
Benjamin Moore	Yvan Dupuy	www.benjaminmoore.com
BH Homestate Insurance Brookwood, Continental Divide, Cornhusker, Cypress, Gateway Underwriters, Oak River, Redwood	Rod Eldred	www.bh-hc.com
Berkshire Reinsurance Division (see National Indemnity)	Ajit Jain	www.brkdirect.com
Blue Chip Stamps		
Wesco Financial	Charlie Munger	
Precision Steel	Terry Piper	www.precisionsteel.com
Wesco Financial Insurance	Don Wurster	
Kansas Bankers Surety	Donald Towle	
Cort Furniture	Paul Arnold	www.cort1.com
MS Property	Robert Bird	
Borsheim's Fine Jewelry	Susan Jacques	www.borsheims.com
Buffalo News	Stan Lipsey	www.buffnews.com
Central States Indemnity	John Kizer	www.csi-omaha.com
Dexter Shoe Pan Am Shoe	Peter Lunder	www.dextershoe.com

会社名	CEO名	ウエブサイト
GEICO Capital	Lou Simpson	
General RE General Cologne RE, Faraday, General Cologne Life RE, GenRe Securities, General Star, Genesis, Herbert Clough, New England Asset Mgmt., US Aviation Underwriters	Ron Ferguson	www.genre.com
Helzberg Diamonds	Jeff Comment	www.helzberg.com
H.H. Brown Shoe Carolina Shoe, Cove Shoe, Double H Boot, Isabela Shoe, Super Shoe Stores, Lowell Shoe	Frank Rooney	www.hhbrown.com www.comfort2u.com
International Dairy Queen Dairy Queen, Orange Julius, Karmelkorn Shoppes	Chuck Mooty	www.dairyqueen.com
Johns Manville Corp.	Jerry Henry	www.jm.com
Jordan's Furniture	Eliot and Barry Tatelman	www.jordansfurniture.com
Justin Brands Chippewa Boot Nocona Boot Tony Lama Boot	Randy Watson	www.justinboots.com www.chippewaboots.com www.nocona.com www.tonylama.com
MidAmerica Energy Northern Electric & Gas CalEnergy	David Sokol	www.midamerican.com www.northern-electric.co.uk www.calenergy.com
MiTek	Gene Toombs	www.mitekinc.com
National Indemnity Group Columbia Insurance Company, Berkshire Hathaway Life Insurance Company of Nebraska, National Fire & Marine Insurance Company, National Indemnity Company, National Indemnity Company of Mid-America, National Indemnity Company of the South,	Don Wurster/Ajit Jain	www.nationalindemnity.com

会社名	CEO名	ウエブサイト
Executive Jet Executive Jet Management, Executive Jet Sales, NetJets, NetJets Europe, NetJets Middle East	Richard Santulli	www.netjets.com
Fechheimer Brothers All Bilt, Nick Bloom, Bricker-Mincolla, Command, Eagle, Farrior's, Fechheimer Band, Flying Cross, Griffey, Harris, Harrison, Kale, Kay, Martin, McCain, Metro, Nationwide, Pima, Robert's, Silver State, Simon's, West Virginia, Zuckerberg's	Brad Kinstler	www.fechheimer.com
FlightSafety International FlightSafety Boeing, MarineSafety, Instructional Systems, Simulation Systems, Visual Simulation, FlightSafety Services, Learning Centers, Training Academies	Al Ueltschi	www.flightsafety.com
GEICO GEICO Casualty, GEICO Financial Services, GEICO Indemnity, GEICO General, Insurance Counselors, Inc., International Insurance Underwriters, Safe Driver Motor Club	Tony Nicely	www.geico.com

会社名	CEO名	ウエブサイト
National Liability & Fire Insurance Company,		
Wesco-Financial Insurance Company,		
Northern States Agency, Inc.,		
Pacific Gateway Insurance Agency,		
Ringwalt & Liesche Co.		
Nebraska Furniture Mart	Irv and Ron Blumkin	www.nfm.com
Floors Inc.,		
Homemakers Furniture		
R.C. Willey Home Furnishings	Bill Child	www.rcwilley.com
Scott Fetzer Companies	Ken Smelsberger	
Adalet		www.adalet.com
Campbell Hausfeld		www.chpower.com
Carefree of Colorado		www.digidot.com/carefree
Cleveland Wood Products		www.cwp-sfz.com
Douglas/Quikut (Ginsu)		www.quikut.com
France		www.franceformer.com
Halex		www.halexco.com
Kingston		www.kingstontimer.com
Kirby Vacuum		www.kirby.com
Meriam Instrument		www.meriam.com
Northland		www.northlandmotor.com
Powerwinch		
Scot Laboratories		www.scotlabs.com
Scottcare		www.scottcare.com
Stahl		www.stahl.cc
United Consumer Financial Service		
Wayne Combustion		www.waynecombustion.com
Wayne Water Systems		www.waynepumps.com
Western Enterprises		www.westernenterprises.com
Western Plastics		www.wplastics.com
World Book Encyclopedia		www.worldbook.com
See's Candies	Chuck Huggins	www.sees.com
Shaw Industries	Bob Shaw	www.shawinc.com
Star Furniture	Melvyn Wolff	www.starfurniture.com
United States Liability	Tom Nerney	www.usli.com

付録三　バークシャー・ファミリーの米国標準産業分類コード

大企業では関連事業を手がけているところが多いとはいえ、バークシャー・ハサウェイが所有している企業の事業範囲は実に広い。一二五種類もの事業を手がけているのである。ここに米国標準産業分類（SIC）コードの順にリストアップしてみよう（訳者注　明らかにタイプミスと思われるコード番号については修正したが、それ以外は原文のまま訳出）。

業種（SICコード番号）

床敷設（1752）
アイスクリームミックス（2023）
アイスクリーム製造業（2024）
デイリークイーンミックス製造業（2026）
キャンデー製造業（2064）
カーペットメーカー（2273）
男性用・少年用ユニホーム（2311）
ユニホームシャツ（2321）
軍服（2326）
シャツ（2331）

警官用ユニホーム（2337）
女性用・ジュニア用ユニホーム（2339）
楽隊用ユニホーム（2389）
日刊紙（2711）
出版・印刷（2731）
データベース出版業（2741）
石鹼・特殊洗剤メーカー（2841）
光沢剤メーカー（2842）
塗料（2851）
靴用断熱材・緩衝材（3086）
ＲＶ用アクセサリー製造業（3089）
成形プラスチック（3089）
屋内用スリッパ製造業（3142）
紳士靴メーカー（3143）
婦人靴メーカー（3144）
運動靴メーカー（3149）
レンガ製造業（3251）
特殊金属加工（3312）
スチール倉庫（3316）
アルミニウムダイカスト（3363）

非アルミニウムダイカスト（3364）
刃物類（3421）
留め具・継ぎ手（3429）
炉用バーナー製造業（3433）
工作機械付属部品（3451）
トラック車体メーカー（3469）（訳者注　分類としては金属プレス加工）
圧縮ガス配管・調整装置製造業（3494）
計量器（3496）
組立金属製品（3499）
ボートウインチ・ウインドラス（3531）
巻き上げ機（3536）
精密測定装置（3545）
小型動力工具（3546）
溶接装置（3548）
ポンプ（3561）
エアコンプレッサー・ガスコンプレッサー（3563）
サービス産業用機械（3589）
ネオンサイン用安定器・変圧器（3612）
分数馬力モーター製造業（3621）
産業用電気器具（3629）

家庭用電気掃除機メーカー（3635）
接続器具・接続箱メーカー（3644）
電子コネクター（3678）
フライトシミュレーター製造業（3699）
トラック車体メーカー（3713）
貨物トレーラー（3715）
航空機販売（3721）
自動制御装置（3822）
測定装置（3823）
医療機器（3841）
靴用人工装具締め具取り付け補強材（3842）
宝飾品・貴金属（3911）
銀製品（3914）
スポーツ用品（3949）
建築資材輸送（4213）
倉庫業（4226）
航空機チャーター便（4522）
航空機メンテナンス（4581）
旅行管理（4729）
エネルギー生産・販売（4911）

レンガ・石材・建築資材（5032）
断熱材（5033）
建設資材（5039）
鉄鋼サービスセンター（5051）
給排水設備・暖房設備（5074）
消火設備（5087）
飛行機部品（5088）
貴金属（5094）
紙製品卸売業（5113）
制服卸売業（5136）
乳製品（5143）
菓子類（5145）
使い捨てプラスチック製品卸売業（5149）
キャンデー・ナッツ・菓子店（5441）
ハンドバッグ（5632）
靴店（5661）
制服小売店（5699）
家具店（5712）
フロアカバーリング用品店（5713）
家庭用品店（5722）

電器店（5731）
コンピューターショップ（5734）
アイスクリームショップ（5812）
宝石店（5944）
カメラ屋（5946）
銀製品・ギフトショップ（5947）
カタログ注文・通信販売（5961）
百科事典直接販売（5963）
ポリスサプライ店（5999）
貯蓄貸付組合（6036）
外国為替取引（6099）
消費者金融会社（6141）
短期企業金融（6153）
登録投資顧問・証券業（6211）
証券・商品取引（6231）
投資顧問（6282）
自動車保険・生命保険・海上火災保険・損害保険／再保険（6311）
災害保険（6321）
海上火災保険・損害保険（6331）
身元保証保険（6351）

航空保険（6399）
保険代理店（6411）
非居住用建設工事（6512）
賃貸不動産（6519）
不動産仲介・管理（6531）
投資持ち株会社（6719）
ライセンス販売・フランチャイズ販売（6794）
商品取引会社（6799）
航空機レンタル（7359）
教育用ソフト設計・製作（7372）
商品引換スタンプ・購買刺激プログラム（7389）
ビジュアルシミュレーション（7812）
航空学校（8249）
飛行訓練指導（8299）
自動車所有者組合（8699）

このリストには、航空機のフラクショナルオーナーシップやオフィス家具レンタルのように、ＳＩＣコードにない業種は含まれていない。また、コカ・コーラやアメリカン・エキスプレスのように株式を一部所有しているだけの企業も、ここには含めていない。

付録四　バークシャー・ファミリー年表

設立年

一八三六年　キャンベル・マニュファクチャリング設立
一八七〇年　ボーシャイムズ・ジュエリー、オマハに設立
一八七七年　ワシントン・ポスト紙創刊
一八七九年　ジャスティン・ブーツ設立
一八八〇年　バファロー・イブニング・ニューズ紙創刊
一八八三年　H・H・ブラウン・シュー設立
一八八六年　コカ・コーラ成立
一八八八年　ハサウェイ・マニュファクチャリング・カンパニー設立
一八八九年　バークシャー・コットン・マニュファクチャリング・カンパニー設立
一八九一年　アクメ・ブリック設立
一八九三年　ローズ・ブラムキン誕生（一二月三日）
一九〇六年　カービー掃除機発明
一九一二年　スター・ファニチャー設立
一九一四年　スコット・マシン・ショップ設立
一九一五年　ヘルツバーグ・ダイヤモンド設立

一九一五年　スコット&フェッツァー成立
一九一七年　ワールド・ブック創刊
一九二〇年　キャンベル・ハウスフェルド成立
一九二一年　シーズ・キャンディーズ設立
一九二八年　ジョーダンズ・ファニチャー設立
一九三二年　R・C・ウィリー設立
一九三六年　GEICO設立
一九三七年　ネブラスカ・ファニチャー・マート、資金五〇〇ドルで設立（ミセスB、四四歳）
一九四〇年　ナショナル・インデムニティ設立
一九五一年　フライトセーフティー、ユールチーの自宅を担保に一万五〇〇〇ドルで設立
　　　　　　チャック・ハギンズ、シーズ・キャンディーズに入社
一九五五年　バークシャー・ハサウェイ成立
一九五七年　デクスター・シュー設立
一九六一年　トニー・ナイスリー、GEICOに入社
一九六四年　エグゼクティブ・ジェット設立
一九六五年　ウォーレン・バフェット、バークシャー・ハサウェイの経営権を取得（三四歳）

買収年

一九七二年　シーズ・キャンディーズを二五〇〇万ドルで買収
一九七三年　ワシントン・ポスト紙を一〇六〇万ドルでクラスB株の約一二%を取得
一九七四年　ドン・グラハムとウォーレン・バフェット、ワシントン・ポスト紙の取締役に就任
一九七六年　ラルフ・シャイ、スコット・フェッツァーに入社
一九七七年　GEICOを一部取得
一九八〇年　バファロー・ニューズ紙を三四〇〇万ドルで買収
一九八二年　ルー・シンプソン、GEICOで資金運用を開始
一九八三年　スーザン・ジャックス、ボーシャイムズに自給四ドルで入社（二三歳）
一九八四年　ネブラスカ・ファニチャー・マートを五五〇〇万ドルで八〇%取得
一九八五年　リッチ・サントゥーリ、エグゼクティブ・ジェットを買収
一九八六年　バークシャー本来の繊維事業を閉鎖
一九八六年　スコット・フェッツァーを三億一五〇〇万ドルで買収（現金）
一九八六年　アジート・ジャイン、バークシャーに入社
一九八九年　ボーシャイムズ・ジュエリーを買収
一九九一年　H・H・ブラウン・シューを買収
一九九一年　トニー・ナイスリー、GEICOのCEOに就任
一九九二年　ローウェル・シューを買収
一九九三年　デクスター・シューを四億二〇〇〇万ドルで買収（株式交換）

一九九四年　スーザン・ジャックス、ボーシャイムズのCEOに就任（三四歳）
一九九五年　ヘルツバーグ・ダイヤモンドを買収
R・C・ウィリー・ホーム・ファーニシングスを買収
一九九六年　GEICOの残りの株式を二三億ドルで取得
フライトセーフティーを一五億ドルで買収
バークシャー、クラスB株を発行（価格はクラスA株の三〇分の一）
一九九七年　スター・ファニチャーを買収
一九九八年　エグゼクティブ・ジェットを七億二五〇〇万ドルで買収（三億五〇〇〇万ドルの現金と三億七五〇〇万ドル相当の株式）
一九九八年　ローズ・ブラムキン、一〇四歳にて死去（八月九日）
一九九九年　ジョーダンズ・ファニチャーを買収
二〇〇〇年　アクメ・ブリックを買収
ジャスティン・ブーツを買収
ラルフ・シャイ引退

買収先企業の設立年は、平均すると一九〇九年となる。これは、ウォーレン・バフェットがバークシャー・ハサウェイの経営を引き継ぐ五六年も前のことだ。

付録五　バフェット関連書籍

『おカネの神様に学ぶ個人投資家のすすめ』木村剛＋三原淳雄著（アスコム・二〇〇三年）
『実践！　バフェット流株式戦略バイブル』松本重熙著（現代書林・二〇〇一年）
『ビジネスは人なり投資は価値なり／ウォーレン・バフェット』ロジャー・ローウェンスタイン著、株式会社ビジネスバンク訳（総合法令・一九九八年）
『バフェットで勝つ』江守哲著（総合法令・二〇〇〇年）
『株で富を築くバフェットの法則』ロバート・G・ハグストローム・ジュニア著、三原淳雄＋土屋安衛訳（ダイヤモンド社・一九九五年）
『バフェットのポートフォリオ』ロバート・G・ハグストローム著、三原淳雄＋松本重熙訳（ダイヤモンド社・一九九九年）
『ウォーレン・バフェット／自分を信じるものが勝つ！』ジャネット・ロウ著、平野誠一訳（ダイヤモンド社・一九九九年）
『バフェット投資の真髄／株で富を築く永遠の法則』ロバート・G・ハグストローム著、三原淳雄＋小野一郎訳（ダイヤモンド社・二〇〇一年）
『バフェットの投資戦略と企業経営／富を生み出すバークシャー・ハザウェイの全貌』ロバート・P・マイルズ著、佐々木一仁訳（東洋経済新報社・二〇〇二年）
『バフェット「米国株式会社」を動かす男』牧野洋著（日本経済新聞社・一九九九年）
『マネーマスターズ列伝／大投資家たちはこうして生まれた』ジョン・トレイン著、坐古義之＋臼杵元春訳

（日本経済新聞社・二〇〇一年）
『チャールズ・エリスが選ぶ大投資家の名言』チャールズ・エリス著、鹿毛雄二訳（日本経済新聞社・二〇〇二年）
『億万長者をめざすバフェットの銘柄選択術』メアリー・バフェット＋デビッド・クラーク著、井出正介＋中熊靖和訳（日本経済新聞社・二〇〇二年）
『バリュー投資入門／バフェットを超える割安株選びの極意』ブルース・グリーンウォルド＋ジャッド・カーン＋ポール・ソンキン＋マイケル・ヴァンビーマ著、臼杵元春＋坐古義之訳（日本経済新聞社・二〇〇二年）
『フィッシャーの「超」成長株投資／普通株で普通でない利益を得るために』フィリップ・A・フィッシャー著、荒井拓也監修、高田有現＋武田浩美訳（フォレスト出版・二〇〇〇年）
『考えることを楽しむ五〇代からの資産運用／バフェット流優良株の選び方』松本重熙著（プロスパー企画・二〇〇二年）
『バフェットからの手紙／世界一の投資家が見たこれから伸びる会社、滅びる会社』ローレンス・A・カニンガム著、増沢浩一監訳（パンローリング・二〇〇〇年）
『賢明なる投資家／割安株の見つけ方とバリュー投資を成功させる方法』ベンジャミン・グレアム著、土光篤洋監修、増沢和美＋新美美葉訳（パンローリング・二〇〇〇年）
『投資参謀マンガー／世界一の投資家バフェットを陰で支えた男』ジャネット・ロウ著、増沢和美ほか訳（パンローリング・二〇〇一年）
『株の天才たち／バフェット、グレアム、フィッシャー、プライス、テンプルトンから学ぶ』ニッキー・ロス著、木村規子訳（パンローリング・二〇〇一年）
『賢明なる投資家【財務諸表編】／企業経営分析からバリュー株を見つける法』ベンジャミン・グレアム＋ス

ペンサー・B・メレディス著、関本博英訳（パンローリング・二〇〇一年）
『証券分析／一九三四年版』ベンジャミン・グレアム＋デビッド・L・ドッド著、関本博英＋増沢和美訳（パンローリング・二〇〇二年）
『スマートマネー流株式選択術／銘柄スクリーニングバイブル／英和証券用語集付』ネリー・S・ファン＋ピーター・フィンチ著、木村規子訳（パンローリング・二〇〇二年）

第22章　バフェット傘下のCEO
――評価と報酬

1. Warren Buffett, “Annual Letter to Shareholders,” 1988.
2. Warren Buffett, “Annual Letter to Shareholders,” 1997.
3. Warren Buffett, “Annual Letter to Shareholders,” 1994.

2. "Helzberg to Merge with Berkshire Hathaway," *Jewelers' Circular,* April 1995.
3. Warren Buffett, "Chairman's Letter to Shareholders," 1995.
4. Jennifer Mann Fuller, "Warren Buffett to Buy Helzberg Shops," *Kansas City Star,* March 11, 1995.
5. Ibid.
6. Andy Kilpatrick, *Of Permanent Value,* p. 467.
7. Warren Buffett, "Chairman's Letter to Shareholders," 1995.
8. Fuller, "Warren Buffett to Buy Helzberg Shops."
9. "Helzberg to Merge with Berkshire Hathaway."
10. Marianne Wilson, "CEO Suits Up for Christmas," *Chain Store Age,* December 1, 1997.
11. Helen T. Gray, "By Applying Biblical Principles, Speaks Find Success in Business," *Kansas City Star,* November 7, 1997.
12. Kent Pulliam, "How About a Boat Ride in October?" *Kansas City Star,* September 25, 1999.
13. International Council of Shopping Centers, White Paper on Sales by Store Type, 1999.
14. Jeffrey W. Comment, Address to Jewelers' Charity Fund, Las Vegas, NV, June 4, 2000.

第20章　新顔――ランディー・ワトソン（ジャスティン・ブランズ）＆ハロルド・メルトン（アクメ・ビルディング・ブランズ）

1. Warren Buffett, "Chairman's Letter to Shareholders," 2000.
2. Justin Industries, Press Release, June 20, 2000.
3. Gregory Winter, "Private Sector: Giving Buffett the Boots in a Corporate Farewell," *New York Times,* June 25, 2000.
4. Diana J. Kleiner, "Justin Industries," Handbook of Texas Online, February 15, 1999.
5. Ibid.
6. Id.
7. Irvin Farman, *Standard of the West: The Justin Story* (Texas Christian University Press, 1996), pp. 172–181.
8. Kleiner, "Justin Industries."
9. Farman, *Standard of the West,* pp. 174–175.
10. Ibid.
11. Edwin E. Lehr, *Colossus in Clay: Acme Brick Company* (The Donning Company, 1998), p. 145.
12. Ibid., pp. 147–149.

6. Kenneth N. Gilpin, "President Resigns at Scott & Fetzer," *New York Times,* September 7, 1984.
7. 『ビジネスは人なり投資は価値なり／ウォーレン・バフェット』総合法令刊1998年
8. Warren Buffett, "Chairman's Letter to Shareholders," 1985.
9. Ibid.
10. Id.
11. Robert Dorr, "Kirby Sales Tactics: Berkshire's Vacuum Unit Draws Unwanted Attention," *Omaha World-Herald,* October 11, 1999.
12. Warren Buffett, "Chairman's Letter to Shareholders," 1985.
13. Warren Buffett, "Chairman's Letter to Shareholders," 1986.
14. Warren Buffett, "Chairman's Letter to Shareholders," 1994.
15. Warren Buffett, "Chairman's Letter to Shareholders," 2000.
16. Ralph Schey, "Entrepreneurial Opportunity," *Cleveland Enterprise,* Summer 1991.

第18章　白羽の矢――スーザン・ジャックス（ボーシャイムズ・ファイン・ジュエリー）

1. Warren Buffett, "Chairman's Letter to Shareholders," 1997.
2. Mary De Zutter, "Borsheim's Chief Credits Friedman as Retail Mentor," *Omaha World Herald,* June 26, 1994.
3. Ibid.
4. Id.
5. Andy Kilpatrick, *Of Permanent Value: The Story of Warren Buffett* (AKPE, 2000), p. 452.
6. Warren Buffett, "Chairman's Letter to Shareholders," 1989.
7. Ibid.
8. De Zutter, "Borsheim's Chief Credits Friedman."
9. Kilpatrick, *Of Permanent Value,* p. 455.
10. Warren Buffett, "Chairman's Letter to Shareholders," 1990.
11. Online Career Center, "About Susan Jacques," *USA Today,* January 20, 2001.

第19章　小売業者のかがみ――ジェフ・コメント（ヘルツバーグ・ダイヤモンド）

1. Andy Kilpatrick, *Of Permanent Value: The Story of Warren Buffett* (AKPE, 2000), pp. 467–468.

第16章　忠臣——チャック・ハギンズ（シーズ・キャンディーズ）

1. Karola Saekel, "California's Sweetheart," *San Francisco Chronicle,* February 14, 1996.
2. Ibid.
3. Frank Green, "Candy Land; Working in See's Kitchen Is Sweet Job for Loyal Crew," *San Diego Union-Tribune,* December 12, 1985.
4. Laurie Ochoa, "Land of Milk and Toffee," *Los Angeles Times,* December 22, 1996.
5. Nancy Rivera Brooks, "After 70 Years, Success Is Sweet to See's Candies," *Los Angeles Times,* May 10, 1991.
6. Warren Buffett, "Chairman's Letter to Shareholders," 1999.
7. Warren Buffett, "Chairman's Letter to Shareholders," 1984.
8. Saekel, "California's Sweetheart."
9. Warren Buffett, "Chairman's Letter to Shareholders," 1983.
10. Warren Buffett, "Chairman's Letter to Shareholders," 1984.
11. Warren Buffett, "Chairman's Letter to Shareholders," 1985.
12. Warren Buffett, "Chairman's Letter to Shareholders," 1986.
13. Warren Buffett, "Chairman's Letter to Shareholders," 1988.
14. Warren Buffett, "Chairman's Letter to Shareholders," 1991.
15. Mary McNamara, "In Their Capable Hands," *Los Angeles Times,* July 19, 1999.
16. Saekel, "California's Sweetheart."
17. Gavin Power, "See's Seeks to Sweeten Profits by Closing Unprofitable Stores," *San Francisco Chronicle,* April 11, 1994.
18. Michelle Gabriel, "The Candy Man," *South Bay Accent,* February/March 1998.
19. Andy Kilpatrick, *Of Permanent Value: The Story of Warren Buffett* (AKPE, 2000), p. 403.

第17章　経営のプロ——ラルフ・シャイ（スコット・フェッツァー・カンパニーズ）

1. Warren Buffett, "Chairman's Letter to Shareholders," 2000.
2. Lynne Thompson, "Venture Idealist," *Inside Business,* October 1999.
3. Ibid.
4. Id.
5. John Ettorre, "Business: Sweeping the Competition," *Cleveland Magazine,* May 1993.

25. Lubow, "Wowing Warren."
26. Brian McGrory, "Barry, Eliot Go Against Tide," *Boston Globe,* May 11, 1999.
27. Lubow, "Wowing Warren."
28. McGrory, "Barry, Eliot Go Against Tide."
29. Lubow, "Wowing Warren."
30. "The Customer Is King," *Cabinet Maker,* August 4, 2000.
31. Doten, "A Matched Set."
32. "Retailer Entrepreneurs of the Year: Barry and Eliot Tatelman," *Chain Store Age,* December 1, 1997.
33. Doten, "A Matched Set."
34. Ibid.
35. Bella English, "Camp Comfort: Tatelmans Create Weeklong Refuge Where HIV-Infected Children Can Just Be Kids," *Boston Globe,* August 10, 2000.

第15章　再建屋――スタン・リプシー（バファロー・ニューズ）

1. Andy Kilpatrick, *Of Permanent Value: The Story of Warren Buffett* (AKPE, 2000), p. 410.
2. "Path to Billions Began with a Newspaper Route," *Buffalo News,* October 4, 1993, p. 1.
3. John Henry, "Buffett in Buffalo," *Columbia Journalism Review,* November/December, 1998.
4. 『ビジネスは人なり投資は価値なり／ウォーレン・バフェット』総合法令刊1998年
5. 同上
6. 同上
7. 同上
8. 同上
9. Henry, "Buffett in Buffalo."
10. Warren Buffett, "Chairman's Letter to Shareholders," 1989.
11. Henry, "Buffett in Buffalo."
12. Ibid.
13. Id.
14. Warren Buffett, "Chairman's Letter to Shareholders," 1984.
15. Warren Buffett, "Chairman's Letter to Shareholders," 1983.
16. Warren Buffett, "Chairman's Letter to Shareholders," 1985.
17. Warren Buffett, "Chairman's Letter to Shareholders," 1989.

3. Buffett, "Chairman's Letter to Shareholders," 1997.
4. Kimberley Wray, "Buffett's Galaxy Grows: Investor Inks Deal for Star Furniture," *Home Furnishings News (HFN),* June 30, 1997.
5. Nina Farrell, "Made in the Shade," *High Points,* August 1998.
6. Ibid.

第14章 ショッピングのエンターテイナー——エリオット＆バリー・テートルマン（ジョーダンズ・ファニチャー）

1. Andrew Edgecliffe-Johnson and Victoria Griffith, "Furnishing an Entertainment Revolution," [London] *Financial Times,* October 16, 1999.
2. Kimberly Wray, "Jordan's 'Bad Boys' Score Again," *Home Furnishings News (HFN),* April 20, 1998.
3. Patti Doten, "A Matched Set," *Boston Globe,* January 25, 1999.
4. Arthur Lubow, "Wowing Warren," *Inc.,* March 2000.
5. Doten, "A Matched Set."
6. Lubow, "Wowing Warren."
7. Doten, "A Matched Set."
8. Lubow, "Wowing Warren."
9. Ibid.
10. Id.
11. Doten, "A Matched Set."
12. Warren Buffett, "Chairman's Letter to Shareholders," 1999.
13. Lubow, "Wowing Warren."
14. Kimberly Blanton, "Brothers Will Sell Jordan's Furniture," *Boston Globe,* October 12, 1999.
15. Lubow, "Wowing Warren."
16. Eric Convey and Tim McLaughlin, "Buffett Is Sold on Jordan's; Billionaire to Buy Furniture Chain," *Boston Herald,* October 12, 1999.
17. Blanton, "Brothers Will Sell Jordan's Furniture."
18. Lubow, "Wowing Warren."
19. Brian McGrory, "Doing Things the Right Way," *Boston Globe,* October 12, 1999.
20. Edgecliff-Johnson and Griffith, "Furnishing an Entertainment Revolution."
21. Warren Buffett, "Chairman's Letter to Shareholders," 1999.
22. Jessica Goldbogen, "The Fabulous Tatelman Brothers," *High Points,* December 1999.
23. Lubow, "Wowing Warren."
24. Patricia Resende, "It's Party Time for Employees," *Boston Herald,* February 26, 1999.

6. Robert Preer, "Shoes, Jobs in Decline . . . ," *Boston Globe,* January 3, 1995.
7. American Apparel and Footwear Association, November 2000.
8. Preer, "Shoes, jobs in decline."
9. Kilpatrick, *Of Permanent Value,* p. 459.
10. Frederic M. Biddle, "Morse Sells Lowell Unit to H.H. Brown," *Boston Globe,* December 3, 1992.
11. Warren Buffett, "Chairman's Letter to Shareholders," 1992.
12. Warren Buffett, "Chairman's Letter to Shareholders," 1993.
13. Kilpatrick, *Of Permanent Value,* p. 463.
14. *Forbes,* October 10, 1994.
15. Kilpatrick, *Of Permanent Value,* pp. 463–464.
16. Ibid, p. 464.
17. *Business Week,* October 12, 1998.
18. Kilpatrick, *Of Permanent Value,* p. 465.
19. Warren Buffett, "Chairman's Letter to Shareholders," 1998.
20. Warren Buffett, "Chairman's Letter to Shareholders," 1993.
21. Warren Buffett, "Chairman's Letter to Shareholders," 1999.
22. Warren Buffett, "Chairman's Letter to Shareholders," 1991.
23. *Business Week,* July 5, 1999.

第12章　主義を貫く経営者――ビル・チャイルド（R・C・ウィリー・ホーム・ファーニシングス）

1. E.K. Valentin & Jerald T. Storey, "R.C. Willey Home Furnishings: A Case Study," John B. Goddard School of Business & Economics, Weber State University, 1999.
2. Cover story, "The Berkshire Bunch," *Forbes,* October 12, 1998.
3. Warren Buffett, "Chairman's Letter to Shareholders," 1999.
4. Karl Kunkel, "Place Your Bets, Ladies and Gentlemen," *High Points,* July 2000.
5. Stephen W. Gibson, "R.C. Willey Got Its Humble Start Selling Refrigerators to Farmers," *Deseret News,* April 11, 1999.

第13章　生涯のパートナー――メルビン・ウォルフ（スター・ファニチャー）

1. Warren Buffett, "Chairman's Letter to Shareholders," 1997.
2. John Taylor, "Berkshire Adds Third Furniture Store to Stable of Companies," *Omaha World-Herald,* June 25, 1997.

18. Ibid.
19. Frank Swaboda and Howard Kurtz, "Donald Graham Is Named Post Co. President, CEO," *Washington Post,* March 15, 1991.
20. James Harding, "Inside Track: From Watergate to Web," *Financial Times* (London), December 17, 1999.
21. Toobin, "The Regular Guy."
22. Ibid.

第10章　三代目の家族継承者――アービン・ブラムキン（ネブラスカ・ファニチャー・マート）

1. Jim Rasmussen, "Omaha, Neb.-Based Furniture Store Owner Happy at No. 2," *Omaha World-Herald,* June 2, 1999.
2. Warren Buffett, "Chairman's Letter to Shareholders," 1988.
3. Barnaby J. Feder, "A Retailer's Home-Grown Success," *New York Times,* June 17, 1994.
4. Ibid.
5. Steve Jordon, "Furniture Mart to Buy Iowa Company," *Omaha World-Herald,* September 14, 2000.
6. Feder, "A Retailer's Home-Grown Success."
7. Warren Buffett, "Chairman's Letter to Shareholders," 1997.
8. Warren Buffett, "Chairman's Letter to Shareholders," 1995.
9. Warren Buffett, "Chairman's Letter to Shareholders," 1997.
10. Warren Buffett, "Chairman's Letter to Shareholders," 1999.
11. Ibid.
12. John L. Ward, "Keeping the Family Business Healthy," Jossey-Bass Publishers, 1987.
13. Ibid.
14. Warren Buffett, "Chairman's Letter to Shareholders," 1984.

第11章　復帰した経営者――フランク・ルーニー（H・H・ブラウン・シュー）

1. Carol Beggy and Beth Carney, "Tee Time for Clinton to Be Delayed?" *The Boston Globe,* August 18, 1999.
2. Sheila McGovern, "Factory Closing Rocks Richmond," *Montreal Gazette,* October 21, 2000.
3. Warren Buffett, "Chairman's Letter to Shareholders," 1991.
4. Ibid.
5. Andy Kilpatrick, *Of Permanent Value: The Story of Warren Buffett* (AKPE, 2000), pp. 459–460.

12. Ibid.
13. Bianco, "What's Better Than a Private Plane?"
14. Buffett, "Chairman's Letter to Shareholders," 1998.
15. MedAire, Press Release, February 24, 2000.
16. Executive Jets, "NetJets U.S. Investment Summary, Year 2000," September 1, 2000.
17. Buffett, "Chairman's Letter to Shareholders," 1998.
18. John Edwards, "Billionaire Discusses Strategy for Picking Stocks," *Las Vegas Review-Journal,* October 19, 1998.
19. Roger Bray (?), "Supersonic Joys Shared Out: Business Travel High-Speed Aircraft," *Financial Times* (London), October 26, 1998.
20. The Sandman, The Motley Fool, "Executive Jet," May 17, 2000.
21. Paul Burnham Finney, "The Sonic Boom in Shared Jets," *Frequent Flyer Magazine,* March 2000.
22. Don Stancavish, "Woodbridge, N.J., Company Sells Time Shares of Aircraft," *Record* (New Jersey), October 29, 2000.

第9章　バフェットの弟子――ドン・グラハム（ワシントン・ポスト）

1. Barbara Matusow, "Citizen Don," *Washingtonian,* August 1992.
2. Ibid.
3. Jeffrey Toobin, "The Regular Guy," *New Yorker,* March 20, 2000.
4. Richard J. Cattani, "Kay Graham's Story As Told by Herself," *Christian Science Monitor,* February 18, 1997.
5. Andy Kilpatrick, *Of Permanent Value: The Story of Warren Buffett* (AKPE, 2000), pp. 276–277.
6. Toobin, "The Regular Guy."
7. Matusow, "Citizen Don."
8. 『ビジネスは人なり投資は価値なり／ウォーレン・バフェット』総合法令刊1998年
9. 同上
10. Toobin, "The Regular Guy."
11. Lowenstein, *Buffett,* p. 185.
12. Toobin, "The Regular Guy."
13. Matusow, "Citizen Don."
14. Felicity Barringer, "Media Talk: Emphasizing Journalism to Stock Analysts," *New York Times,* December 11, 2000.
15. Matusow, "Citizen Don."
16. Audit Bureau of Circulation (March 91–March 01).
17. Toobin, "The Regular Guy."

26. Paul Lowe, "Billionaire Buffett on Business Aviation," *Aviation International News,* 1999.
27. National Business Aircraft Association, "NBAA Honors."
28. FlightSafety brochure.
29. "Warren Buffett Buys FlightSafety for $1.50 Billion," *Aviation News,* 1996.
30. Andy Kilpatrick, *Of Permanent Value: The Story of Warren Buffett* (AKPE, 2000).
31. Mike Busch, "Simulator-Based Recurrent Training Product Comparison," *AVweb,* May 5, 1998.
32. Fleming Meeks, "The Pilots' Pilot (FlightSafety International) (The 200 Best Small Companies in America)," *Forbes,* November 13, 1989.
33. Judy Temes, "No Fancy Digs, Just Big Profits; Founder Keeps FlightSafety Lean, Shareholders Happy," *Crain's New York Business,* February 5, 1990.
34. Ueltschi, "History and Future."
35. Ibid.
36. Warren Buffett, letter to the author, April 10, 2000.
37. Jerry Wakefield, "Achievement: Al Ueltschi," [Kentucky] *State Journal,* 1979.

第8章　革新者――リッチ・サントゥーリ（エグゼクティブ・ジェット）

1. Anthony Bianco, "What's Better Than a Private Plane? A Semiprivate Plane," *Business Week,* July 21, 1997.
2. Ibid.
3. Ron Carter, "Stars in the Sky: Executive Jet Becoming Transportation of Choice of the Rich and Famous," *Columbus Dispatch,* December 12, 1999.
4. Joann Muller, "Gimmick Gives Industry a Lift; Fractional Ownership Moves Private Jets within Reach of Small Firms, Individuals," *Boston Globe,* August 3, 1997.
5. Warren Buffett, "Chairman's Letter to Shareholders," 1998.
6. Ron Carter, "Executive Jet Has Big Fan: Buffett," *Columbus Dispatch,* August 26, 1998.
7. "Flying Buffett," *Forbes.com,* September 21, 1998.
8. Carter, "Executive Jet Has Big Fan."
9. Ron Carter, "Executive Jet to Announce World-Record Order," *Columbus Dispatch,* June 13, 1999.
10. Carter, "Executive Jet Has Big Fan."
11. Warren Berger, "Hey, You're Worth It," *Wired,* June 2001.

72. Dorr, "Rose Blumkin."
73. "Life and Times."
74. Anonymous, "Mrs. B., Buffett in Cable TV Spot," *Omaha World-Herald,* February 8, 1995.
75. Green, "At 96, Feuding Matriarch."
76. 『ビジネスは人なり投資は価値なり／ウォーレン・バフェット』総合法令刊1998年
77. Cassel, Interview.

第7章　先見の明——アル・ユールチー（フライトセーフティー・インターナショナル）

1. Al Ueltschi, "The History and Future of FlightSafety International," The Wings Club Thirty-fourth General Harold R. Harris Sight Lecture, The Wings Club, May 21, 1997.
2. Ibid.
3. Id.
4. Id.
5. Id.
6. Id.
7. Id.
8. Id.
9. Id.
10. Id.
11. Id.
12. Id.
13. Id.
14. Id.
15. National Business Aircraft Association, "NBAA Honors FSI Founder," 1991.
16. Ueltschi, "History and Future."
17. Ibid.
18. Id.
19. Id.
20. Id.
21. Warren Buffett, "Chairman's Letter to Shareholders," 1996.
22. Ueltschi, "History and Future."
23. Berkshire Hathaway Press Release, October 15, 1996.
24. Ueltschi, "History and Future."
25. Associated Press, "Berkshire Chief Buys New York Company," October 16, 1996.

37. http://www.nebraskafurnituremart.com/pages/timeline.html "Factoids."
38. Cassel, Interview.
39. Feder, "Rose Blumkin."
40. O'Bryon, Warren Buffett Interview.
41. Rockwood, "Model of Success."
42. Cassel, Interview.
43. Andy Kilpatrick, *Of Permanent Value: The Story of Warren Buffett* (AKPE, 2000), p. 413.
44. Rockwood, "Model of Success."
45. 『ビジネスは人なり投資は価値なり／ウォーレン・バフェット』総合法令刊1998年

46. Linda O'Bryon, Warren Buffett Interview.
47. Ibid.
48. Warren Buffett, "Chairman's Letter to Shareholders," 1983.
49. Rockwood, "Model of Success."
50. Wadler, "Blumkin: Sofa, So Good."
51. Feder, "Rose Blumkin."
52. Linda O'Bryon, Warren Buffett Interview.
53. Dorr, "Rose Blumkin."
54. James, "Furniture Czarina."
55. Warren Buffett, "Chairman's Letter to Shareholders," 1984.
56. Cassel, Interview.
57. Associated Press, "Mrs. B, 96, Starts Over in Furniture Business," *St. Louis Post-Dispatch,* November 12, 1989.
58. Rockwood, "Model of Success."
59. Associated Press, "Mrs. B."
60. Cassel, Interview.
61. "Life and Times."
62. Larry Green, "At 96, Feuding Matriarch Opens New Business," *Los Angeles Times,* December 18, 1989.
63. Cassel, Interview.
64. Green, "At 96, Feuding Matriarch."
65. Feder, "Rose Blumkin."
66. "Life and Times."
67. Warren Buffett, "Chairman's Letter to Shareholders," 1992.
68. Kilpatrick, *Of Permanent Value.*
69. O'Bryon, Rose Blumkin Interview.
70. Robert Dorr, "Nearly 104, Mrs. B Retires: Gone From the Sales Floor but Not From Business, Mrs. B's Business," *Omaha World-Herald,* October 26, 1997.
71. Rockwood, "Model of Success."

3. Rich Rockwood, "Model of Success," www.focusinvestor.com
4. Dorr, "Rose Blumkin."
5. Barnaby J. Feder, "Rose Blumkin, Retail Queen, Dies at 104," *New York Times,* August 13, 1998.
6. Jim Rasmussen, "Omaha, Neb.-Based Furniture Store Owner Happy at No. 2," *Omaha World-Herald,* June 2, 1999.
7. Warren Buffett, "Chairman's Letter to Shareholders," 1983.
8. Feder, "Rose Blumkin."
9. Andrew Cassel, Interview with Rose Blumkin, December 14, 1989.
10. Linda O'Bryon, Rose Blumkin Interview, Nightly Business Report, June 1, 1994.
11. Dorr, "Rose Blumkin."
12. Rockwood, "Model of Success."
13. Dorr, "Rose Blumkin."
14. Cassel, Interview.
15. "The Life and Times of Rose Blumkin, An American Original," advertising supplement to the *Omaha World-Herald,* December 12, 1993.
16. Andrew Cassel, "Andrew Cassel Column," *Philadelphia Inquirer,* August 14, 1998.
17. Cassel, Interview.
18. Cassel, Interview.
19. "Life and Times."
20. Feder, "Rose Blumkin."
21. Cassel, Interview.
22. Feder, "Rose Blumkin."
23. Rockwood, "Model of Success."
24. Ibid.
25. Dorr, "Rose Blumkin."
26. Cassel, Interview.
27. Cassel, Interview.
28. Rockwood, "Model of Success."
29. Warren Buffett, "Chairman's Letter to Shareholders," 1983.
30. Linda O'Bryon, Interview with Blumkin.
31. Warren Buffett, "Chairman's Letter to Shareholders," 1983.
32. Cassel, Interview.
33. Feder, "Rose Blumkin."
34. Joyce Wadler, "Blumkin: Sofa, So Good; The First Lady of Furniture, Flourishing at 90," *Washington Post,* May 24, 1984.
35. "Life and Times."
36. Frank E. James, "Furniture Czarina: Still a Live Wire at 90, A Retail Phenomenon Oversees Her Empire," *Wall Street Journal,* May 23, 1984.

20. Wooley with Caplin, "The Next Buffett."
21. Barboza, "Following the Buffett Formula."
22. Spurgeon, "Envelope, Please."
23. Ibid.
24. Clash, "The Next Warren Buffett."

第5章　災害部門の管理者——アジート・ジャイン（バークシャー・ハサウェイ再保険事業部）

1. Warren Buffett, "Chairman's Letter to Shareholders," 2000.
2. Devon Spurgeon, "Envelope, Please: Not One to Be Caught Unprepared, Mr. Buffett Makes His Plans Clear," *Wall Street Journal,* October 17, 2000.
3. Anthony Bianco, "Warren: The Buffett You Don't Know," *Business Week,* July 5, 1999.
4. Warren Buffett, "Chairman's Letter to Shareholders," 1996.
5. Warren Buffett, "Chairman's Letter to Shareholders," 1990.
6. Warren Buffett, "Chairman's Letter to Shareholders," 1997.
7. Andy Kilpatrick, *Of Permanent Value: The Story of Warren Buffett* (AKPE, 2000), p. 245.
8. Warren Buffett, "Chairman's Letter to Shareholders," 2000.
9. Janet Kornblum, "Site Runs the Risk of a $1 Billion Grab," *USA Today,* October 25, 2000, p. 3D.
10. Warren Buffett, "Chairman's Letter to Shareholders," 2000.
11. Ibid.
12. Warren Buffett, "Chairman's Letter to Shareholders," 1989.
13. Warren Buffett, "Chairman's Letter to Shareholders," 1992.
14. Warren Buffett, "Chairman's Letter to Shareholders," 1994.
15. Warren Buffett, "Chairman's Letter to Shareholders," 1996.
16. Warren Buffett, "Chairman's Letter to Shareholders," 1999.
17. Andy Kilpatrick, *Of Permanent Value,* p. 238.
18. Spurgeon, "Envelope, Please. . . . "

第6章　天賦の才——ローズ・ブラムキン（ネブラスカ・ファニチャー・マート）

1. Linda O'Bryon, Warren Buffett Interview, Nightly Business Report, April 26, 1994.
2. Robert Dorr, "Rose Blumkin, 1893–1998: Remembering Mrs. B," *Omaha World-Herald,* August 10, 1998.

9. John Taylor, "Buffett Ends Long GEICO Waltz," *Omaha World-Herald,* August 26, 1995.
10. Crenshaw, "Premium Partners . . ."
11. Warren Buffett, "Chairman's Letter to Shareholders," 1996.
12. Warren Buffett, "Chairman's Letter to Shareholders," 1995.
13. Warren Buffett, "Chairman's Letter to Shareholders," 1996.
14. Warren Buffett, "Chairman's Letter to Shareholders," 1998.
15. Warren Buffett, "Chairman's Letter to Shareholders," 2000.
16. Noble Sprayberry, "Working Happy," *San Diego Union-Tribune,* October 18, 1999.

第4章　資本配分部門のバックアップ役――ルー・シンプソン（保険のGEICO）

1. Warren Buffett, "Chairman's Letter to Stockholders," 1995.
2. Devon Spurgeon, "Envelope, Please: Not One to Be Caught Unprepared, Mr. Buffett Makes His Plans Clear," *Wall Street Journal,* October 17, 2000.
3. David A. Vise, "GEICO's Top Market Strategist Churning Out Profits; Lou Simpson's Stock Rises on His Successful Ideas," *Washington Post,* May 11, 1987.
4. Suzanne Wooley with Joan Caplin, "The Next Buffett," *Money,* December 2000.
5. Ibid.
6. David Barboza, "Following the Buffett Formula; GEICO Chief May Be Heir to a Legend," *New York Times,* April 29, 1997.
7. Wooley with Caplin, "The Next Buffett."
8. Barboza, "Following the Buffett Formula."
9. James Clash, "The Next Warren Buffett," *Forbes,* October 30, 2000.
10. Warren Buffett, "Chairman's Letter to Shareholders," 1995.
11. Vise, "GEICO's Top Market Strategist Churning Out Profits."
12. *San Diego Union-Tribune,* May 11, 1997.
13. Barboza, "Following the Buffett Formula."
14. Vise, "GEICO's Top Market Strategist Churning Out Profits."
15. Warren Buffett, "Chairman's Letter to Stockholders," 1982.
16. Warren Buffett, "Chairman's Letter to Stockholders," 1986.
17. Vise, "GEICO's Top Market Strategist Churning Out Profits."
18. Brendan Boyd, "Investor's Notebook," Uexpress Online, www.uexpress.com, February 10, 2001.
19. Stan Hinden, "As Spring Blooms, So Do Annual Reports," *Washington Post,* April 26, 1993.

注記

第1章　はじめに――ウォーレン・バフェットと傘下のCEOたち

1. Warren Buffett, "Chairman's Letter to Shareholders," 1987.
2. Warren Buffett, "Chairman's Letter to Shareholders," 1989.

第2章　バフェットのCEO選び

1. Terry Piper, letter to the author, June 27, 2001.
2. Warren Buffett, "Chairman's Letter to Shareholders," 1994.
3. Warren Buffett, "Chairman's Letter to Shareholders," 1991.
4. Warren Buffett, "Chairman's Letter to Shareholders," 2000.
5. Warren Buffett, "Chairman's Letter to Shareholders," 1981.
6. Warren Buffett, "Chairman's Letter to Shareholders," 1992.
7. Warren Buffett, "Chairman's Letter to Shareholders," 1995.
8. Warren Buffett, "Chairman's Letter to Shareholders," 2000.
9. Warren Buffett, "Chairman's Letter to Shareholders," 1998.

第3章　管理部門の責任者――トニー・ナイスリー（保険のGEICO）

1. Alan Breznick, "GEICO Revs Up to Try to Triple Its Market Share," *Washington Post,* March 30, 1998.
2. Warren Buffett, "Chairman's Letter to Shareholders," 1995.
3. Ibid.
4. Warren Buffett, "Chairman's Letter to Shareholders," 1980.
5. Roger Lowenstein, "To Read Buffett, Examine What He Bought," *Wall Street Journal,* January 18, 1996.
6. Stan Hinden, "The GEICO Deal: How Billionaire Buffett Bid at $70," *Washington Post,* November 6, 1995.
7. Lowenstein, "To Read Buffett. . . . "
8. Albert B. Crenshaw, "Premium Partners; Single-Minded GEICO Was Just Buffett's Style. Now They're Together for the Long Haul," *Washington Post,* September 18, 1995.

■著者紹介

ロバート・P・マイルズ（Robert P. Miles）

フロリダ州タンパ在住の起業家。バークシャー・ハサウェイの長期株主。著述・講演活動も行う。その著書『バフェットの投資戦略と企業経営』（東洋経済新報社刊）では、ウォーレン・バフェットから「非公式」に支持を獲得。自らの知識を披露すべく、数多くの講演活動をこなしている。ミシガン大学ビジネススクール卒。

e-mail: robertpmiles@yahoo.com

■訳者紹介

木村規子（きむら・のりこ）

慶應義塾大学文学部卒。山種証券（現SMBCフレンド証券）本店国際金融部外国債券課、三菱重工業長崎造船所資材部造船購買課勤務を経て、翻訳に従事。証券会社時代には郵貯・簡保などの機関投資家を担当。全米証券業協会登録有価証券外務員試験（RRシリーズ７）合格。訳書に『地球環境百科』（共訳・産調出版）、『マクベス』（ニュートンプレス）、『アルウィンのスケッチ入門』（MPC）、『目覚めよ日本リー・クアンユー21の提言』（たちばな出版）、『賢人たちの投資モデル』『スマートマネー流株式選択術』（パンローリング）など。

2003年11月19日　初版第１刷発行
2008年 6月 1日　　　第２刷発行

ウィザードブックシリーズ㊷

最高経営責任者《さいこうけいえいせきにんしゃ》バフェット
あなたも「世界最高のボス」になれる

著　者　ロバート・P・マイルズ
訳　者　木村規子
発行者　後藤康徳
発行所　パンローリング株式会社
〒160-0023　東京都新宿区西新宿7-9-18-6F
6F
TEL　03-5386-7391　FAX　03-5386-7393
http://www.panrolling.com/
E-mail　info@panrolling.com
編　集　エフ・ジー・アイ(Factory of Gnomic Three Monkeys Investment)合資会社
装　丁　新田“Linda”和子
印刷・製本　株式会社　シナノ

ISBN978-4-7759-7024-9

アレキサンダー・エルダー博士の投資レクチャー

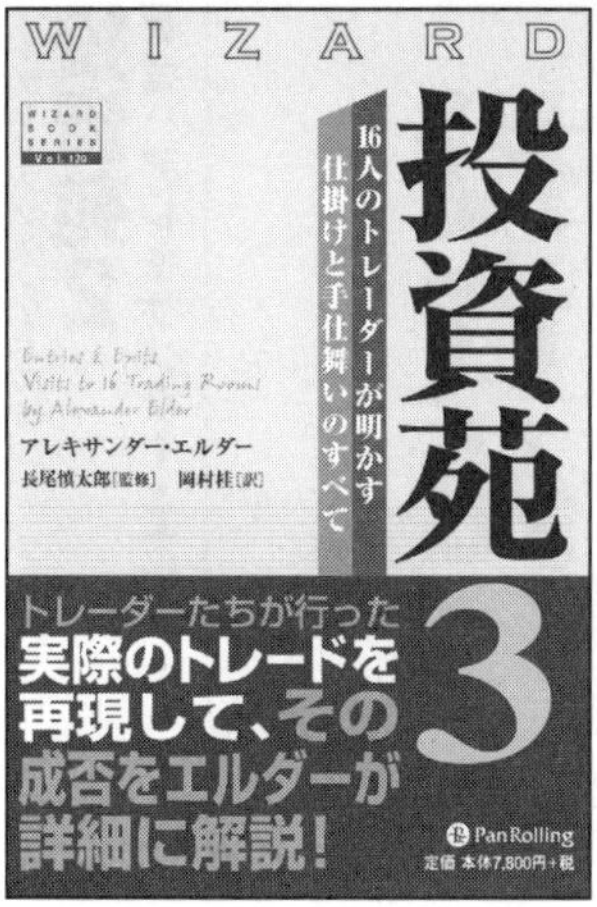

ウィザードブックシリーズ120

投資苑3

著者：アレキサンダー・エルダー

定価 本体 7,800円＋税　ISBN:9784775970867

【どこで仕掛け、どこで手仕舞う】

「成功しているトレーダーはどんな考えで仕掛け、なぜそこで手仕舞ったのか！」——16人のトレーダーたちの売買譜。住んでいる国も、取引する銘柄も、その手法もさまざまな16人のトレーダーが実際に行った、勝ちトレードと負けトレードの仕掛けから手仕舞いまでを実際に再現。その成否をエルダーが詳細に解説する。ベストセラー『投資苑』シリーズ、待望の第３弾！

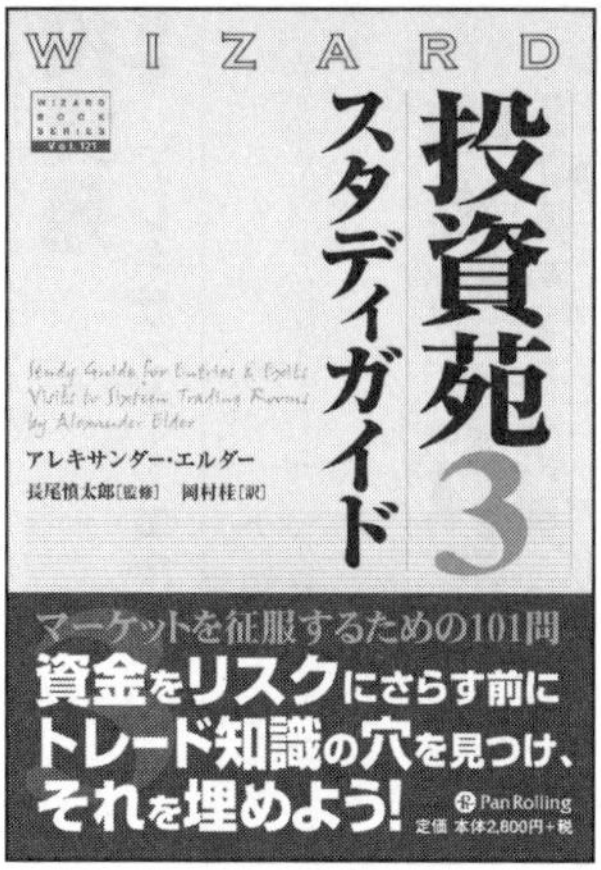

ウィザードブックシリーズ121

投資苑3 スタディガイド

著者：アレキサンダー・エルダー

定価 本体 2,800円＋税　ISBN:9784775970874

【マーケットを理解するための101問】

トレードで成功するために必須の条件をマスターするための『投資苑３』副読本。トレードの準備、心理、マーケット、トレード戦略、マネージメントと記録管理,とレーダーの教えといった７つの分野を、25のケーススタディを含む101問の問題でカバーする。資金をリスクにさらす前に本書に取り組み、『投資苑３』と併せて読むことでチャンスを最大限に活かすことができる。

DVD トレード成功への3つのM～心理・手法・資金管理～

講演：アレキサンダー・エルダー　定価 本体4,800円＋税　ISBN：9784775961322

世界中で500万部超の大ベストセラーとなった『投資苑』の著者であり、実践家であるアレキサンダー・エルダー博士の来日講演の模様をあますところ無く収録。本公演に加え当日参加者の貴重な生の質問に答えた質疑応答の模様も収録。インタビュアー：林康史（はやしやすし）氏

DVD 投資苑～アレキサンダー・エルダー博士の超テクニカル分析～

講演：アレキサンダー・エルダー　定価 本体50,000円＋税　ISBN：9784775961346

超ロングセラー『投資苑』の著者、エルダー博士のDVD登場！感情に流されないトレーディングの実践と、チャート、コンピューターを使ったテクニカル指標による優良トレードの探し方を解説、様々な分析手法の組み合わせによる強力なトレーディング・システム構築法を伝授する。

トレード基礎理論の決定版!!

ウィザードブックシリーズ9

投資苑

著者：アレキサンダー・エルダー

定価 本体 5,800円＋税　ISBN:9784939103285

【トレーダーの心技体とは？】
それは３つのM「Mind=心理」「Method=手法」「Money=資金管理」であると、著者のエルダー医学博士は説く。そして「ちょうど三脚のように、どのMも欠かすことはできない」と強調する。本書は、その３つのMをバランス良く、やさしく解説したトレード基本書の決定版だ。世界13カ国で翻訳され、各国で超ロングセラーを記録し続けるトレーダーを志望する者は必読の書である。

ウィザードブックシリーズ56

投資苑2

著者：アレキサンダー・エルダー

定価 本体 5,800円＋税　ISBN:9784775970171

【心技体をさらに極めるための応用書】
「優れたトレーダーになるために必要な時間と費用は？」「トレードすべき市場とその儲けは？」「トレードのルールと方法、資金の分割法は？」――『投資苑』の読者にさらに知識を広げてもらおうと、エルダー博士が自身のトレーディングルームを開放。自らの手法を惜しげもなく公開している。世界に絶賛された「３段式売買システム」の威力を堪能してほしい。

ウィザードブックシリーズ 50

投資苑がわかる203問

著者：アレキサンダー・エルダー　定価 本体2,800円＋税　ISBN：9784775970119

分かった「つもり」の知識では知恵に昇華しない。テクニカルトレーダーとしての成功に欠かせない３つのM（心理・手法・資金管理）の能力をこの問題集で鍛えよう。何回もトライし、正解率を向上させることで、トレーダーとしての成長を自覚できるはずだ。

投資苑２Q&A

著者：アレキサンダー・エルダー　定価 本体2,800円＋税　ISBN：9784775970188

『投資苑２』は数日で読める。しかし、同書で紹介した手法や技法のツボを習得するには、実際の売買で何回も試す必要があるだろう。そこで、この問題集が役に立つ。あらかじめ洞察を深めておけば、いたずらに資金を浪費することを避けられるからだ。

バリュー株投資の真髄!!

ウィザードブックシリーズ4

バフェットからの手紙

著者：ローレンス・A・カニンガム

オーディオブックも
絶賛発売中!!

定価 本体 1,600円+税　ISBN:9784939103216

【世界が理想とする投資家のすべて】
「ラリー・カニンガムは、私たちの哲学を体系化するという素晴らしい仕事を成し遂げてくれました。本書は、これまで私について書かれたすべての本のなかで最も優れています。もし私が読むべき一冊の本を選ぶとしたら、迷うことなく本書を選びます」
――――ウォーレン・バフェット

ウィザードブックシリーズ87・88

新 賢明なる投資家

著者：ベンジャミン・グレアム
ジェイソン・ツバイク

定価（各）本体 3,800円+税　ISBN:(上)9784775970492
(下)9748775970508

【割安株の見つけ方とバリュー投資を成功させる方法】
古典的名著に新たな注解が加わり、グレアムの時代を超えた英知が今日の市場に再びよみがえる！　グレアムがその「バリュー投資」哲学を明らかにした『賢明なる投資家』は、1949年に初版が出版されて以来、株式投資のバイブルとなっている。

ウィザードブックシリーズ 10

賢明なる投資家

著者：ベンジャミン・グレアム
定価（各）本体 3,800円+税
ISBN:9784939103292

オーディオブックも
絶賛発売中!!

ウォーレン・バフェットが師と仰ぎ、尊敬したベンジャミン・グレアムが残した「バリュー投資」の最高傑作！　「魅力のない二流企業株」や「割安株」の見つけ方を伝授する。

ウィザードブックシリーズ 116

麗しのバフェット銘柄

著者:メアリー・バフェット、デビッド・クラーク
定価 本体 1,800円+税
ISBN:9784775970829

なぜバフェットは世界屈指の大富豪になるまで株で成功したのか？　本書は氏のバリュー投資術「選別的逆張り法」を徹底解剖したバフェット学の「解体新書」である。

ウィザードブックシリーズ 44

証券分析【1934年版】

著者：ベンジャミン・グレアム、デビッド・L・ドッド
定価 本体 9,800 円+税
ISBN:9784775970058

グレアムの名声をウォール街で不動かつ不滅なものとした一大傑作。ここで展開されている割安な株式や債券のすぐれた発掘法は、今も多くの投資家たちが実践して結果を残している。

ウィザードブックシリーズ 125

アラビアのバフェット

著者：リズ・カーン
定価 本体 1,890 円+税
ISBN:9784775970928

バフェットがリスペクトする米以外で最も成功した投資家、アルワリード本の決定版！　この１冊でアルワリードのすべてがわかる！　3万ドルを230億ドルにした「伸びる企業への投資」の極意

マーケットの魔術師 ウィリアム・オニールの本と関連書

ウィザードブックシリーズ12

成長株発掘法

著者：ウィリアム・オニール

定価 本体 2,800円＋税　ISBN:9784939103339

【究極のグロース株選別法】
米国屈指の大投資家ウィリアム・オニールが開発した銘柄スクリーニング法「CAN-SLIM(キャンスリム)」は、過去 40 年間の大成長銘柄に共通する 7 つの要素を頭文字でとったもの。オニールの手法を実践して成功を収めた投資家は数多く、詳細を記した本書は全米で 100 万部を突破した。

ウィザードブックシリーズ71

相場師養成講座

著者：ウィリアム・オニール

定価 本体 2,800円＋税　ISBN:9784775970331

【進化する CAN-SLIM】
CAN-SLIM の威力を最大限に発揮させる 5 つの方法を伝授。00 年に米国でネットバブルが崩壊したとき、オニールの手法は投資家の支持を失うどころか、逆に人気を高めた。その理由は全米投資家協会が「98 ～ 03 年に CAN-SLIM が最も優れた成績を残した」と発表したことからも明らかだ。

ウィザードブックシリーズ 93

オニールの空売り練習帖

著者：ウィリアム・オニール、ギル・モラレス
定価 本体 2,800円＋税　ISBN:9784775970577

氏いわく「売る能力もなく買うのは、攻撃だけで防御がないフットボールチームのようなものだ」。指値の設定からタイミングの決定まで、効果的な空売り戦略を明快にアドバイス。

DVDブック

大化けする成長株を発掘する方法

著者:鈴木一之　定価 本体 3,800円+税
DVD1枚 83 分収録　ISBN:9784775961285

今も世界中の投資家から絶大な支持を得ているウィリアム・オニールの魅力を日本を代表する株式アナリストが紹介。日本株のスクリーニングにどう当てはめるかについても言及する。

ウィザードブックシリーズ 19

マーケットの魔術師

著者：ジャック・D・シュワッガー
定価 本体 2,800 円＋税
ISBN:9784939103407

Audio Book
オーディオブックも絶賛発売中!!

トレーダー・投資家は、そのとき、その成長過程で、さまざまな悩みや問題意識を抱えているもの。本書はその答えの糸口を「常に」提示してくれる「トレーダーのバイブル」だ。

ウィザードブックシリーズ 49

私は株で200万ドル儲けた

著者：ニコラス・ダーバス　訳者:長尾慎太郎，飯田恒夫
定価 本体 2,200 円＋税　ISBN:9784775970102

1960年の初版は、わずか8週間で20万部が売れたという伝説の書。絶望の淵に落とされた個人投資家が最終的に大成功を収めたのは、不屈の闘志と「ボックス理論」にあった。

マーケットの魔術師シリーズ

ウィザードブックシリーズ19

マーケットの魔術師

著者：ジャック・D・シュワッガー

オーディオブックも絶賛発売中!!

定価 本体 2,800 円＋税　ISBN:9784939103407

【いつ読んでも発見がある】
トレーダー・投資家は、そのとき、その成長過程で、さまざまな悩みや問題意識を抱えているもの。本書はその答えの糸口を「常に」提示してくれる「トレーダーのバイブル」だ。「本書を読まずして、投資をすることなかれ」とは世界的トレーダーたちが口をそろえて言う「投資業界の常識」だ！

ウィザードブックシリーズ13

新マーケットの魔術師

著者：ジャック・D・シュワッガー

定価 本体 2,800 円＋税　ISBN:9784939103346

【世にこれほどすごいヤツらがいるのか!!】
株式、先物、為替、オプション、それぞれの市場で勝ち続けている魔術師たちが、成功の秘訣を語る。またトレード・投資の本質である「心理」をはじめ、勝者の条件について鋭い分析がなされている。関心のあるトレーダー・投資家から読み始めてかまわない。自分のスタイルづくりに役立ててほしい。

ウィザードブックシリーズ 14

マーケットの魔術師 株式編《増補版》

著者：ジャック・D・シュワッガー
定価 本体 2,800 円＋税　ISBN:9784775970232

投資家待望のシリーズ第三弾、フォローアップインタビューを加えて新登場!!　90年代の米株の上げ相場でとてつもないリターンをたたき出した新世代の「魔術師＝ウィザード」たち。彼らは、その後の下落局面でも、その称号にふさわしい成果を残しているのだろうか？

◎アート・コリンズ著 マーケットの魔術師シリーズ

ウィザードブックシリーズ 90

マーケットの魔術師 システムトレーダー編

著者：アート・コリンズ
定価 本体 2,800 円＋税　ISBN:9784775970522

システムトレードで市場に勝っている職人たちが明かす機械的売買のすべて。相場分析から発見した優位性を最大限に発揮するため、どのようなシステムを構築しているのだろうか？　14人の傑出したトレーダーたちから、システムトレードに対する正しい姿勢を学ぼう！

ウィザードブックシリーズ 111

マーケットの魔術師 大損失編

著者：アート・コリンズ
定価 本体 2,800 円＋税　ISBN:9784775970775

スーパートレーダーたちはいかにして危機を脱したか？　局地的な損失はトレーダーならだれでも経験する不可避なもの。また人間のすることである以上、ミスはつきものだ。35人のスーパートレーダーたちは、窮地に立ったときどのように取り組み、対処したのだろうか？

トレーディングシステムで機械的売買!!

自動売買ロボット作成マニュアル
エクセルで理想のシステムトレード

著者：森田佳佑

定価 本体 2,800円＋税　ISBN:9784775990391

【パソコンのエクセルでシステム売買】
エクセルには「VBA」というプログラミング言語が搭載されている。さまざまな作業を自動化したり、ソフトウェア自体に機能を追加したりできる強力なツールだ。このVBAを活用してデータ取得やチャート描画、戦略設計、検証、売買シグナルを自動化してしまおう、というのが本書の方針である。

ウィザードブックシリーズ11
売買システム入門

著者：トゥーシャー・シャンデ

定価 本体 7,800円＋税　ISBN:9784939103315

【システム構築の基本的流れが分かる】
世界的に高名なシステム開発者であるトゥーシャー・シャンデ博士が「現実的」な売買システムを構築するための有効なアプローチを的確に指南。システムの検証方法、資金管理、陥りやすい問題点と対処法を具体的に解説する。基本概念から実際の運用まで網羅したシステム売買の教科書。

現代の錬金術師シリーズ
自動売買ロボット作成マニュアル初級編
エクセルでシステムトレードの第一歩

著者:森田佳佑
定価 本体 2,000円+ 税　ISBN:9784775990513

操作手順と確認問題を収録したCD-ROM付き。エクセル超初心者の投資家でも、売買システムの構築に有効なエクセルの操作方法と自動処理の方法がよく分かる!!

トレードステーション入門
やさしい売買プログラミング

著者：西村貴郁
定価 本体 2,800 円＋税　ISBN:9784775990452

売買ソフトの定番「トレードステーション」。そのプログラミング言語の基本と可能性を紹介。チャート分析も売買戦略のデータ検証・最適化も売買シグナル表示もできるようになる！

ウィザードブックシリーズ 54
究極のトレーディングガイド
全米一の投資システム分析家が明かす「儲かるシステム」

著者：ジョン・R・ヒル／ジョージ・プルート／ランディ・ヒル
定価 本体 4,800 円＋税　ISBN:9784775970157

売買システム分析の大家が、エリオット波動、値動きの各種パターン、資金管理といった、曖昧になりがちな理論を適切なルールで表現し、安定した売買システムにする方法を大公開！

ウィザードブックシリーズ 42
トレーディングシステム入門
仕掛ける前が勝負の分かれ目

著者：トーマス・ストリズマン
定価 本体 5,800 円＋税　ISBN:9784775970034

売買タイミングと資金管理の融合を売買システムで実現。システムを発展させるために有効な運用成績の評価ポイントと工夫のコツが惜しみなく著された画期的な書！

心の鍛錬はトレード成功への大きなカギ！

ウィザードブックシリーズ32

ゾーン　相場心理学入門

著者：マーク・ダグラス

定価 本体 2,800円＋税　ISBN:9784939103575

【己を知れば百戦危うからず】
恐怖心ゼロ、悩みゼロで、結果は気にせず、淡々と直感的に行動し、反応し、ただそ の瞬間に「するだけ」の境地、つまり「ゾーン」に達した者こそが勝つ投資家になる！　さて、その方法とは？　世界中のトレード業界で一大センセーションを巻き起こした相場心理の名作が究極の相場心理を伝授する！

ウィザードブックシリーズ114

規律とトレーダー

著者：マーク・ダグラス

定価 本体 2,800 円＋税　ISBN:9784775970805

【トレーダーとしての成功に不可欠】
「仏作って魂入れず」――どんなに努力して素晴らしい売買戦略をつくり上げても、心のあり方が「なっていなければ」成功は難しいだろう。つまり、心の世界をコントロールできるトレーダーこそ、相場の世界で勝者となれるのだ！　『ゾーン』愛読者の熱心なリクエストにお応えして急遽刊行！

ウィザードブックシリーズ 107

トレーダーの心理学
トレーディングコーチが伝授する達人への道

著者：アリ・キエフ
定価 本体 2,800 円＋税　ISBN:9784775970737

高名な心理学者でもあるアリ・キエフ博士がトップトレーダーの心理的な法則と戦略を検証。トレーダーが自らの潜在能力を引き出し、目標を達成させるアプローチを紹介する。

ウィザードブックシリーズ 124

NLP トレーディング
投資心理を鍛える究極トレーニング

著者：エイドリアン・ラリス・トグライ
定価 本体 3,200 円＋税　ISBN:9784775970904

NLPは「神経言語プログラミング」の略。この最先端の心理学を利用して勝者の思考術をモデル化し、トレーダーとして成功を極めるために必要な「自己管理能力」を高めようというのが本書の趣旨である。

ウィザードブックシリーズ 126

トレーダーの精神分析
自分を理解し、自分だけのエッジを見つけた者だけが成功できる

著者：ブレット・N・スティーンバーガー
定価 本体 2,800 円＋税　ISBN:9784775970911

トレードとはパフォーマンスを競うスポーツのようなものである。トレーダーは自分の強み（エッジ）を見つけ、生かさなければならない。そのために求められるのが「強靭な精神力」なのだ。

相場で負けたときに読む本　～真理編～

著者：山口祐介
定価 本体 1,500 円＋税　ISBN:9784775990469

なぜ勝者は「負けても」勝っているのか？ なぜ敗者は「勝っても」負けているのか？ 10年以上勝ち続けてきた現役トレーダーが相場の“真理”を詩的に表現。

※投資心理といえば『投資苑』も必見!!

日本のウィザードが語る株式トレードの奥義

生涯現役の株式トレード技術

著者：優利加

定価 本体 2,800円＋税　ISBN:9784775990285

【ブルベア大賞2006-2007受賞!!】
生涯現役で有終の美を飾りたいと思うのであれば「自分の不動の型＝決まりごと」を作る必要がある。本書では、その「型」を具体化した「戦略＝銘柄の選び方」「戦術＝仕掛け・手仕舞いの型」「戦闘法＝建玉の仕方」をどのようにして決定するか、著者の経験に基づいて詳細に解説されている。

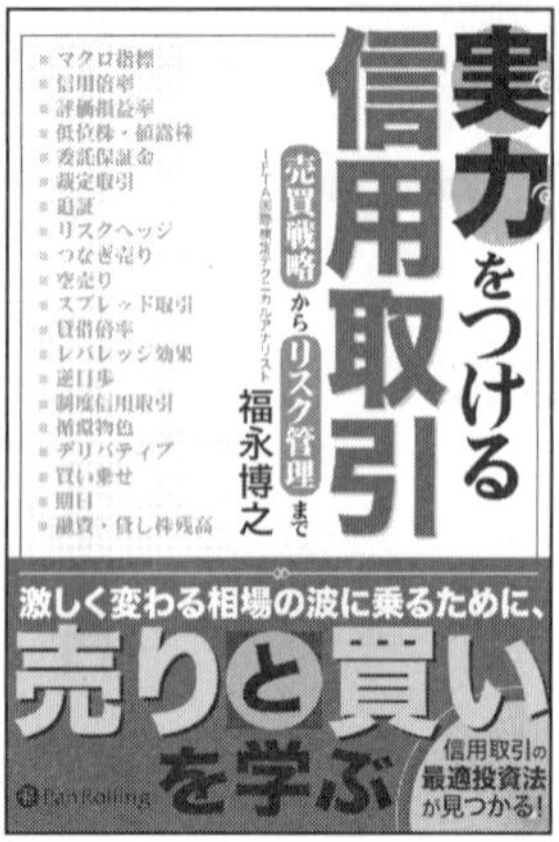

実力をつける信用取引 売買戦略からリスク管理まで

著者：福永博之

定価 本体 2,800円+税　ISBN:9784775990445

【転ばぬ先の杖】
「あなたがビギナーから脱皮したいと考えている投資家なら、信用取引を上手く活用できるようになるべきでしょう」と、筆者は語る。投資手法の選択肢が広がるので、投資で勝つ確率が高くなるからだ。「正しい考え方」から「具体的テクニック」までが紹介された信用取引の実践に最適な参考書だ。

生涯現役の株式トレード技術【生涯現役のための海図編】

著者：優利加
定価 本体 5,800 円＋税　ISBN:9784775990612

数パーセントから5%（多くても10%ぐらい）の利益を、1週間から2週間以内に着実に取りながら“生涯現役”を貫き通す。そのためにすべきこと、決まっていますか？　そのためにすべきこと、わかりますか？

DVD 生涯現役のトレード技術【銘柄選択の型と検証法編】

講師：優利加　定価 本体 3,800 円＋税
DVD1 枚 95 分収録 ISBN:9784775961582

ベストセラーの著者による、その要点確認とフォローアップを目的にしたセミナー。激変する相場環境に振り回されずに、生涯現役で生き残るにはどうすればよいのか？

DVD 生涯現役の株式トレード技術 実践編

講師：優利加　定価 本体 38,000 円＋税
DVD2枚組 356 分収録　ISBN:9784775961421

著書では明かせなかった具体的な技術を大公開。４つの利（天、地、時、人）を活用した「相場の見方の型」と「スイングトレードのやり方の型」とは？　その全貌が明らかになる!!

DVD 生涯現役の株式トレード技術【海図編】

著者：優利加　定価 本体 4,800 円＋税
DVD1 枚 56 分収録　ISBN:9784775962374

多くの銘柄で長期間に渡り検証された、高い確率で勝てる、理に適った「型」を決め、更に、それを淡々と実行する決断力とそのやり方を継続する一貫性が必要なのである。

トレード業界に旋風を巻き起こしたウィザードブックシリーズ!!

ウィザードブックシリーズ1

魔術師リンダ・ラリーの短期売買入門

著者：リンダ・ブラッドフォード・ラシュキ

定価 本体28,000円+税　ISBN:9784939103032

【米国で短期売買のバイブルと絶賛】
日本初の実践的短期売買書として大きな話題を呼んだプロ必携の書。順バリ（トレンドフォロー）派の多くが悩まされる仕掛け時の「ダマシ」を逆手に取った手法（タートル・スープ戦略）をはじめ、システム化の困難な多くのパターンが、具体的な売買タイミングと併せて詳細に解説されている。

ウィザードブックシリーズ2

ラリー・ウィリアムズの短期売買法

著者：ラリー・ウィリアムズ

定価 本体9,800円+税　ISBN:9784939103063

【トレードの大先達に学ぶ】
短期売買で安定的な収益を維持するために有効な普遍的な基礎が満載された画期的な書。著者のラリー・ウィリアムズは30年を超えるトレード経験を持ち、多くの個人トレーダーを自立へと導いてきたカリスマ。事実、本書に散りばめられたヒントを糧に成長したと語るトレーダーは多い。

ウィザードブックシリーズ 51・52

バーンスタインのデイトレード【入門・実践】

著者:ジェイク・バーンスタイン　定価（各）本体7,800円+税
ISBN:（各）9784775970126　9784775970133

「デイトレードでの成功に必要な資質が自分に備わっているのか？」「デイトレーダーとして人生を切り開くため、どうすべきか？」――本書はそうした疑問に答えてくれるだろう。

ウィザードブックシリーズ 130

バーンスタインのトレーダー入門

著者：ジェイク・バーンスタイン
定価 本体5,800円+税
ISBN:9784775970966

ヘッジファンドマネジャー、プロのトレーダー、マネーマネジャーが公表してほしくなかった秘訣が満載！　30日間で経済的に自立したトレーダーになる！

ウィザードブックシリーズ 53

ターナーの短期売買入門

著者：トニ・ターナー
定価 本体2,800円+税
ISBN:9784775970140

「短期売買って何？」という方におススメの入門書。明確なアドバイス、参考になるチャートが満載されており、分かりやすい説明で短期売買の長所と短所がよく理解できる。

ウィザードブックシリーズ 37

ゲイリー・スミスの短期売買入門

著者：ゲイリー・スミス
定価 本体2,800円+税
ISBN:9784939103643

20年間、大勝ちできなかった「並以下」の個人トレーダーが15年間、勝ち続ける「100万ドル」トレーダーへと変身した理由とは？　個人トレーダーに知識と勇気をもたらす良書。

相場のプロたちからも高い評価を受ける矢口新の本！

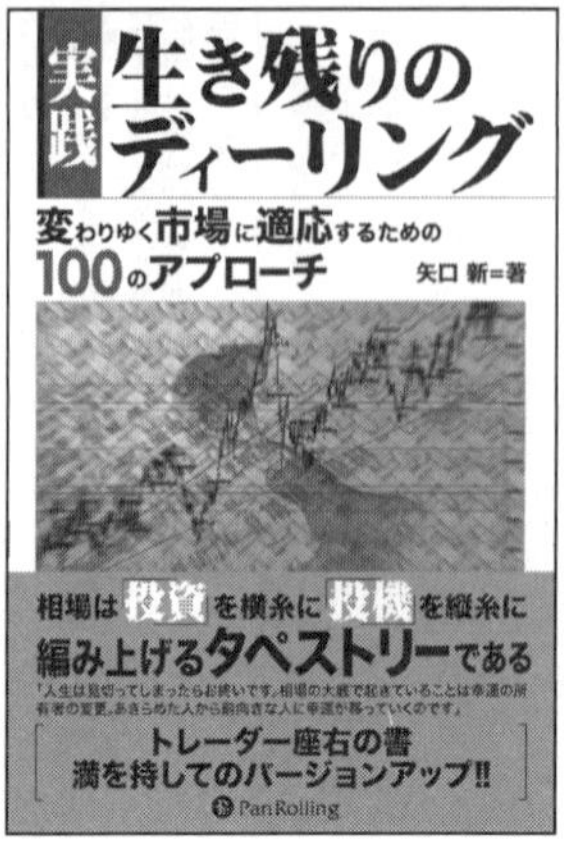

実践 生き残りのディーリング

著者：矢口新

定価 本体 2,800円＋税　ISBN:9784775990490

【相場とは何かを追求した哲学書】
今回の『実践 生き残りのディーリング』は「株式についても具体的に言及してほしい」という多くの個人投資家たちの声が取り入れられた「最新版」。プロだけでなく、これから投資を始めようという投資家にとっても、自分自身の投資スタンスを見つめるよい機会となるだろう。

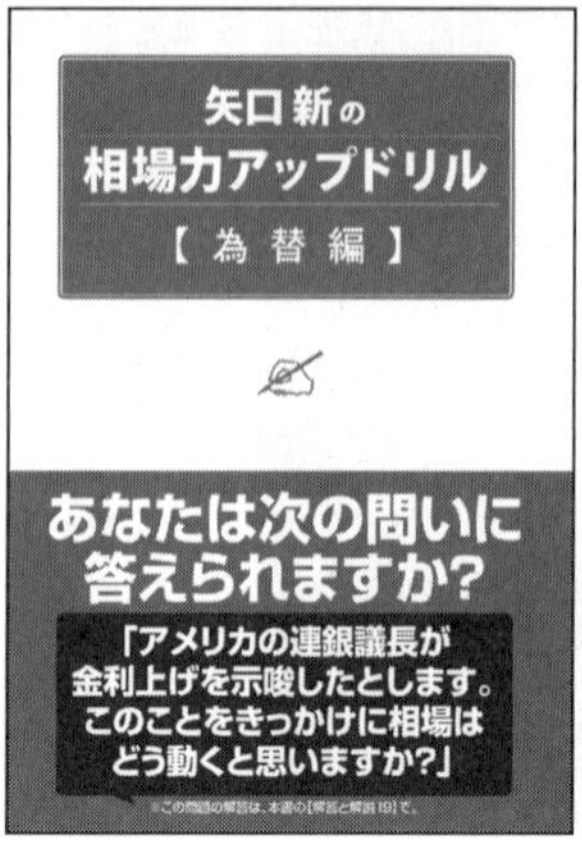

矢口新の相場力アップドリル【為替編】

著者：矢口新

定価 本体 1,500 円＋税　ISBN:9784775990124

相場を動かす2つの要因、実需と仮需について徹底的に解説!!
「アメリカの連銀議長が金利上げを示唆したとします。このことをきっかけに相場はどう動くと思いますか？　さぁ、あなたの答えは？」――この質問に答えられるかで、その人の相場に関する基礎的な理解が分かる。本書を読み込んで相場力をUPさせよう。

矢口新の トレードセンス養成ドリル

著者：矢口新
定価 本体 1,500 円＋税　ISBN:9784775990643

インターネットの本屋さん「マネーのまぐまぐ」に連載中の問題に、本書の核になる「ＴＰＡの視点」からという本書ならではの解説を追加編集。「価格変動の本質とは何か」や「価格の動きがもっとも大切なこと」など、さまざまな問題を解きながら、トレードセンスを向上させるための“ドリル”です。

矢口新の 相場力アップドリル[株式編]

著者：矢口新
定価 本体 1,800 円＋税　ISBN:9784775990131

相場の仕組みを明確に理解するうえで最も大事な「実需と仮需」。この株価変動の本質を54の設問を通して徹底的に理解する。本書で得た知識は、自分で材料を判断し、相場観を組み立て、実際に売買するときに役立つだろう。

オーディオブック 生き残りのディーリング決定版

Audio Book

著者：矢口新
定価 CD・DL 版 2,800 円＋税　収録時間約 510 分
ISBN:9784775929056

―投資で生活したい人への100のアドバイス―

相場で生き残るための100の知恵。通勤電車が日々の投資活動を振り返る絶好の空間となる。

サヤ取りは世界三大利殖のひとつ！

為替サヤ取り入門

著者：小澤政太郎

定価 本体 2,800円+税　ISBN:9784775990360

【為替で一挙両得のサヤ取り】
「FXキャリーヘッジトレード」とは外国為替レートの相関関係を利用して「スワップ金利差」だけでなく「レートのサヤ」も狙っていく「低リスク」の売買法だ!!　本書はその対象レートを選択する方法、具体的な仕掛けと仕切りのタイミング、リスク管理の重要性について解説している。

サヤ取り入門【増補版】

著者：羽根英樹

定価 本体 2,800円+税　ISBN:9784775990483

あのロングセラーが増補版となってリニューアル!! 売りと買いを同時に仕掛ける「サヤ取り」。世界三大利殖のひとつ（他にサヤすべり取り・オプションの売り）と言われるほど独特の優位性があり、ヘッジファンドがごく普通に用いている手法だ。本書を読破した読者は、売買を何十回と重ねていくうちに、自分の得意技を身につけているはずだ。

マンガ サヤ取り入門の入門

著者：羽根英樹，高橋達央
定価 本体 1,800円+ 税
ISBN:9784775930069

サヤグラフを表示できる「チャートギャラリープロ」試用版CD-ROMつき

個人投資家でも実行可能なサヤ取りのパターンを全くの初心者でも分かるようにマンガでやさしく解説。実践に必要な売買のコツや商品先物の基礎知識を楽しみながら学べる。

マンガ オプション売買入門の入門

著者:増田丞美，小川集
定価 本体 2,800円＋税　ISBN:9784775930076

オプションの実践的基礎知識だけでなく「いかにその知識を活用して利益にするか？」を目的にマンガで分かりやすく解説。そのためマンガと侮れない、かなり濃い内容となっている。

マンガ オプション売買入門の入門2［実践編］

著者:増田丞美，小川集
定価 本体 2,800 円＋税　ISBN:9784775930328

マンガとしては異例のベストセラーとなった『入門の入門』の第2弾。基礎知識の理解を前提に、LEAPS、NOPS、日経225オプションなどの売買のコツが簡潔にまとめられている。

実践的ペアトレーディングの理論

著者：ガナパシ・ビディヤマーヒー
定価 本体 5,800 円＋税　ISBN:9784775970768

変動の激しい株式市場でも安定したパフォーマンスを目指す方法として、多くのヘッジファンドマネジャーが採用している統計的サヤ取り「ペアトレーディング」の奥義を紹介。

Pan Rolling オーディオブックシリーズ

Audio Book

相場で負けたときに読む本 真理編・実践編

山口祐介 パンローリング
［真］約 160 分 ［実］約 200 分
各 1,575 円（税込）

負けたトレーダー破滅するのではない。負けたときの対応の悪いトレーダーが破滅するのだ。敗者は何故負けてしまうのか。勝者はどうして勝てるのか。10 年以上勝ち続けてきた現役トレーダーが相場の“真理”を詩的に紹介。

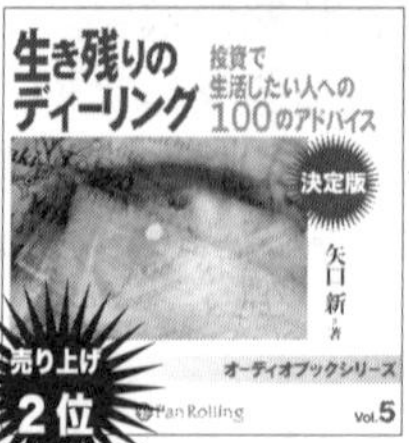

生き残りのディーリング

矢口新 パンローリング
約 510 分 2,940 円（税込）

――投資で生活したい人への 100 のアドバイス――

現役ディーラーの座右の書として、多くのディーリングルームに置かれている名著を全面的に見直しし、個人投資家にもわかりやすい工夫をほどこして、新版として登場！

現役ディーラーの座右の書。

その他の売れ筋

マーケットの魔術師

ジャック・D・シュワッガー
パンローリング 約 1075 分
各章 2,800 円（税込）

――米トップトレーダーが語る成功の秘訣――

世界中から絶賛されたあの名著がオーディオブックで登場！

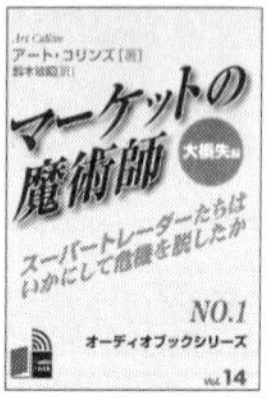

マーケットの魔術師 大損失編

アート・コリンズ，鈴木敏昭
パンローリング 約 610 分
DL 版 5,040 円（税込）
CD-R 版 6,090 円（税込）

「一体、どうしたらいいんだ」と、夜眠れぬ経験や神頼みをしたことのあるすべての人にとって必読書である！

規律とトレーダー

マーク・ダグラス，関本博英
パンローリング 約 440 分
DL 版 3,990 円（税込）
CD-R 版 5,040 円（税込）

常識を捨てろ！

手法や戦略よりも規律と心を磨け！

ロングセラー『ゾーン』の著者の名著がついにオーディオ化!!

NLP トレーディング

エイドリアン・ラリス・トグライ
パンローリング約 590 分
DL 版 3,990 円（税込）
CD-R 版 5,040 円（税込）

トレーダーとして成功を極めるため必要なもの……それは「自己管理能力」である。

私はこうして投資を学んだ

増田丞美
パンローリング 約 450 分
DL 版 3,990 円（税込）
CD-R 版 5,040 円（税込）

10 年後に読んでも 20 年後に読んでも色褪せることのない一生使える内容です。実際に投資で利益を上げている著者が今現在、実際に利益を上げている考え方 & 手法を大胆にも公開！

マーケットの魔術師 ～日出る国の勝者たち～ Vo.01

塩坂洋一，清水昭男
パンローリング 約100 分
DL 版 840 円(税込)
CD-R 版 1,260 円(税込)

勝ち組のディーリング
トレード選手権で優勝し、国内外の相場師たちとの交流を経て、プロの投機家として活躍している塩坂氏。「商品市場の勝ちパターン、個人投資家の強味、必要な分だけ勝つ」こととは！？

マーケットの魔術師～日出る国の勝者たち～

Vo.02 FX戦略：キャリートレード次に来るもの／松田哲，清水昭男
Vo.03 理論の具体化と執行の完璧さで、最高のパフォーマンスを築け!!!!』／西村貴郁，清水昭男
Vo.04 新興国市場――残された投資の王道／石田和靖，清水昭男
Vo.05 投資の多様化で安定収益／銀座ロジックの投資術／浅川夏樹，清水昭男
Vo.06 ヘッジファンドの奥の手拝見／その実態と戦略／青木俊郎，清水昭男
Vo.07 FX取引の確実性を摘み取れ／スワップ収益のインテリジェンス／空隼人，清水昭男
Vo.08 裁量からシステムへ、ニュアンスから数値化へ／山口祐介，清水昭男
Vo.09 ポジション・ニュートラルから紡ぎだす日々の確実収益術／徳山秀樹，清水昭男
Vo.10 拡大路線と政権の安定 ― タイ投資の絶妙タイミング／阿部俊之，清水昭男
Vo.11 成熟市場の投資戦略 ― シクリカルで稼ぐ日本株の極意／鈴木一之，清水昭男
Vo.12 バリュー株の収束相場をモノにする！／角山智，清水昭男
Vo.13 大富豪への王道の第一歩：でっかく儲ける資産形成＝新興市場＋資源株／上中康司，清水昭男
Vo.14 シンプルシステムの成功ロジック：検証実績とトレードの一貫性で可能になる安定収益／斉藤正章，清水昭男
Vo.15 自立した投資家（相場の）未来を読む／福永博之，清水昭男
Vo.16 IT時代だから占星術／山中康司，清水昭男